北京辽金遗迹 上

中都遗珍

北京考古遗址博物馆 编

北京燕山出版社
BEIJING YANSHAN PRESS

《中都遗珍——北京辽金遗迹》编委会

主　　编　杨志国
副 主 编　刘乃涛　罗永刚
编　　委　杨志国　刘乃涛　罗永刚　宋晓舟　李　影
　　　　　陈晓敏　杜若铭　杨珺雅　崔博阳

编辑说明

一、本书分正文与附录两部分，共辑入今北京地区辽、金两代遗迹遗物 225 处。大部分资料采用原《北京辽金史迹图志》所载资料，遗物所载的石刻文物大都原石和拓本俱存。附录部分的资料多得之于历代方志和金石著作，大多原石久佚、拓本不传或存石过残，文已不能通读。

二、本书正文部分按遗迹遗物的内容与形式，分为遗址、墓葬、摩崖题记、遗物四部分。遗址分为宫殿城垣遗址、苑囿水系遗址、寺庙宫观遗址、佛塔遗址、手工业遗址及其他重要遗址，剔除了原《北京辽金史迹图志》中收录的非辽金时期始建且现无辽金时期遗存、传说类遗址；墓葬部分除金陵外，增补了辽金时期北京地区较有代表性的墓葬；遗物部分收录的均为石刻类文物，又分为墓志、石经、经幢、石函、石碑、墓表六类。书中的拓本图片，尽量按原石的刻文形式排印，以方便研究使用。

三、本书根据内容不同，正文中说明文字简体横排，大段录文繁体竖排；附录部分"已著录的北京地区辽金石刻"中说明文字简体横排，录文繁体横排；其他均简体横排。简体横排部分文字首行依内容或右缩或顶格，局部统一，全书不作统一，如遗址、墓葬、摩崖题记三部分一般右缩，第四部分遗物说明文字一般采用顶格排。

四、本书正文辑录的各类遗址及石刻资料，均按遗址年代或刻石形成的年代先后以及分布地区编序，具体年代不清的，则编附于该遗址或石刻所属朝代之后。摩崖题记和遗物篇章中，每篇录文前，均加说明和简要的考释。说明内容包括石刻的形成年代、形制、撰者、书体、刊石者及出土时间地点以及保存现状、残泐漫漶程度等；对石刻中能够弥补、校正史籍缺讹，对研究辽金两代政区、地理、民族、官制、宗教、人物、事件等有价值的记述，作提示性考释，对于造型、书法方面有特色的石刻，则对其艺术价值作简要评价。

五、本书正文所录石刻文字，不加标点，繁体竖排，均据现存原石拓本现状移录。在石刻文字录文中旧字形、俗体字一般改为规范字（例如：别→别、吳→吴、夲→本），其他异体字一般依碑刻原文保留。前人著录与原文异，以原石为准；现存石刻文字字迹不清或残泐过甚者，此前有著录者则参照前人著录补入。关于石刻名称，均据石额题或首题定名，旧有定名者，则尽量保持旧有名称。

六、为努力保持石刻文字原貌，录文中遇到的缺笔讳字、简化字原则上按原样排印，个别字因排印困难，则予改写。改动之字不出校记，不加说明；错字、别字和难以查对的自造之字，均尽量按原状移录，如因排印困难，亦酌情改易；同音假借字则保留原貌，而漏字衍文，则一仍其旧。

七、刻石中残泐漫漶过甚而不能辨识的字，均加"□"号表示，能看出缺几字的，按数量加"□"号；缺字较多而难以确定字数的，加括号注明"上缺"或"下缺"、"上泐"或"下泐"。

八、原刻石出于书写格式或避讳的需要，常有空格出现，录文按照原形式予以保留；原石刻中有用小字插刻者，排版亦视版面情况努力保留原貌。

九、遗物中经幢类录文，只收题记和文后题名，经文皆略去不录；由于印刷制版上的困难，石刻中出现的梵文或其他少数民族文字一般不录。

十、限于条件，编者深知尚有一些散布于北京各地区的辽金时期遗址，和散布在各区县文博部门或民间的辽金时期遗物，本书未能收入；同时，囿于见闻，也许还有不少散见于各种金石著作或方志史籍的辽金石刻文献也未能辑入。

序　言

自《北京辽金史迹图志》出版以来，已历时二十年，这本图录展示了当时北京地区文博工作者在辽金史研究方面的最新成果，以及众多首次公开发表的资料，既有重要的科研价值，又有很高的艺术欣赏价值，为研究北京地区辽金时期社会政治、经济、文化等方面提供了珍贵资料。

2023 年北京迎来了建都 870 周年，回顾这二十年，亦是北京文博事业大发展的时期，《北京辽金史迹图志》只印了 2000 套，已经远远不能满足广大辽金史研究者的需求。书中的遗址和石刻遗物的状态、保存地点在这二十年中也发生了变化，随着辽金史研究的深入和新考古遗迹遗物的发现，原书内容需要修订。于是，北京考古遗址博物馆启动了再版《北京辽金史迹图志》的项目，并将图书更名为《中都遗珍——北京辽金遗迹》。

北京建城史已有 3000 余年，始于公元前 1045 年周武王分封蓟、燕，《史记·周本纪》载："武王追思先圣王，乃褒封神农之后于焦，黄帝之后于祝，帝尧之后于蓟……封召公奭于燕。"蓟、燕是方国都城，是地方性的行政中心。秦汉以来，北京地区一直是我国北方地区重镇，在辽代成为辽南京，为五京之一，是重要的地方行政中心之一，直至金代海陵王完颜亮于贞元元年（1153 年）迁都燕京，并改称为"中都"，正式开启了北京的都城史。自此，北京成为中国北部政治中心，进而成为全国政治中心，金中都的建立，在北京史乃至中国历史上都具有重要意义。

辽金时期是我国古代北方少数民族和汉族政治、经济、文化等多方面交流共融的繁荣时期，是中华民族多元一体格局进程中重要的组成部分，为此后元明清数百年间的民族大融合奠定了坚实基础。北京地区拥有辽金时期的丰富遗迹，这些遗迹的面貌与内涵既有对中原传统文化的继承与借鉴，又保留了契丹族、女真族以及北方地区其他民族特色，是中华民族共同体形成和发展的重要历史阵地，是多民族政治、经济、文化碰撞与融合的地区。北京地区辽金遗迹研究是辽金史研究的重要一环，也是研究北京城市发展史和民族史的重要组成部分。

《北京辽金史迹图志》再版项目是北京考古遗址博物馆纪念北京建都 870 周年系列活动中的重要工作之一，是献给这次周年纪念的诚意之作。北京考古遗址博物馆为再版工作成立了专项工作小组，历时数月，将《北京辽金史迹图志》的原版内容加以梳理，对书中的文字、图片进行重新录入；对应原书内容反复核查、订正，同时详细记录遗迹当前保存状况；并对大部分遗址、遗物进行实地走访、调研、拍照留存影像记录；增列这二十年间新发现的遗址遗物；对整本图书的编排进行重新设计。此外，原《北京辽金史迹图志》共分为上下两册并于不同年份出版，作为工具书不方便查阅，故重编图书体例，调整遗址、石刻遗物的分类，相信可以极大提高此书使用的便利性。

在调研过程中，部分石刻遗物移入室内或加罩防护，但更多的则暴露在室外环境中面临风化剥蚀而亟待保护；我们发现一些遗址的原貌也因为城市化的进程而湮没难寻，而这些无疑都是昔日历史的珍贵见证。尤其是石刻遗迹，是人与自然甚至是宇宙合二为一的见证，人类渺小，却妄想留下只言片语想与天地同在，与宇宙共存，也不失为一种伟大。工作组选择将这些遗址、遗物的现状加以详实的记录，以期为现阶段及未来北京辽金史的研究提供切实可用的材料。

编写过程中，我们时常慨叹于北京有着如此丰富的辽金史迹，但囿于客观条件和编者水平，成书难免挂一漏万。砥砺深耕，笃行致远，相信随着辽南京与金中都的历史遗迹的深入调查和研究，北京地区辽金遗迹的新发现、新成果的不断增多，届时辽金史研究将进入一个新的发展时期。

编者

2023 年 7 月 12 日

目 录

绪　论

在北京三千多年的建城史中，辽金时期是非常重要的阶段。辽金两代前后相继，历时 240 余年，在北京地区留下了丰富的历史遗迹。然而，随着时间的推移和城市的变迁，这些遗迹或残破或消失。2002 年原北京辽金城垣博物馆对北京地区现存辽金遗迹进行了调查，并相继出版了《北京辽金史迹图志》上下两册。时间犹如白驹过隙，转瞬间两册书的出版已有二十个年头，需要重新考量书中收录的遗址、石刻类遗物的现状二十年间是否有了改变，保存地点是否发生了变化，且随着北京城市建设的发展，新发现的辽金遗迹需要增补。2023 年，值此北京建都 870 周年之际北京考古遗址博物馆启动了《北京辽金史迹图志》再版项目。这次再版，不仅是对历史的回顾和致敬，更是对未来的期许和承诺，为传承和发扬北京古都的优秀传统文化添砖加瓦。

一、新旧版本的区别

本书在原有的《北京辽金史迹图志》上、下册的基础上进行修订。再版后的书更名为《中都遗珍——北京辽金遗迹》。有以下三点不同：一是体例不同。本书将原来的上、下两册整合为一册，更方便读者使用阅读。例如旧版中石刻类遗物，文物的基本信息、拓片在上册，录文又在下册，使用起来非常不便。这次修订后，每件文物的相关信息集中整合一起。首先是墓志的基本信息，存放地点、墓志的年代、形制的介绍、墓志主人生平的简单考证；其次是墓志的拓片；最后是墓志的录文，使用上一目了然。如《韩佚墓志铭》：

韩佚墓志铭　统和十五年

1981 年 6 月北京市石景山区八宝山革命公墓院内出土，辽统和十五年（997 年）刊石。仅志石一方，盖缺。汉白玉石质，正方形，边长 60 厘米。正书 28 行，行 20—32 字不等，共存 763 字，字迹清晰。韩佚，字乐善，《辽史》无传。志中所记韩颖，经与《辽史·韩延徽传》对读考证，证实韩颖即辽初辅佐辽太祖耶律阿保机的汉族重臣韩延徽。关于韩延徽是否为韩颖，史学界争论颇多，韩佚墓志的出土，使该问题得以澄清。韩氏家族是辽代政治舞台上显贵数朝的大族之一，韩延徽及子韩德枢在《辽史》均有传，其他所记之人也多为辽朝贵官。韩佚父韩德邻，为韩延徽之子，虽早亡，但韩佚凭依祖荫，"初任镇东平始补衙内都指挥使"，"应历中，以名家子特授权辽兴军节度副使、银青崇禄大夫、检校国子祭酒兼监察御史、武骑尉"，"保宁初改授营州刺史、检校工部尚书"，"迁上京副留守加太保"，"拜始平军节度使、开国男、食邑三百户"，可谓累任要职。志文可厘清其家族的世系关系并补其缺漏，纠正文献对韩氏家族籍贯记载之误，反映出辽代门阀制度仍然盛行以及契丹统治者与汉族地主之间的相互关系。对《辽史》颇资补证。撰文："卢龙节度判官、朝散大夫、行尚书祠部员外郎裴玄感"，书丹人与刊石人失记。考撰文者裴玄感，《辽史》两见其名。《圣宗纪》开泰元年（1012 年）五月："诏裴玄感、邢祥知礼部贡举，放进士史简等十九人及第。"二年（1013 年）正月："癸巳朔，以裴玄感为翰林承旨。"志石现存北京石刻艺术博物馆。今据拓本录文。

由于篇幅关系这里不引用拓片照片和录文。二是分类标准不同。原志将北京地区辽金遗迹分为桥、塔、舍利石函、建筑遗址、遗址、摩崖、经幢、墓幢、碑、墓志共十大类。类别分得非常细，为了区别塔和经幢，分出了墓幢。有的虽然铭文为塔，但是塔身形制与经幢相一致，如故衍公长老塔、广公大师塔记等归入墓幢。有的又以内容进行区分，记载墓主人事迹的为墓幢，如燃身明禅师塔、了公长老塔归为墓幢；讲经说法的列为经幢，如智矩如来破地狱真言幢。以不可移动、可移动为标准，从原志的十大类合并成遗址、墓葬、摩崖题记、遗物四部分，前三部分为不可移动文物，第四部分为可移动文物，如原志中的经幢和墓幢因其可移动性统一列为遗物类。三是内容的不同。根据二十年来考古、研究的成果，对本书内容进行了增补、删减。新增部分后面单独论述。北京考古遗址博物馆再版专项工作组成员，历时数月将原志内容进行梳理，将时代不明确、描述不准确的条目进行了删减。删减掉的多为遗址类，缙阳寺遗址、天宫寺遗址、香水院遗址、灵光寺遗址、双泉寺遗址、杜家庄村墓群遗址、萧太后河遗址、鹫峰遗址、钓鱼台遗址、玉泉行宫遗址、晾鹰台遗址、漷县遗址、延芳淀遗址、延庆莲花池遗址、古缙山县遗址、上方山遗址共十六处遗址，再版后的图志不再收录。

二、分类情况

本书将北京地区的辽金遗物按性质分为遗址、墓葬、摩崖题记、遗物四大类。其中遗址、墓葬、摩崖题记为不可移动文物，遗物类中全部为可移动文物，根据文物形制、内容、作用等又分为墓志、石经、经幢、石函、石碑、墓表。其中以遗址、遗物的数量最多。

1. 遗址

本书将塔、桥统归在遗址类别中。遗址包括宫观寺庙建筑遗址、苑囿水系遗址及金中都宫殿、里坊等 25 处。如金中都宫殿遗址，金中都宫城位于皇城中央，是在辽南京城内子城宫殿区的基础上扩建和增建而成的。完颜亮兴修宫殿之前，"遣画工写京师（指汴京）宫室制度，至于阔狭修短，曲画其数，授之左相张浩辈按图以修之"，依样设计。二十世纪九十年代初，北京西厢工程建设北起西便门，南达菜户营，由北向南贯穿金中都城宫殿区。中都宫殿经数百年沧桑，地面建筑片瓦无存。经考古钻探和发掘，发现了夯土 13 处，结合前人研究成果基本确定了应天门、大安门、大安殿等遗址的具体地点。其中，辽金时期佛塔 24 座，辽代以天宁寺塔、燃灯塔、良乡塔为代表，金代以银山塔林五座金塔为代表。辽金时期的塔从内容上看有佛塔、风水塔、吉祥塔三种。大部分为佛塔，风水塔有两座（照塔和玉皇塔），吉祥塔一座（老虎塔）。辽金时期统治阶级因下层百姓大都信奉佛教，大量建造佛塔。

2. 墓葬、摩崖题记

虽然北京地区辽金时期墓葬遗址多已无存，但是本书依然选取了 7 处辽金时期墓葬，作为辽金时期墓葬类的代表进行介绍。如北京最早、规模最大的皇陵——金陵。金陵是经海陵王、世宗、章宗、卫绍王、宣宗五世六十年营建而成的一处规模宏大的皇家陵寝，面积约有 60 平方千米。现已列为北京市重点文物保护单位。史书记载大金立国前的始祖以下十帝均迁葬于大房山陵，太祖至卫绍王七帝也葬于大房山陵。另外，完颜氏许多宗室王侯葬于诸王兆域，以及二十三位后妃葬于坤后陵等区域。九龙山位于房山区周口店镇龙门口村北约 1.5 里，是金陵的主陵区，它始建于金海陵王完颜亮贞元三年（1155 年），是大房山金陵开始营建的标志。2002 年对主陵区进行考古勘察和试掘，对主陵区地下遗存的具体位置、形制和结构等有了大致了解，先后发现并清理了主陵区石桥、神道、台址、大殿遗址、排水沟等多处遗迹，出土了大量的建筑构件和随葬品等重要文物，为研究金代陵寝制度，金代社会、政治、经济、文化等状况，无疑具有极其重要的意义。[1]

摩崖类 6 处，其中 4 处为新增。"摩崖石刻"是指镌刻于天然岩石或崖壁上的一类石刻。北京三面环山，西部有巍巍太行山自南向北逶迤蜿蜒，北部和东部有燕山山脉横亘雄踞，多山的地理环境为摩崖石刻的镌刻提供了绝佳的载体。北京自古为北方重镇，辽金时期以来逐步成为全国的政治和文化中心，悠久的历史和深厚的文化底蕴为摩崖石刻的书撰留题提供了良好的人文历史环境。正是这种独特的山水人文气质造就了北京地区历史悠久、分布广泛、数量众多、形式多样、内容丰富的摩崖石刻。如今，这些摩崖石刻已成为独具特色的历史文化遗产。

3. 遗物类共计 163 项

包括墓志、石经、经幢、石函、石碑、墓表 6 个小类，具有极高的史料价值。墓志 58 块，石经 2 块，经幢 68 项，石碑 28 通，石函 6 函，墓表 1 通。这些涉及辽金史事的碑文、墓志，内容丰富，全部是本朝人写本朝事，均为第一手史料，可以填补正史的空白，佐证史料的可靠性。以碑文中的辽代史料为例，其中不少记述涉及辽代地方行政建置。据《辽史·地理志·序》载，全辽辖区"总京五，府六，州、军、城百五十有六，县二百有九，部族五十有二，属国六一"。这段记载包括州县制和部族制两种政区，州县制政区是辽代整个政区的主体。但是据《辽史》《契丹国志》以及其他有关史籍记载，一般只涉及京、府、州、县，而不涉及县以下的政区。《辽史·百官志四》载有"乡正"一职，可知辽代建置的政区，县以下还应有基层单位。但是有关县以下基层单位的史料记载可谓为空白。辽代碑文内容所反映的辽代政区建制正好弥补了这一不足。碑文中反映县以下有乡、里或乡、村。《张琪墓志》记述张琪死后"葬于幽都府幽都县礼贤乡北彭里"。撰于兴宗重熙五年（1036 年）的《张嗣甫墓志》记

1.北京市文物研究所编:《北京金代皇陵》,文物出版社,2006 年,第 24 页。

述张嗣甫死后，"葬于燕京幽都县礼贤乡胡村里"。另外，有些碑文还保留了一批官员的阶衔（系列式官衔）和政治情况，反映了当时燕京地区社会经济、儒学、科举、佛教等情况，对我们研究辽金时期政治制度与中原传统制度的关系有着极高的史料价值。

三、新增内容

　　原志出版已有二十年，二十年来北京地区辽金考古取得了丰硕的成果。本书将考古新发现及研究新成果一并收入其中，极大地丰富了图书的内容。新增的内容中遗址类有金中都城垣遗址、金中都里坊遗址、金中都兵营遗址、金中都鱼藻池遗址、云岩禅寺遗址、十方大天长观遗址、大庄科辽代矿冶遗址七处；墓葬类有刘六符墓、韩佚墓、马直温墓、鲁谷吕氏家族墓四处；摩崖题记类新增朝阳洞重修楼观摩崖题刻、佛岩寺摩崖题刻（明昌三年）、解州石匠摩崖题刻、云岩禅寺摩崖题记；遗物类共新增十三项，其中墓志新增了吕府君墓志铭、吕士安墓志铭、孙即康圹祭文、耶律迪烈墓志、何遵晏墓志铭、吕嗣延墓志、东平县君韩氏墓志、蒲察胡沙墓志八块，经幢新增清水院长老和尚塔记、弘业寺禅师塔记、榆树庄金代墓幢三项，石碑新增了崔村锣钹邑残碑、三泉院茔记碑两通。

　　辽金遗迹调查工作是一项系统工程。书中收集的每一张文物照片、图片、拓片都蕴涵着丰富的历史知识。通过对这些资料的研究，进一步明确了中华民族多元一体格局形成的历史进程。在纪念北京建都 870 周年之际，我们将《北京辽金史迹图志》再版，希望能够为辽金史学界研究提供翔实的史料和线索。由于时间仓促，难免遗漏，衷心希望读者为我们提出宝贵意见，后续我们也会展开深入研究。

杨志国

2023 年 10 月 10 日

壹 · 遗址

宫殿城垣
遗址

金中都宫殿遗址

　　金中都宫城位于皇城中央，是在辽南京城内子城宫殿区的基础上扩建而成的。完颜亮兴修宫殿之前，"遣画工写京师（指汴京）宫室制度，至于阔狭修短，曲画其数，授之左相张浩辈按图以修之"，依样设计。"役民夫八十万，军匠共四十万，作治数年，死者不可胜计。地皆古坟冢，悉掘弃之。虏既蹂躏中原，国之制度强效华风，往往不遗余力。"

　　金中都宫室的布局，有关文献中曾有过多种描述，多为出入过宫城的时人记载。如《金史·地理志》记载："应天门十一楹，左右有楼，门内有左、右翔龙门，及日华、月华门，前殿曰大安，左、右掖门，内殿东廊曰敷德门。大安殿之东北为东宫，正北列三门，中曰粹英，为寿康宫，母后所居也。西曰会通门，门北曰承明门，又北曰昭庆门。东曰集禧门，尚书省在其外，其东西门左、右嘉会门也，门有二楼，大安殿后门之后也。其北曰宣明门，则常朝后殿门也。北曰仁政门，傍为朵殿，朵殿上为两高楼，曰东、西上阁门，内有仁政殿，常朝之所也。"另外，《三朝北盟会编》也记载："驰道之北即端门，十一间，曰应天之门，旧常名通天门，亦十一间。两夹有楼，如左右升龙之制、东西两角门。每楼次第攒三檐，与央楼接，极工巧。端门之内，有左、右翔龙门，日华、月华门。前殿曰大安殿，使人入左掖门，直左循大安殿东廊后壁行，入敷德门。自侧门入，又东北行。直东有殿宇，门曰东宫，墙内亭观甚多。直北面南列三门。中曰集英门，云是故寿康殿，母后所居。西曰会通门，自会通东小门，北入承明门，又北则昭庆门，东则集禧门，尚书省在门外。又西则右嘉会门，四门正相对。入右嘉会门，门有楼，与左嘉会门相对，即大安殿后门。门内至幕次，黑布拂庐待班。有顷，入宣明门，即常朝便殿门也。门内庭中，列卫士二百许人，帖金双凤幞头，团花红锦衫，散手列。入仁政门，盖隔门也，至仁政殿下，大花毡可半庭，中团双凤。殿两旁各

大安殿遗址发掘现场

宫殿城垣遗址

大安殿夯土

有朵殿，朵殿之上两高楼，曰东西上阁门。两旁悉有帘幕，中有甲士，东、西御廊，循檐各列甲士。东立者，红茸甲，金缠竿枪、黄旗画青龙。西立者，碧茸甲，金缠竿枪、白旗画黄龙。直至殿下皆然。惟立于门下者，皂袍，持弓矢。殿两角，杂列仪物幢节之属，如道士醮坛威仪之类。使人由殿下车行上东阶，却转南，由露台北行入殿阙谓之栏子。虏主幞头，红袍、玉带，坐七宝榻，背有龙水大屏风，四壁帘幕皆红绣龙。拱斗皆有绣衣。两楹间，各有焚香大金狮蛮，遍地铺礼佛毯，可满一殿。两旁玉带金鱼或金带者十四五人，相对列立。遥望前后殿庑，矗起处甚多。制度不经，工巧无遗力。所谓穷奢极侈者。炀王亮始营此都，规模多出于孔彦舟。"

《金宫词·楼钥北行日录》记载："由应天东门步入东廊幕次，中大安殿门九间，两傍行廊三间，为日华、月华门各三间；又行廊七间，两厢各三十间，中起左、右翔龙门，皆垂红绿帘。庭中小井亭二……殿下砌阶两道。……大安殿十一间，朵殿各五间，行廊各四间，东、西廊各六十间。中起二楼，各五间，左曰广祐，后对东宫门，右曰弘福。后有数殿，以黄琉璃瓦结盖，号为金殿，闻是中宫。"

以上史料中，有关中都宫城的记载基本一致。后人结合文献材料和考古勘探、发掘，将金中都宫城进行了复原。其仿照北宋汴京宫城制度营建，横向可分为三路，即东路、中路和西路。

宫殿均配置在从宫城南端应天门到北端拱辰门的这条中轴线上，有九重宫殿。应天门为十一间的门楼，建筑雄伟，两方有侧楼，其东一里为左掖门，西一里为右掖门。左掖门之内为宫城东路。右掖门之内为宫城西路。应天门内有空地，左侧有行廊三十间，中开一门，名左翔龙门，东向，通向东路；右侧也有行廊三十间，中亦开一门，名右翔龙门，与左翔龙门相对，西向，通西路。左右翔龙门之间空地有东西两小亭。正对应天门，北面列三门。中间为大安门，即大安殿正门，面阔九间。大安门东侧有三间游廊，又东为日华门，南向，面阔三间。大安门之西也有三间游廊，又西为月华门，南向，面阔三间。大安门内正北为大安殿，是宫城内最大的宫殿，面阔十一间，建在三级月台上，有十四级台阶，周围各有行廊四间，与东、西侧之行廊相衔接。殿内陈设甚豪华，中间宝座"七宝为之榻"，"后照壁画龙，顶为大金龙盘其上"，"背有龙水大屏风"，"四壁帘幕皆红绣龙"。大安殿是金中都宫城正殿，所谓皇帝正位。金帝在此举行各种盛典，如皇帝登基大典，皇帝受尊号册宝及皇太子受册仪式等均在大安殿举行。

二十世纪九十年代初，北京西厢工程建设北起西便门，南达菜户营，由北向南贯穿金中都城宫殿区。中都宫殿经数百年沧桑，地面建筑片瓦无存。经考古钻探和发掘，发现了夯土13处，结合前人研究成果，基本确定了应天门、大安门、大安殿等遗址的具体地点。

应天门是金中都宫城的正南门（相当于明清的午门），在鸭子桥西里3号楼发现一处南北长36米的金代建筑夯土，与阎文儒先生的《金中都》一文中的看法吻合，而且从夯土规模、结构分析也证明了这一看法。因此距此路口南70米的夯土区的夯土可以断定为金宫城的应天门遗址。

大安殿是宫城的主殿，遗址位于白纸坊西街与滨河西路交叉处以北，即在31号楼前南北长70米、东西宽60余米的一处夯土，是大安殿建筑基址。

大安门是金中都应天门和大安殿之间的一座门。其规模较应天门小。经考古钻探，证明了白纸坊西大街与滨河西路交叉路口发现的夯土区应是大安门遗址。

北京建都纪念阙

宮殿城垣遺址

金中都水关遗址

遗址位于北京市丰台区右安门外玉林小区。1990 年 10 月，北京市园林局在修建宿舍楼时发现了此处遗址，水关遗址的发现引起了学界的极大重视。随后，经过国家文物局及北京市文物局的批准，原北京市文物研究所对水关遗址进行了考古清理和发掘，发掘总面积为 660 平方米，被评为 1990 年度全国十大考古新发现之一。

1991 年，北京市政府决定将水关遗址永久保存下来，并在此基础上建立博物馆。经过四年的建设与精心筹备，北京辽金城垣博物馆于 1995 年 4 月 23 日正式对外开放。1995 年和 2001 年，先后被评定为北京市级文物保护单位和全国重点文物保护单位。2021 年北京辽金城垣博物馆、北京市大葆台西汉墓博物馆、北京市西周燕都遗址博物馆合并成为北京考古遗址博物馆。

水关又称"水门""水涵洞""水窦"，是古代城墙下供河水进出的水道建筑。金中都水关遗址为木石结构，残存部分平面呈"] ["形，南北向，全长近 44 米，两厢石壁宽 7.7 米，最宽处 13 米，使用了大量木、石、砖、铁、砂石等建筑材料。木材大多为柏木，主要用于地钉和衬石枋。据统计，建水关约用了 1800 根 1—2 米长的木桩。遗址所用石料为青石，约为 530 立方米。此外，遗址还使用了约 2500 个铁银锭榫。银锭榫还有木、砖等质地的，主要用于相关材料的连接。遗址最下层基础是紧密的木桩，木桩之间用碎石及碎砖瓦、砂土夯实。木桩之上为衬石枋，衬石枋上面又铺设地面石。木桩、衬石枋、石板紧密相连。

金中都南城垣水关遗址的堆积厚达 5.6 米，根据地层叠压关系及文化层中出土的遗物可推断出，该水关元代早期还在使用，至元代中晚期毁弃。目前，除此处水关遗址外，北京市区内还保存有元大都北城垣水关遗址一处。

此处水关遗址的发现，不仅确定了金中都城南城墙的位置，而且基本明确了金中都城内水系向东流过龙津桥后，其中一支向南的走向和经南城墙入护城河的确切地点。这条河发源于西湖（今莲花池），经鱼藻池（今青年湖）过龙津桥向南穿过丰宜门和景风门之间的此处水关后出城，汇入护城河（今凉水河）。金中都水关遗址是目前已发现的中国古代水关遗址中规模最大的，且结构与宋代《营造法式》中"卷輂水窗"的规定基本一致，是研究我国古代建筑和水利设施的重要实例。

水关遗址全景

宫殿城垣遗址   013

衬石枋

地钉

关键柱

木银锭榫

地钉

擗石桩

金中都城垣遗址

遗址位于北京市丰台区，现地表残存三段夯土城墙，处于中都城的西南拐角，分别是南城墙凤凰嘴段、万泉寺段和西城墙高楼村段，1984年公布为北京市文物保护单位。

金中都城建于金帝完颜亮天德三年（1151年），贞元元年（1153年）定都，号为中都。至金宣宗贞佑二年（1214年）迁都汴梁（今河南开封），中都城作为金朝国都62年，也是北京正式成为统治北部中国的政治中心之始。金中都城址主要区域横跨现在北京市的西城区、丰台区及海淀区东南部。其方位大致是出右安门沿护城河岸西行至凤凰嘴村，是中都城的西南角；复兴门外的皇亭子是西北角；宣武门内翠花街是东北角；永定门豁口外四路通是东南角。

2019至2021年北京市考古研究院（原北京市文物研究所）对西城墙、南城墙进行了考古发掘，共发掘地下城墙遗迹6处，总长约60米。西城墙遗迹位于高楼村段，保存较好，墙体基部宽24米，残高1.2米，最高处残存9层夯层，层厚5—15厘米，夯窝直径2—12厘米。南城墙遗迹位于万泉寺段，由于晚期破坏较为严重，现存城墙最宽处14.6米，残高1.8米，最高处残存15层夯层，层厚5—15厘米，夯窝直径3—13厘米。两段城墙遗迹均未发现包砖，墙体两侧有倒塌和二次夯筑迹象，墙体在隋唐时期地层上平整起建，局部区域发现有疑似墙基基槽。同时，在西城墙外发现了一处马面遗迹，呈圆角梯形，南北长20—23米，东西宽约8米，构建方式是在城墙外二次增筑，并在马面外围发现了包砖沟遗迹。此外，在西城墙内、外两侧分别发现了顺城街道路和护城河遗迹，在南城墙下发现了唐代和辽代墓葬。

此次考古发掘基本厘清了外城城墙的保存状况、形制结构，及其与城外护城河、城内道路的关系，首次正式确认了护城河、城墙的宽度及营建方式，完整揭露的1处马面遗迹，也是金中都考古的首次发现。发现的唐、辽墓葬为金中都外城南墙在唐幽州、辽南京基础上向南扩建的史实提供了新的考古学证据。

西城墙夯土遗迹局部

南城墙夯土遗迹局部

马面遗迹西南拐角

金中都城垣遗址万泉寺段

壹 · 遗址

宫殿城垣遗址 019

金中都城垣遗址凤凰嘴段

宫殿城垣遗址

金中都北开远坊遗址

遗址位于北京市西城区槐柏树街道。2021年3月，北京市考古研究院（原北京市文物研究所）对北邻槐柏树后街、东邻长椿街、南邻北京市府大楼区域内进行了考古发掘，发掘区域的西南为现宣武艺园，内有金代紫金寺旧址，残存部分建筑基址、碑座。此次发掘清理古代遗迹226处，其中灰坑197座，沟5条，砖砌遗迹1处，井12眼，道路1条，磉墩2个，窑址2座，灶址6座。发现的灰坑、井、窑、灶、沟、道路充分说明该地区在辽金时期是古人生活区域。灰坑等遗迹中浮选出的种子遗存为研究当时古人饮食和生活环境提供了线索。

据《元一统志》："紫金寺，在（燕京）旧城北开远坊，元朝中统二年重修。"《析津志》："紫金寺，在彰义门内，庆寿寺支院。"遗址处于唐幽州城、辽南京城、金中都城内，距离金中都北城墙约700米，初步推测该地可能为开远坊或显忠坊一部分。本次考古发现为研究古代社会历史变迁和金中都城市发展变化提供了新的材料。

北开远坊发掘现场

金中都西营遗址

　　遗址位于北京市丰台区卢沟桥乡凤凰嘴村北侧、丽泽路南部。2009 至 2010 年，北京市考古研究院（原北京市文物研究所）配合建设工程，对丰台区卢沟桥乡凤凰嘴村北侧、丽泽路南部区域进行了抢救性考古发掘工作，共清理出各类遗迹 125 处，其中金代房址 57 处。金代房屋遗址分布于整个发掘区，均坐北朝南，其中 3 排房址做了完整的发掘，其余 54 排房址探明具体位置，并做了局部解剖。房屋遗址可分为两类：第一类，进深三间，宽度为 7.5 米，面阔最少的为 26 间，长度愈 100 米，共发现 55 排，房屋内有灶的遗迹为士兵的住所。第二类房屋进深五间，房屋进深宽度 12—14 米，面阔不详，共发现 2 排，应为将军住所或衙署。

　　大型建筑遗址的发现、铁铠甲的出土，结合《永乐大典·顺天府》"燕京西南隅常清坊，用白金千两得宅一区，建观曰东阳"，及《析津志》"东阳观俗号左府宅，在西营之北"等文献记载，确定该地块所发现的大型建筑遗址为金代西营遗址。为研究金代营房制度、金代建筑考古、金中都城市布局提供了大量可供参考的资料。金代铁铠甲的出土，在国内尚属首次，具有重大的科研价值与历史价值。

金中都西营房屋遗址

金中都西营遗址全景

宫殿城垣遗址 025

苑囿水系
遗址

金中都鱼藻池遗址

遗址位于今北京市西城区白纸坊青年湖，东至广安门外街，南至马连道东街，西至北京铁道分局广安门站，北至广安门外南街63号。20世纪90年代配合西厢道路工程建设，北京市考古研究院（原北京市文物研究所）曾对该遗址进行过勘探，探明了鱼藻池的东、北、南岸，在半岛上发现两处夯土区，并于1999年和2005年对该遗址进行过试掘。2012年，北京市考古研究院（原北京市文物研究所）对鱼藻池遗址进行了考古发掘。此次发掘揭露出鱼藻池湖岸，湖域整体呈马蹄形环绕着西部半岛。半岛东西长114米，南北宽98米，西部与陆域相连，其余三面环水，乃是向东凸出湖域的半岛。其南岸和东岸皆为石砌堤岸，北岸为自然岛岸。此次发掘是对金中都鱼藻池遗址进行的首次正式发掘，发掘基本究明了鱼藻池湖岸和岛岸的建筑构造方式，明确了湖岸和岛岸的毁废状况。发掘表明，鱼藻池为半岛结构，厘正了以往"湖心岛"的认识。

太液池是北京历史上最早的皇家园林。海陵王完颜亮迁都燕京时，在辽代宫苑、湖沼的基础上，兴建鱼藻池、瑶池殿等。完颜亮后又仿照北宋汴京御苑，将在此新建成的园囿命名为琼林园。再经过世宗和章宗的兴建，在金宫城的西南隅，形成了包括鱼藻池、琼林园等成片的宫苑区。鱼藻池是金中都城规划、设计的原点之一，也是研究古代皇家造园艺术的重要实例。

金中都鱼藻池遗址的发掘，为金中都复原研究提供了一个可靠的地理坐标。不仅如此，此次发掘证实了鱼藻池东岸东距大安殿遗址仅200米，这为探寻金中都宫城的位置提供了参照点。另外，此次发掘为复原金中都的河湖水系补充了重要环节。金代引玉泉山水入中都城，大致路径是汇入西湖（今莲花池），再流过龙津桥，从西南水门（金中都水关遗址）出城，但具体路径不详。现在因为水关遗址（原北京辽金城垣博物馆）及鱼藻池遗址的发掘，补充了洗马沟在中都城内的中间环节，金水河河道甚至莲花池水系可据此大体得以勾勒复原。

鱼藻池建筑基址

鱼藻池遗址东岸

金中都太宁宫遗址

　　北海是辽、金、元、明、清五代帝王的宫苑，也是我国保存至今历史最悠久、规模宏伟的古代园林杰作之一。早在十一世纪中叶，北海就是位于辽朝陪都南京城东北的皇家行宫，当时称为"瑶屿"。十二世纪中叶，瑶屿改建成金朝帝王的离宫。据文献载，金大定十九年（1179年）建大宁宫，后更名"寿宁宫"，又改名"寿安宫"，金章宗明昌二年（1191年）更名"万宁宫"。

　　据《艮岳记》记载，金世宗大定十九年（1179年）为了营建琼华岛，不惜花费大量人力物力，把汴京万岁山的艮岳太湖石运到中都。《金鳌退食笔记》载，"金人载此石，自汴至燕……"。清朝曾多次增建修葺，但仍保留了部分800多年前艮岳的山石。立在白塔东侧山脚的琼岛春阴碑，中海水上小岛上屹立着清乾隆御书"太液秋风"碑一通，二者是金章宗年间确定的"燕京八景"，（原称"太液晴波"，乾隆书碑时改为今名），这些都是人们访古的景区。北海是北京市第一批全国重点文物保护单位。

太宁宫遗址艮岳石

太宁宫遗址艮岳石

北海（太宁宫旧址）

金中都西湖遗址现状（今莲花池公园）

金中都西湖遗址

　　遗址位于今北京市丰台区的莲花池公园，其东部已进入金中都西城墙内。西湖作为北京平原上早期城市形成的依托，担负了战国、汉代直至唐幽州城、辽南京城、金中都城水源的供应。侯仁之等前辈认为西湖东部应有水闸，往东应有河道、桥梁，在今天木楼村湾子（村）一带还可能有西湖水入城的水关（已发现的金中都南城垣水关遗址应为该水系出城的水关）。

寺庙宫观
遗址

法源寺遗址

　　遗址位于北京市西城区的法源寺，始建于唐贞观十九年（645年）。初为悯忠寺，唐中和二年（882年）毁于火。其后历代重修，但寺址至今未曾变动。金大定十三年（1173年）曾以此寺作为女真人进士考场。宋钦宗赵桓也曾被金兵囚禁于此。清雍正年间（1723—1735年）改建后更名为"法源寺"。

　　寺中悯忠阁陈列文物有辽应历七年（957年）"陀罗尼经幢"、辽大安七年（1091年）

法源寺

"燕京大悯忠寺观音菩萨地宫舍利石函记"、辽寿昌年间（1095—1101 年）"大辽燕京大悯忠寺紫偈师德大众"等石函题记、金大定十八年（1178 年）"礼部令史题名碑"等。此外在西方丈院楼上有云居寺石经全部拓本。楼下展出有关重要题记碑刻的图片及重要文章，并陈列云居寺出土的辽天庆七年（1117 年）石函及函内所装物品和"云居寺释迦佛舍利塔记"碑一通，是研究佛教及辽代历史珍贵的实物资料。法源寺是北京地区最古老的寺庙之一，1979 年被公布为北京市文物保护单位。

法源寺悯忠阁

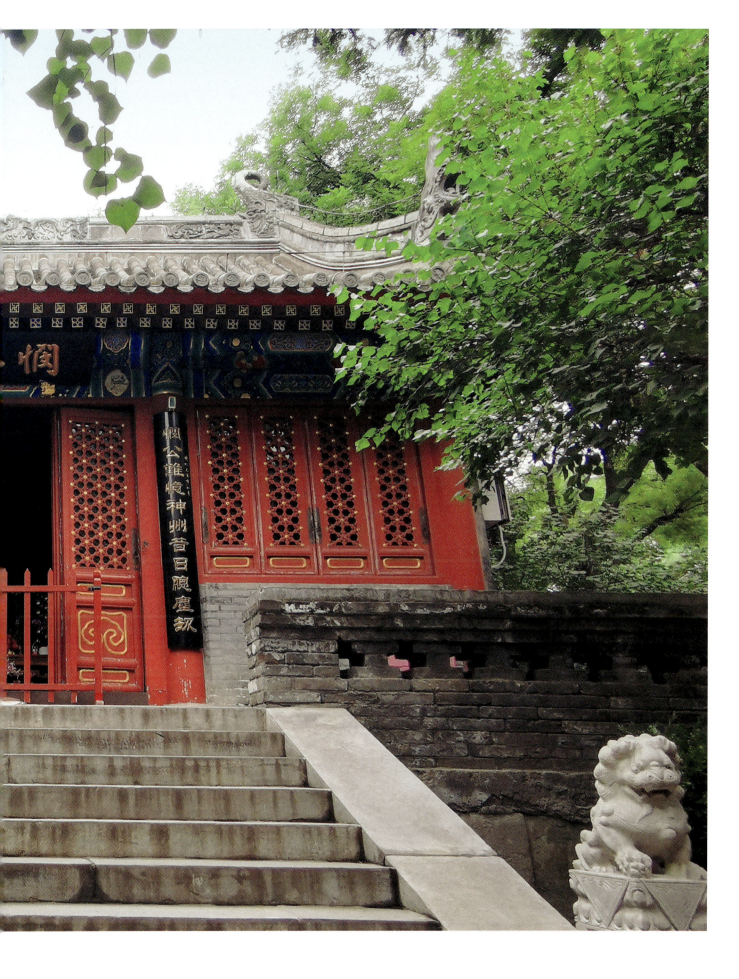

清水院遗址

  遗址位于北京市海淀区北安河西南的阳台山麓，始建于辽代咸雍四年（1068 年），初名清水院。金代为金章宗巡行驻跸之所，为西山八院之一，后称灵泉寺。明宣德三年（1428 年）改名为"大觉寺"，虽明清两代屡有修缮，但建筑形制仍保持辽代特点，寺坐西朝东，保持了契丹人在建筑上喜东向的"朝日"习俗。

  在大悲坛北侧有一座高约 100 厘米、螭首龟趺的辽代古碑，《阳台山清水院创造藏经记》碑。碑文记载，辽咸雍四年（1068 年），一位叫邓从贵的善人，舍钱盖僧舍，又印大藏经 579 帙，具有重要史料价值。《阳台山清水院创造藏经记》一文的末尾，有"玉河县南安窠村邓从贵"的记载，可知清水院的地域隶属于辽南京道析津府玉河县。又其坐落的山峰之名称，辽代前后一直写作"阳台山"，而"旸台山"的"旸"字写法，则始见于明代宣德三年的《御制大觉寺碑》一文中。

  同辽南京地区（今北京）的其他一些著名寺院一样，清水院的创建与兴盛，是有深远的历史基础、社会原因及广泛的区域背景。从大背景上说，契丹统治者崇奉佛教，终有辽一代二百余年，其笃信的程度可与唐代相比而远超北宋，以至后人有"辽亡于佞佛"的说法。辽代尚佛，其来有自。因为自西汉哀帝元寿元年（前 2 年）时期佛教从印度传入中国，传播的速度很快，至隋唐时期已遍及华夏。然而，佛教的过度发展，不仅使老百姓深受其害，也与世俗地主阶级的利益发生了冲突，甚至使最高统治集团也感觉受到威胁。因此，自唐以来，曾先后发生了两次灭佛运动：前一次发生于唐武宗会昌五年（845 年），后一次发生于后周世宗显德二年（955 年），均由朝廷下诏，检括天下僧尼寺院，废除大量寺院，敕令众多僧尼还俗。而当时，契丹已兴起于北方并开始崇尚佛教。在这种历史背景下，正如一些研究者所论，中原王朝的两次灭佛运动，自然造成了佛教西灭东来、南抑北行的局面，这在客观上为幽燕地区，特别是汉文化基础深厚的辽南京地区（今北京）佛教的兴盛与发展创造了条件。

大觉寺（清水院遗址旧址）

三山庵遗址

　　遗址位于北京市石景山区八大处公园内，是西山八大处第三处，位于灵光寺东北面，因坐落于翠微、平坡、卢师三山之间而得名。始建于金天德三年（1151 年），三山庵俗称麻家庵。清乾隆年间（1736—1795 年）修缮，庵仅一层院落，建筑精致小巧，环境清净幽雅，山光水色令人心旷神怡。

三山庵遗址财神殿

三山庵遗址大雄宝殿

大悲寺遗址

大悲寺遗址

　　遗址位于北京市石景山区八大处公园内，为西山八大处第四处，位于平坡山半山腰处。旧名隐寂寺，始建于辽金时期。明嘉靖二十九年（1550年）泾王继妃魏氏在原有三层大殿后，增建了"大悲阁"。清康熙五十一年（1712年）重修，改名大悲寺，由康熙亲书题额，"壬辰，圣祖皇帝召见（大悲寺住持慧灯禅师，号古梅）于畅春苑之天馥斋，赐额锡金，改名'大悲寺'"。乾隆六十年（1795年）再修。

延庆院建筑石构件

延庆院遗址

  遗址位于北京市通州区张家湾镇后青山村北，该遗址辽代时建在延芳淀中呼鹰台上。原台为方形，边长约 90 米，高约 5 米。金大定十八年（1178 年），寺院住持圆照圆寂，在院侧建塔葬之。明代延芳淀淤为洼地，皇家狩猎场移定在南海子，寺院开始荒芜，林木荫翳，台南侧村庄遂因名青山。今遗址处已为企业占用，出土有"延芳院照公寿塔铭"石幢幢身，汉白玉质，大八角直柱体，高 83 厘米，面径 30 厘米，每面俱纵刻楷书，记述照公生平，对地名考证有重要作用。还曾出土一件铁铸扁锋，高 45.5 厘米，长圆径 42 厘米，锈蚀较重，应是院某殿仔角梁端所悬之物。村内还散落着一些辽代建筑石构件。

凤翔寺遗址

凤翔寺遗址

　　遗址位于北京市怀柔区东南部的仙台村内，距县城 10 里。据现存的"重修凤翔寺碑"记载，该寺始建于唐朝，原名"仙圣传院"，金代改名为"凤翔寺"。根据基址可以看出当时规模宏大，后经历代修缮，最后一次修缮是清嘉庆年间（1796—1820年）。至今仅有一层大殿，殿前圭首方座青石"重修凤翔寺碑"一通，碑旁有经幢两节，院内尚存古柏两株。

凤翔寺遗址

云岩禅寺修缮前

壹 · 遗址

云岩禅寺修缮后

云岩禅寺遗址

　　遗址位于北京市平谷区刘家店镇孔城峪村西山谷北侧崖壁上，三面皆山，东侧是进山的入口，占地面积1500平方米。始建于辽乾亨年间（979—983年），明景泰年间（1450—1457年）重建，规模倍增，因此敕赐"云岩禅寺"。上寺建在悬崖峭壁上，下寺建在坳处。清代重修。抗日战争时烧毁。2022年，在原址复建。在寺北侧崖壁上有多处墨书题记。

云岩禅寺现状

题记崖壁

崇孝寺遗址

遗址位于北京市西城区菜园街。2021 年，北京市考古研究院（原北京市文物研究所）在西城区菜园街勘探发现了金代崇孝寺塔基遗址，并进行了考古发掘。塔基遗址北距枣林前街 100 米，东南距现崇孝寺藏经阁 50 米。

塔基距现地表 4.3 米，遗址由长方形地宫、圆形塔基、长方形台基三部分组成。地宫为外用青砖砌筑长方形竖穴式。地宫中心瘗埋一长方形青石质石函，石函素面无纹，长 0.93 米、宽 0.78 米，壁厚 0.15 米，深 0.73 米，分上、下两半扣合而成。石函内发现一红漆木函，为长方形盝顶式，盝顶有铭文，东西长 0.57 米，南北宽 0.44 米，高 0.45 米，木函内有以丝织品为主的佛教文物。地宫上方及四围夯筑瓦渣层形成塔基。平面为圆形，以地宫为中心半径 7 米，瓦渣层用砖渣夹黄土夯筑而成，较为致密硬实。圆形塔基外围是长方形夯土台基，南北长 16 米，东西宽 10.5 米，夯土分上下两层，总厚 0.9 米，不甚密实。

金代崇孝寺塔基遗址的发掘，为研究北京唐至金代的城市地理提供了一个可靠的坐标。石函内出土的与佛教相关的丝织品等文物，具有很高的科技和艺术价值。

崇孝寺塔基全景

壹 · 遗址

崇孝寺塔基出土的丝织品包裹

崇孝寺塔基出土的丝织品包裹

崇孝寺塔基出土包裹内丝织品

圣安寺遗址天王殿

圣安寺遗址

　　遗址位于北京市西城区南横西街与牛街交叉口东北角。始建于金太宗天会年间（1123—1135年），是金代帝后为佛觉、晦堂二位大师营建的。初名"大延圣寺"，金大定七年（1167年）改为"大圣安寺"。明改为普济寺，清乾隆四十一年（1776年）又重建古刹圣安寺。在"文化大革命"期间被毁，现仅存山门和天王殿。现被北京市宣武回民幼儿园占用。

圣安寺遗址

香山寺建筑遗址

香山寺遗址

  遗址位于北京市海淀区买卖街 40 号香山公园内，山势陡峭，环境幽雅。辽代中丞阿勒弥（或作阿里吉）舍宅兴建佛寺。辽末自立为帝的耶律淳死后葬香山，号永安陵。金代对香山有较大的开发，建成行宫，明昌年间又设会景楼、祭星台，成为金世宗、章宗临幸之地。清代皇帝动用巨资进行增建，形成规模宏大的皇家园囿，称为"静宜园"。

  香山共有二十八景，香山寺就是其中之一。据《金史·世宗纪》记载，寺始建于金大定二十六年（1186 年），称为"大永安寺"，亦称甘露寺。元、明、清三代均曾重修，以山为寺名，称"香山寺"，现遗址尚存。原寺依山架壑，殿五层，建筑壮丽。山门内有石碑和古松，乾隆御制满汉蒙藏四种文字石碑尚存，而松树已非原物。香山寺遗址于 2012 年至 2016 年 7 月完成主体建筑修复，包括 13 处单体建筑，后苑围廊及油饰彩绘等。

香山寺遗址柱础

香山寺遗址修缮前

香山寺遗址修缮后

黄普院妙觉禅寺旧址

黄普院明照洞瑞云庵山门

黄普院遗址

　　遗址位于北京市海淀区凤凰岭南线，此处地势极为开阔，碎石累累，残碑断碣隐没于荒草之中。"敕赐妙觉禅寺"残碑记："藏圆融显密大宗师播阳道深撰。尚书太常太卿三山赵荣书。禄大夫太保柱国会昌侯济南孙继等篆。远接神山居庸一带，林峦叠翠，溪涧流清，而有金章宗创建之古刹黄普院……敕赐妙觉禅寺……"。黄普院为金章宗时期西山八大水院之一，又称"圣水院"，明正统二年（1437 年）时赐额妙觉禅寺；弘治十四年（1501 年），改称明照洞瑞云庵，俗称"皇姑院"。1941 年，寺庙被日寇焚毁，山门、石龛、古碑、金刚石上的墓塔尚存。塔下葬的是明代妙觉寺首任住持尹奉。

黄普院石龛

黄普院柱础

　　　　　　　　　　　　　　　　　　　　　壹 · 遗址

黄普院金刚石及尹奉墓塔

仰山栖隐寺遗址

仰山栖隐寺遗址内残碑额

仰山栖隐寺遗址

　　遗址位于北京市门头沟区，建在仰山之巅。据文献记载："仰山栖隐寺，金大定二十年（1180年）正月建，命云冥觊公开山，赐田设会，度僧万人。"金章宗在此建行宫，耗巨资兴建庙宇，寺有龙王堂。泉水甘洌，京西名泉之一，故名灵泉。据《长安可游记》云："……栖隐寺，金大定初建，有五峰八亭，章宗屡游之，赏题诗刻石。今无矣。"又有刘定之《重修仰山栖隐寺碑记》："……京师之西……栖隐寺据之，创始于金时。金之诸主，屡尝临幸，有章宗所题诗在焉。固以宗奉其教之故，亦爱其景而然也，今其遗迹犹可指数者，五峰八亭……在极极峰左右，是谓八亭，皆金主所尝至也。环寺之地若干里，章宗已定四至……刻之于碣，以为寺永业，民不得与焉。"

白瀑寺遗址

　　遗址位于北京市门头沟区雁翅镇淤白村北金城山下。寺内有清泉松柏，景色清幽，全名"白瀑寺峰禅寺"。始建于辽乾统年间（1101—1110 年），金、元、明、清历经重修。寺内现有金皇统六年（1146 年）圆正法师塔。

白瀑寺遗址修缮前

白瀑寺遗址修缮后

白瀑寺遗址修缮后

静安寺遗址现状

静安寺遗址

　　遗址位于北京市通州区静安寺胡同 12 号。始建于金大定年间（1161—1189 年），明洪武、万历年间重修，清代屡加修缮。南向二进院落，占地约 1300 平方米。山门殿、正殿、后殿及东西配殿尚存，均为清代建筑。山门西次间后天井处立有明代汉白玉螭首龟趺碑记一通，字迹剥蚀殆尽；后院残存金代汉白玉质经幢顶、座各一件。原有西跨院，早已改建为民居。自古以来，在每年夏历七月十五日中元节，于此举办盛大盂兰盆会，制售荷灯以供平民晚间在运河上点放，且举办庙会三日，城乡百姓齐聚于此，搭台唱戏，购售两旺，解放后停止。现为通州区文物保护单位。

静安寺遗址现状

　　　　　　　　　壹 · 遗址

静安寺遗址石构件

崇兴寺石塔刹

崇兴寺遗址

　　遗址位于北京市通州区潞城镇南刘各庄村东口，南北长约 95 米，东西宽约 65 米。该寺为金代建筑，元时外白河流经寺前，明代易作药王庙，解放前后改建小学校，仅存遗址。遗址上存有金代石塔塔刹一顶，汉白玉雕制，圆锥体，高 85 厘米，顶径 26 厘米，底径 56 厘米。表面浮雕十环相轮，下缘浮雕一环仰莲，底中心有榫，重心垂直，线条柔美。尚存石塔地宫，在校舍东侧，古槐一株，三人合抱，干空枝郁，还有夹杆石、柱础等，现均存刘各庄小学院内。

佛岩寺遗址

　　遗址位于北京市昌平区南口镇羊台子沟，与居庸关沟并行。佛岩寺分上下佛岩寺，上佛岩寺建于辽代，现存佛岩寺建筑基础，下佛岩寺建于明代。2003年被公布为北京市昌平区文物保护单位。

佛岩寺遗址现状

佛岩寺遗址现状

佛岩寺遗址

白云观（金十方天长观旧址）

十方大天长观遗址

　　遗址位于今北京市西城区白云观，前身为唐代所建的天长观。天长观在金代正隆年间遭火灾，金世宗大定七年（1167年）命令扩建，并改称"十方大天长观"。金泰和年间十方大天长观再次毁于火灾，金泰和三年（1203年）重建后改称"太极宫"，元代又改为长春宫。1974年在白云观西50米出土一件残断石质横匾，残匾长92厘米，宽40厘米，厚12厘米。由于出土时刻石已被改为台阶石，故仅存一楷书"斋"字及右侧草书题款"□月四日辽阳瑞纶老人书徐悟真立石"。据《道藏·宫观碑志》载，徐悟真为金中都大天长观玉虚殿侍香道人，据此可知此残石应为太极宫中某斋之匾额，为金代中晚期道教建筑遗存。

金太极宫"斋"字匾额石刻拓本　　　　　　　　　　金太极宫"斋"字匾额石刻录文

佛塔遗址

天宁寺塔

　　位于北京市西城区，建于辽天庆九年（1119 年），密檐式砖塔，是北京城区仅存的辽代地上建筑。此塔建在一个方形基台之上，平面作八角形，高 57.8 米。塔的下部为一高大的须弥座式塔座，须弥座下束腰部位刻壶门花饰，转角处有浮雕像。其上又有雕刻壶门浮雕的束腰一道，座的最上部刻出具有勾栏、斗拱等构件的平座一周。须弥座上刻三层巨大仰莲瓣，承托第一层塔身，之上施密檐十三层，每层塔檐递次内收，使外轮廓呈现缓和的卷杀形状。塔顶的刹用砖刻做两层八角仰莲，上置须弥座以承托宝珠。塔为实心砖塔，内外均无梯级可登。此塔自辽代建成以后，历代曾有修缮。但塔的结构和形状及大部分雕饰仍是辽代原物。现为全国重点文物保护单位。

天宁寺塔全貌

天宁寺塔塔刹

天宁寺塔塔基

壹 · 遗址

天宁寺塔局部

天宁寺塔局部

招仙塔基座

招仙塔塔基

位于北京市石景山区八大处灵光寺东南隅，建于辽咸雍七年（1071年），据记载为砖塔上刻佛像，称为画像千佛塔。1900年八国联军侵入北京，塔毁于炮火，仅存塔基部分。塔基内出土北汉天会七年（963年）佛牙舍利石函，内藏释迦牟尼佛牙舍利。为了供奉佛牙舍利，于1958年新建佛牙舍利塔一座，塔内用乾隆三十五年（1770年）纯金铸造的七宝金塔储藏佛牙舍利，供奉在塔室内。

据《辽代石刻文编》中记载，曾在此塔遗址出土石质露盘一件，在露盘底部刻有题记。露盘原存于北京市石景山区八大处灵光寺，后移于广济寺内。辽咸雍七年（1071年）八月刊石，直径39厘米，中间楷书三行，30字，上梵文书两行。题记中的"大辽国公尚父令公丞相大王"，系辽道宗时期的重臣耶律仁先，郑氏是仁先之母，称其为"燕国太夫人"，则因其夫耶律忠生前曾封燕王。

招仙塔基座局部

千佛塔露盘题记拓本

千佛塔露盘题记录文

云居寺北塔全貌

云居寺北塔

　　位于北京市房山区云居寺院内，建于辽代，原为楼阁式砖塔。原云居寺内有南塔和北塔两座，南塔已倒塌，目前仅存北塔。北塔三层，总高约 22 米。第一层基座刻佛龛，第一层和第二层塔身均仿木构式样，小八角形倚柱，设券门直棂窗。一二层塔檐采用斗拱挑出砖檐。第三层为一个完整的覆钵体，八角形基座，塔肚较短，上施八层相轮，宝珠形塔刹。这座塔下半部为楼阁式塔，上半部为覆钵式塔，两种塔相结合，应是辽塔倒塌后，到元代增修了塔的上半部分。1961 年房山云居寺塔及石经被公布为全国重点文物保护单位。

云居寺北塔基座

云居寺北塔局部

壹 · 遗址

云居寺北塔基座局部

鞭塔全貌

壹 · 遗址

鞭塔局部

鞭塔

    位于北京市房山区青龙湖镇北车营村谷积山沟的山岗上，为辽代谷积山院的遗迹。此塔为六角形七级密檐砖塔，通高7米，塔基为须弥座式。塔身中部有券门，可进塔内，内部为穹隆顶。门上有铭，但风化严重，字迹不清。其他五面开直棂假窗，并有仿木结构的砖斗拱，上为七层密檐，无刹。现塔基部分损坏严重。

    鞭塔所在山势如雄鹰展翅，山岗高耸，如同鹰首，东西二岗伸展如两翼。鞭塔即建于鹰首之上，临塔南望，古寺连峰尽收眼底。

老虎塔全貌

老虎塔局部

老虎塔基座

老虎塔

　　位于北京市房山区云居寺西北的山顶上，建于辽代，为八角形五层密檐砖塔，高约9米。须弥座上仰莲承托塔身，塔身东、南、西、北四面设券门，余面设假窗。塔身上方五层密檐。密檐之上为宝珠形塔刹。此塔是为保护寺庙平安的吉祥塔，创建年代应与云居寺北塔相同。

良乡塔全貌

良乡塔塔刹

良乡塔

　　位于北京市房山区良乡镇，建于辽咸雍四年（1068 年），为一楼阁式五层空心砖塔。塔平面八角形，底边每边长 6 米，总高 26.7 米。塔下基座较高，做成须弥座式，有须弥座两层，束腰部位雕刻有花卉、兽头等精美图案，内容丰富，手法细腻；基座之上的五层塔身的东、南、西、北四面皆以砖砌作拱形直门，其余四面则隐作直棂形假窗，每层檐下均有斗拱。塔的内部为盘旋式砖砌楼梯，上达塔顶。在塔的四正面均有佛龛；塔刹为八角莲座，上置宝珠。塔的外形，底层较大而上面逐渐缩小，收分做法明显。塔挺拔高耸，造型优美，外观完全仿木结构形制，古朴苍劲，是北京地区仅存的完整楼阁式砖塔，是北京市文物保护单位。

　　壹 · 遗址

良乡塔基座

照塔全貌

壹·遗址

照塔基座

照塔塔身

照塔

　　位于北京市房山区南尚乐镇塔照村东山巅，建于辽代，为八角七级密檐塔，通高 15 米。塔基为须弥座式，高约 3 米，塔门左右雕有天王像、金翅鸟等纹饰；须弥座上承塔身，塔身高 2.2 米，四个正面设有券门，其他四面为假窗。上承七级叠涩密檐，最上为攒尖塔刹。

　　该塔坐北朝南，高居山巅，南临拒马河，北接黄龙山，几十里外清晰可见，传说为风水塔，是北京市文物保护单位。

万佛堂孔水洞花塔

　　位于北京市房山区西北万佛堂村房山矿区内。万佛堂孔水洞的两翼各有一座塔，左翼是小龛密布的花塔，为辽代创建。该塔造型特异，是辽塔中较为特殊的塔。

　　塔平面呈八角形，基座还做斗拱承托平座栏杆。第一层塔身采用辽代砖塔常用的式样，正面开券门，门旁雕出金刚力士，券门与佛龛雕镂精致；自第二层以上做出城楼与角楼一层，再上连续做单层屋宇形佛龛，共九层，将塔围成圆形，而且逐层递加收分，由屋宇组成的塔身，还采取了十三天的象征。该塔近年得到修缮，与万佛堂孔水洞一并被列为北京市文物保护单位。

万佛堂孔水洞花塔塔身局部

下佛堂孔水洞花塔塔身局部

万佛堂孔水洞花塔全貌

万佛堂孔水洞花塔塔顶

佛塔遗址   113

天开塔全貌

天开塔全貌

天开塔

 位于北京市房山区韩村河镇天开村东南，始建于唐代，辽乾统九年（1109年）重修，是八角形三层楼阁式砖塔。上层塔身已毁。须弥座束腰为浮雕龙凤等图案，四面开拱门，置直棂假窗，塔檐砖雕仿木斗拱，塔心内有中心柱，沿中心柱有回廊，上下各层有梯贯通，现只残存一层。

天开塔塔身

刘师民塔全貌

刘师民塔

　　位于北京市房山区周口店镇娄子水村庄公院西侧，建于辽代重熙年间。八角形三层密檐式砖塔，高约6米，八角形塔座承托塔身。塔身正面设一券门，门左侧镶塔铭，年久风化，字迹不清，隐约可见"刘师民塔"等字样。塔身上是三层密檐和塔刹。

刘师民塔局部

刘师民塔基座

玉皇塔局部

玉皇塔

  位于北京市房山区大石窝镇高庄村北山顶上一块大汉白玉石上，建于辽代。该塔为八角形七级密檐砖塔，高约 15 米，须弥座上雕有人物故事和动物图饰等。塔身四个正面雕假门，余面雕假窗。塔身正面券门可进入塔内，塔内原供奉白玉制作的玉皇大帝雕像，故得名玉皇塔。塔身上部七层密檐，八条垂脊自顶端向八面延伸，尽头有套兽，各角梁悬挂风铃。塔刹为八角攒尖，铁制宝珠，宝珠上立一根铁铸塔刹，直插青天。该塔 1995 年被公布为北京市第五批文物保护单位。

玉皇塔全貌

忏悔上人塔全貌   忏悔上人塔基座

忏悔上人塔

　　位于北京市房山区韩村河镇上方山塔院内，建于辽代。该塔为六角形砖塔，通高 11 米。须弥座浮雕动物形象，其中一头奔狮保存完好，形态逼真。塔身正面设有拱形券门，其他各面设有假窗，塔身上方为六角形仿木结构单层砖檐，檐上出脊承托塔刹。塔刹由刹座、莲花瓣、宝珠组成。

　　忏悔上人俗姓曹，名守常，住持上方山三十年。咸雍六年（1070 年）正月二十一日在本寺圆寂。该塔是塔院内诸塔中年代最久远的。

佛塔遗址   121

冶仙塔全貌

冶仙塔基座

冶仙塔

　　位于北京市密云区城区东北的冶山上，是密云外八景之一，景名为"冶塔仙灯"，始建于辽代重熙八年（1039 年）。塔的基本结构一直保持辽代建筑风格。塔高约 12 米，平面呈八角形，塔身分上下两层，每层各有一拱形券门，门洞朝南，周围有砖雕假窗和砖雕花饰。塔基、塔身、塔顶全部为砖雕仿木结构，用大型沟纹砖砌筑。下层券门上沿雕有"普济寺"门额。该塔明清时曾小修过，据《密云县志》记载，清光绪十五年（1889 年）塔顶被雷击掉。1967 年塔被拆毁，1988 年秋对塔基进行了抢救性发掘，塔基出土的绿釉净瓶等，均是辽代瓷器的精品。2001 年进行了修复，当年 9 月竣工，已公布为密云区文物保护单位。

半截塔

　　位于北京市昌平区半截塔村，现在的遗址上只存倒塌后的半截塔。塔的建筑基础保留，还能清楚地看到辽代沟纹砖和原塔座的形状，塔的地上部分已全部倒塌，倒塌后塔心部分倒立在基础旁边。

半截塔全貌

佛塔遗址 125

镇岗塔局部

镇岗塔塔基

镇岗塔

　　位于北京市丰台区长辛店云岗村，建于金代，是一座砖结构的实心花塔。通高18米，周长24米，底座呈八角形，低矮敦实，平座上有双抄重拱五铺作斗拱，每面各一朵。拱眼壁上有盆花、兽头等精美古朴的浮雕。西北面还有两武士、两文官和大鹏金翅鸟浮雕。线条朴实生动。塔身呈八角形，东、西、南、北四面为菱花格子门，其余四面为直棂窗。塔身上部有一层须弥座，座上密布佛龛，相错环绕而上，且逐渐向内收拢，从第二层龛以上，每佛龛内端坐一尊佛像，神态庄严，再上是一层须弥座承托宝珠塔刹。该塔为北京市第一批文物保护单位。

镇岗塔全貌

圆正法师塔全貌

圆正法师塔塔身局部

圆正法师塔

　　位于北京市门头沟区雁翅镇淤白村北八里白瀑寺内，建于金皇统六年（1146 年）十月一日。塔通高约 12 米，六角实心，下半部为三层密檐，上半部为覆钵式，在古塔中极为罕见。一般认为，覆钵式塔是在元代由尼泊尔人阿尼哥传入中国，但该塔上半部造型证明，在金代我国已存在覆钵式塔的雏形。因此该塔在中国古塔中占有重要的地位，是宝贵的实物资料。

　　塔身建在 2 米高的须弥座上，束腰部位的龛洞雕卧兽。须弥座上是三层砖雕仰莲，莲瓣相互交错，高 0.6 米。莲座上塔身高 2.2 米，六角倚柱有装饰性小塔，塔身南面雕壶门形，门楣上深浮雕二龙戏珠，龛券上二飞天跪坐，衣带飞舞，上方有盛开的莲花。塔身东面为圆正法师塔铭，记载了圆正法师和建寺情况。其余各面为装饰窗，塔身上是三层密檐，叠涩出檐，通高 2.5 米，檐间每面砖雕如意三个。密檐之上双层仰莲承托喇嘛塔式覆钵，覆钵上置仰莲，再上为十一重相轮，上置镂空铁球，球中插铁刹杆。该塔造型稳重秀丽，形制罕见，为金代密檐式塔中杰作。

圆正法师塔塔刹

圆正法师塔塔基

壹 · 遗址

海云禅师塔全貌

海云禅师塔局部　　　　　　　　海云禅师塔局部

海云禅师塔

　　位于北京市门头沟区潭柘寺塔院内，建于金代。塔高 20 余米，六角实心密檐式。青砖砌筑，基座是双层高大的须弥座，束腰部位有精美的砖雕花饰，须弥座上平座部位有带栏板的平台，其上是三层仰莲承托高大的塔身。塔身南面砖雕隐作装饰门，门上砖雕二飞天，其上嵌额"佛日圆明海云大禅师之灵塔"。余面皆雕隐作装饰窗，精美的砖雕斗拱承托七级密檐，最顶端为莲瓣宝珠塔刹。

广慧通理禅师塔塔刹　　　　　　　　　　　　　广慧通理禅师塔塔身局部

广慧通理禅师塔

　　位于北京市门头沟区潭柘寺塔院内，建于金大定十五年（1175 年）。塔前置石供桌，塔高 20 余米。塔八角实心，七层密檐，双层须弥座，上置三层仰莲。塔身东、南、西、北四面砖雕隐作门，门上砖雕二飞天，刀法娴熟，衣带飞舞。正南门其上嵌额"故广慧通理禅师之塔"，余面雕隐作直棂窗。塔刹部分为覆钵式，整座塔造型端正稳重。

　　禅师俗姓侯，名开性，又作圆性，顺州怀柔灵迹里人。9 岁时在潭柘寺出家，金大定初年任潭柘寺住持。其间，在朝廷的赞助下，他对寺院进行了长达 11 年的整修和扩建，并整饬寺规，弘扬佛法，著有《寺中规条》《语录》等，是金中都地区公认的禅宗临济宗领袖。金大定十五年（1175 年）圆寂于潭柘寺，佛门谥尊号为"广慧通理"。

广慧通理禅师塔全貌

燃灯塔全貌

燃灯塔塔基

燃灯塔塔基局部

燃灯塔

　　位于北京市通州区西海子公园，全名为燃灯舍利宝塔。塔的建筑年代有文献记载是北周孝闵帝元年（557年），有记载说是唐太宗贞观七年（633年），又有文献记载为辽始建，元大德七年（1303年）、元至正七年（1347年）、明成化二十年（1484年）修缮。康熙十八年（1679年）大地震时曾损坏一部分，康熙三十五年（1696年）又重修。根据现存建筑形制分析大部分是辽金时代风格，应为辽金时期建筑。

　　塔的形制为八角形十三层密檐式实心砖塔，共高53米，是典型的辽金密檐式塔。塔的下半部为一高大的须弥座，束腰部位雕刻着人物和各种图案花纹，非常精细生动。平座上覆三层仰莲承托塔身。第一层塔身甚高，东、南、西、北面各辟一门，正南一门深约2米，原来内供佛像，其余均系隐作假门。余四面则隐作直棂假窗。塔身以上施密檐十三层，檐下施砖做斗拱，檐子的椽飞用木质。塔刹为金属制作。整个塔的造型刚健有力，为典型的辽金时期古塔，是北京市文物保护单位。

银山塔林五座金塔全景

银山塔林五座金塔

　　位于北京市昌平区十三陵后山。银山从山脚到峰顶，大都由黑色花岗岩组成，层叠而上，山顶常常被云遮没，崖壁陡峭，远观如同铁山壁立，冬日雪后，白色如银，铁壁银山因此得名。在金代被列为燕京名胜。据文献记载，唐时就有人在这里建房隐居过。金天会三年（1125 年）在这里修建了一个宏大的寺院"法华寺"，管理着附近七十二座庵堂。据金大定朝碑文记载，这里常住僧人达五百余人。当时北方最负盛名的高僧佛觉、晦堂、懿行、虚静、圆通五位禅师，都先后到这里讲经说法，为

人们所敬仰。他们圆寂后就在这里修造灵塔。寺院到明后期逐步荒废，塔得以保留。银山塔林被列为全国重点文物保护单位。

其中五座金塔为：祐国佛觉禅师塔、晦堂祐国佛觉大禅师塔、故懿行大师塔、故虚静禅师实公灵塔、圆通大禅师善公灵塔，这五座皆为密檐式砖塔，内部实心。塔下皆有高大须弥座承托塔身，外轮廓挺拔秀丽，砖雕华丽精美。

银山塔林五座金塔全景

佛塔遗址

晦堂禅师塔全貌

晦堂祐国佛觉大禅师塔为八角形十三层密檐式砖塔，塔高 18.5 米。

晦堂禅师塔局部

虚静禅师塔全貌

虚静禅师塔局部

虚静禅师塔额拓本

故虚静禅师实公灵塔为六角形七级密檐式砖塔，塔高 14 米。塔额刊于辽大安元年（1085 年）九月，高 32 厘米，宽 37 厘米，上端略残。"故虚静禅师实公灵塔"九字为篆书，右起，竖刻，三行排列。左右题首和年款为正书。今据拓本录文。

虚静禅师塔额录文

□公主寂照英悟大师独管此塔

故虚静
禅师实
公灵塔

大安元年九月二十三日功毕

圆通塔全貌

圆通大禅师善公灵塔为六角形七级密檐式砖塔，塔高 14.7 米。

圆通塔局部

佛觉塔全貌

祐国佛觉禅师塔为八角十三层密檐式砖塔，塔高 22.8 米。

佛觉塔局部

佛塔遗址 　　　　　　　　　　149

懿行塔全貌

故懿行大师塔为八角形十三层密檐式砖塔，塔高 21.5 米。

懿行塔塔刹

懿行塔塔基局部

手工业
遗址

大庄科辽代矿冶遗址

遗址位于北京市延庆区大庄科乡，南距北京市区约 70 千米，西距延庆城区约 40 千米，地处延庆东南部深山区，属燕山山脉腹地。

矿冶遗址群所在的大庄科乡群山林立，铁矿资源丰富，开采铁矿石的矿洞及部分露天采矿遗迹分布在山脚及半山坡，采矿洞口清晰可见。铁矿种类主要包括磁铁矿、赤铁矿及褐铁矿。冶铁遗址均位于山间半月形黄土台地的边缘，地势呈缓坡状，为河流的二级台地。河流环绕于采矿及冶铁遗址周围，不仅为矿石的运输提供了便利，也为冶炼用水以及矿冶管理人员和冶炼工匠提供了生活水源。辽代极其重视冶铁业、铁冶的设置以及与中原地区的技术交流，这对生产力的发展和军备力量的提高有重要影响。水泉沟冶铁遗址反映了辽代接受、运用中原地区生铁冶炼技术的情况，体现了辽代物质文化的发展水平。

水泉沟遗址主要分为冶炼区和居住及作坊区两部分，周围有矿山及古采矿坑。冶铁炉根据炉腔截面形状可分为圆形和方形两型。圆形冶铁炉时代较早，方形冶铁炉时代相对较晚，体积较小。经对两型冶铁炉内出土炉渣进行检测判断，这两型冶铁炉均为生铁冶炼炉。除此之外，圆形冶铁炉后侧发现建有截面呈半月形的另一型冶炼炉，对炉内出土炉渣进行检测发现其中含有熟铁，推测该型炼炉应为炒钢炉。居住及作坊区位于冶炼区东北侧，距离冶铁炉约 100 米，这里发现了建筑、车辙和道路遗迹。道路呈南北走向，向南可达冶炼区。居住区内还发现有炒钢炉，因此判断部分房址或区域存在作坊性质。遗址还出土了瓷器、陶器、陶纺轮等生活用具。依据碳十四测年结果，初步推断，冶铁炉的始建年代为辽代。

大庄科辽代矿冶遗址全景

  水泉沟冶铁遗址位于辽南京、金中都附近，属于京畿地区，是宋辽战场的前沿。虽然当时辽代的统治中心尚不在此，但由于延庆地区良好的冶铁条件，南下的契丹人把这里作为铁矿冶炼区域。这批形制完整的冶铁炉遗迹和与其配套的工作场所及居住址在北京乃至北方地区都属首次发现。

  水泉沟冶铁遗址是目前国内发现的辽代冶铁遗存中保存冶铁炉最多、炉体保存较为完好的冶铁场所遗址。特别是发现的冶铁炉保存了完整的圆周结构，较为少见。这些遗迹为认识中国古代冶铁高炉的炉型结构演变过程，研究筑炉、鼓风、炉料配比等冶炼技术提供了重要资料。

  水泉沟冶铁遗址是集冶铁和制钢工艺于一身的钢铁生产遗址，4个生铁冶炼炉旁边还发现2个炒钢炉，表明该遗址实现了生铁冶炼与炒钢工艺联合运行，为《天工开物》所记载的同类工艺提供了早到辽代的实物材料。目前已经探明，延庆区大庄科乡还有慈母川、汉家川、铁炉村等几处同时期的冶铁遗址，表明当地存在以水泉沟遗址为代表的冶铁遗址群，对这些遗址的深入发掘和研究必将为全面揭示辽代冶铁技术提供充实的科学证据。

发掘现场

冶铁炉

冶铁炉

冶铁炉

冶铁炉

龙泉务遗址原貌

龙泉务遗址原貌

龙泉务遗址

龙泉务遗址位于北京市门头沟区龙泉镇龙泉务村，是北京地区最大的一处辽金瓷窑遗址。1958年文物普查时发现。1990年钻探查明遗址东西长230米，南北宽120米，面积27600平方米。1991年4月正式发掘，发掘面积1100平方米，发现窑13座，作坊2座，出土盘、碗、瓶、壶等各类器物8000余件。龙泉务遗址为研究辽金时期北方瓷窑及陶瓷手工业的发展提供了大量的实物。

龙泉务窑产品以烧造中原风格瓷器为主，产品具有典型的汉文化特征。出土器物以盘、碗、碟、钵为主，其次有罐、壶、盂、盒、洗、炉、水呈、枕等生活用品，小型玩具有狮、猴、羊、狗、埙、铃及围棋子、砚台、象棋子等文玩。三彩器有碗、炉、碟、佛像、莲座及砖、瓦当、吻兽等琉璃建筑构件。釉色以白色、乳白、灰白者为主，酱釉、黑釉、褐釉、茶叶、末釉及三彩釉次之。科学分析的数据表明，龙泉务瓷器的胎釉具有独特的地域特征，与北方其他窑口的同类产品存在着明显差异。

龙泉务窑所出的瓷器精粗共存，在质量与装饰各方面都存在着明显的差异。从窑址出土的大量日用粗瓷及少量高档精细白瓷可以看出它们在质量装饰方面所存在的差别，说明这是一处为不同的使用对象而同时进行生产的民间窑口，其中量少而质精的产品是为供奉辽代贵族上层统治者所用，一些个体较大的琉璃瓦建筑构件更是为当时辽南京宫苑建筑所用。龙泉务窑生产目的属于商品性生产，产品绝大部分作为商品进入市场进行销售，使用对象主要为广大的平民百姓。故此，龙泉务窑显然是以商品性生产为目的的辽代民间窑口。

通过对龙泉务窑出土文物的整理、研究，推断该窑创烧于辽代初期，一直延续到金。发掘资料为金瓷器的分期断代提供了可靠依据，同时发掘也进一步弄清了瓷窑的性质、工艺特色，并对探讨龙泉务窑与北京地区辽墓和塔基出土瓷器的关系，以及与东北辽地瓷窑和河北定窑的联系等问题具有重要学术意义。

龙泉务遗址二期文化 一三号窑炉全景

壹 · 遗址

龙泉务遗址现状

龙泉务遗址现状

其他

卢沟桥

卢沟桥位于北京市丰台区，金章宗为了改善与京南的陆路交通，1189年至1192年建成了横跨卢沟河（今永定河）的大石桥，名为广利桥，也叫卢沟桥。桥全长266.5米、面宽8米，可以供十匹马并驾齐驱。卢沟桥共有十一个桥孔，为石砌连续圆拱桥，主体结构为金代风格，后经历代重修。桥两旁有大理石栏杆，每隔一步有一石柱，每个石柱顶上或石柱腰上均缠绕着大小不一、造型各异的小狮子。卢沟桥现存的狮子少部分为金代建桥时雕刻，其余多为后世重雕。这座华北最长的古代石拱桥经历了八百多年的风雨，至今仍横跨在永定河上，是我国桥梁史上的一大奇迹。

"卢沟晓月"为金代"燕京八景"之一，至清仍然为北京有名的景致，桥的东北侧有清乾隆御题"卢沟晓月"碑。卢沟桥为全国重点文物保护单位。

卢沟桥局部

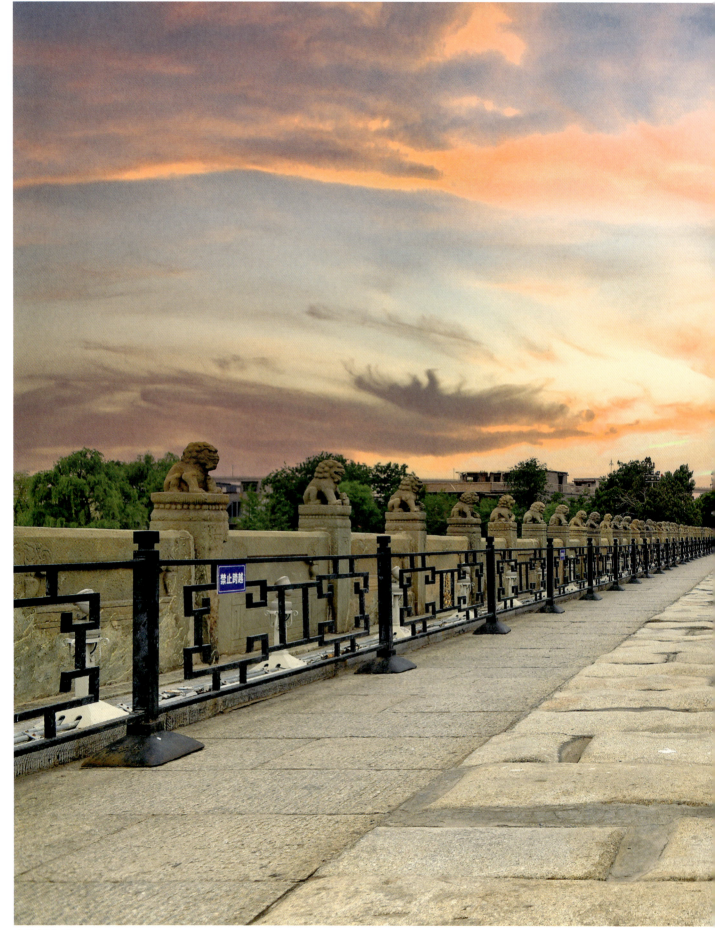

卢沟桥全景

卢沟桥局部

卢沟桥局部

壹 · 遗址

卢沟晓月碑

卢沟桥金元时期石狮子——第 039 号望柱石狮　卢沟桥金元时期石狮子——第 081 号望柱石狮　卢沟桥金元时期石狮子——第 083 号望柱石狮

卢沟桥金元时期石狮子——第 101 号望柱石狮　卢沟桥金元时期石狮子——第 106 号望柱石狮　卢沟桥金元时期石狮子——第 117 号望柱石狮

卢沟桥金元时期石狮子——第 209 号望柱石狮

大葆台金代砖井遗址全景

大葆台金代砖井

　　位于北京市丰台区大葆台西汉墓遗址院内。1975 年发掘大葆台汉墓时发现的这口水井，是北京地区唯一保存完好的金代砖井，井口直径 1.4 米，井深 8 米，井壁用 17 厘米 ×5 厘米素面青砖，以三辅一立方式砌成，井内同期出土大量金代文物。据《析津志》记载，此处遗址可能是金章宗妃"李氏避暑之台"。

大葆台金代砖井井口

金陵全景

金陵

    金陵位于北京市西南房山区大房山麓云峰山下，为金代（1115—1234年）皇陵，是金代皇帝、宗室、后妃的陵寝所在地。据文献记载，金初，都上京（今黑龙江省阿城区），本无山陵，金之先世，卜葬于护林园之东。迨亮（海陵王完颜亮）贞元元年（1153年）徙燕（中都），始建陵寝。贞元三年（1155年）卜地大房山云峰寺营建山陵，其陵域周长，大定年间为156里，大安年间缩为128里。金朝以中都（今北京）为首都，统治了大半个中国，历经九个皇帝，为时120年。其山陵中埋葬有金朝"始祖"至"卫绍王"十七个皇帝（包括追谥的）。大定二十九年（1189年）为奉祀山陵设万宁县，明昌二年（1191年）改奉先县。元至元二十七年（1290年）改奉先县为房山县。

    晚明之际，明朝为断"女真"龙脉，于天启二年（1622年）派兵对金陵进行了毁灭性破坏。清朝入关后，对金陵进行了部分修建，但历经三百余年的风雨，尤其经过"文革"时期人为的破坏和大规模平整土地建设，陵区的地面建筑已荡然无存。

    金陵是经海陵王、世宗、章宗、卫绍王、宣宗五世六十年营建形成的一处规模宏大的皇家陵寝，面积约有60平方千米。现已列为北京市重点文物保护单位。史书记载大金立国前的始祖以下十帝均迁葬于大房山陵，太祖至卫绍王七帝也葬于大房山陵，另外，完颜氏许多宗室王侯葬于诸王兆域，以及二十三位后妃葬于坤后陵等区域。九龙山位于房山区周口店镇龙门口村北约 1.5 里，是金陵的主陵区，它始建于金海陵王完颜亮贞元三年（1155 年），是大房山金陵开始营建的标志。

山陵礼成后，完颜亮将其祖父（太祖完颜阿骨打）、太宗（完颜吴乞买）、德宗（完颜宗干）从金上京会宁府（今黑龙江省阿城区）迁葬于此地的睿陵、德宗陵、恭陵。其后金世宗又将其父（睿宗完颜宗尧）迁葬于太祖陵之东侧，是为景陵，金世宗（完颜雍）驾崩后葬于太祖陵西侧的兴陵。除上述五座帝陵外，贞元三年（1155 年）海陵王还把其叔父梁王宗弼葬在九龙山西侧阁儿沟，于帝陵边缘陪葬。

解放以来，在金陵遗址内不断有金代墓葬被发现，并有零散文物出土。二十世纪五十年代，原河北省文物管理委员会曾对金陵进行初步调查。1986 年北京市文物研究所再次对金陵遗址进行调查。

1971 年初周口店镇坟山村，现为燕山石化总公司东方红炼油厂地界，曾出土 6 具石棺，石棺中随葬品遗有 1 件鎏金面具。坟山金代墓群的出土表明此处确属金陵葬区，应在主陵区范围内。

1972 年 12 月长沟峪煤矿在猫耳山断头峪基建施工中发现一组石椁墓，由 5 具石椁组成十字形，主墓正中石椁东西向，椁内有一具残柏木红漆棺，外壁用银钉嵌錾火焰云龙纹，精美华丽。棺内瘗葬11 件精致的花雕玉佩、花鸟饰件。其埋葬地点亦属金陵兆域内。

1980 年初在金陵主陵区内的陪葬墓中出土 1 件宋代三彩琉璃枕，枕面绘"萧何月下追韩信"的图案。

1986 年北京市文物研究所再次对金陵遗址进行考古调查，这次调查历时三年，发现大量较珍贵的汉白玉、青石、花岗岩等建筑构件，上面浮雕着精美的人物、行龙、走兽、牡丹、忍冬草、寿桃等纹饰，其中最重要的发现是一通盘龙螭首青石碑，高 2.10 米，宽 0.86 米，厚 0.25 米，单面刻"睿宗文武简肃皇帝之陵"10 个大字，为双句阴刻楷书，内填朱砂，镀金粉。在神道南端发现一处东西宽 5.4 米，南北残长 3 米，两侧在石质地袱上竖立四块双面雕刻牡丹、行龙的汉白玉栏板和望柱。2001 年春，北京市文物局责成北京市文物研究所对金陵遗址主陵区进行全面考古调查。2002 年 6 月经国家文物局批准，对主陵区进行考古勘察和试掘。通过一年来的田野考古工作，现对主陵区地下遗存的具体位置、形制和结构等有了大致了解，先后发现并清理了主陵区石桥、神道、台址、大殿遗址、排水沟等多处遗迹，出土了大量的建筑构件和随葬品等重要文物，为研究金代陵寝制度，金代社会、政治、经济、文化等状况，无疑具有极其重要的意义。

金陵全景

金陵台阶步道

金陵石桥

金陵汉白玉台阶步道

金陵汉白玉龙纹石栏板

金陵汉白玉龙纹石栏板

金陵地宫

金陵石踏道前的石坐龙

182　　　　　　　　　　　　　　　　　　　　　　　　　　　　貳 · 墓葬

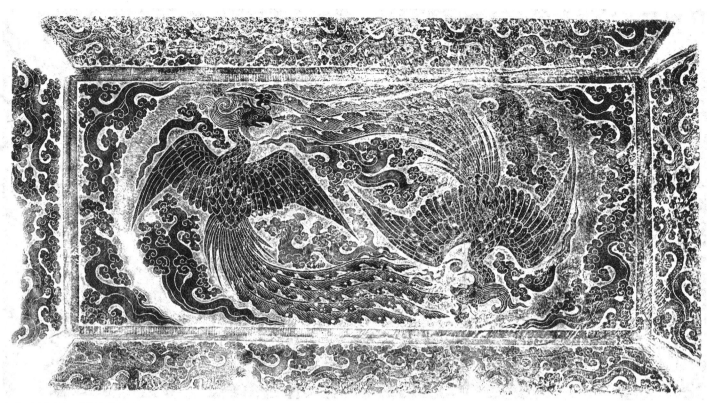

金陵雕刻凤纹石椁椁盖拓本

金陵雕刻凤纹石椁南壁拓本

金陵雕刻凤纹石椁东壁拓本

金陵雕刻龙纹石椁东壁拓本

金陵石栏板缠枝花纹拓本

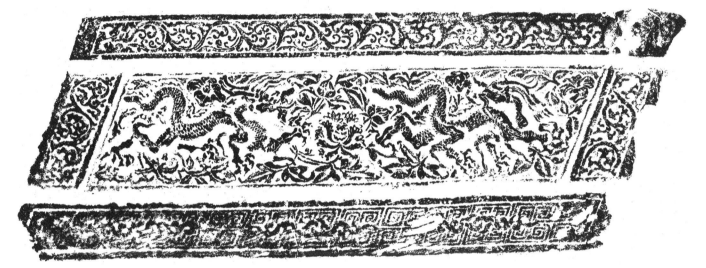

金陵石栏板内侧双龙纹拓本

青云店辽代壁画墓

2002 年 4 月，原北京市文物研究所清理了大兴区青云店的两座辽代早期砖墓，两座墓形制相同，均为青砖砌成的圆形穹隆顶单室墓，由墓道、墓门及门墙、甬道、墓室四部分组成，内壁绘有壁画，惜均已残破。

1 号墓墓室内径 3.2 米，外径 3.38 米，残高 2.3—2.43 米。在墓室内距甬道 1.44 米处有一棺床，东西两边连着墓壁，长 3.2 米，南北宽 1.52 米，南部有一层包边砖，高 0.48 米。残留 3 个完整壶门，均高 0.18 米，宽 0.26—0.36 米。

墓室壁绘有 4 根立柱，8 个斗拱。4 根立柱分别位于墓室东南角、西南角、西北角和东北角，立柱上方的斗拱是用红色刷成的，间隔约 0.5 米，宽 0.65 米，高 0.32 米。在斗拱有 0.1 米厚的两层砖砌一圈，凸出内壁，内刷红色，从这层砖开始起穹隆顶。另在斗拱上有两条宽黑带，内绘云纹，在各个斗拱上通到墓顶。

壁画以 4 根立柱相隔，分成 4 部分。所绘均为生活场景，内中女性人物均为高髻簪花，面部丰满，保留有浓重的唐风。

此墓因毁，残存器物计有陶器、铜器、铜钱三种，15 件。

2 号墓墓室内直径为 3.5—3.6 米，残高 0.9—2.38 米。从残壁看是用残砖、半头砖砌制，胶泥作底，砌券用白灰和青砖错缝砌制。在墓室中部有一呈东西向长方形棺床，已残。底座的上部有 4 个壶门，壶门内有黑色花草画。

在墓室的东南、东北、西北、西南角有 4 根立柱，内凸，立柱宽 0.18—0.2 米，残高不等的 4 根立柱上各有 1 个斗拱，另有 4 个斗拱立柱，有的已残。

该墓由于浸水和破坏，大部分壁画已看不清，以立柱和甬道作间隔，可分为四部分。一组画面上绘一男童，头上留有三撮头发，作写字状，前面一竖行墨字："非子小名□□"。另一组画面表现的是正中有一门，在门楣上有两个装饰的突出在外的黑色方垛，门上有黑色钉帽，门内有人向外探头。

青云店辽墓发掘现场

青云店辽墓发掘现场

青云店辽墓壁画局部

青云店辽墓斗拱

青云店辽墓局部

青云店辽墓墓门

刘六符墓

2007年1月，中国航天科工集团第三研究院厂际协调中心在工程施工中发现2座辽代墓葬，随后原北京市文物研究所与丰台区文物管理所负责对其进行了抢救性发掘清理。

墓葬均被盗毁，M1保存相对较好，此墓为砖结构多室壁画墓，墓向205°，由墓道、天井、墓门、前室、东西耳室、后室组成，残长2.02米。墓道有2条，1号墓道打破2号墓道。天井呈不规则长方形。墓门为砖砌仿木构形制，阑额上承3朵斗拱，均为五铺作重斗拱计心造，斗拱表面黑线沟边，内填白色。拱眼壁彩绘飞鸟、花卉。墓门阑额下为砖雕门簪、门洞。门洞上彩绘门额，两侧彩绘立颊，立颊内侧绘凤鸟、流云，外侧为人物。

前甬道券顶，两侧壁各彩绘一门吏。前室券顶，平面长方形，四壁底涂白灰，上施彩绘，但皆已漫漶不清。前室与耳室及后室之间甬道相连。东西耳室位于前室两侧，平面圆形，穹窿顶。耳室内彩绘亦漫漶不清。后室平面呈八角形，穹窿顶，遭盗毁严重，葬具、葬式皆已不明。

残余出土随葬品主要集中于前室，铜、铁、瓷器共138件。铜器有铜洗、铜碗、铜帽钉、铜镜等。瓷器有白釉瓷盏、白釉瓷器盖、白釉子母口瓷盒、白釉瓷碗、青釉瓷碗等。白瓷胎质细腻，釉色晶莹润泽，青瓷釉色清淡，内印缠枝牡丹纹。

出土墓志五合，由墓志铭文得知，此墓为刘六符及四位夫人合葬墓。《辽史》载，刘六符在辽兴宗、道宗朝官至太尉、兼侍中，地位显赫。此墓为二次葬，第一次埋葬时间为辽道宗清宁三年（1057年），之后四位夫人相继归葬，最后一位埋葬时间是辽道宗寿昌四年（1098年）。

刘六符墓壁画——凤鸟花卉图

刘六符墓壁画——侍卫图　　　　　　　　　　　　　　　　刘六符墓壁画局部

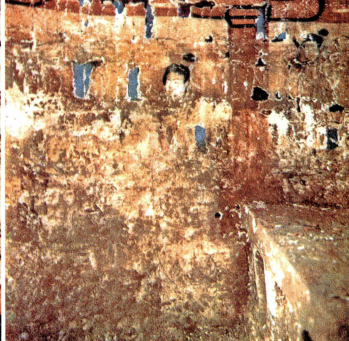

韩伏墓墓顶壁画局部　　　　　　　　　　　韩伏墓壁画——仕女图

韩伏墓

　　1981 年 6 月发现于北京市石景山区八宝山革命公墓院内，墓地在八宝山东南隅，明刚铁墓祠堂东 120 米处，东南距鲁谷村约 1 千米。

　　此墓由墓道、墓门、甬道和墓室四部分组成。墓门南向，用砖封堵，封砖垒砌成"人"字形，券顶，仿木建筑结构，白彩作底，以黑彩勾出门框、斗拱、枋、柱等。甬道内原绘有壁画，但剥落严重。墓室为单室穹窿顶，平面呈圆形，通高 3.45 米，直径 3.18 米。墓室周壁用两卧一立法砌砖，共八层。墓壁与顶起券处，加砌有影作砖雕莲瓣 12 个。墓室周壁及穹窿顶均以白灰抹平压光，并绘彩画。墓室四壁彩绘共七幅，题材为花鸟、侍女等。墓室穹顶正中绘莲花，四周用八条红色弧形宽垂带将穹顶分成 8 格。每格内绘白色飞鹤一只，间以流云。穹顶下部四周分绘头顶生肖像、身着宽袖长袍的人物 12 个，均面对室内，拱手端立。北壁壁画正中为三扇花鸟围屏 1 座。围屏两侧各绘一名侍女。东西两壁各绘三幅壁画，每幅皆绘有侍女一人。砖砌棺床位于墓室北半部，束腰须弥座。

　　此墓出土随葬器物较丰富，近 60 件。有陶器、瓷器、铁架、银手镯、银钗、铜镜、铜钱等。其中出土的瓷器有南方越窑系的青瓷水注、划花荷叶形盏托、青瓷注碗。此外，另出土有韩伏墓志、韩伏妻王氏墓志各 1 方。

马直温墓

1979 年 10 月，发现于北京市大兴京开公路西红门段，此墓早期被盗，因施工原因墓道未发掘。此墓为圆形单室砖墓。甬道为券顶，甬道南端残存封门砖。墓室顶部已坍塌，东壁已被破。墓室底部大面积铺砖。沿圆形墓室内壁底部一周有用单砖铺成的平面呈八角形的砖阶，砖阶上残存有木质地栿，地栿上有凹槽、榫卯。墓室正面有凹角方形祭台 1 座，表面涂有白灰，白灰面上残存黑红色彩绘痕迹。

墓内出土有瓷器、木俑、墓志、铜钱等随葬品。其中木质出土物很有特色，有木十二生肖像（缺狗）、木雕男像、女像残件、楠木小钵、木榻栏板残件。其中柏木圆雕男像即墓主人的真容像，骨灰放在关节能活动的木俑的胸腹腔内。木俑原施有彩，由于长期积水浸渍，已脱落，个别俑尚见少量白粉残痕，木质则已全腐朽。

墓中还出土墓志 1 合，为马直温妻张氏墓志，据墓志确定此墓年代为辽天祚帝天庆三年（1113年），墓中未发现墓主马直温本人墓志。

赵励墓

2002 年 3 月，原北京市文物研究所清理了西郊石景山区八角村附近发现的一座金代早期砖砌墓。

墓室坐北朝南，由单青砖以白灰粘合砌筑而成。四壁砌成圆形单墓室，上顶砌作穹窿形。墓顶以砖砌作半球形"穹窿式"，穹顶下墓室圆形内壁上，砖砌出六根向心内凸的仿木结构立柱，以此为界将墓室内壁均匀地分作了六格。这六根仿木砖砌立柱，均高 124 厘米左右，宽 8—10 厘米，其内凸在 1—3 厘米不等。其上方是一周以平砖砌出的内凸的仿木"平板枋"。它的内凸程度大体与立柱持平，厚约 5 厘米，内凸约 2 厘米。在相对与柱头的"平板枋"之上，是以青砖砌成的仿木结构的斗拱，作简单的"一斗三升"式。"斗拱"上面，又是一周以两层平砖砌成的向心内凸的"挑檐枋"。其厚约 10 厘米，内凸约 9 厘米。自"挑檐枋"往中上方去 58 厘米，即至墓室内顶心。立柱与斗拱的"斗""拱"部分及"挑檐枋"的正立面，均涂以红色，而"斗拱"的"升"部，均保留白色。"斗拱"各部件的外沿，均以蓝色线条勾勒。在左右两拱与上下两枋围成的六块横长形龛中，每龛原均绘有十二生肖中的两个属相，合起来恰为十二生肖。在墓室内壁被立柱所分隔出的六格中，有一格被墓门占据。门框外沿，以红色粗线条勾勒显现出券拱式门形。门内以两层立砖封堵，似并未填绘壁画。墓室内壁共五幅壁画，左起依次为散乐图、侍洗图、侍寝图、备茶图、备宴图，人物形象生动，布局合理，保存较为完整。

在墓室南壁近墓门的东西两侧，各有一个壁龛。墓室底面，以长方形条砖南北向错缝平铺。

墓室后部居中，是砖砌的棺床。棺床与墓壁不相连属，平面作长方形，从侧面看为"亚"字形，长 134 厘米，宽 91 厘米，高 36 厘米。

赵励墓墓门

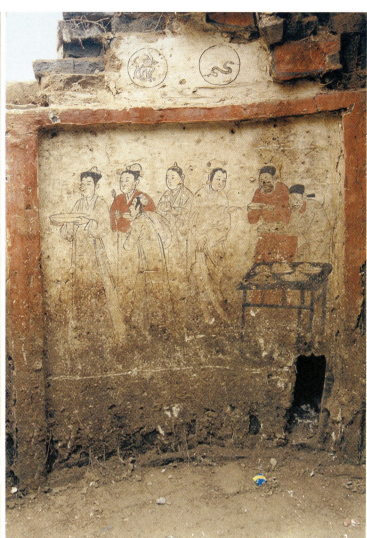

赵励墓墓室壁画

赵励墓斗拱

赵励墓棺床

吕嗣延墓石棺盖 · 吕嗣延墓石棺椁 · 吕府君墓石椁盖和墓志的位置

鲁谷吕氏家族墓

　　2007 年 8 月，原北京市文物研究所在石景山区银河商务二期商业金融工程的施工建设范围内勘探并发掘墓葬 62 座，共发现金代墓葬 10 座，约占墓葬总数的 16%。

　　金代墓葬主要集中于发掘区的东南部，分别为 M35、M38、M46、M47、M49、M52、M53、M56、M57、M60。其中 M52 遭后期严重破坏，仅残存椁室的四壁和底部；M57 的墓室西部被清代墓葬 M39 打破，石椁西壁被移至 M39 内，石椁内被扰动；M60 墓坑上部的大部分被清代墓葬 M59 打破，而墓坑内的中部和下部未受扰动，石椁内也未受扰动；其余的 7 座墓葬均保存完整。此外，

吕府君墓石棺和石椁的位置

鲁谷吕氏家族墓 M53 木棺内部

还在其周围发现辽代吕士安墓志 1 合，志石和志盖俱存，以及金代东平县君韩氏墓志 1 方，未见志盖。两墓志所属的墓葬早已被破坏，其具体位置和形制等情况已无从知晓。

此次发掘的 10 座金代墓葬均为竖穴土圹石椁墓，墓向为东西方向。其中两座墓葬（M35 和 M56）中出土了 7 件精美的瓷器，并发现墓志 2 合。经初步考证，确认此处为辽金时期燕地汉人大族——吕氏家族的墓地。此处墓地的发现为了解、研究北京地区辽金时期的历史、社会、政治、习俗等方面的情况有着极为重要的价值。

吕嗣延墓出土的白瓷双系罐

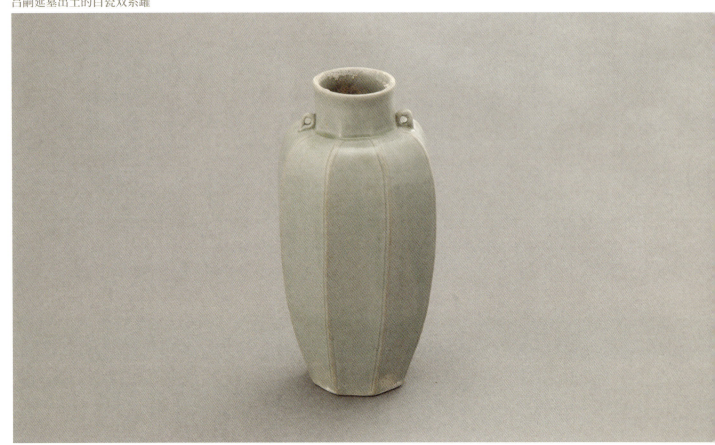

吕嗣延墓出土的八棱双系瓶

马府君墓出土的青瓷瓶

云水洞

上方山云水洞辽代摩崖题刻

　　摩崖石刻位于北京市房山区上方山兜率寺的西南部云水洞，距兜率寺约4千米，洞前建有大悲庵。从洞口往里约30米的东侧石壁，镌摩崖造像一躯，据佛像左侧镌刻的两则造像题记"僧善伏题刻"和"何永寿等题刻"，知该造像镌于辽乾统六年(1106年)。

　　何永寿等题刻，辽乾统六年(1106年)三月五日镌于"徐敬宜等人题刻"下方岩壁。题刻竖镌"安次县何永寿赵祈二人 乾统六年三月五日"两行文字，字径高、宽均5厘米。僧善伏题刻，位于辽代刻摩崖造像北侧。题刻竖镌"僧善伏做佛石匠吴世和 誓造佛同见人僧法空"两行文字，字径高10厘米，宽9厘米。"僧善伏"和"石匠吴世和"的名字在"房山石经"辽代刻经中曾多次出现。

上方山云水洞辽代摩崖造像

上方山云水洞何永寿等题刻

孔水洞金代摩崖题刻

题刻位于北京市房山区西北部云蒙山南麓万佛堂孔水洞内，题刻面积约一平方米多，正书，从右至左竖刻，计44字，字径约3厘米，其内容为："山陵北垂□　大房古刹全　佛殿应用钱　大定廿年□　吏部尚书驸马都尉乌林答复题　婿曹何西完颜□　疙疸侍行"。

这是北京地区迄今发现的金代摩崖石刻中年代最早的一处，题刻者系皇帝之婿，当朝显宦，其内容涉及金代帝王陵寝及宫廷与佛教的关系。考题刻者为世宗之婿乌林答复，《金史》本传谓其"本名阿里剌，东平人也。奉御出身，大定七年（1167年），尚世宗第七女宛国公主，授驸马都尉。改引进使，兼符宝郎，出为蠡州刺史，三迁归德军节度使。明昌三年（1192年），转知兴中府事，久之，为曷懒路都兵马总管。承安四年（1199年），拜绛阳军节度使，卒"。据《金史·百官志》，奉御、引进使、符宝郎均为皇帝内侍，"奉御，十六人，以内驸马充，旧名入寝殿小底"，"符宝郎四员，掌御宝及金银等牌"，"引进司使，正五品……掌进外方入使贡献礼物事"。而"驸马都尉"，本为内侍官的一种，多由内戚充任，后皇帝女婿例加此号，非实任官。据上述可知，乌林答复在世宗大定一朝的29年中，有22年的时间可以将"驸马都尉"之号入衔。在本传列入的官衔中，没有题刻中"吏部尚书"之职，这是史传遗漏还是题刻者另属他人？细审其《金史》本传所列乌林答复曾任各职，其中归德军节度使为从三品，知兴中府事为正三品，曷懒路兵马都总管亦为正三品。而吏部尚书，也是正三品。按有金一代，在相同的品阶内，外任与中央内廷官员的平行调任，平常而又频繁，而且外官因某种因素往往在中枢内廷兼职，也是屡见不鲜的现象。据此推测，乌林答复这个与世宗有翁婿之亲的世戚重臣，在大定后期曾实任过吏部尚书或赐尚书之衔，以示其宠，是完全有可能的，而史传简略，不以此职入传，亦为常情。另据本传记载，乌林答复在章宗朝仅活了10年，自明昌三年始，一直在外地为官，远离中都（今北京），其实任吏部尚书的可能性不大，所以他有"尚书"之衔时，应该在大定末年或明昌初年。

题刻内容可分为两个部分，一是正文，一是题款。题款"吏部尚书驸马都尉乌林答复题婿曹何西完颜□疙疸侍行"，计24字，原泐2字，内有一字可补，一字失考。此题款文通顺，内"婿"曹何西，完颜□疙疸，当是两个人的名字，其中"疙疸"似为女真语或未及冠时幼童之乳名，作为驸马都尉之婿，曹与完颜二人，史传无考。

正文计20字，泐2字，实存18字。从刻写布局和文字形式上看，为5字一行，竖题，颇类五言之诗，主要内容为纪事：言金代祖陵北陲毗连绵亘的大房山，历代伽蓝遍布，而孔水洞外的古刹（唐代建的龙泉大历禅寺）佛殿所用之资，均系本朝（金世宗大定年间）二十年来的赐予。首句"山陵北垂□"为总叙方位之言，其中"山陵"指金代皇帝和宗室诸王的陵寝。该陵建于海陵王贞元年间，贞元三年（1155年）将原在上京会宁府的金诸帝王陵迁至大房山。据有关研究者考定，今房山之大房山，在北魏时已有此称谓，金代沿之，而作为金代的帝王陵寝，主要分布在大房山东麓的九龙山、凤凰山、三峰山、连泉顶东峪、三盆山鹿门峪，其兆域达156平方千米。而孔水洞所在的位置，恰好在陵区北界，所以称为"北垂"（按"垂"通"陲"，边陲之义）。第二句"大房古刹全"，则极言大房

房山万佛堂孔水洞题刻

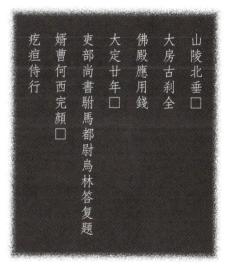

山陵北垂□
大房古刹全
佛殿應用錢
大定廿年□
吏部尚書駙馬都尉烏林答復題
婿曹何西完顏□
疙疸侍行

孔水洞金代摩崖题刻录文

山佛教建筑之多。而第三句"佛殿应用钱"末句的"大定廿年□"两句,应该是承接上句"古刹"而言,原意似说龙泉大历禅寺的修葺、佛殿的设置与增建等项用资,均是在大定朝二十年内因逢盛世、沐皇恩而得以施行,故香火常旺。末句中的"大定"为金世宗的年号,大定共有二十九年,是金帝国鼎盛时期,史家称世宗大定朝为"小尧舜"。"廿年"为二十年,"廿"字音 niàn(念),在此句中应读本音,而不应读二字双音即"二十";又"廿年"后应有一字,系押本诗韵脚之字,今泐,已无法正补。

房山万佛堂孔水洞洞口

朝阳洞

朝阳洞重修楼观摩崖题刻

　　该摩崖碑位于北京市怀柔区宝山镇碾子村北半山处的朝阳洞西侧 2 米处崖壁上。摩崖为线刻碑形，方首抹角，高 38 厘米，宽 28 厘米。碑首横题"重修楼岩观"，字径大小不一。此摩崖碑记载了重修楼岩观的年代和修葺人。王道成、张本然应为道士。年款题为"甲戌乙亥年甲申日"，可能漏刻了"月"字，似应为"甲戌年乙亥月甲申日"，这种纪年方式为金代常用。金代有两个甲戌年，一为贞元二年（1154 年），一为贞祐二年（1214 年），"乙亥月"为阴历十月。据陈垣著《二十史朔闰表》（中华书局 1999 年 7 月再版）推算，贞祐二年十月无"甲申日"，贞元二年十月的"甲申日"为初五日，因此该摩崖应刻于金贞元二年（1154 年）十月初五日。

重修樓崮觀
宗主太師王道成
太師張本然
道半二仁
甲戌乙亥年甲申日

朝阳洞重修楼观摩崖碑录文

朝阳洞重修楼观摩崖碑

摩崖题记　　　　　217

佛岩寺摩崖题刻

　　题记在北京市昌平区南口镇羊台子沟佛岩寺遗址附近的半山处崖壁上，海拔465米，共有两则金代题刻，分别为"吕贞幹游记题刻"和"明昌三年题刻"。

　　吕贞幹游记题刻，刻文从右向左，每行5字，分6行排列，竖刻汉字30个。"泰和四年（1204年）三月十七日永安吕贞幹同弟子羽景安卿云贞一来游侄益侍从。"此段刻石长55厘米、宽30厘米，每个字长宽约4厘米。字为隶书，结体严整，笔力遒劲。

　　石刻内容虽然只是一次兄弟们出游题记，但由于它出自金代后期中都大兴著族"六桂堂"吕氏兄弟之手，负载了较丰富的历史信息，既可补阅兼能正史。考这段石刻中提到的"弟子羽"，元好问《中州集》载："子羽字唐卿，大兴人。大定末进士，仕至陈州防御使。元光末为酷吏所诬，以乏军兴系狱。比赦，唐卿自缢死。"与吕子羽同时代的刘祁，在其所著的《归潜志》卷四内评价其"入仕以能称，读书为文有士大夫风"。

　　关于吕贞幹，金代李纯甫《故人外传》叙及："吕氏自国朝以来，父子昆弟凡中第者六人，以'六桂'名其堂。"据此可知，有金一代，吕家有6人考中进士，蟾宫折桂，乃是名重一方的书香世家。关于吕贞幹，《故人外传》说他"字周卿，尤自刻苦，酷嗜文书，著《碣石志》数十万言，皆近代以来事迹：幽隐谲怪，诙谐嘲评，无所不有。在史馆论正统，独异众人，谓国家止当承辽。大忤章庙旨，谪西京运幕，量移北京。致仕，自号'虎谷道人'。晚年感末疾，又号'吕跛子'，自作传以见志"。又据元好问转述，金章宗时魁杰一时的文坛领袖赵秉文，曾推重吕贞幹为"笃志君子也"。

　　刻石中提到的吕景安、吕卿云和吕贞一及侄吕益，亦均系金章宗至宣宗两代中的名士，他们或为仕宦，或为文士，虽正史无传，但蛛丝马迹，时见于金代史籍或金石文献中。吕景安，据刻石排序，似应为贞幹之三弟。今北京门头沟区潭柘寺有一建于金泰和四年（1204年）四月的"故了公长老塔"，其塔铭篆额者便是这位吕景安，题为"文林郎前龙山县令吕景安篆额"，笔法圆劲秀美。据此可知，吕景安工书法，尤善篆籀，进士及第，文林郎（为文官正八品上），曾任过龙山（金代属北京路利州，在今辽宁省西部）县令。

　　吕卿云，元好问在《中州集》吕子羽小传中亦有提及，谓（吕贞幹）"弟子安，字晋卿；卿云，字祥卿；子鉴，字德昭，皆名士"。《金史》卷十一《章宗本纪》载：承安五年十一月，"己卯，以国史院编修官吕卿云为左补阙兼应奉翰林文字。审官院以资浅驳奏，上谕之曰：'明昌间，卿云尝上书言宫掖事，辞甚切直，皆他人不能言者，卿辈盖不知也。'"据此可知，这位吕卿云曾一度以"切直"受知于金章宗完颜璟，从国史院编修提拔为左补阙兼应奉翰林文字。

　　石刻中列在兄弟行之末的吕贞一，上述史籍均不载，但在《日下旧闻考》著录的吕卿云撰写的《蓟州葛山重修龙福院碑》中，有"乃因余弟贞一求其事，故不可拒"云云，与石刻交相印证，足证吕贞一确为贞幹、子羽、景安、卿云之弟。

　　石刻中"侄益侍从"之吕益，尚不详。但前引元好问所撰吕子羽小传中文末尾有言，谓关于吕氏兄弟的一些行状和排序，均系"唐卿（吕子羽）其从子云"。从子，即侄子。吕益究竟是吕氏兄弟哪

题记所在崖壁

位的哲嗣，尚不清楚，但石刻中记其名讳，肯定也是位通晓翰墨的青年，或许就是曾经向元好问介绍过"六桂堂"情况的"唐卿从子"。

明昌三年摩崖题刻与"吕贞幹摩崖题记"位于同一处崖壁，金明昌三年 (1192 年) 三月廿六日镌，其内容为："□□天王□ □□□□四人 明昌三年三月廿六日□ □□"。字径高、宽均 2.5 厘米，竖刻，存四行文字，正书，字体较随意潦草。

吕贞幹摩崖题刻

吕贞幹摩崖题记拓本

佛岩寺明昌三年摩崖题刻

秘摩崖

解州石匠摩崖题刻

　　题刻位于北京市石景山区八大处公园八处证果寺西北秘摩崖巨岩下东侧平面上，金大定六年（1166年）四月七日刻。共六行文字，字径高、宽均8至10厘米不等，正书。

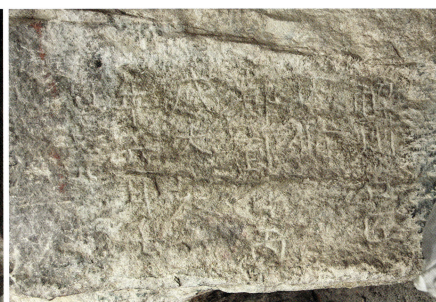

解州石匠摩崖题刻

解州石匠摩崖题刻录文

解州石匠
因修□□
都□□丙
戌大定六
年四月七
日

云岩禅寺题记所在崖壁

金明昌三年题记

金泰和二年题记

云岩禅寺摩崖题记

　　北京市平谷区刘家店镇孔城峪村西山谷北侧崖壁之上的云岩禅寺北侧岩石上，有两则金代墨书题记，分别为"明昌三年题记"和"泰和二年题记"。金明昌三年题记书于金明昌三年（1192 年）五月四日，为手书墨迹，题记内容为"山长水远永无尽，明昌三年五月四日，中都正会"。题记书于金泰和二年（1202 年）六月初一，为手书墨迹，题记内容为"□□，三河县御马坊里人也，苹更生风，没活计，此□，泰和二年六月初一"。

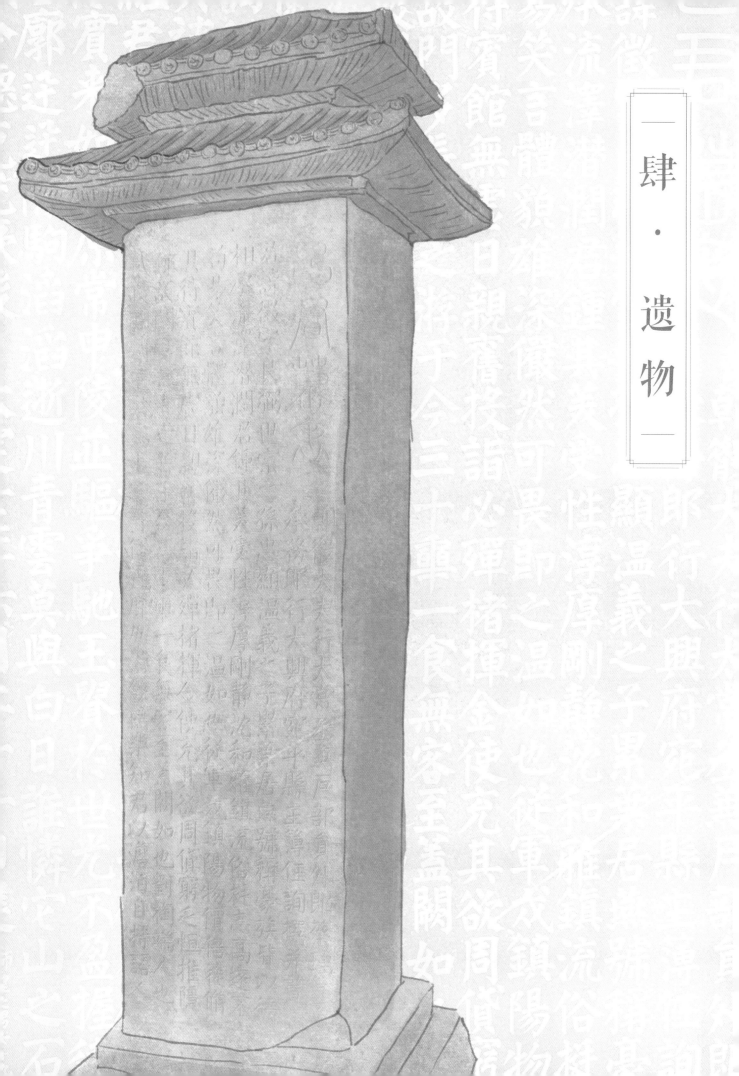

墓志

赵德钧妻种氏墓志铭 应历八年

赵德钧妻种氏墓志文拓本

含貞蘭儀擢秀為女以賢著為婦以孝聞至於衽席輔佐之勤閨門訓誨之道二南美化本於小君五原
善政資於令教備推邦媛咸號母師而覆燭難尋藏舟不固爰用西階之禮徒追北堂之容京門史
也孝子太尉慮泯芳猷俾揚實錄嗚呼陶侃宅內既觀客弔之言劉瓛墓中共表妻尊之美詞曰
夫尊而重　子貴之榮　典章寔在　湯沐攸膺　猗歟夫人
夐集芳聲　生有餘美　壺德賢明　歿有餘訓
家風肅清　追崇大國　祔葬先塋　鄭鄉邵樹　桑水燕城　母儀婦道　永播斯銘　河陽軍隨使押衙□□□刻

1956年出土于北京市南郊赵德钧墓，刊于辽应历八年（958年）四月。石为正方形，边长96.5厘米，志文正书竖刻34行，满行40字，略有风化磨泐。刘京撰文，书丹者失记，刻石者泐失。志文文辞华美，书法结体遒劲，风格近颜鲁公。赵德钧，《旧五代史》有传，本名行实，幽州（今北京）人，后唐时官至检校太师，封北平王，镇幽州凡十余年。后与其子赵延寿降契丹，天福二年（937年）卒于契丹。种氏，河南人，先嫁刘氏，生子延寿，后梁开平初年，沧州节度使刘守文陷其邑，时赵德钧为偏将，获延寿并其母种氏，遂养延寿为子，收种氏为妻。志文虽多溢美之辞，但所记人物事迹与《五代史》《辽史》《宋史》记载大致吻合，颇具证史补史作用。志石现存首都博物馆。今据拓本录文。

遼故盧龍軍節度使太師中書令北平王贈齊王天水趙公夫人故魏國太夫人贈秦國夫人種氏合祔

墓誌銘並序

門吏翰林學士朝散大夫守尚書兵部員外郎知制誥柱國賜紫金魚袋劉京撰

夫人姓種氏其先河南人也衰龍補職仲山建緒於周詩金蛇上言伯暉馳名於漢室輝華簡冊雜沓英

豪本大所以枝繁源清於是流潔曾祖諱敏字繼儒不仕平居樂道遵養怡神王湛置易以何言

姜肱圖形而不顧大父諱觀仙字遜明滄洲馬步軍都指撝使左領衛大將軍同正德州刺史太保拊

珠還於舊浦烈考諱居爽字逷明唐衛州刺史司徒藹然素履穆乃清風拔薤抑其強宗去

髀誓志投傳成身□表伸威善稟將軍之令賽帷布政克揚太守之風辟乃高門資乎積慶

夫人即太保之長女也初從雄歲蔚稟奇姿蔡邕喜對南風毗問以儲嗣芳儀内備淑問外□

齊王方負壯圖志求嘉偶執贄而言觀超乘笄笄而爰奉結縭中饋是司雅得家人之道外言匪入顯遵

姆母之規洎齊王附翼皇唐策勳清廟才建牙於滄海推轂於燕山共瞻畫行咸推内助由河

南郡夫人封鄭國夫人時齊王身居藩翰手秉樞衡千裏封疆四海瞻望桴鼓不鳴于砥路穿墉

息訟於棠陰既咏鵲巢實稽鳳兆進封燕國夫人從夫尊也良人奄逝失桴望俄克□令嗣克

興托足竟期於周顗夫人乃貽孫有懷荷麻但訴於天寃詢禮豈聞於夜哭長子樞密使

中京留守成德軍節度使太師守侍中兼政事令大丞相燕王延壽道隆歸漢志在霸秦

大遼嗣聖皇帝執手相勸付以大任沃心議報錫乃真封終開襲爵之榮遂被親之寵詔封魏

大丞相歸賞措躅旋悲封篋夫人追思堂構□念庭蘭詎剏慈憐難忘永嘆剋當暮齒復結沉哀

十載之間五喪相繼積變襄□之狀長懷孤苦之情構疾彌留俄臻大漸於應歷七年五月二十二日薨

於燕京隗臺坊之私第亨年七十有四

今皇帝聖情傷悼賻□□加漏浸澤於重泉俾追榮於大國特贈秦國夫人旌懿範也即以來年四月十

九日祔於燕京薊北縣使相鄉勛賢里齊王之塋禮也有子三人次曰延密河陽軍節度使起復雲

麾將軍左金吾衛將軍同正太尉資宗許國裏訓承家侍疾憂深居喪毀念寒泉而增慟痛幽隴以長

屆次曰延希左監門衛將軍司徒早卒苗而不秀徒與子雲之悲逝者如斯共結宣尼之嘆有女適歸德

軍節度使太師同政事門下平章事劉敏封天水郡君先夫人而終陳平美儀終調金鉉劉事令範系

赵德钧妻种氏墓志录文

王仲福墓志铭　应历十七年

王仲福墓志文拓本

故盖造軍繩墨都知兼採斫務使太原府王君墓志誌銘　并序

府君諱仲福燕人也其先出自姬姓周靈王子晋以正諫被黜時人

号為王家子孫因命氏焉後昇仙於缑嶺今瑯瑘太原皆

其胤也　烈祖諱海清任薊州錄事參軍　烈考諱文憚任盧

龍軍衙隊軍使　府君生禀粹和之靈長擅奇巧

幽州都督北平王重開碣館載峻金臺聞其

之事長興中遇

度木之能授以掄材之用擢補充盖造軍繩墨都知兼採斫

務使　府君乃明目當職强力奉公無弃木之心有從繩之

義求棟梁於幽崕構臺榭于嚴城人士駭其異能匠者推為

師長無何膏盲有疾藥餌無徵去唐清泰元年前正月二十

八日寢疾於家奄然長逝享年六十有三尋厝於府城東從

夫人齊氏周太公之令胤也齊眉起譽檐耳全貞去遼應歷

九年十二月十三日遇疾終於薊州漁陽縣界高村之私第也

享年七十有三尋厝於本貫有男三人長曰廷珪充薊州衙

内軍使次曰廷芝充盖造軍都指揮使次曰廷美未仕有女一

人適隴西董氏孫男三人長曰守榮已婚次曰守賛才冠次

日九哥方重孫女三人長曰婆孫次曰不憐次曰喜孫并笄

二日遷祔于薊州北漁陽縣界高村管禮也次子廷芝

諸孤等念敬勞義重固宅增營去遼應歷十七年三月

名爰求貞珉固兹刊勒銘曰　　　　深藏為妙實慮谷變忘

奇藝府君　　貞善夫人　　奇藝有度　　貞善無倫

生前齊體　　殁亦同塵　　收之此地　　祔之安神

宅窀既畢　　刊勳仍新　　陵遷谷變　　萬古□春

王仲福墓志录文

墓志原存北京市平谷区黄松峪乡黑豆峪村，后被盗，辽应历十七年(967年)立石。志一合，盖已残，仅存下半部，盝宝顶，四刹线刻兽首人身十二生肖（仅存五肖），盖下左右两角各线刻牡丹花一朵，残盖高23厘米，宽53厘米。志石高50厘米，宽53厘米。墓志竖刻楷书24行，满行22字，共存515字。书法有柳公权风，工整秀逸。首行题"故盖造军绳墨都知兼采斫务使太原王府君墓志铭并序"。王仲福，史传无考，据志文载，他长于奇巧之事，有"度木之能"。五代十国后唐明宗李嗣源长兴年间（930—933），幽州都督北平王（赵德钧）选用其长，擢为"盖造军绳墨都知兼采斫务使"，管兴建土木之事。王仲福于后唐清泰元年（末帝李从珂年号，934年）正月二十日病逝，辽应历十七年（967年）迁葬于蓟州北渔阳县界高村（今平谷区黑豆峪）。此志所记多为后唐事，其中王仲福职事与一些地名，可补史之缺。今据拓本录文。

王守谦墓志铭　保宁八年

王守谦墓志文拓本

先人之德庶幾傳芳終古故根實行而刊於石銘曰

營丘儲靈　隩臺簪仕　遊宦清途　肯基舊址　守位以仁　慎終如始

薤露易晞　□□薊北　勒銘泉石　以永來祀

王守谦墓志录文

2000 年 8 月出土于北京市丰台区六里桥小井村。缺盖，仅存志石一方，汉白玉石质，正方形，边长 70 厘米，厚 9 厘米，辽保宁八年 (976 年) 入葬。志石竖刻 30 行，行 30 至 35 字不等。志石右下部、左上部及下边左部均略有残缺。王守谦，字任恭，《辽史》无传，志文对其事略记述较详。其家世为蓟门望族，曾祖王确，为唐缁州别驾；祖王筠，为唐左散骑常侍；父王延广，为辽客省使检校司徒。王守谦，始任蓟州军事衙推，历任大理评事、右拾遗、侍御史、蓟北县令，主客、考功二司尚书郎，赐授朝散大夫、紫金鱼袋。志载王守谦在任大理评事和侍御史时，并不得志，直到大丞相渤海高公选其充任蓟北县令后，方得施展其才智。王守谦于辽保宁元年 (969 年) 六月卒，辽景宗保宁八

大遼故朝散大夫□□□□

賜紫金魚袋瑯邪王府君墓誌銘　并序

公諱守謙字仁恭大□□人也卋歲時随

皇考仕宦因家薊門其族望卋德具載

先司徒諱文唐故緇州別駕諱唐故左散騎常侍諱筠大遼故客省使檢校司徒諱

延廣其父其祖其曾也故夫人樂安孫氏其母也是故南院宣徽使清河張公之女其室也曰

德純崇義軍節度巡官也德成年十九應曆十九年正月十八日天於

府君之先曰薊哥尚

床使趙匡翊年方盛而閒水曰女伴姑奉浮圖之教壽不永而厭代皆清河張氏所出也

復娶遼西仇氏曰德元乙亥歲正月二十七日以疾歿曰德元杜門專業其子也曰女適茶

童幼其子也曰女妹妹在室皆遼西仇氏所出也

公始筮仕薊州軍事衙推其職也大理評事右拾遺侍御史薊北縣令主客考功二尚書郎

其官也朝散大夫紫金魚袋其階也其賜也已巳歲疾作不數日而損館實保寧元年六

月十二日也定丙子歲孟冬月二十七日庚申與故夫人清河張氏合葬祔於

先司徒新塋壬地禮也授大理評事時棘署無卿長官屬以預事朝廷讞獄多下幽都尹

公雖明法律不得詳刑辟遷右拾遺時

天子幸朔方以治兵

公雖居諫諍之列不得陳讜諤之詞為侍御史時

公雖負直氣不果劾奏之秩未展才力之用時監永豐庫大凡

邦國丘井之賦山澤泉貨之物受納免貪蠹之謗百官將校之俸諸司程作之用給遣杜刻

鑑輅謁陵廟於上京百司糾正吏民爭訟咸歸於都留守

公之肇至也峻其科條嚴其程限均其勞逸恤其贏弱期年免稽逋之累黎元絕輕重之□□□

然後寬其罰責檟楚幾不用矣是時比歲豐稔百姓謐寧視其聽政之所懼有壞□□□

始謀必菁衆情悅隨特新密賤之堂悉去宰予之木庭廡改觀考課居最先是

皇考宰斯縣也流惠蒸民勑立公署至是三十餘載復崇基稱克紹

天邑專總朝政下車不數月選

之差夏租秋稅恒歲下車不數月選

之獎跡無緇磷歲有豐羨洎

大丞相渤海高公保釐

公字人於薊北是縣也戶多兼并之室人有物力

先人之業豈不謂吉人之能事乎

公之為人也沉厚簡靜謹廉謙退奉

年（976年）十月二十七日与已故夫人清河张氏合葬。另志中所载"大丞相渤海高公"，应为高模翰。高模翰《辽史》有传，一名松，渤海人。在天显十一年（936年）解救后晋高祖石敬瑭的战役中，打败唐将张敬达而立功，被辽太宗耶律德光授上将军。出师南伐后晋时，为统军副使，后以功加侍中、太傅、特进检校太师。天禄二年（948年）加开府仪同三司，应历初（951年），召为中台省右相，应历九年（959年）迁左相。守谦次子王德元撰文，书丹与刊石者失记。志石现存北京石刻艺术博物馆。今据拓本录文。

吴景询墓志铭 保宁年间

吴景询墓志文拓本

吴景询墓志录文

出土于北京市丰台区，辽保宁年间（969—979 年）刊石。青石质，正方形，边长 60 厘米。全志竖刻楷书 30 行，志石下部和左上部字迹磨泐殆尽，漫漶不清。共存字约 600 字。首题"辽故涿州别驾□□□□□大□□□□□□□□□府君墓志铭"。吴景询，《辽史》无传，据残存志文，知其出身燕京阀阅大族，其父吴令均曾任后唐卢龙节度亲事兵马使，其行长、兄弟、子侄均入仕为官。撰文、书丹者泐缺，志石现存北京市丰台区文物管理所。今据拓本录文。

遼故涿州別駕□

誌銘　并序

吳氏之先周姬折流泰伯受封而為姓隱之佀以揚名世德嘉聲輝圖映□

□命記錄可得而言烈考諱令均字紀正盧龍節度親事兵馬使屬有唐之運

□師汝南公新州失律民庶播遷沉絶域以不還致遠祖之無聽同自高曾已往

名迹莫得而書之

馬□漂幼好五音曲盡其□　府君即兵馬使之元嗣也諱景詢□　氣直信

履霜露而增惕登屺岵以無瞻茹□哀積憂成疾於天祿四年六□　間廢

□之公舍春秋六十有六夫人樂□孫氏撫孤遺守俊靜克□　俄

成奄忽之悲應歷二年二月二十四日去世享年五十有四□景

北有弟景□早歲系官徐州有子三人長守寧遠軍節度使□

次教坊高□都知□嗣　次教坊使復州防御使崇禄□　承

□薨行次有女三人長適韓□　大内齊國夫人□　一十

三人長□鑾庫副使之貴□　教坊副使國□　都知

密次大都知延昌次復州衙□指揮使處□哥早夭　昭次

□早夭次延斌次開開次□延瑤咸承良治□　裏□

宮□繼欽次適王知柔次適劉□卿□　國供奉

重於族姻捨己從人見□義□為　友親

教誡遺于兒女思仁□□思□□　之盛

□其雄　太師之請乎□　何

報禮崇封樹送終之事爰□保寧□　極及

大　與司空之捲櫬葬於□此縣□　前遷節

子一所憑勝利而薦幽魂□□　羅尼幢

望上居潛躍之時□□大師□供

躍□其弟而失其□懇吉歸燕送□新□□□故於是佀

韩佚墓志铭　统和十五年

韩佚墓志文拓本

1981年6月北京市石景山区八宝山革命公墓院内出土，辽统和十五年（997年）刊石。仅志石一方，盖缺。汉白玉石质，正方形，边长60厘米。正书28行，行20至32字不等，共存763字，字迹清晰。韩佚、字乐善，《辽史》无传。志中所记韩颖，经与《辽史·韩延徽传》对读考证，证实韩颖即为辽初辅佐辽太祖耶律阿保机的汉族重臣韩延徽。关于韩延徽是否为韩颖，前史学界争论颇多，韩佚墓志的出土，使该问题得以澄清。韩氏家族是辽代政治舞台上显贵数朝的大族之一，韩延徽及子韩德枢在《辽史》均有传，其他所记之人也多为辽朝贵官。韩佚父韩德邻，为韩延徽之子，虽早亡，但韩佚凭依祖荫，"初任镇东平始补衙内都指挥使"，"应历中，以名家子特授权辽兴军节度副使、银青崇禄大

大契丹國故始平軍節度管内觀察處置等使崇禄大夫撿校太保使持節遼州諸

軍事行遼州刺史兼御史大夫上柱國昌黎縣開國男食邑三百户韓公墓誌銘　并序

盧龍節度判官朝散大夫行尚書祠部員外郎裴　玄感　撰

曾祖諱夢殷太子庶子　　　祖諱穎尚書令

公得矣　公諱佚字樂善其先昌黎人也昔自起家世居於薊

夫膏粱華腴一門者茂族糺繩節制啓十乘者元戎譜籍昭然惟

公其嫡長少於季孟之間幹裕稱最先是　伯諱德樞政事令

故政事令公作鎮東平始補衙内都指揮使應曆中以名家子特授權遼興軍

節度副使銀青崇禄大夫撿校國子祭酒兼監察御史武騎尉縱從歷試便有稱

績保寧初改授營州刺史撿校工部尚書布政有聞惟良無忝超授司徒命

國家以臨潢重地創業上都保釐雖委於元勳佐理愛求

於英器俄頒

鳳綍俾倅麟符遷上京副留守加太保刑政交修禳用义

朝議多之拜始平軍節度使開國男食邑三百户寄重分茅政成撫薆三年解印

千里廻轅將達父母之邦忽夢膏肓之竪以統和十三年六月一日寢薨於平州之

私弟享年五十有九即以丁酉歲五月十九日葬於幽都縣房仙鄉魯郭里之西

原從　先塋禮也　公貴介二人仲曰俾宣徽北院使鎮安軍節度使太尉九

包瑞羽七彩雄鋌入侍　宸嚴委珮無先於貴寵出膺

朝寄舉綱克振於徽猷季曰偉檀州刺史博覽典墳歷踐華顯已彰肯構遽失藏

舟先　公而逝　夫人太原王氏出於盛族綽有令儀敬方展於如賓悲忽纏於

失翼痛深晝哭恨極天穹有女一人榮哥幼亡

公美風儀寬度量備臨難事每竭純誠雖富貴以逼身好優閑而自保居常

酖飲養性奔競忘機鄉黨服其仁宗族稱其孝噫門傳帶礪不謂不榮身秉

節旄不謂不達然而不臻上壽者非所知也雖無兒襲爵謂天於伯道無知而有

弟興宗勝魯之盛孫有後令以將扃幽室託紀清芬雖愧非才直書其事銘曰

夫、检校国子祭酒兼监察御史、武骑尉”，“保宁初改授营州刺史、检校工部尚书”，“迁上京副留守加太保”，“拜始平军节度使、开国男、食邑三百户”，可谓累任要职。志文可理清其家族的世系关系并补其缺漏，纠正文献对韩氏家族籍贯记载之误，反映出辽代门阀制度仍然盛行以及契丹统治者与汉族地主之间的相互关系，对《辽史》颇资补证。撰文：“卢龙节度判官、朝散大夫、行尚书祠部员外郎裴玄感”，书丹人与刊石人失记。考撰文者裴玄感，《辽史》两见其名。《圣宗纪》开泰元年（1012年）五月：“诏裴玄感、邢祥知礼部贡举，放进士史简等十九人及第。”二年（1013年）正月：“癸巳朔，以裴玄感为翰林承旨。”志石现存北京石刻艺术博物馆。今据拓本录文。

韩佚夫人王氏墓志并盖　统和二十九年

韩佚夫人王氏墓志盖拓本

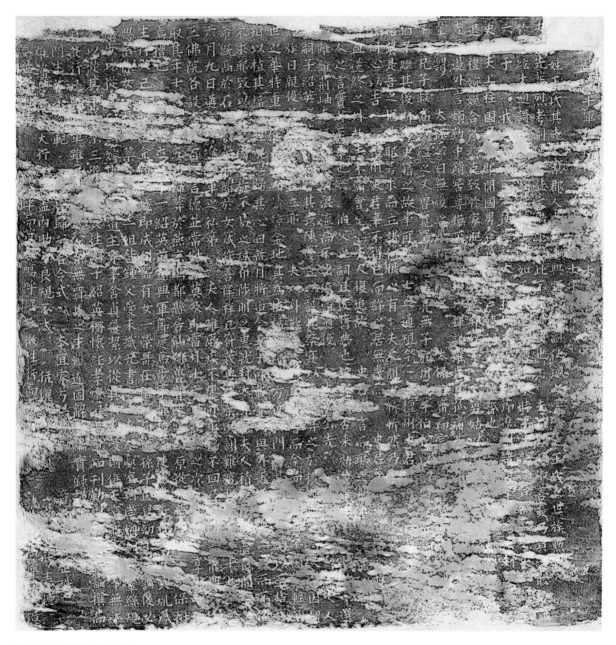
韩佚夫人王氏墓志文拓本

1981 年 6 月与韩佚墓志同时出土于北京市石景山区八宝山革命公墓院内，墓志一合，青石质，正方形，边长 76 厘米。盖覆斗形，四周线刻兽首人身十二生肖，四角刻花叶纹饰，生肖间有界格，中间竖刻篆书"故韩公夫人墓志之铭"9 字。志石右上边断裂，上下边磨泐严重。石横向漫漶多处，字迹无法辨认，志文只勉强串读，略会其意。正书 35 行，满行 29—35 字不等。据志文所余文字，知王氏是辽兴军节度副使王珮之女，先世为太原郡人。王氏只生一女荣哥，尚在襁褓时已亡，过继韩佚弟韩伟之子绍英为子。在世时笃信佛教，"以至舍□珥以植其福，□经咒以归其心，日就月将，迨今五十余载"，"致以□□国□旌不易之诚，布陟明之惠，就封太保口夫人"。于统和二十九年（1011 年）六月九日卒，同年十月二十五日启其夫韩佚墓祔葬。志石现存于北京石刻艺术博物馆。今据拓本录志文。

生□□是□金即成劍器有女一榮哥在襁褓而亡孫子匡□幼□□□後必
興宗孫女二長□蕊□二姐皆鍾父愛未識兄書夫人處室□崇姆□絲規
步以從□嫁□道主家事□貞履潔以從其□沒斯傷天窮□□□無小
以後其□三從□住嗣子紹英獨懷純孝慮泯□知刊勒□論撰而
行已□□軍雖□奈無賈馬之才難遂固辭□□實録謹□□□
門生兮承□範□歸兮合令式□本宜家兮揚□□竟□職
雄藩兮□大行□內助兮良規不忒□伉儷□□貞□兮表德
竪□□情□而莫□嗚呼□徵性行而□□終□誌□□而流□億

韩佚夫人王氏墓志录文

大遼故始平軍節度使□□□□□夫人墓志銘并序

□□□□土□行已撰

夫人姓王氏其先太原郡人□遼興軍節度副使珮之愛女也王氏之世族勳□□

夫□先葬烈考副使□誌□此不□也　夫人幼而淑善長乃□聰□識

於□絃才迥謂□□容□如□禮□時□龍而合□□□

六□于　我始平軍節度使崇禄大夫檢校太保使持節遼州諸軍事行遼州刺史兼御

史大夫上柱國昌黎郡開國男食邑三百户韓公諱佚□也

退□禮婉娩合儀諒克致於家肥□邦族□□男姑

先□遏外言頗勤中饋居尊撫下□以揮謙雖貴恩孤痛

嘆□謂　太保公曰無后之事何□綏之　太保□審而言□吾□□

子□兄子叔高□繼之□曾覽蜀志見　亮無子　用□子公以嗣□論

猶子繼其后斯□史籍之故事可□士之通規今　檀州史君□吾□

紹英是吾之猶子耶若求而立諸何恨之有　夫人闻之忻忻然乃　太保

□同心以告　檀州史君事不得已而許之□居無幾而　史君□軍□

□血送終之外□不渝會　夫人復追故　史君□言而取之□都軍

□人之言實非至孝也　伯父之嗣且從舊典也□否來效□□體□選

□雖離荊岫□混流而不出滄溟邐後　太保公先□夫人

□嗣子紹英□其喪陳邊豆以設其祭寔□葬之於禮□以至捨

□族日親後□立耶　夫人身嘆□方便□門□而今而□不□輕

世之華特重□雄□知清凉金地真為植福□□而因謂

珥以植其福□經咒以歸其心日就月將迨今五十餘載家□與外護

不求耶致以□國□旌不易之誠布陝明之惠就封太保□夫人積

命既高於石□榮□耀於女蕆作善降祥已符茂典□榮必謝難諠於□二十九年夏

六月九日遘疾於遠興軍之私第□夫人雖厥疾不瘳亦求□不回乃□龍興□

三□佛院各設□□百人言德並常□莫及即當月十六日□之次□□□享□□

张琪墓志铭 太平四年

张琪墓志文拓本

二十世纪初出土于北京市大兴区，辽圣宗太平四年（1024年）刊石。墓志为正方形，边长61厘米。刻文25行，行8—25字不等。正书，竖刻，前序后铭，杨佶撰文，书丹、刊石者失记。书法宗褚遂良，结体竖长，峻严健劲。张琪，字伯玉，《辽史》无传。据志文，知其出身大族，其父为辽朝显宦，其侄张俭时任辽枢密使兼左丞相。张琪承资荫入仕，累迁至文德县令。统和三十年（1012年）七月卒于燕京，太平四年（1024年）九月与前夫人宋氏合葬于幽都县礼贤乡祖茔。今据拓本录文。

故文德縣令清河張府君墓誌銘

政事舍人楊佶撰

府君諱琪字伯玉張之為姓也自春秋歷秦漢賢者間出代不乏

人官閥婚媾已具　先大卿之墓銘此不復書

府君即　大卿之仲子樞密使左丞相兼政事令魯國公監

修國史儉之季父也　府君娶二夫人前夫人宋氏故靈丘

縣令允之女再娶夫人尹氏故繒山縣令守奇之女

府君有子二人即夫人尹氏所出並應鄉貢□方舉苗而不秀有

女一人夫人宋氏所出適長清縣令程憲　府君承資廕授幽都

曹參軍龍門文德縣令僅三十年八轉官而五遷階其考次也如

府文學歷容城文德永興薊北縣主簿平州錄事參軍幽都府倉

此居易知命無懟懟之志其宰文德也烹鮮不撓操刀為割戴星以

視其事錯節表其利職勞斯積風恙俄遷及瓜而代澨先朝露以

統和三十年七月九日易簀於燕京之私第享年六十有一嶷策

未兆權厝之以太平四年九月十八日葬於幽都府幽都縣禮賢

鄉北彭里之先塋前夫人祔焉禮也　府君體貌魁偉談論清簡

履古人行為君子儒克家揚肯搆之聲從官著能官之譽天不憖

遺年有不永所不至者命所不留者時哀哉夫人尹氏悼極天窮

慟深晝哭祭如在而禮敬不匱子継夭而葬事未備丞相令公位

崇金鉉望峻黑轓忠貞奉其　君親孝悌稱乎鄉黨爰事宅兆殆

畢封樹俾摭行實將示來裔佶承命且懍直書無愧謹為銘曰

慶傳世德　實毓卿門　溫敏其行　博雅其文

析薪無墜　孝道斯存　盤根有利　公譽攸聞

良金方躍　美玉俄焚　逝川閱水　落葉歸根

牛眠霧慘　鶴吊煙昏　嚴嚴靈表　鳴呼　張府君之墳

张嗣甫墓志铭　重熙五年

张嗣甫墓志文拓本

出土于北京市西城区新街口豁口一带，辽重熙五年（1036 年）刊石，无盖，志石完好，汉白玉石质，为边长 58 厘米的正方形。志文楷书竖刻 24 行，行 18—25 字不等，计存字 511 个。字宗颜体，丰美健壮，气韵醇厚。书丹者失记，撰文者嗣甫弟张嗣宗。张嗣甫，字绍先，《辽史》无传，据志文，知其出身于幽燕豪族，辽代尚父太师令公张俭之次子，太傅张雍之孙。他凭借祖荫，年幼拜官，太平九年（1029 年）四月卒于中京之私第，年仅十四岁。近年，张氏家族一些人的墓志相继出土，如结合此志综合研究，不仅利于对"功著两朝，累世为官"的张氏一族家世的考述，而且有裨于辽南京（今北京）地区中早期的社会、政治研究。今据拓本录文。

故左班殿直清河府君墓誌銘 并序

弟朝議郎守左補闕騎都尉賜緋魚袋　嗣宗　撰

福善無徵降年不永昔聞其語今見其人噫僕之　　仲兄殿直

不幸短命之謂歟　　　　府君諱嗣甫字紹先　　祖宗之世德

之次子　皇祖太傅之孫姓氏之源流　　尚父太師令公

太傅之誌備矣此不復書　　府君生知孝敬教稟義方幼拜經

書早事筆硯緣情麗句掩謝客之池塘體物妍詞高揚雄之羽獵

年始六歲　　　　聖宗皇帝見而奇之曰此子未成麟角已

得鳳毛宜昇振鷺之班別俟登龍之望起家授左班殿直銀青崇

祿大夫檢校國子祭酒兼監察御史武騎尉在執綺而雖荷

出綸攻墳典而常親函丈日所一見記之於心耳所暑聞訟之於

口宜乎學古入官更盛迭貴業承良冶坐隔蟵風無何急景難留

藏舟易失俄縈美疢忽殞韶年太平九年四月十三日寢疾卒於

中京之私弟享年一十有四時　　　中令方專掌於化權阻告歸

於營葬一昨　　　上表乞骸　　　中堂解印遂辭榮於

玉陛來致仕於金臺既退老於故鄉思送終於愛子爰從龜卜用

叶牛眠迺闢玄堂迺建靈塔影覆塵霑願往生於净土天長地久

永安厝於佳城以重熙五年九月二十八日葬於燕京幽都縣禮

賢鄉胡村里就　　太傅先塋北吉地禮也嗣宗忝預天倫痛

傷棣萼仰承　　　台命輒敢直書拭淚抽毫謹為銘曰

間世英物　　　高門誕詳　　克歧克嶷　　為龍為光

不幸短命　　　今也則亡　　明珠隱耀　　玉樹摧芳

仲父哭兮有慟　　曾母哀兮斷腸　　建影覆之妙塔

闢歸葬之玄堂　　刊實錄於貞石　　庶後代之名揚

张嗣甫墓志录文

吕府君墓志铭 重熙七年

吕府君墓志文拓本

2007 年出土于北京市石景山区鲁谷。一合，青石质，志、盖兼具。志基本完整，仅右上角略有残缺，为盝顶形。盝顶边长 28 厘米，刹每边斜长 24 厘米。盖底边长 63 厘米，厚 5 厘米；志盖总厚 12—13 厘米。志盖上刻有文字和纹饰，均已漫漶，尚可辨认出顶部为楷书"吕府君墓志铭" 6 字，四面上的纹饰应为十二官员与生肖图案，之间用竖线相隔，细部无法辨识。志盖背面有铭刻，楷书，9 行，每行 12—15 字，总计 131 字。金章宗承安二年（1197 年）状元吕造撰文。志盖背面在辽代时本无文字，仅有凿刻的斜纹。金代迁葬时，后人补刻文字，把中间需刻字的部分凿平，四周仍保留着最初的斜纹。志石保存较好，仅在右面有一道裂痕，为倒置的盝顶形。正面近似正方形。边长 62—63 厘

吕府君志盖背铭刻拓本

米。底面盖顶边长 36—38 厘米，利斜边长 15—20 厘米，总厚度为 10—13 厘米。底面留有明显凿刻纹。志文楷书，共 45 行，每行 5—44 字。部分文字漫漶不可辨识，总计约 1824 字。撰写、刊刻于辽代，撰者姓名不详。

墓志正文是墓主人卒后为时人所撰，在辽兴宗重熙七年（1038 年）之后不久。而志盖背面的文字记录了墓主人的后人为之迁葬的原委，刻于金章宗泰和元年（1201 年）。同一合墓志中，两处铭刻，撰者不同，刻者不同，一辽一金，时代相距达百余年之多，家族辈分相隔四代之久。这种铭刻形式在辽金墓志中尚不多见。今据拓本录文。

議精求於星使輅吟紅藥俾耀皇華充賀南朝皇帝生辰國信使副自及境以張斾竟廻轅而返斾不辱　堯命□

屈　虞巡因　殷輅之省方式臨碣館念□之向暮願侍高堂懇□切於孝思　詔果從於祿養晨昏之費□□

俱增就除知薊州軍州事進封開國子食邑伍伯户公外建隼輿内崇烏哺每於公退恒以孝聞干祿及親金玉□

堂而順色欲養不待鬼神□室以為凶無何歧國太夫人於重熙七年歲次戊寅四月一日遘疾薨於郡之公署□

嘗藥無徵欲茶至隕身不抛於苦兒疾已甚於膏肓曾子絶漿至於七日宣尼夢奠果在兩楹今也□亡秀□

貴亦其月二十二日遘疾薨於公衙之正寢享年四十有一以重熙七年歲次戊寅八月乙丑二十日甲申歸葬□

析津府析津縣燕臺鄉從善里封清河縣君由公貴也故都官員外郎益之長女也親□□□

及劭嬪期永於新婚幃堂俄悲於晝哭採蘩蕪於山上何日相逢泛柏舟於河中平生死誓自漢□□

亦毀而皆勤習素業綽有父風然俱痛於少孤信不誣於有後次日制兒不就兒戲恒有哀摧次日迎台骨格至奇□□

□爾諸孤有子四人長日相留雖在童蒙已知哭踴次日書哥未三歲而殂有三人長在室未離閨□□

□□□傷於何怙次二皆幼公精神高奕學術縱橫掌筆硯不好詭辭茌刑政常行陰德□□

賴庭闈年纔滿於初笄心□降於永年殲我良人何謂奪於短命嗚呼哀哉龜從□□

椽樣以接六姻束帛戔戔以施三寶天道福善本望降於永年殲我良人何謂奪於短命嗚呼哀哉龜從□送□□□

將封寶陵谷之忽移實風猷之俱泯清河縣君以詩言戚叨甥壻行必熟知特刊貞珉俾述令軌臨□送□□□

渭以贈□揮涕為銘敢謂惟郭而無愧謹為銘曰

天星之精　　坤岳之英　　相和鐘粹　　公昔之生　　孔木壞梁　　秦鳥止桑

非常告變　　公今之亡　　上無昆兮下無季　　惜台袞兮執繼　　室中女兮膝下男

扨血淚兮相瞻　　魂遊兮岱之左右　　骨葬兮燕之東南　　□盖送兮僅万　　鐏俎莫兮已□

靈世兮何速　　歸泉扃兮永緘　　千秋万歲後之人　　哀哉吕鳳閣之墓兮松檟杉杉

吕府君墓志录文

248　　　　　肆·遺物

故朝請大夫政事舍人充史館修撰知薊州軍州事上輕車都尉東平縣開國子食邑五百戶賜紫金魚袋呂府君

墓誌銘 并序

外甥女茸前進士承奉郎試大理司直守涿州範陽縣令飛騎尉撰□□

羊征南之督荊州必造峴山多所遊憩迫乎卒也荊之人民為之墮淚祖奮威之領豫郡累破石勒大集功勳及其

薨焉豫之士女為之立祠夐古既傳於今復見朝請大夫政事舍人充史館修撰知薊州軍州事上輕車都尉東平

縣開國子食邑五百戶賜紫金魚袋呂公之逝也龍池泉咽□陽氣愁道路無不□閭巷無不服比屋畫像□境

□苟遺愛之稍輕□居民之若是公諱□先東平人周太公之裔秦丞相為先厥後源浚流長根深蔓遠幽薊

地遷居裹號於名家石晉酬恩割據遷歸於 聖代今為燕之人曾祖 丘園耿介金玉其人鑿井耕田作終焉

計終身慎行寔儒者之流祖 識探機先量弘陂廓世濟其美能全不隕之名積善之家果裕有餘之慶爰生

是為台臣影過隙而雖没白駒澤涌泉而旋登先馬從子貴也烈考 武定軍節度使特進檢校太師兼侍中□

將相切誓山河量德行則竊比我于老彭語忠烈則欲致君如堯舜正為霖於旱歲欻晞露於朝賜□朝廷遣中□

護喪命太常用禮勳舊之德深軫 皇慈□葬之資皆由官給公即侍中嫡子也屬文甚善好學無厭不以門第

交遊不於場屋恃豪貴開泰紀號之七年故參知政事吳公叔達之掌禮部也第□一上眾伏遹麗之詞名在□□

峻據巍峩之甲禹穴既隨於魚化漢庭便覘於 龍顏釋褐授將仕郎守秘書著作佐郎始赴□階稱於前進□

□芸閣号於司文郎有典皆披遺編悉補 先皇帝顧深台胤留宸居躬陪扆於鑾輿器風流之體裁授閤門祗

候異方賓客咸欽東帶立朝傳世公侯僉謂必復其始旋從秘省擢在諫曹授文林郎守右拾遺公以才見稱□

甚重事有不合乎道不便於時大則廷諍而言小則上封而諫□聰屢達紃史爰修□愈優朝章併錫□起

居舍人充史館修撰賜緋魚袋兼權永興宮漢兒渤海都部署公區僂承命俛為懷執簡牘以直書備彰君□

版圖而治劇恢民情疊顯兼材復膺妙選起居郎加朝議郎武騎尉自右遷左增階及勳執筆螭頭楮遂良

書曷比對立殿下鄭仁表天瑞徒稱九有 絲綸乃資潤色授禮部員外郎知制誥公□誥宗□新體□文

愚後身文質彬彬方□發揮之任京邑翼翼又分尹治之權授中京大定府少尹兼權流內外銓奸伏悉除強□□

擊辇轂自臻於清肅簪裾盛遂於銓量桿鼓稀鳴云去盜股肱之郡載賴頒條授太僕少卿知惠州軍州事□

分憂情專求窮米塩之細秒曉水薤之□機庶袴興謠忽所及爪之代漢貂菱珥遠□陟岵之悲是歲丁 先侍

中憂公痛□蒙莪贏樂棘謂其恩則昊天罔極居其喪則觸地無容誓抱終身之憂奈降奪情之詔起復授起居

郎知制誥賜紫金魚袋公不獲牢讓強抑哀情秩雖寫於舊衛思轉搜於新製挍垣□步 朝野為榮佩耀龜

吕府君墓志盖背面铭刻录文

吕氏之族太師侍中公之後葬於燕臺

凡五世矣自經亂離大冢皆壞松楸剪

伐無遺先父清州公念 神靈之不安

子孫散亡久已瘞祀病且革以改卜之

事付屬於造既没八年始追成其先志

政事府君侍中公之子也廼從遷焉令

其縣曰宛平村白魯郭泰和改元二月

丙申從玄孫承務郎前應奉翰林文字

同知 制誥造謹書於銘石之盖

李继成暨妻马氏墓志铭　重熙十三年

2000 年 4 月出土于北京市丰台区丰台路口南侧。此志石为一合，铭盖与志石均为青石质，正方形。志盖边长 66 厘米、厚 4.5—7 厘米，盝顶式，周围斜面上线刻 12 文吏头顶十二生肖像，自上方正中顺时针排列，四角及四个侧面雕饰牡丹花纹。下面中央篆书"大契丹国故陇西李公故扶风县太君马氏墓志铭"，分四行竖排，行五字。志石边长 77 厘米、厚 7—13.5 厘米，刻文 41 行，满行 42 字，正书。墓主之孙李舜卿撰文，书丹、刻石者失记。据志文所记，李继成生前官至幽都府蓟北县令，辽统和二十三年（1005 年）卒于燕京，其妻马氏出身显宦之家，封县君，重熙十二年（1043 年）卒，重熙十三年（1044 年）与李继成合葬。志文对于研究辽代中期燕京地区豪门大族关系及地理、水系多有补证作用。王清林、王朱、周宇《丰台路口南出土辽墓清理简报》及周峰《辽代李继成暨妻马氏墓志铭考释》（分别载《北京文博》2002 年第 2 期、2002 年第 3 期）有著录和考证。今据拓本录文。

李继成暨妻马氏墓志文拓本

崇禄大夫檢校司徒行衛尉少卿前知大定少尹事兼侍御史護軍隴西縣開國子食邑五百户永豐庫都監

温良殖性清肅在公踐歷丞隋於華顯蹤横洞展於謨猷女一人岐國夫人適故尚書左僕射中書門下平章

事兼侍中韓紹芳淑德蘭馨貞規玉潤早播宜家之譽榮開大國之封孫男四人長曰長卿鄉貢進士屢踐詞

場即酬壯志次曰舜卿登仕郎守秘書省校書郎次曰晉卿鄉貢進士次曰鉢哥尚幼孫女二人長適

故南院宣徽太子少傅韓紹升次男禮賓副使通次適故僕射侍中韓紹芳次男遺早亡曾孫

曰相孫曰衍孫女二人曰蘇哥曰茜哥克稟貽謀無為忝祖嗚呼　公紹隆世德履忠孝以修身樂只

叶君子之象　夫人内助慶閨以淑善而作式蕭雍得賢婦之名宜享崇高永隆戩穀無奈梧桐欝欝先興

半死之嗟松柏青青條起後凋之嘆俄臨遠日將啓玄扃孝子哀摧諸孫號慟式揚懿德爰命瑣材舜卿唱第御

簾引名秘府盖率由於祖訓致忝紹於家聲懃乏好辭用紀青鳥之兆輒敢直述謹為白日之銘銘曰

君子之行何道可存志尚貞温　　郎中之行猶彼　間出儒門　　夫人之行何道可取禮貴規矩

君子之行若茲　挺生相府　秀孕奎躔　神儲洛浦　鳳叶和鳴　鸞驚孤舞

君子即世　　賢婦縈居　母儀益盛　家道晏如　大期是促　福善爰虚

先公逝兮三十四　太君薨兮七十餘　歲在申兮月在酉　桑水西兮賀代墟

卜新塋兮刊貞石　銘景行兮聊直書

李继成暨妻马氏墓志录文

大契丹國故朝議郎尚書水部郎中守幽都府薊北縣令賜緋魚袋隴西李公扶風縣太君馬氏墓志銘并序

孫登仕郎守秘書省校書郎武騎尉 舜卿 撰

伊賢傑之命世也鳳還竹運龜半千之運龜者葉吉契九三之爻屬 垂拱之昌朝生簪纓之令室行敦詩禮

業紹簀裘者鮮矣其惟 我祖公之謂乎 公姓李氏諱繼成字孝廉

載之華宗近則唐功臣數百年之洪派其間英翹接武史諜聯輝令古雖殊蕙蘭一氣故不繁述貴省其辭 遠則周仙子二千

大王父諱審禋安次縣令 王父諱凝盧龍軍觀察判官左補闕咸以遺

獻王昉之外孫 夫人室氏所出當辯李之年嬰茹茶之苦荷外祖之明訊奉婦母以孝聞偉量淵衝宏材

愛在人修德潔已陰功萃於王室餘慶流于私門 公即觀風補闕之嗣子樞密使守太保政事令尚父文

世濟瑤林瓊樹擢秀風儀霞爛錦舒橘華詞藻京師振譽 朝闕稱奇統和五載霈渥

始十六歲起家特授將仕郎守崇文館校書郎鵬衢將遠鳴漸有初十九守秘書省著作佐郎職在修文漢帝

任先于班固地居華省晉君選在於李充二十一奏授朝議郎守秘書省著作郎監都塩院夷海繁司羨餘倍

積自天寵命渙汗難稽造列郎曹榮持象簡二十四加尚書膳部員外郎賜緋魚袋爰擢翰林出宰畿邑二十

六依前尚書膳部員外郎幽都府潞縣令化彰政治一同子游之理以絃歌衆知焉用梁竦之屈於州縣

獨謂徒勢屬全燕以積九載之儲流千倉之詠愼擇監督屬在廉能以 公充長盈倉都監出納無吝褒崇

有勳遷管鍵之清資貳徽猷之重任二十七宣徽判官尚書司門員外郎切勤神補洞識翰通洎考終四貴知

人特伸舉請百司列伏備留 朝廷以峍郡市征舊課繁浩久以虧損鼗 公以監之 公通商

惠賈人得其利課績倍增於常額渥澤遽降於新恩正郎移進於水曹赤縣增輝於墨綬三十三水部郎中守

幽都府薊北令 公穆作神明之宰士元淹卿相之才歷金馬上玉堂有日矣無何福善則靈有違輔德降年不

永忽嘆殲良于統和二十三年正月六日寢疾薨于燕京西時和坊之私第享年三十有四當年二月二十五

日于幽都縣广老鄉真宰里袱先塋而權窆焉輀轜已遷窀穸斯啓偏親向老隨喪痛絕養之悲正室當年臨

學惟時習道乃日彰果致榮名得諧禄養重熙十一禩仲子秩峻亞列政布外臺授將作少監知北安州軍州

事次歲以 國家加上徽稱普均鴻渥爰降絲綸之命特疏湯沐之封於春正月母因子貴 夫人特封

適吾門蘋藻勤於婦道一自良足早亡諸孤並公恒深鞠勉酷遣進修趨庭雖失於嚴君擇鄰幸憑於慈母

夫人即宣政殿學士同政事門下平章事馬得臣之長女早承姆訓鬇絲克擅於女工自

穴增未亡之苦

扶風縣太君秋九月忽染沉疴俄終大限是月六日薨于廻車之公署享年七十有四十三年奉護靈櫬歸葬

王泽妻李氏墓志并盖　重熙十四年

1970 年 3 月出土于北京市丰台区丰台镇桥南一座辽墓中，同时出土的还有王泽墓志。此墓志于辽重熙十四年（1045年）刊石，志盖长、宽均 67 厘米，周饰莲花四朵，中间竖刻正书两行，题为"故陇西郡夫人墓志"。志石方形，边长66 厘米。刻文 22 行，楷书，竖刻，行字不等。志主之夫王泽撰文，书丹、刻石者失记。志文先序后铭，记李氏祖居陇西，出身世宦大族，重熙五年（1036 年）以夫荫封郡君，十二年（1043 年）六月卒于燕京，十四年（1045 年）十月十二日"葬燕京宛平县太平乡万合里祔先茔之壬穴"。志石现存于首都博物馆。今据拓本录文。

故隴西郡
夫人墓誌

王泽妻李氏墓志盖拓本

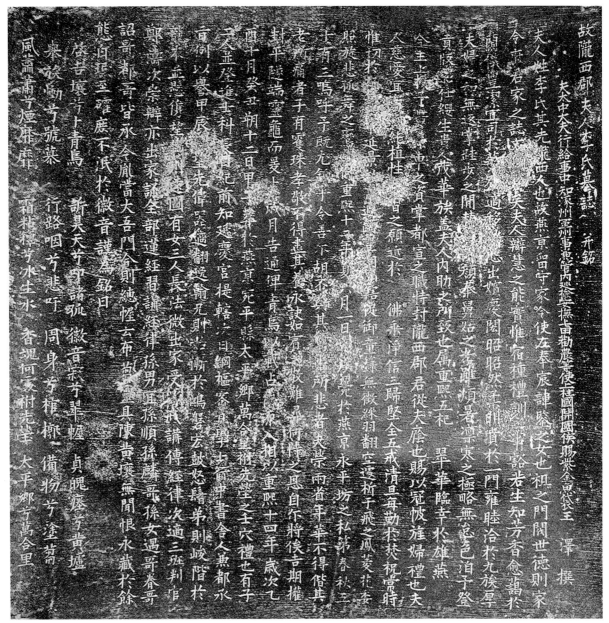

王泽妻李氏墓志文拓本

故隴西郡夫人李氏墓誌 并銘

夫太中大夫行給事中知涿州軍州事兼管內巡檢安撫屯田勸農等使上柱國開國侯賜紫金魚袋王 　澤 　撰

夫人姓李氏其先隴西人也故燕京留守家令使左奉宸諱鑒之女也祖之門閥世德則家

令府君之誌文俱書矣夫人辯慧之能實惟宿種禮訓之事豈若生知芳香愈藹扵

蘭儀豐潔宜司扵藥□適移□□□出嬪慶閌昭昭柔明賁扵一門雍睦洽扵九族厚

夫婦之和無返掌跬步之間贊有□顏奉舅姑之孝雖煩暑凛寒之極略無怠色洎予登

貢版彩仕縷生貴人茂華族蓋夫人內助之所致也屬重熙五祀 翠華臨幸扵雄燕

今主上授予帶□車之姿掌都宣之職特封隴西郡君從夫廕也賜以冠帔旌禮也夫

人慈愛宜□純植性□習之願近扵 佛乘淨信三歸堅全五戒清旦每勤扵焚祝常時

惟切扵誦□延景祐□退齡豈□轄促御童錄無徵綵羽翻空遽析于飛之鳳菱花委

照旋悲孤舞之鸞□重熙十二年夏六月一日夜疾薨扵燕京永平坊之私第春秋五十

有三嗚呼予既尤鍾乎令善爾胡不與其□所悲者夫榮兩省年華不得偕其權

老所痛者子有霆珠孝敬不得盡其養永訣如賓之敬難尋何恃之恩自爾將俟吉期權

封平隧端靈龜而爰卜歲月告通俾青鳥以戢占崗原入相以重熙十四年歲次乙

西十月癸丑朔十二日甲子葬扵燕京宛平縣太平鄉萬合里祔先塋之壬穴禮也有子

二人並登進士科長曰紀前知延慶宮提轄次曰綱樞密直學士行中書舍人兼都承

旨例以譽甲辰□望先偉器適翰逸翰兄則始漸扵鴻磐宏皷怒鬐弟則峻階扵

龍木並懸儁望□則遠圖有女三人長法微出家受具戒講傳經律次適三班判官

鄭濤次崇辯亦出家誦全部蓮經習講經律孫男宜孫順孫麟哥孫女遇哥卷哥

詔哥都哥皆承令胤當大吾門合則總帷云布葧靈具陳黃壤無聞恨永藏扵餘

熊白珉至礭庶不泯扵徽音謹為銘曰

啓吉壤兮卜青鳥　訴昊天兮叩諸孤　徽音寂兮翠幄　貞魄瘞兮黃壚

舉族痛兮號慕　行路咽兮悲吁　周身兮棺槨　備物兮塗蒭

風蕭蕭兮煙靡靡　霜粘籜兮冰生水　香魂何處祔先塋　太平鄉兮萬合里

王泽妻李氏墓志录文

王泽墓志铭 重熙二十二年

1970年3月出土于北京市丰台区丰台镇桥南一座辽墓中，刻于辽重熙二十二年（1053年）。志一合，盖正中阴刻"王公墓志"篆书四字，四周刻牡丹缠枝花纹，四面斜刹刻有执笏文吏十二生肖像。志文楷书竖刻47行，行47字，计2151字，字径1厘米，字体娟秀。志石边长73厘米。王泽之子王纲撰文，书丹、刻石者失记。王泽，《辽史》无传。墓志谓其先祖为山东琅琊人，后徙居燕地，号为著族。王泽曾于重熙七年（1038年）充贺宋生正旦副使，累迁怀州刺史兼御史大夫，封开国侯，重熙二十二年二月卒，死后启其妻李氏之墓合葬。该志记王泽行实和许多辽代职官名称，可补《辽史》之缺。志石现存于首都博物馆。今据拓本录文。

王泽墓志文拓本

四日初夜禮誦云畢更衣定枕肖常癘寐少頃視之風眩微作如眠如酪無苦無惱姻屬省待之際聖梵咒護之間神色不

渝奄然而謝次夕薨於本第之正寢享年六十有五嗚呼哀哉仕裾聞之而揮涕鄰杵感之而輟春龜筮涓臧歲月書吉遺

車晗貝豐約中規即以其年四月二十二日辛卯乙時啓故夫人之塋域從合祔焉禮也父昆季五人公即長也次惟善在

班祇候早逝次清西頭供奉官次滋登進士第右司郎中史館修撰次潤析津府文學恭睦咸敦廉能互著有子二人皆進

士登第長曰紀上京留守推官次曰綱前任翰林學士見任尚書兵部侍郎兼秘書監或政事忝賓筵之晝或辭筆塵翰苑

之榮且非韋氏雙珠俱昧特達之價類茍家二玉素微溫潤之偕閨閫鳳繼於友和器宇終圖於遠大自聞凶訃益竭孝

誠見星而行望鄉而哭仰昊天之無窮棘痛何深傷遠日之有期茶毒是切有女三人長法微講大小乘經律次適度支判

官鄭濤次崇辯亦講大小乘經律更有一兒一女俱幼亡不齒孫男三人長曰齊荀次曰順孫綱之子次曰麟哥紀子孫女七人遇

哥眷哥詔哥綱女次曰都哥紀女次曰計相貢哥綱女次曰上哥紀女小名曾孫長孫齊荀子此皆繫父公之餘祐承父公之陰德

王氏高門之貴藏孫有後之徵莫之與京于斯為盛於戲父公之德行父公之文學父公之政事父公之識度咸臻其妙人

疇最倫臨事而至平行已而無玷無忝誠為長者其實吉人才逾耳順之年遽達身退之道宜膺福善奚謂殲良子產

云亡遺愛動宣尼之泣陳寔既歿高行見蔡邕之銘今諸孤等方在哀迷思求論譔謂綱曰若以編修行狀請託詞人況撫

□□難周慮加浮而取議汝雖居喪制不合文言奈庭訓久親家猷備悉宜恭誌於盛烈俾垂信於大年可謂孝乎寔為

□矣□難遵禮讓少抒哀情搦筆揮涕強寫岵瞻之思攻珉鏤德庶過陵易之期銘曰

□□□□□受天正氣　度量恢弘　機神淵邃　才大掇科　德高履位　芳揚閥閱　輝映圖史　一門遭遇　兩朝任使

□□□□□箋□留曜　里居節制　子孫永昌　功名已遂　盡孝盡忠　知足知止　諦重釋閎　燕居私第　戒肅劬心　保順虧理

□□□人生到此　靈龜告臧　青鳥兆利　滷簿紼襄　笳簫鼓吹　遠日增懷　號天幾悴　曰兒曰女　或兄或弟

□□□感疾終兮問何辰　重熙年兮癸巳歲　啓祔葬兮在何原　太平鄉兮萬合里

□□□□燕山□聲哽咽兮桑乾水　玄堂一閉兮松檟蕭蕭　豆代縣齡兮芳猷不墜

大契丹國重熙貳拾貳歲次癸巳四月庚午朔貳拾貳日辛卯乙時記

王泽墓志录文

故奉陵軍節度使懷州管內觀察處置等使金紫崇祿大夫檢校太尉使持節懷州諸軍事懷州刺史兼御史大夫上柱國瑯琊郡開國侯食邑二千户實封貳佰户王公墓誌銘並序

嗣子正議大夫尚書兵部侍郎知制誥兼秘書監上柱國瑯琊郡開國侯食邑一千六百户食實封壹佰陸拾户賜紫金魚袋　綱　撰

綱恭聞學富乎盛文志惇乎盛德器成乎盛業身享乎盛名其來也際熙宸攄偉量步咏華塗昭然煥然　君善

偶而臣功著其往也貽懿範藹清芬曄煜良史綿聯景彝廣矣大矣勳閣高而慶嗣長采知乎世挺其人時推厥美者哉則

見之於我　亡考太師矣謹按家譜其先瑯琊人也弈葉居燕號為著族輪菌建采本大枝繁浩永洪河流長派遠父之曾

祖諱嗣不仕而歿祖諱讓考諱英燕京染院使爵秩庸行銘碣俱存廟衆宗駢更不復錄父諱澤字霈新

聖宗皇帝之賜字也體貌傑秀襟靈坦夷履行可以律時文章可以華國好於為善樂在知書馬氏五常擅最良之譽　堂

十哲有覩奧之偶性生裏於純慈志幼聞於開泰七年登進士第釋褐授秘書省校書郎次除營州軍事判官□

伻理宥地試難　宣充樞密院令史太平五年遷吏房令史權主事進士隸院職自父之始也七年出為武定軍節度判官

熙五祿　今主上睦燕民之係望法馭親幸父以勳蘊饒羡求賞來觀屬以綱御簾唱第非常遭遇幾微之務久難乎□宣

授父公樞密副都丞旨加衛尉少卿未踰旬浹渥霈稠重超授都丞旨夏州觀察使姀夫人冠帔邑號併而授之噫父子同

榮室家咸慶鄉閭改觀朝野欽風公比歲之間愍斯劇要以忠貞為己任以慎密舍天憲私庭休沐雇溫樹以寧論敵□□

修奉使華而惟謹六年充賀南朝正旦使榮旋復職數月以本官知順州軍州事下車求瘼來暮興謳解印合符去□□

望　國朝念析津之壤遍在浚之郊兵戎冠天下之雄與賦當域中之半跨浩穰於三輔據會要於萬邦形勝之方非親

處乃命　儲雨尹綰留權脊棟全能俾膺篚菹加給事中知副留守事瑣闥夕拜錦里書行棠訟贊清芝恩薦親被改授□□

行官都部署司事知詳覆院事　堯旌采善唐毅收賢當選宗付以文柄奉　詔與故散騎侍郎張公渥考試析津舉□

門無私落髮為尼公伏臘給供既豐且腆痛其淪謝哀至平慟齊縗被體金革奪情起復前職又以失儷纏悲悼親仇氏慕

崇覺行　至公鏡靜而妍醜分衡正而低昂絕方膺　朝獎俄遷家禮丁母憂公之先母李氏盛年薨逝繼亡輙念夫

人李氏貞柔迪慈順凝歝善積有餘年曷不永人願違偕老恨匪同塗雇鸞影以雖孤喜蟊羽而且盛十四年知涿州軍

州事一襦五袴變都兆之民熙十乘雙旌董醫巫之戎肅超授廣德軍節度使父公素懇然深　朝論未允簮載移鎮奉陵軍

茲節鉞顧器名之頗重念齡算之已高服廩兼充子孫俱顯政之不致事復何求私懇然深　朝論未允簮載移鎮奉陵軍

節度使方新視理遽遂及瓜遞后於金臺私第終日燕居其心晏如也是自夫人疾歿追越十稔繼室無從杜門不仕惟與僧

张俭墓志铭　重熙二十三年

1969 年出土于北京市新街口以西桦皮厂，辽重熙二十三年（1054 年）刊石。青石质，长 98 厘米，宽 105 厘米，厚 10 厘米。缺盖。志文 46 行，每行 60 字。另有铭文 10 行，四言一句的 8 行，七言一句的 2 行。楷体，竖刻，墓志首题："故贞亮弘靖保义守节著德功臣洛京留守开府仪同三司守太师尚父兼政事令上柱国陈王食邑二万五千户食实封二千五百户清河张王墓志铭并序。"撰文者为"宣政殿学士，崇禄大夫行礼部尚书兼知制诰修国史上柱国，弘农郡开国公杨佶"。书丹、刻石者史记。墓志长达三千余字，除详细记载了张俭的出身、籍贯、历官、卒年及婚配、子女以外，还记载了一些当时的朝政史实，有些为辽史所不见载。张俭，字仲实，《辽史》有传，史称其"功著两朝、世称贤相"。今据向南《辽代石刻文编》并参照拓本录文。

张俭墓志文拓本

二萬五千階官勳憲事任職秩亢極人臣豐越今昔夫人齊國夫人淮南于氏故武清縣令于澄之長女出其高門歸於著族一封美郡三易大邦萬嬪訓於閨房挺母儀於京國俄嬰美疚遠失藏舟重熙十八年五月十六日薨逝享年八十有二至當年八月十三日葬於玄堂祔先太傳之塋禮也有子三人長曰禹稱未仕而卒次曰嗣甫未冠而卒王家慶集方並秀於瑤林謝氏痛深遽變凋於玉樹次曰嗣宗前進士朝議大夫守衛尉少卿上輕車都尉賜紫金魚袋若考作室既幹裕於肯堂俄析薪殆擅名於克荷女二人長適故前進士起居郎知制誥東京戶部副使王景運次適故前進士翰林學士給事中知制誥鄭弘節並先王而逝王鐘灝素之神萃中和之氣沉毅多大略宏揚王庭漸鴻鸞之仙署遇以柔彝持謙和而迪哲謀出人鬼識通著龜德必有鄰弘治人事天之道學不為濟體國經民之具不事家食巫揚王漸鴻鸞之載溢於囊袋皆由協贊泊信納衡言寵專柄用體貌尤異昺令丹青帝載金玉王之勤昔伊尹格於皇天周公光於四海矣夫建萬世之功遠七年之政□蓁路招隱桂山宴不知顯皇王之能事表臣子之至懷於時遵玉度變三時而不害撫百姓以用康歲旅率庶邦於繡座從幸則魚縱大鑾戴君則龜冠靈山聖宗皇帝其所化裁形貌施發號令丹青帝載金玉幾以聽朝關旋官而稱帛言旋帝邑議展皇儀稽盛典於百王上徽稱於兩殿至駕采章分日月之輝蕩僴游奄促神器傳歸萬邦貞於元良百官聰於冢宰權綱在手造化生身護龍輔以頃材戒雀弁而衡殯審棺執緋躬襄事於□□□□□撤辭於慨冊疲西園之冠蓋相望客常滿座北海之樽臺不空乃知迹遁心退外榮中素富貴視之如浮雲名與身弃之若大患允所謂達人大觀知進退存亡有如此饗廟食哉而正氣襲物直躬律人清白為基門無悖人之貨公是成隧朝有穆如之風茲定為常曷足勝道倍蒙以國士之遇謬以詞人見知手書載詒達三綱五常之要而復出扶像運現宰官身生享耆年有壽者相諂崇佛實力轉法輪深窮諸行之源妙達無生之理至於遵儒重道移孝資忠綜九流百氏之指歸者初下惟讀書棲毫假寐鬢驚見人謂曰天上一枝桂人間三品官王自決策辭場有穆如之源重道惠人詎求陽報論者曰官論一品爵首五珪得非生平積德累行之所昭致耶不然又安得震疊恩榮便蕃慶賜上殿則乘以小車尚齒圓瘵祖割而奉燕禮畫像先寢配座而識石為請但以久從大夫之後獲侍君子之儀扈從殷興恒陪閒宴贊襄舜時奉訏謨徒景行於高山竟難窺於數仞託以銘實固當為訶霍莘一時既備黃腸之禮玄都億載長存蒼賢之文謹為銘曰

三辰宣精　五山飛英　靈氣交感　忠賢間生
風雲協會　金石輪誠　衮職斯補　天步惟清　其一
顯允我王　命世作輔　學綜天人　才兼文武
釣國得璜　干君負俎　內秉鴻樞　中藏鸞渚　其二
赤符肇應　緣綏載紆　桓珪申命　史筆專書
行作師表　言成典謨　忠將義立　化與仁孚　其三
熙務鼎司　優賢玉帳　礪山帶河　出將入相
寄重藩宣　功歸寅亮　簡在帝心　係我人望　其四
獻納百揆　弼諧兩朝　平勃佐漢　夔龍致堯
煙閣圖像　雲臺議勞　政還藻扆　身返林皇　其五
秩峻三師　封疏一字　逆旅遷年　浮雲貴位
考終致期　月制裏事　百身莫贖　天下慇遺　其六
魯聖有開　天資多才　命世作輔　學綜天人　佩象環而德遺　振木鐸以功偕　王道方盛　儒風誕恢　時不之利　泰山則頹
晋相有赫　世載博識　洞象緯以察時　炳文章而華國　二陸從風　五苟承式　年不之與　臺階雲圻　其處在兮其人亡
天子悼令兮國人傷　宇無棟兮川無梁　塗芻列兮祖庭張　蕭鼓咽兮銘旌揚　燕臺薊門分對峙　天長地久兮不泯　王之名兮王之功
桐山西兮桑水東　龍耳嶼兮馬鬣封　夜舟藏兮泉隧通　夕鳥飛兮瓏樹空

张俭墓志录文

故貞亮弘靖保義守節耆德功臣洛京留守開府儀同三司守太師尚父兼政事令上柱國陳王食邑二萬五千户食實封貳仟伍佰户清河張王墓誌銘

宣政殿學士崇禄大夫行禮部尚書兼知制誥修國史上柱國弘農郡開國公食邑三千五百户食實封參佰伍拾户楊　佶撰　并序

箕尾淪精渤碣儲靈挺生人英作為國楨惟　兩君經綸二紀聖宗朝更踐臺閣秉持鈞樞三為將臨戎捆而推轂之□

備再入相揔公府而當軸之功在今皇帝所賜之第　享年九十有一尋具聞奏特蒙聖恩詔遣昭文館直學士諸官制置使李軻充勑祭發引使以其年五月十日

月二十九日啓手足於聖宗皇帝所賜之第　享年九十有一尋具聞奏特蒙聖恩詔遣昭文館直學士諸官制置使

出錫義昌大以至曾王父諱正皇太也王諱儉字仲實其先清河人後徙薊北遂占籍焉自良為漢丞相華為晉司空賢傑間

歸全於析津府宛平縣仁壽鄉陳王里從先太傅之塋禮也王父諱俊字仲實其先清河人後徙薊北遂占籍焉自良為漢丞相

詩而閒禮陳君世德竟慚卿而慚長王即太傅元子也性植清淳文成郁彬學切劇於天人志蹈厲於風雲誦有開應王佐之康務玄圖用出昭帝師

大夫累贈至太子太傅母劉氏累贈至燕國太夫人故歸德軍節度使檢校太師同政事門下平章事門下侍中敏之女皆郷稱孝廉代儒墨孔父庭訓始聞

之觀民風鵬翼張以彌天搏扶搖而直上牛刀傳之餘地投肯綮以皆虛二十七年丁先太傅憂七日絶漿三年泣血服闋之翌日授禮部郎中知制誥

以樞密院加賜金紫柱國特封開國男食賦三百室紫掖發揮訓誥復於古道黃樞直競業於日機屬踐睦於國鄉用交修於邦聘詔充賀南朝皇帝生

直樞密院加賜金紫柱國特封開國男食賦三百室紫掖發揮訓誥

辰國信副使展幣成儀拭珪復命開泰元年遷政事舍人知樞密直學士二年正授樞密直學士同修國史三年加尚書工部侍郎知制誥仍疏本郡之封兼

進徹侯之秩和嶠之松有節讚為棟梁材顧雍之玉無瑕良作禮樂器四年春遷樞密副使夏六月授宣政殿學士守刑部尚書參知政事同知樞密院事論

思秘殿參預中堂朝廷能之遂掌軍國冬十月加樞密直學士三年加政事令太平元年以左丞相之秩昇中書令

之上先聖特制王實居之兼進封魯國公增加邑户改賜推忠匡時守節功臣綢繆樞極皆仍其便王端方正色精潔小心上穀惟脩功允治而勿

壞獄市為寄謂寧一而不撓伯禹成功而不代公綽寡欲而則優朝議均勞帝命惟允五年春以武定旌節兼相印以授之賜佐時全節功臣黑韜遵蕗蕩上

相之光儀金鉞登壇厘庶務四氣玉燭九瀛鏡清五年秋加開府儀同三司守司空加賜竭節功臣七年冬十二月又詔旌節於大迴雖屢換戎廳而皆帶相印俯琰歷

義守節功臣仍於南京行河南尹進封秦國公增食賦七千室改賜貞亮弘靖耆德功臣守令兼政事令魯國公改賜推忠翊聖保

之周度降絺書以急徵梱外偃藩為蒼生而再起門下閤門有正人之相賀六月春三再授樞密使左丞相兼政事令之龍永去遠泣攀髯王□事居

匡內制外奉同璟以由山皇帝承先王之休受上帝之寄順考古圖任舊人卷迺三公之官定為四維之輔與王□職代天

理官景福元年夏六月以翼亮之功册命為太傅加賜同德功臣重熙元年冬十一月以訓導之力進位為太師增實賦五百室臨大節以不□敦至

誠以無欺居上位以不驕荐難事以能斷盡府事國施功在人垣峻紫微方優賢於西省堂開綠野爰卜勝於東都遂乞骸以抗群懇退老而歸里溫詔敦諭

之督八州詎開龜洛蘇秦之懸六印不縮鱗符一人所尊寵先師尚遠則汾陽王勳高唐室以守令兼其秩近則文獻王力贊我朝以太保踐厥位弘景乃

固辭不迴四年春致仕授洛京留守河南尹進封秦國公增食賦七千室改賜貞以更直門施行馬寵楊彪以光録勳庖列養生平

山中宰相宣聖乃天下素王蜀棧西焚尚陳謀於帷幄稽山東入別得趣於琴樽抗國老以訓恭詔省郎以更直門施行馬寵楊彪以光

當以丞相禄召以蒲輪朝於棘墀特封韓王十一年冬進封陳王歷官三十一次乍相二十一考功臣至二十字食邑□户至

王仁不忘本孝以奉先服幽都負郭之田免永慶陪陵之葬密邇先瓏別開吉塋太公之封塋丘返其葬者五世葺社對家廟以生榮金靈在鑾入國門而增耀

六方共邊坐殷盈之篋印封券之名郎出漢嬰怡吳守於白茅苴社對家廟以生榮金靈在鑾入國門而增耀墳土寢乾墓

丁求谨墓志铭　清宁三年

丁求谨墓志文拓本

為陵諒斯文之不喪銘曰

風蕭蕭兮逝水寒　逝者如斯兮不復還

勞生休死何時閑　白楊青草蔭玄開

南瞻魏闕

北眺燕山嗚呼

丁求谨墓志录文

出土于北京市西城区百万庄一带，青石质，无盖，长60厘米，宽58厘米。志文刻楷书31行，字径1.3厘米，满行32字，字体秀丽，字迹清晰。唯志石中间断裂，接茬处有二十多字损毁。现存字近千个。丁求谨（973—1020年）史传无考，据志文，其祖籍济阳（今河南兰考东北），乃阀阅世家，公侯之胤，曾任辽秦国王府校尉兼监察御史，开泰九年（1020年）卒。石刻于清宁三年（1057年）十一月，书丹、刻石者失记。志石现存于北京市海淀区大慧寺院内。今据拓本录文。

大契丹國故銀青崇禄大夫行秦國王府校尉兼監察御史武騎尉濟陽郡丁公墓誌銘

公諱求謹 其先濟陽人也□開世胄有先令公之誌有爲此不復書簡其文也

故贈涿州刺史撿校司徒諱□遠曾祖父也 故昭義軍節度使開府儀同三司檢

校太師兼侍中諱摈王父也 故匡國節度使開府儀同三司檢校太師兼政事

令諱元恪烈考也 故左金吾衛將軍檢校司徒諱求誨 故静海軍節度使檢校

太保諱求説 故西頭供奉官銀青崇禄大夫檢校國子祭酒兼監察御史武騎尉

求論兄也 公即太師令公之第六子也 公以金玉之姿繼公侯之胤器宇清雅

風神俊爽詩書禮樂多所弘益精秘奥許子將之風鑒何止月評劉仁

表之才名爵爲人瑞鄉間之内論者嘉之初 公之烈考令公有知十之鑒試肯堂

之志乃委家用觀公器公乃從父兄之教遵孝敬之道順顔色禮無違者來碁月

間閨門整肅若公府焉 先令公賞歎者數四以五兄在上難詣公車故抑而未仕

翌日勵志惟精愈勤墳素無何丁 先令公憂毁骨立哀悼不已終祥禫志奉

蒸嘗于統和中以公良家之子奏 授銀青崇禄大夫行秦國王府校尉兼監察御

史武騎尉公以君子之心涊公家之事守之以道厥有成績 章用嘉之不數年間

邁疾彌留藥石不効倏然奄忽傷如之以開泰九年九月二十三日屬纊於燕京畢

羅坊之私第享年四十有七清寜三年歲次丁酉十一月一日癸甲時歸葬于析

津府宛平縣禮賢鄉北彭里袝 先令公之塋禮也 公娶長沙羅氏故控鶴廂王

羅公之次女也侍將相之家婉順爲容□純式性展矣君子方偕老以爲期嗟我

人遽未亡而興歎有二子長曰從僅娶瑯邪王氏次子從佑娶鉅鹿毛氏長女適於

賈德全從僅男二長邈娶魯郡齊氏遶有女一小名豆哥男一名鄭王劉次子遜

娶彭城劉氏女一適彭城劉文通從佑男□長文迪娶鉅鹿毛氏女二長名懿哥次

女未訓小名次子名英哥女長適滎陽鄭舍人長子内供奉班祇侯次

女妙哥 公以繼名公之後藉累世之資家有賜書門施行馬龍媒飛兎方將駿

于長途緑蕙紅蘭俄抽芳于晚歲今其一一何庸如之長子 以陟岵增念感慮□

切念歲月之未戎以綸襄而爲毛橡呑爲文旹□齊易公卜系女孕也晏音言燕

韩资道墓志铭 咸雍五年

1964 年在北京市西郊八宝山革命公墓职工食堂北侧出土，辽咸雍五年（1069 年）刊石。志石一合，略残缺，右上角断裂为大小五块。经过初步整理，志文尚完整。汉白玉石质，方形，盖盝顶式，边宽 51 厘米、中厚 10 厘米、边厚 4 厘米。正书，23 行，行 16—23 字不等，字体秀劲。李炎撰文，书丹者失记，刊石者泐失。盖面雕刻仿唐制，环刻官人持十二生肖像，四角饰卷叶纹，造型古朴。韩资道，《辽史》无传，其志可补正辽道宗耶律洪基时代的一些史实，并为研究北京史提供了一件新的实物资料。今据拓本录文。

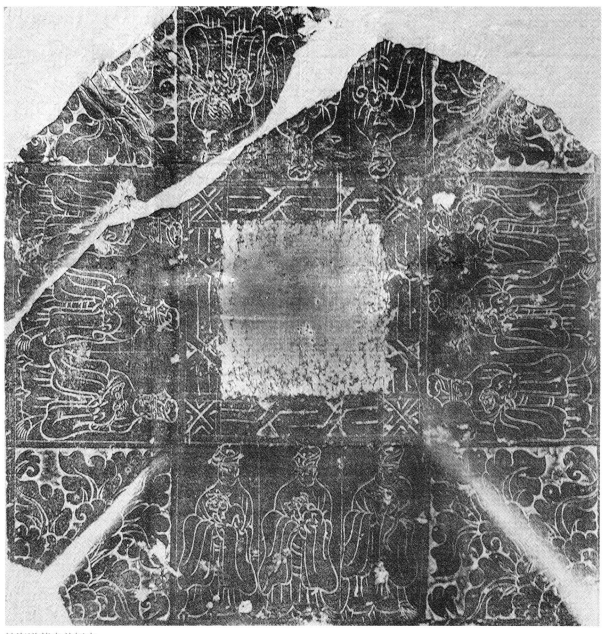

韩资道墓志盖拓本

韩资道墓志文拓本

大遼國故六宅副使銀青崇禄大夫撿校工部尚書韓府君墓誌銘

承務郎守秘書省著作郎飛騎尉賜緋魚袋李　炎　撰

并序

韓君諱資道其先南陽人也自　尚書令穎之後軒裳照世
鍾鼎傳家景系殊勳勳載於史素此簡而不書　曾祖倬皇遼
興軍節度使累贈至中書令　祖紹文守太子太師同中書
門下平章事魯國公致仕　父造諸宮制置使撿校太尉君
即太尉之長子也　先夫人張氏所出即　守司徒兼中書
令克恭之外孫也器鑒淵宏風儀爽秀成童志於學弱冠善
於書清寧初以蔭授銀青崇禄大夫撿校國子祭酒行右衛
率府副率次奉　宣閣門祗候綿扈　宸興薦更歲簡旋加
禮賓副使次授供軍副使至於督工使造戎器周旋二稔其
功著矣績遷六宅副使撿校工部尚書宣省市買都監詎侵
撓於民利無煩費於公緡豈謂亨塗未致而忽遘沉疴訪藥
蓬山瘞金丹之靈氣□魂岱岳韜玉樹之奇姿無何咸雍五
年二月十二日終於燕京北羅坊之私第享年三十有一以
其年五月十九日葬於宛平縣房仙鄉魯里以祔　先塋
禮也君娶瑯琊王氏有子五人長曰迎恩奴次三子早亡次
尚幼府君挺異　相門揚名宦牒以孝愛友順全其性以純
□謹飾其躬嗚呼天與之能而奪平壽福善有徵復何□
□君之姻熟君之履强抽鄙辭乃為銘曰
□□□禀氣忠貞　金玉彰德
□□□公廉蘊誠　天奪其壽
□□□□掩于泉扃

韩资道墓志录文

董匡信及妻王氏墓志铭　咸雍五年

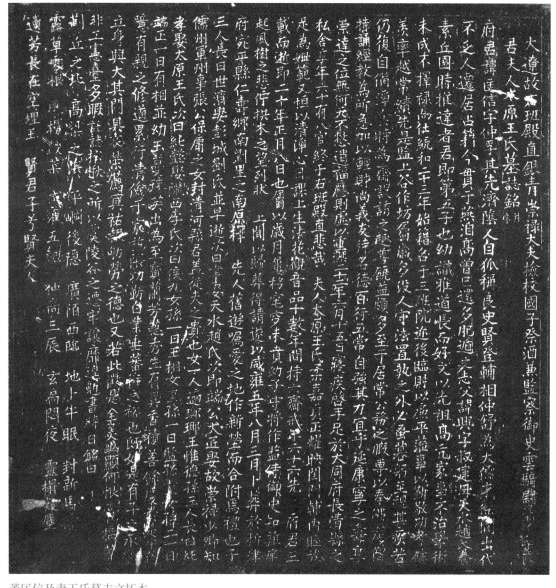

董匡信及妻王氏墓志文拓本

1970 年出土于北京市西城区阜城门外，辽咸雍五年（1069 年）八月刻石。志一合。盖与志石同大，边长 48 厘米，中间阴刻"济阳董府君夫人王氏墓志铭"，篆书，4 行，每行 3 字，周围线刻人物捧兽十二生肖像。志文楷书，竖刻 25 行，行字不等，字径 1.1 厘米。撰文者言敷，书丹与刻石者失记。董匡信，《辽史》无传，志载其官终于右班殿直，重熙二十二年（1053 年）六月卒于大同府长清县，其子董庠于咸雍五年（1069 年）八月葬其于"析津府宛平县仁寿乡南里"。志石现存于首都博物馆。今据拓本录文。

大遼故右班直殿直銀青崇祿大夫檢校國子祭酒兼監察御史雲騎尉濟陰董府

君夫人太原王氏墓誌銘并序

府君諱匡信字仲孚其先濟陰人自狐稱良史賢登輔相仲舒為大儒才傑間出代

不乏人遷居占籍今貫于燕泊高曾已還多肥遁之志父諱興字叔建母天水趙氏養

素丘園時推達者君即第五子也幼識雅道長而好文以先祖高亢家事不治學術

未成不擇祿而仕統和二十三年始籍名于三班院迄後臨財以廉平范躬敬功考餘

羨率越常績先是監上谷作坊歲多沒人守法置執之外必蚤暮躬至視其疾苦

仍復自備净食時為齋設誘之趣善饒益至于居常公務之暇專以奉佛筵僧

持誦經教為所急加以輕財尚義友待名德百行五常自強其力宜乎延康寧之壽享

崇達之位無何天不憖遺福應則虛以重熙二十二年六月十五日寢疾啟手足於大同府長清縣之

私舍享年六十有八官終于右班殿直悲哉　　夫人太原王氏柔嘉貞正耀映閨門輔內睦族

足為姆範又恒以清净心日課上生法花觀音品十數年間持六齋戒年六十六先　府君三

載而逝即二十年正月八日也屬以歲月屢移宅窆岁未賣幼子守將作監侍御史知雜庫

起風樹之悲佇拱木之望列狀　上聞以歸葬得請遂以咸雍五年八月三日卜葬於析津

府宛平縣仁壽鄉南劉里之南原擇　先人舊遊囑愛之地作新塋而合祔焉禮也子

三人長曰世濟娶彭城劉氏並早逝次曰聿娶天水趙氏次即端公大匠娶故崇祿少卿知

儒州軍州事張公保庸之女封清河縣君蓋從夫之貴也女一人適瑯琊王惟德孫三人長曰純

孝娶太原王氏次曰純懿娶隴西李氏次曰侯九女孫一曰王相女重孫一曰監孫重女孫二一曰

端正一曰有相並幼玉蔓珠英出為至寶蘭芳蕙秀生有異香積善餘慶於是乎在

噫有親之修道累行清儉于家施陰功勒白業垂蕃衍之裕也既如是有子之承訓

立身興大其門具哀榮薦冥祐報勤勞之德也又若此徵是全美幽顯何恨言敷摛藻

非工憲臺多暇託誌松楸之所以虞陵谷之遷牢讓靡遑勉書時日銘曰

薊丘之北　高梁之陰　平峒後隱　廣陌西臨　地卜牛眠　封新馬鬣

露草零根　風揚菣葉　咸雍五祀　仲商三辰　玄扃閟夜　靈楄疑塵

遺芳長在空埋玉　賢君子兮賢夫人

董匡信及妻王氏墓志录文

康公墓志并盖　　咸雍七年

2002 年出土于北京市海淀区一座辽墓中，辽咸雍七年（1071 年）刊石。志盖呈盝顶形，志石为正方形，每边长 56 厘米，厚 8 厘米。共刻楷体汉字 20 行。志盖中央台面刻楷体汉字"康公墓志"，2 行凡 4 字。四斜面刻十二生肖神像。四角刻牡丹花朵。志文开篇就记述了墓主人逝世年月日，全文未记述墓志的撰文、篆盖、书丹及墓主人名讳官阶，这种行文体例在墓志中极为少见。此墓志首次著述见于《海淀中国工运学院辽墓及其墓志》一文中，后收录于《石墨芳华——刘凤翥李春敏收藏辽金碑刻拓片集》一书。今据拓本录文。

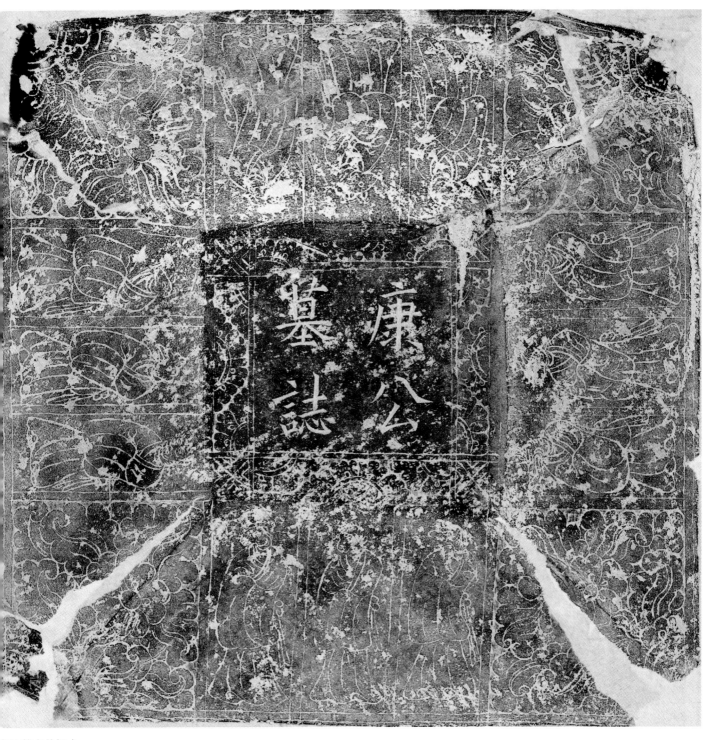

康公墓誌

康公墓志盖拓本

康公墓志文拓本

惟咸雍七季岁次辛亥當四月丙辰朔八日癸亥逝
往中京大定府鎮国寺北街出廓火葬訖遷神柩来
於先祖塋壙至燕京宛平縣礬村名西北鄉至當年
六月二十九日壬午时葬如京使於祖壙西北鳳
翅又起一圍亦用地南北長三十一步东西闊一十
九步居上壬穴故　兄官御如京使銀青崇禄大夫
撿校尚書右僕射兼殿中侍御史驍騎尉东平縣開
國男食邑三百户康文成贵年六十有二父训孝性
木才至業秀均分會壘代横纪駈鐵勺繩墨似直□
日影天生何藝量夫役之億萬有行紹於爵禄接擎
天顏九鋪起詹連於棧閣飛供□於大海上脊磨於
白雲銅角盡忠四維日照於北拱夜月星憐應舉宣
和極受大材稱心習於後胤皆貢不讓之秦曾
啓立性温雅　常和德敬　内露慈孝　外濟六姻
为己者生平孝養为親者降自非真本望长居人世
何期於大限今則季夏□自斯飾有地兮桑水西
大河連於海上欺　春水之木兮恨色凝兮桑水嶺
高　哀唶噎兮桑水闊　前圍高上□化翁翁諱　廷遂
婆婆　孟氏　次上寧有貞孝耶耶諱守憐　孃孃　李氏　次
孃孃　楊氏　三弟三哥諱　文俊　妻　耿氏

康公墓志录文

吕士安墓志铭　大康八年

吕士安墓志盖拓本

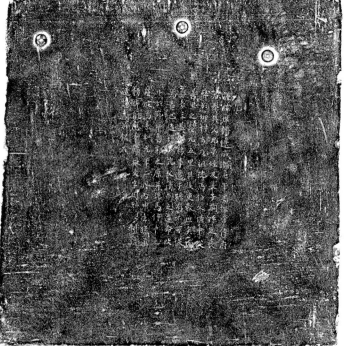

吕士安墓志盖背面铭刻拓本

2007 年出土于北京市石景山区鲁谷。一合，青石质，志、盖兼具。志基本完整，仅右上角略有残缺，为盝顶形。盝顶边长 28 厘米、刹每边斜长 24 厘米。盖底边长 63 厘米、厚 5 厘米；志盖总厚 12—13 厘米。志盖上刻有文字和纹饰，顶部为楷书"吕公墓志"4 字，四面斜坡上的纹饰应为十二官员与生肖图案，之间用竖线相隔，细部无法辨别。志盖背面有铭刻，楷书，10 行，每行 6—15 字，总计 132 字。金章宗承安二年（1197 年）状元吕造撰文。志盖背面在辽代时本无文字，仅有凿刻的斜纹。金代迁葬时，后人补刻文字，把中间需刻字的部分凿平，四周仍保留着最初的斜纹。志石保存较好，仅在右面有一道裂痕，为倒置的盝顶形，正面近似正方形，边长 62—63 厘米。底面盝顶边长 36—38 厘米，刹斜边长 15—20 厘米，总厚度为 10—13 厘米。底面留有明显凿刻纹。志文楷书，共 45 行，每行 5—44 字。部分文字漫漶不可辨识，总计约 1824 字。撰写、刊刻于辽代，撰者姓名不详。

墓志正文是墓主人卒后为时人所撰，在辽道宗大康八年（1082 年）之后不久。而志盖背面的文字记录了墓主人的后人为之迁葬的原委，刻于金章宗泰和元年（1201 年）。同一合墓志中，两处铭刻，撰者不同，刻者不同，一辽一金，时代相距达百余年之多，家族辈分相隔四代久。这种铭刻形式在辽金墓志中尚不多见。今据拓本录文。

吕士安墓志文拓本

墓志盖背面铭刻录文 及 吕士安墓志录文

吕士安墓志录文

公前後三夫人先娶隴右李氏度支判官可象之女次娶南陽韓氏故宣徽南院使同中書門下平章事紹文之

女皆淑德可嘉嬪儀有則未及封蔭並早謝於世　今夫人天水趙氏金州團練使嗣之之女婉麗其資貞順其

性泊作合　我常侍太師輔佐之道夷險如一封本望縣君郡君夫人方期偕老遽痛未亡子二人長曰嗣孫早

亡前夫人韓氏所出娶太山史氏之女次曰嗣儒業進士舉　今夫人趙氏所出娶南陽韓氏之女即隴州團練使永年

之姪女一人出家法號崇偉孫男一人觀習進士業孫女二人長適南陽韓資貞即西上閤門使紹□之孫次出家法

號善財蔓玉襲芳穠李敷秀積善之應在於茲乎公德　純而厚量遠而宏為已克恭與物無忤以章揆逸早掇□

種以器業縱橫歷蹟亨路周旋四紀勤瘁　兩朝至於五剖郡符三持將□進應君寵始極儒者之榮揆退養天

和終得達人之趣□彰懿躅赫奕令名□淵喬以諸甥之微篤其至愛之厚敢擴遺烈用刻貞瑉謹為銘曰

□休席慶兮相閫儒門　　策名委質兮令輔良臣　　高爵重禄兮曆承異寵　　陵遷穀變兮不泯芳塵

名遂功成兮求退其身　　歿全禮送兮佳城鬱鬱

□□□□兮　　□河北泛籲嗟乎呂兮公居此讚

墓志盖背面铭刻录文

謹按世譜遼咸廟七年高祖常侍府

君舉其父兄弟姪及長子嗣孫之喪

葬於柳村去乃祖洗馬伯父侍中從

善里之塋凡五里其後更數世矣而

葬者三蓋時移事遷子孫有不可從

焉者也造謹以先父清州之遺命改

卜於宛平魯郭之原并洗馬侍中之

塋從焉泰和元年二月丙申玄孫承

務郎前應奉翰林文字同知　制誥

造謹書於銘石

□□□□□□□□□□□□□

□太常少卿知可汗軍州事飛騎尉借紫趙淵撰

食邑七百戶□

□□進業之始修德事主之節蘊匡邦之略建旌珥貂登顯仕而伸遠用者奇士之跡乎□之已成名之已遂起知止之意陳辭榮之請投籍□

壽而保令終者吉人之道乎若乃世□其賢時全厥美則

下雄才繼業丞相以建輔立之策功大秦朝將軍以專征伐之權勳高吳國胄系□

我常侍太師蓋其人也　公諱士安其東平人周太公望之後也　王父諱密

儒順二州刺使檢校司空即　相國太師侍中之仲弟也勵行清純率性耿介以廉勤之節久處於官將以幹濟之才而綏於郡政位不充

太子洗馬抱耀含華居貞履素以長子　相國太師侍中諱懲任春官貳卿之蔭由是通籍於桂宮焉　烈考諱德方舉進士第歷□

量慶延在後公即順牧司空即　相國太師侍中之仲弟也躭兒傑秀襟靈奕澈恭□以秉彝沖和而迪詰從游曾室始企文學之科成列端門亟在

英雄之彀以重熙七年　御前進士及第釋褐授秘書省校書郎十年冬充燕京留守祗候官實司管記之任十一年除歸化州軍

事判官十四年以秩滿除錦州永樂縣令未及考促赴　樞密院充書令史十六年遷兵房令史吳□紫紆空淹驥足莊溟浩淼

終奮鵬程十七年除積慶彰慶潘官都部署判官踰歲除興中府推官賜以五品章服十九年授太子中舍知析津府安次縣事昇華鶴

禁制邑麟畿束杖鳴琴治聲自振二十二年遷殿中丞奚王府判官二十三年除燕京宣徽判官加尚書水部員外郎逾明年正月丁太夫

官賜紫金魚袋九年以獄空恩加朝議大夫驍騎尉十年冬以本官知析津少尹特封東平縣君開國男食邑三百戶尹正京師亞成

郎三司都勾判官班玉筍謀倅牙巧曆□周異恩復被七年秋遙授宥州刺史上京留守判官八年夏加虞曹正

人憂俄奉　宣督符家口之開征羨余告物計臣嘉之清寧三年以服闋除臨海軍節度副使有善最之偶五年冬加虞曹正

其勳咸雍初佐秩卿□二權節制授太府少卿知武定軍節度夫人始封天水縣君鈿函增耀石窌

常少卿勾會隨駕諸局分文帳薄籍填委　公悉條其綱目而使無淆紫五年七月加以大匠之秩出知嚴州

軍州事下軍宣化氓俗義安六年冬　国朝以雲中繁會早建京師之權者尤艱其選乃除　公西京副

留守遷少府監泊乎釐任眾務咸舉七年遷司農卿知順州軍州事九年加昭文館直學士知營州事太夫人始追封縣太君

太康元年遙授桂州觀察使知檀州軍州事五載之內連典大郡者三民謳交溢號神明之化　太夫人追

封郡太夫人進封郡君二年夏日為右諫議大夫知禦史中丞朝論雄獎目為稱職　皇上愈器重之深所眷□

三年超授崇義軍節度使衍州管內觀察等使衛公作鎮蓋資文武之才□師臨軍自是詩書之將輝榮益煥慶□

兼濡太夫人追封郡太夫人進封郡夫人亦既視事威惠兼著四年　宣充高麗国王生辰使奉辭馳駆光

而還五年遙授保信軍節度使知歸化州軍州事嘗未移朔而報政成六年改授奉陵軍節度使

太宗皇帝之山陵在焉奉祀布理率盡於勤　公頃及高年淡於權利嘗念告老乞骸者昔賢之嘉範八年冬

夏抗章陳乞　承詔俞允加崇祿大夫行左散騎常侍致仕得遂私願欣歸故鄉謐居安處其心晏如也因

郑颉墓志铭　大安元年

郑颉墓志文拓本

出土于北京市通州区天桥湾，大安元年 (1085 年) 正月二十日刻石。志为青石质，正方形，边长 82 厘米，周围线刻云纹。全志竖刻楷书 27 行，行 16—41 字不等，右下角残损，上端磨泐较甚，现存约 835 字。志首题"辽国故太子中舍知永兴彰愍宫提辖司事赐绯鱼袋荥阳郑公墓志铭并序"。郑颉弟郑硕撰文，书丹、刊石者泐失。郑颉，字逢吉，《辽史》无传，曾任太子中书舍人，重熙年间（1032—1055 年）卒于燕京，享年四十余。其弟郑硕于大安元年（1085年）正月葬其于潞县郑公乡郑氏祖坟。该墓志对研究北京地区辽代大族间的关系和提辖司制度有较重要的价值。志石现存于北京市通州区文物管理所。今据拓本录文。

遼國故太子中舍知永興彰愍宮提轄司事賜緋魚袋熒陽鄭公墓誌銘　并序

弟右拾遺充史館修撰應奉閣下文字□　撰

兄諱頡字逢吉其先熒陽人也少府少監□之曾孫左散騎常侍從範之孫翰林學士弘節之長子也生而

敏悟好古嗜書以所業止當時之知音者大加稱賞由是名問喧於京師攻文之徒望風而靡循百川

之歸江海鱗介之長　龍當　大遼文成皇帝之在位也與隣宋交權為義茲久無　戟而偃武乘玉

以省一厦六月駐蹕於永安山之涼陘　兄舉進士赴行在　上特出　御須以南北兩朝永敦信誓

論以試之下筆思畧不停綴日未踰午文則成矣銓校之　讓詞流灑而學由贍議一

首有故樞密副使同中書門下平章王裳時新預計階同在選中歷府省皆得首薦當塗者不可以有

之長而加於上遂降兄於　乙王氏復冠其勝于時屈聲聞於天下尋授太子中舍直史館既居扈從

多在宴游為辛臣社防生罟三日翠革臨幸令從臣賦詩　兄承　命在席一揮而就其詩云前

警嚴旌舫作藻與孤官從幸鼎臣居天旋設輅四龍馭水暖□池浴鳳雛輔弼功高而盖世

君臣禮重慶懸孤善□今古無茲事從此　　上覽之命蒲的玉盃以賞其俊邁後樂

性琴罇淡於名利身在闕之下心遊江湖之上累致書于執政求外補遂為兩官提

轄重熙年月日終於燕京之私第享年四十有幾母張氏左丞相守太師中書令尚父陳王諱儉

齊國夫人于氏之季女昆弟四人長適同中書門下平章事兼侍中嗣復次出　次適太子

校書郎石欽訥次適閣門祗侯李供嫂王氏戶部副使景運之女　　為吾家婦屬先天夫伎　兄既

居其長諸孤尚幼兒蔽身之衣皆嫂之手掣適□之食亦嫂之日給其心怡然畧無倦色夫古之稱烈女

者有休　古從其父稱哲婦者有謝蘊孟光善事其夫稱賢婦者有軻親陶女善訓其子業子于

婦于夫母於子以誰不然能于夫之弟有如王氏者難哉碩在懷橘之歲已喪　考妣及　之後得依于

未有一經史非史之訓解未有一言行非兄之指誨此所謂生我者父母長我者兄嫂也宜乎享脩以□□

兄而逝生子數人皆不弃以大安元年正月二十日葬于潞縣鄭公鄉楊□□里與先中舍合祔□□

兄之茂榮　市　刊石之合歸于鴻筆盧作文者不得其安　書其事云銘曰

□山之東兮□□□　秦城之曲兮潞水之濱

□□歲兮丙申月□□□　已卯日兮寅甲時

□□□□子　付□□龍兮藏二玄

郑颉墓志录文

董庠妻张氏墓志铭 大安三年

董庠妻张氏墓志文拓本

1970 年 3 月出土于北京市西城区阜城门外一座辽代砖室墓中，辽大安三年（1087 年）刊石。志石为正方形，边长 60 厘米。志文正书竖刻 20 行，行字数不等，字体粗劣，行文不遵行款，字径 1.5 厘米。韩诜撰文，书丹、刊石者失记。志石现存于首都博物馆。今据拓本录文。

清河縣君墓誌銘 並引

朝請大夫守司農少卿權中京內省使騎都尉南陽縣開國男食邑一百戶賜紫金魚袋韓詵撰

縣君清河張氏者漢留侯之裔為逮相晋朝號博物君子泊匡唐室為畫閣功臣皆大著

於勳能悉彌兗於簡冊珪璋綖冕無墜於一門厥後本大枝繁遷徙無定迺改家於析木之分曾祖

諱嗣燕京控鶴都指揮使祖諱胤貞並陰洮物善善及後烈考諱保庸授崇禄少卿知儒州軍州事

撥科殊級士服游夏之才庀職潔城民樂襲黃之政慶洽來裔世有其人男二長曰檢授文林郎秘書

省校書郎守金原縣令次曰授禮賓使西京管內都商稅點檢字撫編氓頗聞幹濟督臨繁務洽

致羡餘女則清河縣君也稟柔成性蘊粹含章幼從姆教則教無不臻長習嬪儀則儀無不整本關鳩

之詠淑稱詩述取鳴鳳之占穌應傳妻適濟陰董公諱庠人中屈軼正直絕倫天上麒麟孤高莫

測舉進士第授著作佐郎累遷朝散大夫守殿中少監知惠州事賜紫金魚袋方深爵麼之榮雅

稱魚軒之貴本期偕老不憶中殤紀號大安三年秋七月二十九日寢疾卒於中京留臺前

之私第春秋六十有三即以當年冬十月歸祔於燕京宛平縣南劉里從先塋禮也男四長曰

純孝次純懿次曰監孫次女一端正適殿試進士劉嗣卿頓失岡極之惠翕增何恃

之哀孫男三應璋建哥保靜奴孫女五三喜迎璋哥落髮為尼足哥息哥在幼咸慟

泣尤深戀戀不已縣君以孝敬奉乎宗祀以慈惠睦於閨門家道公方悉能內助何

福善無應其若是哉詵久在宦游困於詞筆以舊分見託迺為銘曰

幼在中閨　徽柔有儀　長嬪外室　貞順秉彝　上極孝敬

鳴鳳占穌兮合於左傳　關鳩詠淑兮叶於周詩　何福善兮無應　何壽限兮難移

閔佳城兮扃幽隴　下盡嚴慈　何福善兮無應　日慘慘兮風淒淒

董庠妻张氏墓志录文

孙即康坟祭文 [附孙克构墓志铭]　大安三年

1949 年后出土于北京市，具体地点不详，大安三年（1211 年）刊石。石右上角及底部残缺。石残长 92 厘米，残宽 64.5 厘米。前文为孙即康祭文，残存 15 行，首题"敕葬平章政事崇国公致仕孙即康坟祭文"。后为孙克构墓志铭，残存 21 行，首题"大辽故启胜军节度使仪坤州管内观察处处置等使金紫崇□富春县开国伯食邑七伯户孙公墓志铭并序"。《金史》卷九十九·列传三十七《孙即康传》中记述："孙即康字安伯，其先沧州人……延应玄孙克构，辽检校太傅，启圣军节度使。即康，克构曾孙，中大定十年进士第……大安三年致仕。是岁，薨，遣使致祭。"故定刊石时间为大安三年。志石现存于北京石刻艺术博物馆。今据拓本录文。

孙即康坟祭文 [附孙克构墓志铭] 拓本

（釋文殘泐，墓誌拓本）

……奉邑之荒……
……可……體猶在先帝之心侍……太……
宗國公孫……即康我……仕超柴祿大夫制……祖之入後……
……秀之聰……于之詞諸……即康德共……紹方輔……
……心……未致伸而自思料……能於祖政省之……承要職退……
……優賢詔今仍……致意科臺之……彊理路入……何諸……
……于庠序政……別墅康道遙……懸祈念之……力倪之禮恐其……昔蓋……
……平章政……即政載……止不稱催于蕭……求諸任不任……
……力堅之辭……詳陳調候……見慨然誠念卿先朝之……
……章力章政……未完當……具金安好勉登職式……
……上封……且詳攝……仕孫即康墳谷文……
……劾……尚食……

公其業重焉十五載舉政非素學也弘義敦睦蓋朝廷憐其清名旌其世……
公二世不隕造其王父奮翼獨啓橋公必生釋褐投秘書省著作遠興軍……
諱完構字前堂姓孫氏世果中必選之自然明年改遷興益大由是華郎……
富春郡國伯食邑七佰戶少爲前知容誼置等使朝散……
大遼政啟垕軍節度使儀坤州公墓志銘并序使金紫光……
碑級篆誌銘……

繁務勤而且能遂授隨駕內庫判官加虞部郎中九年加金部（下泐）
苟苴之賂行于上下公獨心益堅操介然不動當時高陽人推（下泐）
進曹司勳知宛平縣赤縣也四年加將作少監知西京警巡使（下泐）
事不留滯也以公深明刑典又善鞫囚罪就轉析津府府少尹加司（下泐）
作監四年奉詔東京路按察是有攬轡之名澄於遼水冬初詣闕（下泐）
權豪斂手悉公之力焉尋召入寺中拜大理卿九年充昭文館（下泐）
再任弘州　皇帝怜公之舊德老成不宜久在下位其年尋授（下泐）
年八月朔薨於儀坤州之公署享年六十有五九月上旬引輀車（下泐）
之側以俟其窀穸之吉辰也公娶劉氏故守大尉兼侍中堂諱（下泐）

孙即康坟祭文［附孙克构墓志铭］录文

　　　　　　　　　　　　　　　　　　　　　　　　肆·遗物

（上泐）身以忠勤而□□□（下泐）

（上泐）大臣之體簡在先帝之心待以殊

（上泐）奉邑之荒併　租之入涣申大命（下泐）

（上泐）可

（上泐）崇國公孫即康致仕超榮祿大夫制（下泐）

（上泐）宗之緒思與耆德共理萬機何謹退（下泐）

（上泐）擢秀于詞科久擅能扵仕路入承要職出（下泐）

（上泐）衆之聽爰自憲臺之貳俾參政省之聯輔相（下泐）

（上泐）足之心未伸而貪賢之意可見逮朕纂紹方藉（下泐）

（上泐）扵優詔令仍致於懇祈念卿先朝之禮恐其不任（下泐）

（上泐）如美于韋賢別墅逍遥唐止稱于蕭俛求諸往昔盖不（下泐）

□平章政事即康告致仕不准批荅

省表具卿累上封章堅辭機政載詳陳述其見慨誠念卿先朝之（下泐）

緣疾病之新已尚食力之未完當且攝調候全安好勉釐職式（下泐）

敕蓥平章政事崇國公致仕孫即康墳祭文

不昧有識悼懷

碑銘墓誌銘

大遼故啓聖軍節度使儀坤州管内觀察處置等使金紫崇（下泐）

富春縣開國伯食邑七佰戶孫公墓誌銘并序　朝散大（下泐）

朝散大夫守將作少監前知遼興軍節度副使大

公諱克構字肯堂姓孫氏世為燕人高祖諱庭誼祖諱守素皆

公二世不顯迨其王父奮翼獨啓公為子襲而益大由是華車（下泐）

成其業重熙十五載舉進士果中高選釋褐授秘書省著作郎（下泐）

甜境内咸曰公初為政非素學也必生之自然明年改遼興軍（下泐）

年移守玉田縣令二十四年入為弘義敦睦兩判官其年秋權（下泐）

耶律迪烈墓志并盖　大安八年

出土时间与地点不详。1996 年春，北京市文物公司征集后捐献给原北京辽金城垣博物馆收藏。志盖呈盝顶形，纵横均为 89 厘米，厚 7.5 厘米。中央台面纵 32 厘米，横 34 厘米，阴刻篆体汉字"南赡部州大辽国故迪烈王墓志文" 3 行凡 14 字。四周斜面刻十二生肖神像。志石正方形，每边长 91 厘米，厚 11 厘米。阴刻楷体契丹小字 32 行，没刻完的内容，又在志盖背面刻了 9 行。墓志拓本照片及摹本首次发表于卢迎红、周峰撰写的《契丹小字〈耶律迪烈墓志铭〉考释》一文中。后又收录于《石墨芳华——刘凤翥李春敏收藏辽金碑刻拓本集》一书中。志石现存于北京考古遗址博物馆。今据刘凤翥先生录文移录。

耶律迪烈墓志盖拓本

肆 · 遗物

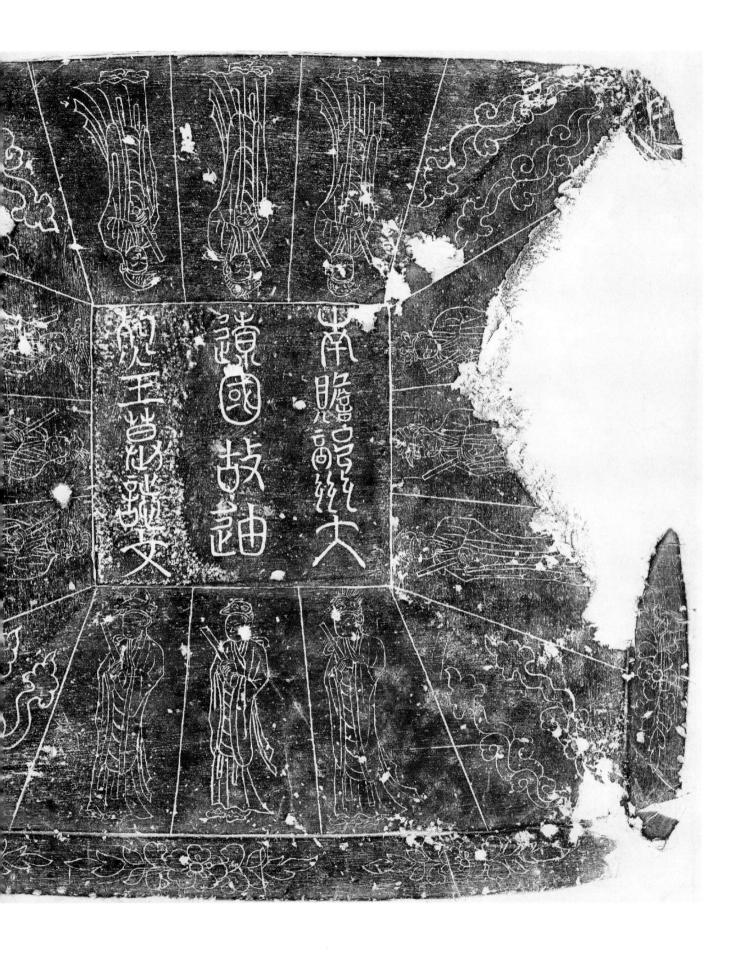

耶律迪烈墓志文拓本

耶律迪烈墓志盖背面铭刻拓本

耶律迪烈墓志录文

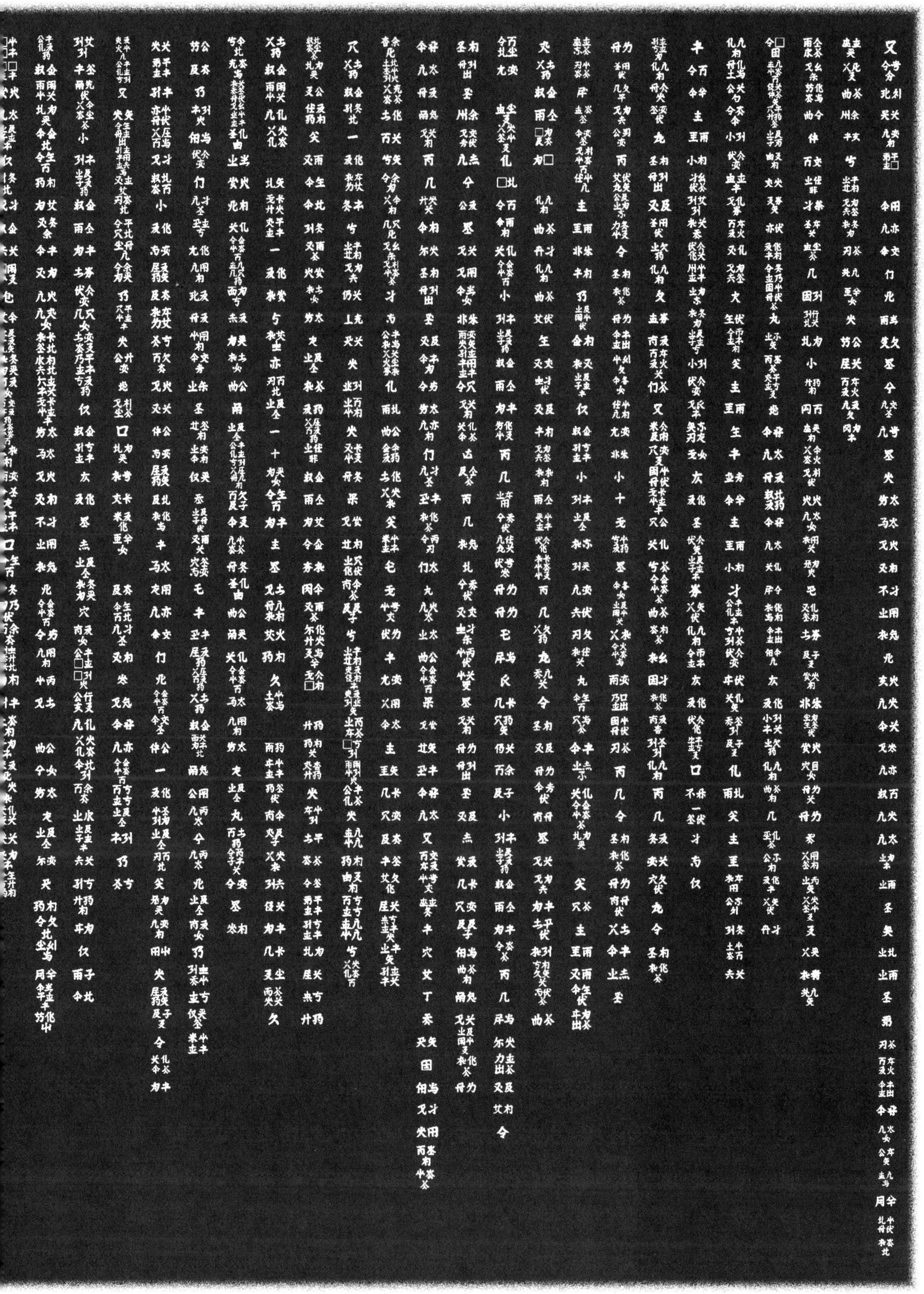

董庠灭罪真言刻石　寿昌三年

故保靜軍節度使金紫崇祿大夫檢校太
傅兼御史中丞董　庠

維壽昌三千歲次丁丑六月癸未朔
一十四日丙申乙時　記

滅罪真言曰

唵
引
三
去
牟尼
娑縛
合二
賀
引

智炬如來破地獄真言

曩謨阿儷吒
合二
悉底南三摩也
合二
三母馱

故緻南唵艮齒
合二
曩嚩婆蹄哩提哩吽

生天真言曰

唵
引
侶尼
侶尼
娑嚩
合二
賀
引

所有勸業異政氏族具如幢文故此不書

董庠灭罪真言刻石拓本

296
肆　·　遺物

董庠灭罪真言刻石录文

所有勛業異政氏族具如幢文故此不書

唵引侶尼　侶尼　婆嚕合二賀引

生天真言曰

故緻喃唵艮齒合二曩嚕婆蹄哩提哩吽

曩謨阿灑吒合二悉底喃三摩也合二三母馱

智炬如來破地獄真言

唵引　三去牟尼　婆縛合二賀引

滅罪真言曰

十四日丙申乙時　記

維壽昌三年歲次丁丑六月癸未朔

傅兼御史中丞董　庠　序

故保靜軍節度使金紫崇祿大夫檢校太

1970年3月出土于北京市西城区阜城门外，辽寿昌三年（1097年）刊石。与刻石同时出土的有董庠妻张氏墓志。青石质，正方形，边长69厘米，边框线刻卷草纹。正书12行，行字不等，计139字，书法严谨端丽。董庠，《辽史》无传。据刻石所记：其官任"保静军节度使、金紫崇禄大夫、检校太傅兼御史中承"。辽之保静军，其地在建州，即今辽宁省朝阳市一带，节度使驻永霸县，即今朝阳县西南大凌河北岸。关于董庠生平，刻石所记为："所有勋业异政氏族具如幢文，故此不书"，可见董庠墓地原立有墓幢，惜已佚，已无从具体考证。但据夫人张氏墓志所载，董庠为济阴人，"举进士第，授著作佐郎，累迁朝散大夫，守殿中少监，知惠州军州事、赐紫金鱼袋"。刻石镌刻了佛教咒语"灭罪真言""智炬如来破地狱真言""生天真言"，反映了辽代统治者崇佛风盛、官吏笃信佛教的史实，表明了墓主死后往生极乐世界的心理需求。志石现存于北京石刻艺术博物馆。今据拓本录文。

丁洪墓志铭　天庆元年

丁洪墓志文拓本

丁洪墓誌銘并序

陳汭撰　馬楨書

子諱洪小字五斤姓丁氏世為燕人高祖諱元恪中書令判宣徽三司
使事高祖諱求諭贈靜海軍節度使王父諱從備檢校太師輔國大
將軍父文道太子左翊衛率府率母即大族韓氏崇文公五代孫也子
生而岐嶷有老成之德賦性安雅不以兒戲為好率府君惟此一子未
省加誨責檢袺無毫髮之事有所干忤古人謂上孝養色此其有焉
愛敬自離褓袿而能饒慎自戒舉不踰閑其事親也蒸蒸然盡其
好學問平居手不釋卷非待齔友莫蚤砭恒若弗及而復
聰慧敏給是以講習詩書日多聞見視其為文亦已粗知體要雖出
于高門著族其待人接物甚於寒微謙和謹飭惟恐誤觸於人至於童
僕輩不加辭氣如議其賢雖終軍黃瓊未足多也凡親族間里間皆推愛而器
重之度其有成指日可待天慶元禩隨從事於玉田縣無何六月八日感疾而
殁年始十有五可不惜哉暨于塗傳聞者無不為之感悼再三至有隕涕者
善之感人一何深耶子之所為宜其保壽考享富貴而反天關如是得非命與
嗚呼懷其器而未形於事有其才而未施於用龍駒鳳雛不使瑞聖世騰
夷路悲夫即於是歲歸葬於宛平縣仁壽鄉陳王里祔于先塋禮也子之
舅晦與余有莫逆之分謂余粗知子之本末乃請銘焉銘曰
少而成兮世所奇　仁而夭兮眾所悲　胡為與之　胡為奪之
若□虛兮皇天元知　已矣乎　孰可推　時皇遼天慶元年九月十二日刻

丁洪墓志录文

1958 年出土于北京市阜成门外百万庄半截塔村，辽天庆元年（1111 年）刊石。青石质，正方形，边长 41 厘米，厚 4 厘米。刻文凡 20 行，竖刻，正书，行 25—29 字不等，四框饰双线界格。书体宗颜鲁公大楷，遒劲端庄。陈汭撰文，马楨书丹，刻石者失记。据志文，知丁洪世居燕地，出身世宦贵族，其父、祖、曾祖均为辽代高官。他又是燕南豪族韩氏的外孙，死时年仅十五岁，尚未入仕。今据拓本录文。

丁文逌墓志并盖　天庆三年

丁文逌墓志盖拓本

丁文道墓志文拓本

1958 年出土于北京市阜城门外百万庄半截塔村，天庆三年（1113 年）刊石。一合，盖正方形，边长 51 厘米，厚 10 厘米，四周环刻兽首人身十二生肖像，正中楷书"丁公墓志"四字。志长 49.5 厘米，宽 48.5 厘米，四框阴刻双线格。正书竖刻志文 30 行，满行 27 字。先序后铭，韩昉撰文，书丹、刊石者失记。韩昉，辽、金两代颇有名气的文人，辽末举进士第一，仕金累官至宰相。丁文道，丁洪之父，《辽史》无传，志文记其世居幽州（今北京），出身高门大族，其高祖、曾祖均为辽代高官，其父丁从备以辅国大将军检校太师致仕，丁文道凭荫资十五岁时补供奉班祗侯，天庆二年（1112 年）冬授左卫率府率潞县商曲铁都监，天庆三年（1113 年）病逝。今据拓本录文。

皇遼故太子左衛率府率銀青崇祿大夫檢校右散騎常侍潞縣商麴鐵都監雲騎尉丁公墓誌銘并序

子壻承奉郎守右拾遺權史館修撰應奉閣下文字賜緋魚袋驍騎尉韓

昉　撰

丁姜一姓也自齊太公呂伋嗣而薨謚之曰丁其後子孫因而氏焉入

皇朝有為　相國兼侍中諱撲者於公為高祖也　曾王父諱元恪兼中書

令判三司　王父諱說染院副使考諱從備輔國大將軍檢校太師致

仕　輔國太師生四子公季子也　妣夫人宗氏公少偁姿皃魁偉尤

為輔國公夫人所鍾愛終食之間未曾去於左右嘗曰從師學問必苦役吾

兒思爾遂不使讀書為事然出入義方亦無不逮年始十五由廕補內供奉

班祗侯　公生於大家動足快意視冠帶拘束頗非其好因退居鄉里譙適自

齒舊綴旋出為景州龍池冶監其冶鐵貨歲出數不供課比來為殿罰者殆

且十數人皆謂　公其性踈放況能庀於是耶身族為累其兆於此　公泊至

督役勉工視時鑄鍊所收倍於常績復征商榷酒等務煩劇皆辦所莅稱最

人復曰　公之固未易知也天慶二年冬授左衛率府率潞縣商麴鐵都監

無何越明年五月十一日遘疾卒於官所享年五十　公宇量弘裕厚於族舊

或施之千金未曾責一介之報性豁達多此類於榮辱間未曾有隕獲充詘

之異又內剛外和不好上人亦無所畏憚臨於事則材術有餘終不見盡於難

大者惜哉　公諱文道字則未聞兄之兄曰文遇大理評事燕京都麴院都監

日文遠左班殿直閣門祗侯曰文逸內供奉班祗侯皆先　公而卒其配韓氏

故樞密使守司空兼中書令諱紹雍之孫也　男二人曰元孫曰洪洪韓氏之

出也幼而好學言動有成人之風不幸亦　先公二歲而逝女一人即昉之妻

也夫人以其年八月十二日葬　公於宛平縣仁壽鄉陳王里　祔先塋之左

禮也銘曰

不疾於義　不泥於利

人鮮克行　公以為易

厥初於事　若不能莅

丁文道墓志录文

马直温妻张馆墓志并盖　天庆三年

马直温妻张馆墓志盖拓本

1979年10月出土于北京市大兴京开公路西红门段东侧一辽代砖室墓内，辽天庆三年（1113年）刊石。墓志一合，青石质，正方形，边长78厘米。志盖为覆斗形，正中刻"清河郡夫人张氏墓志"九字，篆书，字径7厘米，周围线刻云纹和十二生肖像，四角刻牡丹花纹。志石与盖同大，厚5.5厘米，四立边刻忍冬花纹。志文楷书41行，凡1784字，损3字，字径1.3厘米，字体端丽。撰文者：张馆胞弟张峤，书丹、刊石者失记。据志文，张氏其先清河人，曾祖张琪、祖父张俨、父张嗣复均为辽朝显宦，其外祖父郑弘节、舅父郑颢也都在朝为官。张馆死于天庆三年（1113年）四月，享年66岁，葬于析津县招贤乡东綦里（今北京大兴区西红门镇）。今据拓本录文。

马直温妻张馆墓志文拓本

貞婉室家宜之有寬厚之心無妬忌之行先適閣門祇侯左班殿直韓秉信早逝即故太子少保知宣徽南院事諱昭懿次

男再適守衛尉少卿知随　駕太常禮院韓君詳已逝即故左諫議大夫諱近長男嶠生也不辰九歲而母逝十六而父薨

姊妹弟兄六人婚姻仕宦振翼飛散迨今四十餘年其間或川陌阻脩音書斷絕每煙花融麗星月清妍未嘗不送目天涯

涕淚交灑而相與會聚者其不滿十數一日夫人謂嶠曰先丞相國夫人捐館我與諸弟妹年齒並已遲暮勿言名仕淹達

資産厚薄所喜俱獲佳健時一相見浮生難事不意去秋九月得姪德輿哀訃曰父團練者以八月十二日病卒實九月豈

兄也何痛如之去冬十一月方與　夫人南游故鄉獲拜觀于堂上抑哀默哭不忍以兄喪吊告之自秋涉夏隔此九月豈

期前哭我兄后銘我姊鳴呼天哉霜鴻斷序而分飛棠華彫輝而失彩姊云泉之下弟在天之涯千里吊送不及斂而不得撫其

諱遭時排構栖惶淹留衰病貧困自顧雖久為生況哀戚纏綿又不知死何日矣所恨阻遠千里吊送不及斂而不得撫其

棺瘞而不得遠其墳生死永訣獨抱無窮之悲謹再拜長慟而為銘曰

夫人之父　名相而文　夫人之母　晉國小君　和肅孕粹　庭墀蘭薰　芳儀淑質　溶溶春雲　歸乎君子

絕類離群　宜有其子　詩書足云　良人秉鉞　挾纊三軍　歸省其母　協力服勤　親事疾藥　至於櫛爺

二宗諭德　激芳飄芬　及尔偕老　華髮紛紛　獲歸田里　辭榮懷忻　亦既歸止　笑歌耕耘　去人云亡

來訃天垠　手足之喪　如炎如焚　玉音蕙質　不見不聞　忍看奩笥　金鳳羅裙　子孫夫婦　□□□分

烟松霜草　曉月夕曛　幽泉漠漠　張夫人墳

马直温妻张馆墓志录文

大遼金紫崇祿大夫右散騎常侍柱國開國公致仕馬直溫故妻清河郡夫人張氏墓誌銘并序

弟朝議大夫守司農少卿前知忠順軍節度副使上騎都尉清河縣開國子食邑五百戶賜紫金魚袋張嶠撰

適有人至致　馬君之訃曰四月六日小姐夫人云逝僕年七十有二牙齒動搖耳目眩惑志氣漸弱毛髮日衰老病沉錮

能久存乎　夫人舍我先逝斯所謂少者殞而長者存彊者亡而病者全嶠驚惶號慟欲絕者數四書曰去冬見子于

燕獲請子之辭以誌其夫婦知死生之今預營窀穸以從　先內翰侍郎夫人之兆也幸愧其可今　夫人將以日月葬必

求子之銘是其死而不為辱也嶠乃　夫人次三弟也昔在未冠聲拂蒙困皆自馬君與夫人惠愛之德況二宗族世名氏

德業又甚詳敢不終始而銘之　夫人姓張氏其先清河人曾祖諱琪故龍門縣令贈太寧軍節度使幼有華問摩事生產

魁偉不倚落落若千丈之松逍遙無隔翻翻如九包之鳳祖諱儼贈太子少傅該才美冠映今古當一飛冲天誰謂劍光

之衝斗恨終世不第直湏桂子之落壤父諱嗣復左僕射兼侍中晉國公致仕文章大匠社稷元龜辭閣雄才得五誥三盤

之體廟席陳迹有八元十亂曰晉國夫人鄭氏幽貞有儀穠婉無妭能以均一為母道未嘗富貴驕于人乃唐末諫

議大夫雲叟之後翰林學士贈侍中弧節之女左丞相洛京留守尚父陳王張俊之外孫故相國贈中書令顥之姊

夫人實晉公之長女諱文國性度英敏風儀幽閑王綏之華發為秀色露菊霜蘭之馥散作清聲蘋蘩可以薦宗

廟詩書可以教子孫宜其室家睦于親姻內輔君子更踐清顯自歸馬君終始一節　馬君諱直溫字子中扶風人族世

昌茂雄視燕薊以德行著稱于士林文雅厚重有長者之風周流華次僅五十年未嘗有過閨門之廕　夫人承之大安元

年冬特封清河縣君乾統七年夏進封清河郡夫人鷹鉗軸鮫軒之命從龍旌虎節之游歸省其始親事疾藥左右携扶朝

夕無懈旋居始喪越于禮服除　馬君移典順州將受代天慶二年冬表乞歸允之拜右散騎常侍致仕　夫人相賀曰自

歸于　君迨五十年玄首皆已成華幼子童孫而滿眼前家事雖理田園將蕪今引年獲請攜手東歸漁陽山水自古清秀

樂時娛讌期于偕老豈不美歟　馬君深然之遂相攜東歸無何未樂已悲夫人三年二月暮日感疾浹旬少損三月十有

四日再作四月六日乃卒于正寢享年六十有六以其年五月庚辰朔二十四日癸卯葬于燕京析津縣招賢鄉東蓼里之

生藏有子五人曰遼孫曰起翁奴並夭曰梅舉進士兩就庭試不利遂內奉班祗侯時不我與空悲車胤之聚螢

祿貴及親勉效班超之投筆曰栲栳兒亦夭女五人曰樞哥適殿中少監大理寺知正耶律筠即守太子太傅兼侍中判武

定軍節度使事開國公諱彥溫之次子也從廕封咸陽縣君早卒瞻望不能易散彩雲之影笑言如在已為黃壤之塵日崇

政女許適靜江軍節度使劉祐太師孫行春奴曰同璋許適諸官提轄制置使李賠訓男石皆不及娶而卒玉檻薜洞青帝

已收於春營銀河鵲散星郎難御於颷輪曰迎兒通禮賓使　御院通進張仁規即故啟聖軍節度使諱求讓男曰省哥續

適姊夫鴻臚少卿北面主事耶律筠封咸陽縣君嶺梅苑杏皆掌上之名花鵲渚鳳簫俱天邊之靈四有弟四人曰嶧秦州

王师儒墓志铭　天庆四年

1957 年出土于北京市复兴门外公主坟北侧，辽天庆四年（1114 年）四月刊石。志石无盖，边长 80 厘米 ×75 厘米。志文楷书竖刻 40 行，满行 47 字，字径 1.4 厘米，字体娟秀。南抃撰文，书丹刻石者失记。王师儒（1039—1101 年），《辽史》无传。据志文可知其字通夫，范阳（今河北定兴）人。咸雍元年（1065 年）进士，授将仕郎，累迁尚书比部员外郎，充史馆修撰，善属文，大康九年（1083 年）任梁王（天祚帝）伴读。屡任宋接伴使，并曾使宋，仕至宣政殿大学士，通习六经子史，善属文，《全辽文》收有其撰于大安六年（1090 年）的《萧裕鲁墓志铭》。今据拓本录文。

王师儒墓志文拓本

朝議大夫守少府少監□□□□□上柱國□□□□□事權中書舍人開國公食邑三百戶食實封壹百戶墓誌銘

□□□□□□□子成父有功賜為代□□自秦汉以趙當隋唐已來旅多名人□□

王者之後在太原者本□年□□□上記王父諱□□天成父諱重和七年□□歲棄進士狀元以
人也曾王父諱□□王父諱□□□□□仕父諱重和七年□□□□□□□□□
□□□□□故其譽謂□□□□□□□□子通失生而□□□□□□□□□□□□□□賜紫金魚袋次歲夏
遷尚書郎□□政者□□□□□□□□□□□□□□□□□□□□□□□□以上年壬午□□□□
秋書省校書郎執政者婚□□□□□□□□□□□推充首所能皆□□□□賜紫金魚袋次歲夏
□修撰故作少監知尚書史部□□□□□□□□□□□□□□□□□□□□□□□賜紫金魚袋

卿乾正旦且言於□□朝□□□□□□□□□史後歷秘書省直史□□加太子洗馬
父治且言□□朝□之書□□□□□□□□遷秘閣□□□□□□□□□□□□
□□不知其□□□□□□□□道宗安文皇帝以□□□□□加太子洗馬
令為伴讀初名□□□□□□□□聞□□一歲後秘閣□□□□□□以職業學業進

林侍讀學士又判□□□□□□□上徹行己知□□□□□□□□□□□□□□
刑部侍郎知樞密副使是□正授□密副使階升業□□大夫□□□□□□□□□
將賜告假功臣□壽昌初□拜同中書□下平章事再知樞密副使參知政事□□
□□□□□□□□□□□門午即□□朝□學士□□□□知政事□□□

上意方圓柄用六年夏會同□□□□□□□□□□□三年加□□□□□
□同目削平章事上柱國食邑五百戶依前□□□樞密直學士□□□□□
提點所至事無不辦其壬三月改元乾□夏六月改授諸行官□□□□□

公之長婿諸行官都□□司主事起居舍人□□□□道宗宮車脫□□
宛平縣房仙鄉□之西北原後以恩贈武定□□□□□□□□□
千廣平句之公府時年六十□□□以四時左右□□□□□□□□

疾竟于廣平句之公府時年六十□□□□□□□□□□□□□□道宗宮車脫□
公□□□□□□□□□□歲拾居舍人□□□□□□□□□太子太師諡文
提照所至事無不辦其壬三月改元乾□夏六月改授諸行官□□□□□

因余□信者言□□□□□□□□平章事□門下□□□□順中書辭相實殿大
奏說信者□□□□□□□□□□□□□□□□□□□月十日歲□□□
公任樞容副使時□□□□□□□□□□□□□□□□□十九遷是
公再三奏□史非經大手判□□□□□□□□□□□□□以校置教殿大

僕學士人之□□□四首而長於寫□□□□□□□□□□□□夫子輔次為
公必南□為上方論□□□□□□□□□□□□□□□□□□□□宴會入宿閤夜依
公獨請□□有之信可學為通定□□□□□□□□□□□□夫子輔次為

國史已絕筆宰相耶律儼奏　國史非經大手筆刊定不能信後擬　公再加筆削　上從之每豫遊閒逢　宴會入宿閣夜飲

召親信者侍坐則　公必與焉上洽　命公進酒及索歌以佐之　公止賦詩代唱　御覽無不稱善夫直道純德懿文

樸學士人之於四者而長於一焉猶難　公獨兼而有之信可字為通夫矣故宜發身入仕遇知見器上為　天子輔次為

王者師不四十年歷儒官遊政府然而不能正鴻鈞之任副蒼生之□□□惜哉夫人故同中書門下平章事判三司使事

兼贈中書令韓造之女以　公累封至豐國夫人天慶四年二月二十八日終於燕京齊禮坊之第其功容言德有誌石在

此不復書有子四人二男長曰元孫始冠而卒次曰德孫承　思廕授率府副率閤門祇候應進士舉二女一曰春官適宣徽

判官崇祿少卿賈輝二日芝香適樞密都承旨時立愛蚤卒德孫至性純孝事殁如存自公之亡克繼先志以母夫人徂

逝未卒哭卜得四月二十有五日將祔葬于　公墓以書走僕持　公行狀來且言先侍中舊誌闕追崇之事是因啓壙

思得新文易之矜此懷無以牢讓以抃嘗在　公史席之末故有是託既屬勤請可不誌而銘諸銘曰

　　王氏之先　發源于周　慶浹來裔　有公有侯　汗瀾不絕　積累之由　維公之生　益大其流

　　孝文始君　銳意儒術　宮邸既王　賴師承弼　俊乂盈庭　紛紛比比　維公之來　應召而出

　　布之臺閣　鬱有古風　委以樞近　窞凝治功　宜正三事　紀綱百工　惜乎其位　不與德充

　　上方念舊　又將器使　時哉命夫　而止于此　□贈常伯　哀榮終始　其誰志公　公實有子

王师儒墓志录文

朝議大夫守少府少監前知秘書少監上騎都尉賜紫金魚袋南　抃　撰

王氏王者之後在太原者本出于周春秋時王子成父有功因賜為氏後自秦漢涉魏晉隋唐已來族多名人公世其范陽

人也曾王父諱惟忠天成軍節度掌書記王父諱成父□□中少監

樞密副都承旨公諱師達於輦轂間大為作者所推皆期公以上第年二十有六舉進士狀元第□□中少監

之辭故其譽藹藹自鄉黨通夫生而其性孝謹少以種學績文業其家及冠病時輩拘於童子彫篆遂侈健其筆為

秘書省校書郎執政者惜公徒勞于州縣擢充樞密院令史六年夏加太子洗馬朝廷雖委以掾扃猶謂未盡其才是

歲冬遽遷儒林郎直史館仍易勳銜服章同列榮之間一歲授秘書丞應奉閣下文字十年冬加尚書比部員外郎充史館

修撰故吏材儒術為□□知□後侍從行闕未始其后大康三年秋加朝散大夫尚書職方郎中賜紫金魚袋次歲夏

遷將作少監知尚書吏部銓未幾改授堂後官仍充史館修撰是歷試公以職業蓋將以公□□□超授秘書少監充

南宋正旦國信接伴九年冬道宗孝文皇帝以

卿乾文閣待制　命為伴讀初公接伴宋使錢勰者南國之聞人也在驛塗故相國寶公景庸時任樞密直學士方在館

之書　公無不知者聞其講貫一皆輪伏到　闕館宴次公以職業蓋將以□□□山海異物醫卜

博洽且言於本朝兩制間求之亦不多得時屬　上微行親耳之自是　恩禮眷待絕異等倫旋授知制誥以公善辭

令可賓客言俾復充南宋賀　生辰國信接伴甫及大安歲出為南宋祭奠副使三年加諫議大夫明年遷給事中權

翰林侍讀學士又明年正授前職仍加太中大夫又爵封開國公二十年改授參知政事簽樞密院事仍加散騎常侍

刑部侍郎知樞密副使是冬正授樞密副使階升崇祿大夫封開國公二十年改授參知政事簽樞密院事仍加尚書

特賜佐理功臣初超拜同中書門下平章事再知樞密副使簽中書省事嚮未十數年清資要職連至九遷是

上意方圖柄用六年夏會南宋謝登位人使至無何宥曹書吏誤以寶字加之由是累及公與門下鄭相顥中書韓相資

讓同日削平章事仍罷樞密中書省職　　　上尋知　公非罪　密詔令冬赴廣平甸之行在及其至也改授宣政殿大

學士判史館事上柱國食邑五百戶依前伴讀　燕國王七年春正月　道宗宮車晚出今上以公充攅塗都

提點所至事無不辦其年二月改元乾統夏六月改授諸行宮都部署加尚書左僕射兼判太常□□□十二月十日感

疾薨於廣平甸之公府時年六十二上以　公四時左右晦正之十有八年一日未曾違離深悼□之詔贈太子太師遣

發公之長婿諸行宮都部署司主事起居舍人賈輝充　勅祭發引賜賻物若干特異等輩次年四月五日歸全于析津

府宛平縣房仙鄉池水裏之西北原後以　恩贈武定軍節度使同史書門下平章事又贈侍中功臣戶封並進其數

王师儒妻韩氏墓志盖 天庆四年

1957 年出土于北京市复兴门外公主坟北侧，辽天庆四年（1114 年）刊石。出土时仅盖一石，盖石方形，边长 73 厘米。覆斗形，中间阴刻篆书"丰国夫人韩氏墓志铭"九字，字径约 9 厘米。字四周阴刻卷草纹，四角刻海石榴花纹；四面斜杀，刻人身兽首 12 生肖图像。据其夫王师儒墓志，知韩氏出身燕南豪族，其父韩造为韩延徽之后，曾任辽判三司使事。

王师儒妻韩氏墓志盖拓本

豐國
八韓
墓人氏
誌之銘

史洵直墓志文拓本

大遼故左諫議大夫開國子食邑五百戶賜紫金魚袋致仕史公墓誌銘

文行言政士之善也摽扵魯語富貴壽康人之福也載在周書有一于茲猶為美矣兼而備者果何人哉故左諫議史公得之矣公諱洵直字知命儒州縉山人也世為右族高祖繼隆嘗為本郡剌史曾祖昺祖延贊父翊肥遯不仕母曰戰氏追贈至洛陽郡太君昆弟八人公處其長鍾岳華籍甚清禀奎昂之靈爰自幼學卓立不群文章敏巧出于自然甫及弱冠聲華籍甚清禀奎昂之靈釋褐授著佐尋差充西京管内都商稅判官迩後復歷一十八任官至左諫議大夫致仕乾統四年五月五日權窆于縣東之別墅公立身行道盡善盡美難具紀述至于聰睿儉固仁信剛毅以忠貞奉上以嚴明禦下居職則吏畏民愛齊春秋八十三其年九月五日午時獲疾右脅而逝終于昌平縣之私第家則妻賢子孝甘貧守道拙于謀進内典醫方音律星緯書數射御無不精妙輕財好施疾惡敬善孝事繼母弘農郡太君楊氏以祿榮養三紀如一而又賦性寡寐退食之餘安坐靜室則唯群籍擁榻而已娶安州防禦使邢英女即吏部尚書邢古之妹也在室有淑善之名既笄適公質性仁和德履純厚敬愛内外姻族咸致雍睦人雖順忤喜怒不形扵色飾無珠玉之美大安元年封河間縣君十年秋七月十有二日嬰疾而逝享壽六十二乹統元年冬遇恩追贈郡号生三男孟曰琛故　御容殿祇候仲曰觀音奴蚤亡季曰鎰舉進士女一適將作少監牛温舒男三長曰天倪西頭供奉官前三河縣商麴鐵都監次曰天剛舉進士次曰禄孫出家法名行敷礼西京石佛院詮正大師孤子鎰其未窆爰若負芒刺以天慶四年歲次甲午六月甲辰朔二十三日丙寅乙時遷葬于昌平縣仁和鄉東道里以河間郡君邢氏祔焉禮也銘曰

爰自幼齡卓犖敏慧　賦性不群多才多藝　孝敬二親友愛諸弟

奉國忘家高名孰繼　為政公方不畏權勢　庇善禁姦興利除弊

清白自持終始無替　未嘗越思為子孫計　壽踰三限聰明審諦

視死如歸右脅而逝　河間縣君昔為淑儷　内助成家先公去世

1956 年出土于北京市昌平西城墙下，辽天庆四年（1114 年）刊石。志石方形，边长 62.5 厘米。志文楷书，竖刻，27 行，满行 30 字，字径近 2 厘米，字迹清晰，字体端秀。史洵直，史传无考，据志文，知其清宁八年（1062 年）登进士第，善属文，官至左谏议大夫，乾统四年（1104 年）五月卒，天庆四年迁葬于昌平县仁和乡东道里。志石现存于首都博物馆。今据拓本录文。

孟初墓志铭　天庆七年

墓志出土于北京市房山区阎村镇，辽天庆七年（1117年）刊石。青石质，正方形，边长78厘米。竖刻楷书35行，满行36字，共存字1224字。书法端丽细劲，为辽石中上品。志文中间略有磨泐，右、下两边各有残损。孟初，字子元，《辽史》无载，但志文记其事略较详，特别是叙辽天庆四年（1114年），女真人首领完颜阿骨打兴兵伐辽，攻陷宁江州后，进逼沈州（今辽宁省沈阳）时，孟初以文职（翰林）而出任副帅临阵拒敌，陷淖泥中而殁的过程，可补正史。此志先记后铭，叙事张弛有度，抒情有感而发，文采斐然，绝非当时一般应酬之作可望项背。撰文："昭文馆知枢密直学士权翰林学士虞□□"，后二字泐失；书丹与刊石者失记。考撰文者"虞□□"，应为虞仲文。仲文字质夫，《金史》有传，武州宁远人，辽末进士第，历仕州县、史馆修撰、枢密直学士、翰林侍讲学士。辽保大二年（1122年）（金天辅六年）入金，官枢密史、侍中。天辅七年（1123年）五月，与左企弓等赴任广宁，同被叛将张觉杀于平州，年55岁。仲文幼时即善诗，人以神童目之。志石现存于北京市房山区文物管理所。今据拓本对录。

孟初墓志文拓本

天度四年祖妣渤海□種首尾畔侯
得翰林益公為副帥書不數月摧直學士知
所稱邑邑城漂海拔在朝又會天大雨河水暴漲班
役於賊中
生七年皇曾祖文藏不仕
龍七門人
慶七年十一月一日
遷漂七
不減詞翰之辯有孔門之
公如輔之大康有崖岸道一宗宣許
楊公見重翰驚罷入
客判尚書右六年知
耳中造書舍人
文郎尚書郎左司
伎中直學士尋校禮部如故
生不平來為漢軍戎
入京南路
古不能著流
五年副史
事與夫高豐之
令卿呂
眾卿皆

墓志　　　　317

諱裕者公之從弟子寶謙內供奉班祇候娶妻孫氏故殿中少監英□義孫一八斤姪一寶

臣西京神捷軍副使仲□與公舊同史局知之為詳且從門人耶律少卿請銘銘曰

物有五材　自天之生　去一不可　誰能去兵　謂不當用　世儒恒評　維公文武

不以之名　翰林大筆　將軍長纓　海徽穢俗　鷗張狐鳴　天子赫怒　詔公徂征

我公之來　弓長劍輕　嘽嘽征車　悠悠旆旌　忠作甲胄　謀為干城　可不數日

犁賊之庭　天未厭亂　殞雨如抨　九仞之功　墜於垂成　凡在有心　誰不涕零

馬革裹屍　古人壯之　公今神魂　何斯違斯　敢告文士　為招魂辭　魂之來思

不可度思　傳信後來　請刻此詩

孟初墓志录文

318　　　　　　　　　　　　　　　肆 · 遗物

大遼故翰林學士金紫崇祿大夫行尚書□□□□□□館守護軍平昌□國公食邑二千戶實封二百戶諸路□□□□孟公墓誌銘并序

昭文館知樞密直學士權翰林學士虞　仲　文　撰

天子赫怒方議翦覆　□□中可與言兵者

天慶四年挹婁渤海稼種首尾畔換　御札嘉激公率部下乘勝轉戰直抵寇

得翰林孟公為副帥出不數月捷問絡繹不絕賜　我師玩而無備公馬

所竊邑城漂搖杕在朝夕會天大雨河水暴漲班師駐潘州賊出近旬我師

還潯歿於賊中

天子聞之震悼詔贈宣政殿學士賜其子寶謙內供奉班祗候天

慶七年十一月一日作招魂辭具衣衾葬於良鄉縣房仙鄉重義里公諱初字子元世為上谷

龍門人皇曾祖彬不仕皇祖克忠不仕父載故開遠軍節度副使官至將作少監為時聞人公

生七歲善屬文讀書經目便誦嘗夜於暗室中見押韻注字知者以為精神發於文字中他日

不減詞翰器　道宗宣懿皇后召試詩詩成賜金賞之當時名公爭與推挽如故翰林學士

楊公輔之稱有崖岸一見許為忘年交故觀書殿學士王公虛中亦曰此子不生如吾道何□

見重如此大康九年登進士第授秘書省校書郎大安二年授涿州軍事判官三年徙永州□

察判官六年知勸農縣事舉制榮入優等超授史館修撰應奉閣下文字□□

加尚書左司員外郎丁母憂差中京銀絹庫都監壽昌元年遲復史館修撰遷司勛郎中□

左司郎中俄超授乾文閣待制權勾當史館院之事三年迎伴南宋賀生辰人使授知制□□

拜中書舍人　今上即位詔使高麗□之□□生日乾統三年同知禮部貢舉舉人中不

遷輩造作謗語　上雖素知公無是過不得已而黜所居官四年起為乾文閣待制八年充昭

文館直學士職如故十年改授知制誥加□諫議大夫進封開國公天慶二年提點大理寺奉

使南宋尋授禮部侍郎擢翰林侍讀□□提點大理寺別詔經歷館閣文字十二月管押

中京路漢軍戌黃龍府五年扈駕東巡□□諸路漢軍六年授翰林學士仍提點大理寺公

生平為文章敏而有法自布衣時聲艷□□□臺閣每有大制詔促召公作紙札飛動

若不思慮既成則婉約可喜往往播人口大率不務艱言苦思□常以此語開警後進其書

入能書流當時無與掎角性得詩酒逸吟醉之所於有遲韻常怙氣每事不欲在人後在理寺

五年剖決事訟廷中服其明敢初朝廷聞公訃士大夫知與不知嗟惜愴悼皆曰公以忠力死

事與夫高堂深屋回辟官使飲醇茹甘因以首疾一旦臥華皖林簀左手提愛妻妾右手弄羹

杜怘墓志铭　天庆十年

1996 年夏季出土于北京市石景山区鲁谷西小区，辽天庆十年（1120 年）刻石。青石质，近正方形，长 92.5 厘米，宽 89.5 厘米，厚 20 厘米，出土时断为两截，右下缺损，失字 20 余。志文楷书竖刻，凡 44 行，满行 50 字，存字 2156 个，志文四周刻双线勒框，书法细劲秀丽。"前燕京留守判官中散大夫守鸿胪少卿上骑都尉荥阳县开国子食邑五百户赐紫金鱼袋郑□□"撰文并书丹，刊石者失记。杜怘（1051—1119 年），《辽史》无传。据志文，可知其与当时辽南京地区的豪族韩延徽家族、耶律俨家族都有姻亲关系，这为研究辽南京地区的豪族世系和统治阶层的情况，提供了第一手资料。志石现存于北京市石景山区田义墓院内。今据拓本录文。

杜怘墓志文拓本

心行道斥去奢謝絕交遊思野馬以無恒視木雞而不動其樂也內所存者神始登孔子之堂徐入維摩之室志在圓覺行在莊

嚴南北之宗乘東西之祖印如乳投乳其味皆同離有欲無欲之偏出上德下德之外物仰善化時推達人理宜降祥命何遘禍□

□纓而非鬼眩瞑加進而不神如何斯人而有斯疾天慶九年十一月二十六日薨享年六十有八噫附鳳之榮䃍已為辭之薨

何長因化而生因化而死死生之變賢智不驚太夫人史氏建康郡夫人鴻臚卿平州管內錢帛都提點史載女也兄第三人孟曰

愈左班殿直早逝仲幼夭姊一適故興復軍節度使王初京兆郡夫人公先娶故逸士孫克規女故啓聖軍節度使克構姪也早承

□封邑遽嘆逝川後妻故守太師同中書門下平章事判三司使事贈中書令韓造第三女人或議曰昌黎氏數百年間為幽

燕之大族矣詩云食魚必魴古人所謂之豈期特□明公以為之果然洎蘇蘿一結鸞鳳長和累刲至昌黎郡夫人何是先歸不為

偕老火焚之後齒舌不灰寔積德善生之盛也男一叔彥貢物庫副使閤門祇候故崇義軍節度使左金吾衛大將軍韓資順孫引

進副使計弟三女也女一適故守太傅兼侍中隴西郡王儼孫故大理卿處貞男育弱冠業進士孫女二長晉哥次金

哥尚幼姪一叔孫女前隨駕內庫絲綿庫使姪孫女二長淨嚴寺出家法諱行敬大德次適故同中書門下平章事

樞密副使王棠親孫郇前燕京酒坊副使先以天慶九年八月二十二日巽時葬孫氏於析津府宛平縣元輔鄉魯郭里祔先塋避

儉忌也復以天慶十年二月二十五日與夫人韓氏合祔為禮也皓自上髫頭曾為龍尾義重斷命情非如醴孺子伏膺而陟誌媚

姉洒淚以前言願撫形容聊為論譔庶使幽冥之下聞之不無銘院可保始終之義是全生死之交痛感孝思強揮狂筆銘曰

一□還內　　五百年中　　風起從虎　　雲興應□　　□□無屈　　溫溫有容

□□博贍　　智深變通　　寵荷違闕　　官保儲宮　　解□□□　　邊車讓玷

來孤□國　　甘棠封　　弘景金水　　穴石山原　　今古虬异　　進進收聞

垂千萬載　　□□□風

杜忿墓志录文

故忠亮佐理功臣特進守太尉太保上柱國京兆郡開國公食邑兩千五佰戶實封貳佰五拾戶致仕杜公墓誌銘

前燕京留守判官中散大夫守鴻臚少卿上騎都尉滎陽縣開國子食邑五百戶賜紫金魚袋鄭□□撰

謹按公姓杜氏諱念字忠恕蓋念者憂心也悅以先民之忘其勞悅以犯難民忘其死莅官從政莫若悅乎忠者

謂之中反經合道莫若中乎恕者如心也已所不欲勿施於人忖己度物莫若中乎公之名字義聯三心為盛

古之君子無以加焉族望源流先誌備矣□不復□述高祖諱唯一贈侍中祖諱漸崇祿卿叔祖諱防□□□

太師兼中書令父諱韓王父諱公諤翰林學士致仕贈太子少保從叔公諱禮部尚書監修國史知樞密院事

贈中書令公清秀會神溫恭植性孕金虎精華之氣會山川石麟純粹之靈有握五之奇父出貫三之慶胤厚重可以鍾物□□太子

充樞密院令史九年加太子洗馬大安二年遷殿中省丞緣舊飾新斫斷節例從考績職滿授資四年夏樞密院廳房主事

草之靈芝非在變常時所生之物也無何咸雍十年二十歲一舉上□大康四年授檀州軍事判官蓮幕賛籌竹符疑績七年□室

洪範明其休咎治乱之音聲襃貶之筆削莫公下邳之兵法玄女涿鹿之神符皆一覽而悟矣 公之居世鬱為人瑞如木之丹桂

無所用心和而不流柔而有立素稟英明尤加追琢豕愒己亥之文識魚有丙丁之字至如河圖八卦繫詞辨其吉凶洛書九疇

闕官 上以公有勤幹之器不次而任授尚書工部郎中六年遷戶房主事加尚書左司郎中七年改授樞密兵刑房承旨加

少府少監自主守 奏書洎承宣 旨意謹恪時篤勤勞精會故樞密副使王言敷男衝任吏房承旨季叔當國時議曰抵法

上聞之詔以從卑改授乃降起居郎榆州刺史八年季夏□□詔為堂後官復其舊秩年夏奉命充南宋生日國信副使

素履吉而無咎皇華遠而有輝壽昌元年考滿改大理少卿折衷為懷平亭建議絕高下之手無輕重之心二年改授秘書少監況

國書不煩在典章頗急仍兼大理少卿三年六月擢為樞密副都承旨加太常少卿是月丁太夫人憂尋 詔起復職官之格未及

奏聞特授異恩又為榮事五年冬落加少府監六年夏遷樞密都承 旨加衛尉卿乾統元年夏就加昭文館直

品者不聽

學士隸中書省樞密院十七年五房綱紀兩府規模輒有稽疑悉能別白二年十一月加左諫議大夫改簽諸行官都部司事律篇

方周官國大緝三年十一月超授保靜軍節度使控鶻一旬下車三日鳳書遄至虎帳俄移授戶部使改彰武軍節度使雖天府告

□況樞庭虛位五年冬召上徵號罩左散騎常侍簽樞密院事加上柱國密勿誰言於溫樹玷瑕□累於白

珪十年超授樞密副使加戶部尚書特賜忠亮二字功臣同運幄中之算參論堂上之兵百姓豐財六軍立効天慶元年六月改授

參知政事遷太子少傅加賜佐理功臣叶宣麴蘗之功增潤丹青之化明年正月奉詔權知貢舉翰林侍讀學士□□

權昭文館直學士李逢晨等共為銓考異同勞辯晰之神朝暮染惶惚之疾遂避地於白雪以養浩然未及周星甫全正氣二年□

授特進守左僕射知遼興軍節度使事況孤竹之古封寔遼西之名郡非王公不得補是職焉今無□

念□器中則正滿堂富而驕僅當日昊之離宜識月近於望七年十二月屢抗表章懇意求退

皇上不得已而從之加太子

□命蓋千載殊常之一遇也□

大遼随

駕市巡都監六宅使銀青崇禄太夫檢校工

部尚書兼御史臮都尉趙公正室鮮于氏墓誌銘並序

燕南進士馬　　　子昇撰

故鮮于氏通顯州觀察判官試大理評事鈞之女也

其為嫠女身父早卒事其婦姑冬溫夏扇晨昏尚如

嚴姑之歡骨女有庚節候其欽食嘗評其味往自夜達

盡未曾解衣又有孝女之訓鄉咸稱口其未性自夜達

趙氏之族閒鴬語而婆馬重一入門其孝敬行皆如

卿政士二章朱曰聡次曰瞱之義行教務學至

一何其幾憂十八奉囚從官之雲中正月二十八

月次終於　所閟之右事年五寸有一以

保大元年辛丑歲二子奉柩歸故三月已木朔十九日

鬻前帶嫁于折木宛予縣為北鄉南敗里之先塋春秋

興□趙　　郡皆安而加其貞賢以竹遠新序焉

銘曰

始為嫠氣女夲　　　　　　　　　　　　　　　　

有五家之教矣令人孝先兄兩鄉以

大遼随 駕市巡都監六宅使銀青崇禄大夫撿校工
部尚書兼御史騎都尉趙公正室鮮于氏墓誌銘并序

　　　　　　　　燕南逸士馬　子昇　撰

故鮮于氏迺顯州觀察判官試大理評事鈞之女子也
其為處女粤父早卒事其壻母冬温夏扇晨省暮問如
嚴姑之敬曁母有疾節候其飲食嘗辨其藥性自夜達
晝未曾解衣又有古孝女之風鄉戚衆口莫不稱羨故
趙氏之族因舊親而娶焉冀一入門其孝敬德行皆如
所譽生二子長曰暉次曰時自童稚之齒常教務學至
於冠歲皆得通明經史兼知仕途進退之義為婦人道
一何賢哉至天慶十一季因從官之雲中正月二十八
日以疾終於　　　　　　　行闕之右享年五十有一以
保大元年辛丑歲二子奉柩歸故三月己未朔十九日
巽時祔葬于析木宛平縣西北鄉南樊里之先塋子昇
與于趙之鄉近相連接亦觌其風聲故得詳悉而序焉
銘曰
　始為處女兮　　有曹娥之風兮　　終為人母兮
　有孟家之教兮　　今人老死而無傳兮　　銘于此石不易朽兮

鮮于氏墓志录文

1966 年出土于北京市海淀区二里沟北京机械科学院院内。方形，边长 48.5 厘米。竖刻楷书 18 行，字径 2 厘米，满行 21 字，先序后铭，行款有序，书法俊秀。"燕南逸士马子昇"撰文，书丹与刻石者失记。据志文所记，鲜于氏幼年孝亲敬老，长嫁赵氏，相夫教子，贤而有方。保大元年（1121 年）从夫官云中（今山西大同）时卒，享年 51 岁。当年三月归葬析津府宛平县（今北京丰台）西北乡南樊里先茔。志文中叙鲜于氏夫官爵时有"随驾市巡都监"一职，不见于《辽史》百官志，可补史之缺。另有"析木"地名，乃指辽南京析津府。按，《尔雅疏》："析木，燕也"。《晋书·天文志》："自尾十度至南斗十一度为析木，于辰在寅，燕之分野，属幽州。"志石现存于首都博物馆。今据拓本录文。

崔尚书小娘子史氏墓志铭　天会七年

崔尚书小娘子史氏墓志文拓本

崔尚书小娘子史氏墓志录文

大金崔尚書小娘子史氏墓誌銘

史氏其先本東萊人也自五代偽晉之末遷扵

北方由是遂居白霫焉　祖用九不仕父直登

進士科累官至禮部侍郎小娘子則侍郎之中

女也以禮適扵　崔氏事　姑及伯皆以孝聞

姒娌之間莫不輯穆至扵左右媼御亦咸得其

□衆以慈檢身以儉初以財幣具萬而歸

□人遺失畧盡然未嘗以介意其弘□也如

□□□書性不苟合其扵仕進亦多連蹇□常

與惟恐不足其固分也又如此無何天不與其

命也欻俄以天會七年十一月二十日以疾終扵家時年三十

□順其方俗依荼毗法火化其舌為之不灰釋氏命曰青蓮

□不誑者有此報矣以是中外益知其淑善不誣也用

□□十二月十一日葬扵沽水之陽從先兆也無子有女二人

長曰引瑋學浮圖法度為比丘尼次曰宜瑋始五歲銘曰

□□□從人　本期偕老　韶榮未衰　□□運何

□□母儀　貞淳婦道　往而不□　幼稚□□

□□□歲　時亦草草　不備礼容　徒增痛悼

出土于北京市通州区五里店，金天会七年（1129 年）十二月刊石。白色沉积岩石质，正方形，边长 61 厘米，厚 5 厘米。右上角残佚，墓志上端文字残泐不清，左下端磨蚀严重。全志竖刻楷书 18 行，行 16—21 字不等，共存字约 360。志主及其祖史用九、父史直、夫崔尚书，均文献无征。据志载，仅知史氏于五代石晋末年由山东掖县一带迁居今北京地区，后随世事变迁，渐与契丹、女真融合，成为辽、金之官吏。志中所载“白霫”，指金代北京大定府（今内蒙古宁城西）一带，也是我国古代族名，亦称霫，铁勒十五部之一，隋唐时居潢水，后迁潢水以南，与奚族合并。唐代末叶，奚与霫俱附契丹。另志中记载史氏小娘子死后“葬于沽水之阳”。按沽水，古水名，一作沽河。其上游即今河北省之白河；故道自顺义东南李遂镇西南流至今通州东北汇入温榆河。志石现存于北京市通州区文物管理所。今据拓本录文。

萧公建妻耶律氏墓志并盖　皇统元年

萧公建妻耶律氏墓志盖拓本

出土于北京市平谷区黄松峪乡鞑子坟村，皇统元年（1141年）12月刊石。志盖与志皆高97厘米，宽100厘米，厚20厘米。盖和志在中部被锯成两半，挪作它用，故志中部接□处损字两排。全志竖刻楷书37行，满行35字，存字约943个，字结体方正，书法秀润。盖上篆题"大金漆水郡夫人耶律氏墓铭"12字，字呈长方体，字径约17×12厘米，结体匀称圆转，笔力遒劲。志首行题"大金漆水郡夫人耶律氏墓志"，刘长言撰文，□世泽书丹，□□铄篆盖，耿著刊石。志文先序后铭，记耶律氏夫人（1074—1139年）"曾门而上累叶通显"，号为世家。誉其"少好学问，明悟贞顺"，藏书万卷；归嫁萧公建后，相夫有道，治家有方，藉夫荫授为郡夫人（据《金史》百官志：郡公母妻封郡

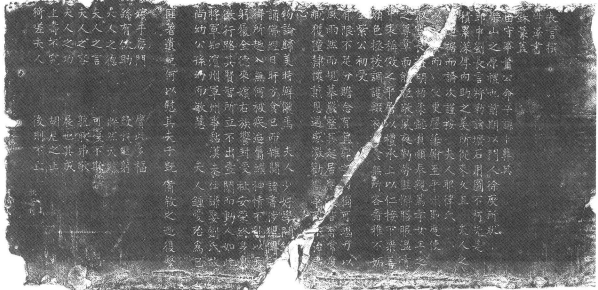

萧公建妻耶律氏墓志文拓本

公夫人）。耶律氏于金熙宗天眷二年（1139年）十二月病逝，寿65岁。按有辽一代，萧氏与耶律氏为世姻，而这通墓志则是北京地区迄今发现的第一通反映辽亡后耶律、萧两姓情况的石刻，为研究辽亡后北京地区耶律、萧两姓仕金情况和生活状况提供了第一手资料。撰文者刘长言，为金代前期著名的文人，正隆时曾任尚书右丞。他保留下来的诗文很少，此志散文与韵文并用，叙事简约生动，状物准确形象，文采斐然，堪称时文之华美者。志石现存于平谷博物馆。今据拓本录文。

國遽失宜家之助而明威幹蠱裏事方衒陟□□□匪著遺範何以慰其夫子既備叙之迺復繫

為銘詩以伸敬仰之意告後之人其辭曰

有來夫人　高明令淑　嬪于慶門　膺此多福
蘭陵侃侃　位以德隆　緜有依助　致我匡躬
温柔懿恭　內禀純固　夫人之德　睟然天賦
文約簡正　既利孔時　夫人之言　可復不欺
周旋中禮　儼其莊靜　夫人之容　孰敢弗敬
上承正字　翼家之興　夫人之功　展也其成
漆水之封　夫貴受祉　上壽不究　胡尼之止
有鬱新阡　納幽斯奠　猗嗟夫人　後則不亡

耿著刊

萧公建妻耶律氏墓志录文

大金漆水郡夫人耶律氏墓誌銘

承直郎行臺右司郎中劉長言撰
從仕郎濱州司□□□世澤書
儒林郎前知濟南□□□鈇篆蓋

皇統元年十二月乙酉　金紫光祿大夫同知□京留守事蕭公命子謙卜葬其
正室故漆水郡夫人耶律氏于薊州漁陽縣□□樂山之原禮也前期以門人徐庚所狀
夫人家世封壽治行之實抵汴京請銘于行臺右司郎中劉長言將勒諸壙石用圖不朽先是
金紫公尹濟南長言家山東以所聞公之耆舊□□積累深厚内助之美所從來久且　夫人之
葬瀍應得銘顧如鄙文渫沘弗振懼無以稱□□辭迺据而論次謹按　夫人耶律氏
曾門而上累葉通顯號為世家　　祖父蓄德□□以□而　父更歷藩翰至平州節度使
母曰蘭陵郡夫人蕭氏名諱具載別文　夫人□□淑靈長於明悟柔懿貞順奉親篤孝女工之
事不待姆誨皆過絶人及歸夫家以所事父母□之尊章而能祇敬夙夜勤勞匪懈膳服溫清
先意從事歲時伏臘烝嘗寶燕率循儀法蕭□□中表稱傚之平居以禮承上以仁接下樂善
周急無間疏戚視人窮厄如己致之至誠惻□□顏色拯援調護輟衣推食無所吝嗇雅不妬
忌尤惡奢靡皆得之自然非如它人彊勉為□□金紫公初受
命治齊與　　夫人謀以屬累衆大不可偕行□□有限不是分贍念有負郭之日獨可竭力以
殖恒產於是　　夫人留居顓董家事環堵之□□風雨然而規摹嚴整其超居應□皆有常度
服用簡約而均節區處必中條理自親戚故舊□□臧獲僮隸懷戴恩遇感激勸嚮事關求治訖
無一人輒異言者蓋　金紫公仕䢵小官登貴□□心
公家閨門之政唯　　夫人是任内外兩得協□□物論歸美時鮮麗焉　　夫人少好學問錄□
典教藏書萬卷部居分別各有倫次每早起□□誦佛經日旰方食已而雜閱諸書涉獵傳記
或時評議古今得失切當事理聞者歎息玩□□得所趣入無何被疾迫屬纊神情不亂以天
眷二年冬十二月丙子薨于寢壽六十有五□□躬履全德來嬪右族饗封受祉安榮終身惠
愛浹於鄉黨風猷藹蔼於士論故歿之日遠近□□徹行路其賢智所立不出壼閾而動人如此
可不謂難能也哉子男二人謙蚤義訓令□□□將軍知濱州軍州事黏漢未仕謙取劉氏故
布慶度□方之文系男三人建系公系昌系□□□□勾力公系力可故惠　　夫人童受冶為□

赵励墓志铭　皇统三年

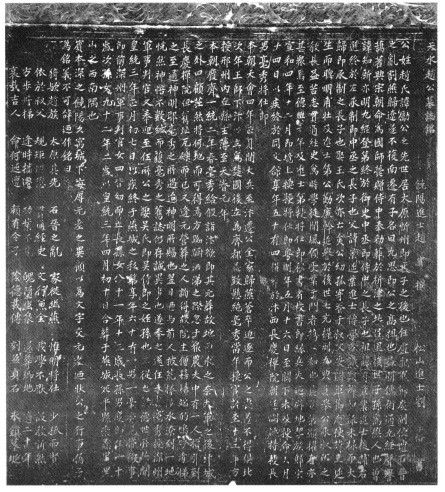

赵励墓志文拓本

賓本深之饒陽久寓城下每厚元老之異顧以為文字交元老迺狀公之行事屬予
為銘義不可辤迺作銘曰

猗欤趙族　太其其先　石晉之亂　家徒幽燕　惟明將仕　少孤而賢
依於叔父　規矩罔愆　貫通經史　文行兼全　我學不厭　設教忻然
方步丹梯　逢時播遷　功業不竟　魄墮幽泉　還葬鄉地　適二十年
哀哉吉人　命何迍邅　賴有令子　陰德載傳　刻兹貞石　求鎮墓埏

赵励墓志录文

2002年3月出土于北京市石景山游乐园门前，金皇统三年（1143年）刊石。一合，青石质，盖为覆斗形，志长73厘米，宽68厘米。志文竖刻楷书33行，行32字，共存字约887个。首题"天水赵公墓志铭"。饶阳进士赵宾撰文，松山进士刘子裕书丹。赵励，《金史》无传，志文叙其生于乱世之中，一生官阶不高，墓志中关于北辽的记载为北辽政权的研究提供了宝贵资料。今据拓本录文。

天水趙公墓誌銘

饒陽進士趙　寶　撰　　松山進士劉　子裕　書

公姓趙氏諱勵公之先世居太原忻州即襄子之後也任盧龍軍節度副使遭石晉
之亂割燕歸遼遂不復南遷有子名曰九思即公之高祖也益明儒術通九經聲譽
藹著興宗朝命為國師薨贈侍中奉勅葬於析津之北呂里後世子孫為燕人也曾
諱知新亦明九經登第終於御史中丞即侍中之長子也祖諱有章業進士後補右
選終於左承制即中丞之長子也父諱景延業進士博學多識談辨如流未禄而大
歸即承制之長子也娶王氏次亦亡矣公幼孤寄養于叔父安國軍節度使諱圭延
生而聰明甫壯及進士第公勤廉幹延譽於後世七充提刑以典貢舉公承叔父之
教長益苦志貫通經史為時學徒聞風願受業于門者藹藹如也其登第顯擢者亦
甚衆焉至德興元年及進士第授將仕郎秘書省校書郎緣兵火廼避地挈族歸宋
宣和四年十二月即境上換授將仕郎粵明年五月十六日至闕下未及撰命六月
十四日以疾終於同文館享年五十有四權葬於汴西長慶禪院朝廷憫恤特授長
男毫秀將仕郎

本朝天會四年正月聞大兵至汴遷公全家歸燕蒼卒迫逐而公之喪遂不得俱北
次年王師下汴以立為楚國後立為齊都益致懸絶毫秀當年換官訖至十二年方
授邢州內丘縣主簿至天眷元年
本朝慶齊一統二年春毫秀給假詣汴即其元葬故地而求之奈大軍之後汴城
之外四顧茫然將何地而可得焉方跼蹐洒涕之際忽于眾農夫中有一人指引到
長慶禪院但舊址瓦礫而已又逢元營葬之人詢得故院主僧髡鬀端的嗚呼孝悌
之至通神明耶毫秀之所遇迫神明所賜也翌日酒与前人披荒榛涉水潦到一地
恍然神悟不數鍤而獲毫秀之舊誌仍存誠異事也遂奉之還任未幾懿德
軍事判官又奉迎至任所公之娶吳氏即吳侍郎之姪孫也三從之懿德世所共聞
皇統三年正月初七日以疾終于燕城之私第享年六十有一男一毫秀見帶徵事
郎前深州軍事判官女四皆幼而亡長孫女八十一年十三歳長孫男慶郎年一十

悟玄大师墓志　皇统八年

悟玄大师墓志拓本

悟玄大师墓志录文

1973 年出土于北京市房山区坨里镇上万村，汉白玉石质，长 78 厘米，宽 76 厘米。四周阴刻卷草纹，中为左起竖刻楷书"大金谷积山故长老悟玄大师皇统八年三月廿七日志"22 字，字分三行刻，行字不等，字径 8 厘米，书法结体俊整，骨力开张。谷积山位于北京市房山区大房山脉东北 30 里处的坨里镇界内，因山峰突兀如谷堆状而得名，唐至五代，该处已有佛寺存在，后历代兴建，以至伽蓝栉比，成为古代北京地区佛教圣地之一。此志志文极简略，为金初墓志中仅见。志石现存于首都博物馆。今据拓本录文。

张萧之墓志铭

张萧之墓志文拓本

公諱□震字蕭之家世居薊為薊州之望族也曾大父諱保為亡遼樞密副使守

大金故宣武將軍騎都尉清河縣開國男食邑三百戶張公墓銘并序

鄉貢進士弨　若愚　撰

父諱□讓官至鄧州觀察使知景州軍州事考諱仁規　本朝授彰義軍節度使□北□□□

公稟性忠厚臨事通敏風姿偉儀矩可觀雅善談諧使人聽之不倦尤長書翰見者□□□

凡士大夫之能事靡不備矣當遼之季其父隨仕遼主播越西北公與母夫人時在于燕□□

本朝割燕附宋公念與父南北不如無生遂扶護母夫人遠越雲中之北以尋其父時□□□

賊旁午其財與畜盡被寇攘公乃肉袒輦母間關數百里而曾不知疲此乃出□公之□□□

又善與人交彼不□也而必厚與彼利達也了不希報又能恤人之孤彼在幼則掇已□□□

彼既長則捨元封而付之此雖善之小者亦足以知公之存誠義重于利也至于施錢□□□

時事皆有以過於人者公在無極縣之任時有狡寇飆行蝟聚大為民害前後迤差官□□□

輦環屯兵衆無慮數千人竟不能獲賊一級總管府患之知公可委遂□公督捕公迤□略

彼不知其所措遂向使獲其大用功烈豈如是而止耳公性本好學而有大志奈何年未及冠而屬

惟兵器耳在要路俟公之過攘而用之公至河間乃歛跡不出使人聲言□□□

賊俟五日而果不□公至但劫民資盈橐而去公始兼程前邁賊聞之靡不愕嘆此雖□□

之深蘊向使獲其大用功烈豈如是而止耳□公至□□□

始既區區而輦母以尋其父後汲汲而欲早禄養其母以致業而有大志□□□

十有三遂以曾祖樞密蔭人充内供奉班祇侯授左班殿直始監招燕州酒次監冀州□

不自私遂差公恢辨果□將到三酬以前後保優績著官至宣武將軍吏業既已獲□□□

□歷五差兩除所至有聲而又多增羡至如冀麴者累齡□處朝廷□□其人知公能□□□

□酒次監無極縣酒次任真定府綾錦使次除雄州軍器庫使□任差權佑安軍次監冀州□

□甚前于亨備之途豈□量哉俄自擢鹽院嬰□又二年捐館于棠陰坊之私宅享年四十

葬于中都宛平縣新張里後興之原公生平以孝事親以文會友行己不愧于心□□人□□□

□風雲日高而為□□人身雖處于□列□儒且文上藏雖望子□利雲居廉吏□□□

□不假年為衆所惜娶韓氏為清河縣君乃本朝

張蕭之墓志錄文

二十世纪八十年代出土于北京市海淀区南辛庄一座金代墓葬内。花岗岩石质，长65厘米、宽63厘米、厚14厘米，正面刻文，背面粗糙，略呈覆斗状。志文行书，竖刻39行，满行37字。石剥蚀较重，下部残泐，志文后半漫漶不清。墓主名□震，字萧之，《金史》无传。据志文，可知其生前爵秩为"宣武将军骑都尉"，死时年四十余岁，卒年应在金海陵王贞元至正隆年间（1153—1161年）。弨若愚撰文，书丹与刊石者泐失。今据拓本录文。

吕恭墓志铭　大定初年

2000 年 11 月出土于北京市磁器口路口西北侧。一合，残，方形，边长 45 厘米。志盖盝顶式，缘厚 11 厘米，残存顶盖可见阴刻牡丹纹及"离""艮"二卦符号。志石厚 7 厘米，左下角断佚。志文楷书竖刻 18 行，满行 28 字。首题"大金故修武校尉吕公墓志铭并序"，撰文为"承值郎左拾遗兼许王府文学飞骑尉赐绯鱼袋刘玑"。据墓志残文可知，吕恭，字敬之，工诗，通音律，曾仕宋，授左班殿值，后入金，换授修武校尉（从八品上）。撰文者刘玑，金史有传。传载其字仲璋，益都人，金天德三年（1151 年）登进士第。大定初年为太常博士，改左拾遗，兼许王府文学。许王，即金世宗之子完颜允中，大定元年（1161 年）封许王，七年（1167 年）封越王。由此可推定，刘玑任许王府文学一职并为吕恭墓志撰文，当在大定元年至大定七年之间。北京市文物研究所《磁器口出土金代石椁墓发掘简报》（《北京文博》2002 年第 4 期）著录。今据拓本录文。

大金故修武校尉呂公墓誌銘 並序

承直郎左拾遺兼　許王府文學飛騎尉賜緋魚袋劉　璣撰

呂氏之先處于炎帝炎帝之裔孫曰大□為禹□□□禹治水有功

封為呂侯因為歷夏商周世□聞□□公甫侯其榮裔也各以功德受

封傳之奕葉秦並天下失其世□子孫□□建國故燕有此族自唐已來

世為大家列縉紳者代不乏人惟曾太公□太父□世輔隱德不仕

世輔生公公諱恭字敬之幼而歧嶷知好□□頗涉獵經史亦工于詩□

其稿多遺逸平昔所作存者存百餘篇□□之目曰荊山集聞□

見稱賞亦有巧思不待師授自通音律及□之三昧嘗□□□

之形雖當代名工亦服其精致初不樂仕□然靜處□

叔世燕土為宋人所得時大饑饉至于人相食公散□

衆因是宋人授以左班殿直後積軍□累□

皇朝更制換授修武校尉公與族親□

未嘗有嬌惰之容泛與人交亦不喜□

公名卿望風欽慕其于臨事雖□

少屈治生則不殖貨□

月十八日卒享年□

亦前□

吕恭墓志录文

何遵晏墓志铭　大定五年

何遵晏墓志文拓本

何遵晏墓志录文

大金（下泐）墓志銘

尚書省令史奉直文（下泐）

郭長倩撰

□以博學英才中天會二年進士□

□其孤甫中皆幼夫人趙氏貧不能以

定五年九月辛酉奉窆於昌平縣□年甫

古博雅以斯文為己任不幸忽□平昔百不見一生不

而可傳於後世者必待立言之君子發潛德之幽也子厚於我願

有不朽之榮長倩故辭不獲迺序而銘之君諱遵晏字未聞也其

□文德人其曾祖與祖運期皆隱居不仕父佳博極群書名聞

應□場屋文行稱於鄉里君幼岐嶷長而好學於書無所不讀

□成敗人材之賢不肖天文地里民族之所自出廣博貫穿無不

孟子咀其英華發而為詞章推其緒餘見於應酬酢之間未

□佐邑政也倡清白之風礪廉介之節可以律□夫而變污俗

州□□夫類多武人或不奉法侵漁百姓君以身往之悉力瓦

□民受其害時人方之／何易於居數月吏畏民愛政平訟息□

□□讀書著文為樂凝塵滿席□如也其奉身菲薄洼田

以□起居飲食人視之若不堪君處之自若嘗上章

□□姊弟妹敬愛其篤出入里中氣□穆然見者

日也享年四十有三初授祕書省校書郎至大定官制行

□邑人方賴君德庇未及□政之成感疾遂不起時

坐不□必肅然雖對子弟未嘗□嚴如此夫

□亦好書於君多有內助生二男子長曰甫次曰中

□外家辛苦立何氏門戶教子為學鬻

□第令為奉議大夫吏部主事夫人無負於君矣

□昭信校尉太原府平遥縣尉未到任卒□京師

1993 年 3 月 1 日出土于北京市昌平区殡仪馆大门东侧，金大定五年（1165 年）刊石。盖佚，志文漫漶。志石首题：
"大金（下泐）墓志铭（下泐）尚书省令史奉直文（下泐）郭长倩撰"。志石现存于北京市昌平区文物管理所。今据拓本
录文。

吴前鉴墓志并盖　大定七年

1971 年出土于北京市石景山区金王府村，金大定七年（1167 年）刊石。墓志一合，盖与志石同大，正方形，边长 75 厘米。志盖正中楷书题刻"吴公墓志"四字，周围线刻人身兽首十二生肖像，四角饰卷云纹。志石竖刻正书 22 行，满行 25 字，行款疏朗，字体清逸。刘仲渊撰文，李从书丹。志文四周边框饰云雷纹。志文先序后铭，行文流畅、简约。吴前鉴，《金史》无传，志文记其承父荫补内供奉班祗候，累迁定远大将军、利涉军节度副使，皇统六年（1146 年）卒于济州（今吉林省农安县），大定七年二月与二夫人"合葬于大兴府宛平县房仙乡黄村之原。"志石现存于首都博物馆。今据拓本录文。

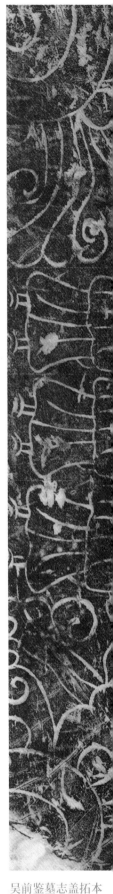

吴前鉴墓志盖拓本

吴公墓志

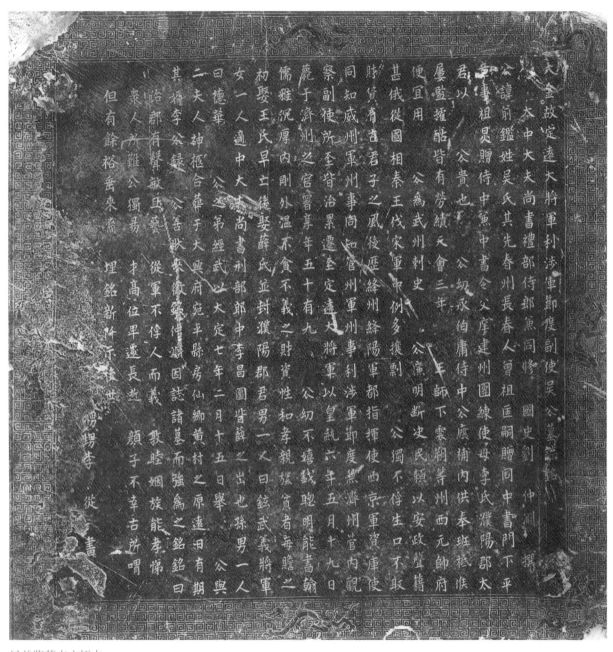

吴前鉴墓志文拓本

大金故定遠大將軍利涉軍節度副使吳公墓誌銘

太中大夫尚書禮部侍郎兼同修　國史劉　仲淵　撰

公諱前鑑姓吳氏其先春州長春人曾祖匡嗣贈同中書門下平

章事祖炅贈侍中兼中書令父庠建州團練使母李氏濮陽郡太

君以　公貴也　公幼承伯庸侍中公廕補內供奉班祇候

屢監搉酤皆有勞績天會三年　王師下雲朔等州西元帥府

便宜用　公為武州刺史　公廉明斷決民賴以安政聲籍

甚俄從國相秦王伐宋軍中例多攘剽　公獨不俘生口不取

財貨有古君子之風後歷絳州絳陽軍都指揮使西京軍資庫使

同知威州軍州事同知管州軍州事利涉軍節度兼濟州管內觀

察副史所至皆治累遷至定遠大將軍以皇統六年五月十九日

薨于濟州之官署享年五十有九　公幼不嬉戲聰明能書翰

儒雅沉厚內剛外溫不貪不義之財資性和孝親族貧者每贍之

初娶王氏早亡後娶薛氏並封濮陽郡君男一人曰鉉武義將軍

女一人適中大夫尚書刑部郎中李昌圖皆薛之出也孫男一人

曰德華　公之弟經武以大定七年二月十五日舉　公與

二夫人神柩合葬于大興府宛平縣房仙鄉黃村之原遠日有期

其婿李公錄　公善狀來徵銘仲淵因誌諸墓而強為之銘銘曰

治郡有聲敏且藝　從軍不俘人而義　敦睦姻族能孝悌

衆人所難公獨易　才高位卑遠長逝　顏子不幸古所喟

但有餘裕垂來裔　埋銘新阡示後世

外甥李　從　書

吕嗣延墓志并盖　泰和元年

吕嗣延墓志盖拓本

2007 年出土于北京市石景山区鲁谷。1 合，青石制，志、盖兼具。志盖保存基本完整，仅下左右两角略有缺损。盝顶形，上刻篆书"吕公墓铭" 4 字，四面斜坡均为素面。盝顶，每边长 40 厘米，刹每边斜长 18 厘米。盖底每边长 67.8厘米、厚 8.2 厘米。志盖总厚 11.2 厘米。志盖背面有铭刻，楷书，共 8 行，每行 2—25 字，总计 106 字。吕造撰文。志石正方，边长 64.5 厘米，厚 7.5—10 厘米。志文楷书，笔体方正，字迹清晰，共 31 行，每行 2—32 字，总计 832字。赵摅撰文，马昺书并篆。墓志正文撰写于墓主人吕嗣延正式埋葬前不久，即卒后五十一年，金世宗大定十七年（1177 年）之前。而志盖背面的文字记录墓主人的后人为之迁葬的原委，刊刻于金章宗泰和元年（1201 年）。同一合墓志中，两处铭刻，撰者不同，刻者不同，虽同在金朝，时代相距 20 余年。这种铭刻形式在金代墓志中并不多见。据志文记载知其墓主人为辽末金初汉族士人吕嗣延，颇具史料价值，可补辽、金史书之佚阙。今据拓本录文。

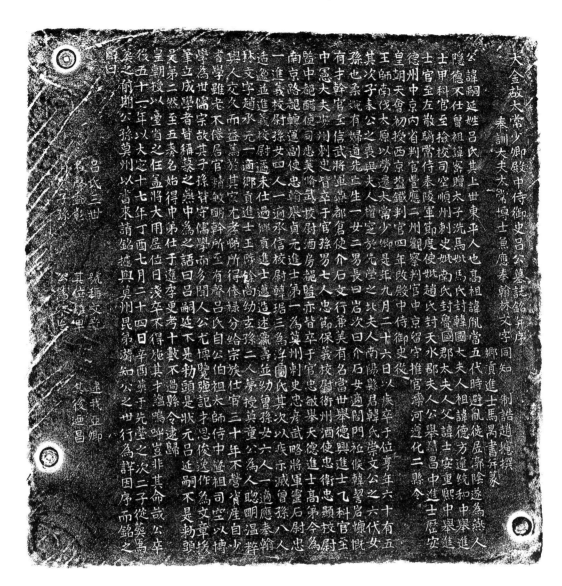

吕嗣延墓志文拓本

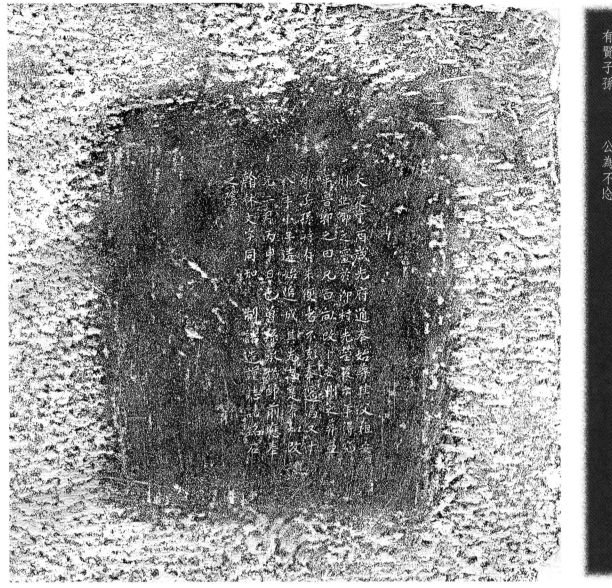

呂嗣延墓志盖背面铭刻拓本

辭曰

呂氏三世　號稱文章　逮我亞卿

名聲益彰　其位雖卑　其後廼昌

有賢子孫　公為不忘

呂嗣延墓志录文

肆 · 遺物

大金故太常少卿殿中侍御史呂公墓誌銘并序

奉訓大夫太常博士兼應奉翰林文字同知　制誥趙攄撰

鄉貢進士馬昺書并篆

公諱嗣延姓呂氏其上世東平人也高祖諱胤當五代時避亂徙屈滽陰遂為燕人

隱德不仕曾祖諱密贈太子洗馬姚氏封韓國太夫人祖諱德方遼統和中舉進

士甲科官至撿校司空順州刺史姚南氏封魯國郡太夫人父諱士安重熙中舉進

士官至左散騎常侍奉陵軍節度使姚趙氏封天水郡夫人公舉□昌中進士歷安

德州中京内省判官豐應二州觀察判官中京留守推官濼河遵化二縣令

皇朝天會初授西京鹽鐵判官四年改殿中侍御史從

王師南伐太原以勞遷太常少卿是年九月二十六日以疾卒于位享年六十有五

其次子奉公之喪與夫人權窆於先塋之北夫人南陽縣君韓氏崇文公之六代女

孫也柔婉有婦道先亡生一女二男長曰岩次曰介石女適閤門祇候韓誓岩慷慨

有才幹官至信武將軍燕都倉使介石文行兼美有名當世舉德興進士乙科官至

中憲大夫安州刺史皆卒于官孫男七人忠節保義校尉衛州酒使忠衛忠顯校尉

監中醞醋轉運副使司忠美脩武校尉酒房醞監亦皆卒于官忠敏舉天德進士高弟令為

南京路醞醋轉運副使忠翰舉貞元一為莫州刺史忠彥武略將軍靈石尉忠

一進義校尉孫女四人一適承信校尉韓琚三為浮圖氏其次以疾示滅曾孫八人

適遜並進義校尉韓通未仕過鄉貢進士邁造述瀛壽並幼玄孫女六人一適奉翰

林文字趙承元一適鄉貢進士王陟餘尚幼曾孫女二人夢授英童公為人聰明溫粹

與人交久而益篤於其家尤孝悌所得俸禄分給宗族仕官三十年不營資産自少

耆學雖老不倦居官精敏幹朙所至有聲呂氏自公伯祖太師侍中暨祖司空以博

學為世儒宗故其子孫皆守儒學而多聞人公尤博覽強記才思俊逸作為文章援

筆立成學者皆稱慕之燕中為之語曰呂嗣延不是狀元是勑頭是勑頭不是勑頭

是弟二然至五奏名始得中弟仕于遼季更考十數不過縣令遂歸

皇朝授以臺省之任盖將大用屈位日淺卒不得施其才蘊嗚呼豈非其命哉公卒

大定丁酉歲先府通奉始葬其父祖祖安

州亞卿之靈於柳村先塋後六年得宛

平魯郭之田凡百畝改卜安州之葬亞

卿子孫時有未便者不克奉遷焉又十

八年小子造始追成其先志寔泰和改

元二月丙申日也曾孫承務郎前應奉

翰林文字同知　制誥造謹誌諸銘石

之陰

呂嗣延墓志蓋背面銘刻錄文

蒲察胡沙墓志并盖　泰和二年

蒲察胡沙墓志盖拓本

墓在北京市海淀区香山娘娘庙，早年被盗。志石立于泰和二年（1202年）。志盖为盝顶形，长43厘米，宽48厘米，中间刻4行16字，篆书"故光禄南京留守驸马都尉蒲察公墓志"。志文长88厘米，宽65厘米，正书40行，满行30字。志石现存于首都博物馆。今据拓本录文。

蒲察胡沙墓志文拓本

田秀英次曰元樂次曰江慶公主生女一人曰茶茶特封金源郡夫人□□

衛□將軍東勝州刺史完顏九住後娶故左平章特進戴國公完顏長女木□

枕生嫡女曰塔失不男按打海興壽嫡女二人長曰大慶次曰望哥皆泰和□

年三月十五日葬公於宛平縣　玉泉之西北附葬先塋之次乃為銘□

策名清朝　妻親皇女　列居顯司　出入禁宇　惟公忠貞

服勞盡誠　恩加弗輕　委帥南京　承流奉宣　化洽政理

不逾二年　威震千里　吏聞膳戰　盜無穴藏　財無永霑

民無所傷　椅梓雲章　松柏龍幹　不揀廟堂　空凌霄漢

栎木其壞　哲人其萎　上聞震悼　天不憗遺　□□銀□

□恩厚惠　特命重臣　以為致祭　言不虛飾　紀實豐□

□示来裔　祭無愧辭

泰和二年三月十五日孫□□□立石

永安張伯玉□□□刻

蒲察胡沙墓志录文

352

故光禄大夫前南京留守兼本路兵馬都總管兼提舉河防常平倉事上

柱国開国公食邑二千戶實食封二佰戶駙馬都尉蒲察公墓誌銘

公諱胡沙父諱娑羅恬贈金紫光禄大夫勸農使中都路渾特渾猛安不奚剌

古河謀克母蔡國夫人及祖公貴贈宣武將軍姚彭城郡太夫人曾祖蒲剌贈

司徒鄭國公曾祖妣鄭國夫人按不贈太尉曹國公祖妣韓國大長公主公

幼而聰慧長而義勇過人舉止崇重寬厚仁慈為駙馬都尉于太芝二年撚遷

駙馬都尉定遠大將軍是年九月内　授吏部劄付爲奉

御四年遷安遠大將軍六年遷昭毅大將軍七年遷昭武大將軍芝九年

授符寶郎十一年罩遷鎮國上將軍十四年　授清州防禦使大定十六年

授拱衛直都指揮使十八年　授兵部侍郎二十年除武定軍節度使兼奉聖

州管内觀察使二十三年　授奚剌古河謀克是年十二月改　授寧昌軍□

度使兼懿州管内觀察使二十四年改　授殿前左副都點撿二十六年

授左宣徽使二十八年為宋國吊祭國信大使是年五月丁父憂起復□舊職

二十九年　授兵部尚書是年二月特遷驃騎衛上將軍是月罩遷金吾衛上

將軍明昌改元　授山東西路兵馬都總管兼東平尹二年改　授河中府

尹五年遷龍虎衛上將軍六年授河南尹承安元年罩榮禄大夫三年罩遷光

禄大夫四年十一月　授河南路兵馬都總管兼南京畱守泰和改元十二月

百足公皇統六年六月十八日卯時生同兄榮壽早卒弟鎮國上將軍臨海軍

上聞震悼命左宣徽使駙馬都尉賜白金七百五十兩大物叚子三十叚絹二

十五日因病而薨二年二月初六日

節度使兼宗州管内觀察使次弟定遠大將軍符寶郎藥師次弟舍人蒲□□

早卒長姊

世宗皇帝　興陵崇妃次姊金源郡君塔不長妹金源郡夫人三□次□金

源郡君吾也次妹金源郡君引兒公先娶

世宗皇帝弟三女兗國大長公主不幸大定二十九年九月初三日因疾而卒

石宗璧墓志并盖　大定十七年

石宗璧墓志盖拓本

大金故宣威將軍河東路第一將正將兼知大和寨事上騎都尉武威縣開國子食邑
五百戶石公墓誌銘
　　　　　　　　　　通州鄉貢進士鄭　肩　撰

公諱宗璧字國寶古燕周市人也世為右姓公祖諱慶資上述故橫州刺史宮苑使故
宣威將軍靜難軍節度判官薊邻州觀察判官諱仝公之父也以父廕入仕自鳥蘭園
間已成人性寬厚好施凡接人形溫恭自下之色然以非義挽嘗信佛至登臓仕佛所
老至醫十之術無不通究斯遠奢侈惟尚朴素勤於家志剛毅不可以非義挽公初彈冠至登臓仕佛所
在籍之有聲當居權酷不犯於官公秋毫不犯於官公初彈冠至
朝廷嘉之超授顯武將軍除太原府豐贍蓮副使是歲失天待服崇毀過禮制終除憤
平尉公剛毅剛敢威斷絕倫官不月餘獲強寇數十人以法治之有出巡必費米麵所須百姓憹
安堵公在任雖娉僕董不令出外買物加數倍如有不循番次後期而至者輒以法繩之尚於農隙關武西夏
物統馭境之不曹廣袴後累遷振威將軍除河東路第一將正將守鋪守戍馬地與夏國接之自此正將為
司諸頭目人等一千五百餘人轄邊達三百里沿邊分二十八鋪守鋪卒吏素為巡兵素國接之自此正將為
將備襲故例多不更改公下車輒令罷散占役始不用之卒庭閱以武西夏
每鋪守益加數倍如有不循番次後期而至者輒以法繩之尚於農隙關武西夏
聖旨萬知大和寨使以恩信結民黨頑掃迹小大受獲官賦嵗入一如法民人
諸條依公歷任四十餘月而辦補築城池修繕器械倉庫廨署易故舉新一興通
百數於本部陳訴欲詣至宣威將軍勳上騎都尉開國子竊謂邊建人
　歲諸於本部陳訴欲詣天弗弔殁及善人於大定十五秊十二
伏其威肅自公歷任意昊天弗弔殁及善人於大定十五秊十二
　　將終惓惓以義撫民以仁歷權酷之職致官府美餘授邊達子
　司諸頭目人等月二十四日感疾終於位時秊六十一至宣威將軍勳上騎都尉開國子竊謂邊建人
　之往使強廣不敢窺伺公實魚此余嘗來暇過我一語傾蓋歡如平生以渠父卜葬請貼
公尚未仕女孫瑞英秀幼以大定十七秊四月四日葬於通州潞縣臺頭村之新
銘者斯可矣公娶克石烈氏封武威縣君長子鈞忠翊校尉前京兆府高陵酒監次子
以文礼也求於墓憅切數竟不能讓遂為銘曰
　　　　忠於其親關以威禁暴雖歷百世
　　　　急以其仁　　顧借仁人　　令名益新
長男忠翊校尉前京兆府高陵酒監石　鈞　　　次男　　銳　建
　　　　　　大定十七秊四月四日　　　　　以恩結民　　決事以權

1975 年 8 月出土于北京市通州区原南三间房砖厂工地，金大定十七年（1177 年）四月刊石。墓志一合，墓志为大理石石质，盖为覆斗形，右上角残，中间刻文三行九字，楷书"故宣威将军石公墓志"。志石长 61 厘米、宽 60 厘米、厚 9 厘米。志文正书竖刻 31 行，满行 33 字，字结构严整，书法遒劲。"通州乡贡进士郑肩"撰文，书丹刻石者失记。石宗璧，字国宝，《金史》无传。志文载其生于辽天庆四年（1114 年），以父荫入仕，累官阶至宣威将军，大定十五年（1175 年）十二月卒于汾州大和寨（今陕西北部佳县一带），大定十七年（1177年）葬于通州潞县（今北京通州）台头村。志石现存于首都博物馆。今据拓本录文。

忠於其　君　孝於其親　以威禁暴　以恩結民

賙急以仁　百姓詣　闕　願借仁人　雖歷百世　決事以權　令名益新

大定十七秊四月四日

長男忠翊校尉前京兆府高陵酒監石　鈞　次男　鋭　建

石宗璧墓志录文

大金故宣威將軍河東路第一將正將兼知大和寨事上騎都尉武威縣開國子食邑

五百戶石公墓誌銘

通州鄉貢進士鄭　肩　撰

公諱宗璧字國寶古燕周市人也世為右姓公祖諱慶資亡遼故隸州刺史官苑使故

宣威將軍靜難軍節度判官兼邠州觀察判官諱全公之父也公以父廕入仕自醫亂

間已成人性寬厚好施凡接人形溫恭自下之色然内志剛毅不可以非義撓崇信佛

老至醫卜之術無不通坼遠奢侈惟尚朴素勤於家廉於官公初彈冠至登臞仕所

在藉藉有聲嘗居權酷之職以家資給用於公秋毫不犯此所至羨餘

朝廷嘉之超授顯武將軍除太原府豐贍庫副使是歲失天持服紫毁過禮制終博

平尉公剛毅明敏威斷絕倫官不月餘獲強寇數十人以法治之自後盜賊潛息百姓

安堵公在任雖婢僕輩不令出外買物輒當面量直給價凡有出巡必賫賞米麵所湏之

物闔境歌之不啻廉袴後累遷振威將軍除河東路第一將正將管戎馬地與夏國接

境統馬步軍一千五百餘人轄邊庭三百里沿邊分二十八鋪守鋪卒吏素為巡撿將

司諸頭目人等詭名占役以自取用至官鋪守殆不過二三人其蕭條如此所至正

將循襲故例多不更改公下車輒令罷散占役自用之卒使各守庭鋪以待不虞自此

每鋪守卒益加數倍如有不循番次後期而至者輒以法痛繩之尚於農隙閱武西夏

伏其威蕭自公歷任四十餘月不敢窺邊居民大安至大定十三季准　上畔坐奉

聖旨兼知大和寨使以威武繩愍以恩信結民兇頑掃迹小大受獲官賦歲入一如法

懸諸係公府錢穀按月而辨補築城池修繕倉庫廨署易故舉新一一如法民人

百數於本部陳訴欲詣　闕舉請再任噫昊天弗殊及善人於乡十五季十二

月二十四日感疾終於位時年六十一官至宣威將軍勳上騎都尉爵開國子竊謂人

之處世也孝於其親忠於其君決事以義撫民以仁歷權酷之職致官府羨餘授邊庭

之任使强虜不敢窺伺公實兼此余者尚何云云也噫古人吾不得而見之矣得見如

公者斯可矣公娶克石烈氏封武威縣君長忠鈞忠翊校尉前京兆府高陵酒監次子

鋭尚未仕女孫瑞英秀英皆幼以大定十七季四月四日葬於通州潞縣臺頭村之新

李抟墓志并盖　大定十八年

李抟墓志盖拓本

李抟墓志文拓本

出土于北京市通州区徐辛庄乡葛渠村，金大定十八年（1178 年）二月刊石。墓志一合，青石质，正方形，边长 78 厘米。志盖覆斗形，四周线刻人身兽首十二生肖图案，四角刻牡丹团花纹，生肖像间饰双线界格，志盖题为："中宪大夫同知昌武军节度使李公墓志"。志文正书 28 行，满行 27 字，字径 17 厘米，共存 649 字。石面自右下向左上部有带状磨泐。李抃（1120—1178 年），字鹏南，为金代昌武军（驻地许州，今河南许昌市）节度使，按金代官制阶为正五品。其祖上为五代后晋沧州节度使，契丹军破晋后，随晋出帝从大梁（今河南省开封市）北迁，定居于潞县（今北京市通州区）。其后人有李匡业者，擢进士第，官至朝散大夫太子少詹事。其弟李佩，为志主高祖，亦擢进士第，官范阳令。李佩之子李克昌，志主曾祖，官任太仆卿，娶当时宰相刘泾之女。抃祖李伟，任职安州，父李师吉，官至右殿直，以子显被赠官。志主李抃，皇统九年（1149 年）登进士第，任沁水县令，后补尚书省某部主事，官至中宪大夫。大定十四年（1174 年），以目疾告归京师。此志对志主家世记述详尽，所载与史有出入或未记者，可供研究者进一步考证补阙。志石现存于北京石刻艺术博物馆。今据拓本录文。

土衍水长　惟潞之乡　公安于此　子孙其昌

中憲大夫同知昌武軍節度使李公墓誌銘 并序

大定十八年五月丙午中憲大夫同知昌武軍節度使李公薨于京師享
年五十有七越明年二月□□其子廣福以河南朱瀾逮識公狀公行事
初終請銘諸墓牢讓不許乃撝其實而序之曰公諱摶字鵬南父晉寧公
之祖有為滄州節度使者會晉播遷從主入遼定居潞縣□□□州潞人
其後有諱匡業者擢進士第官至朝散大夫太子少詹事□□曰佩亦第
進士終范陽令娶華氏生子克昌仕至太僕卿公之曾祖也曾□姚劉氏
宰相涇之女以子貴贈彭城太君祖父偉安州□□□□曹氏譙國縣
君考諱師吉官至右殿直後以公顯贈儒林郎□□□隴西太君儒林
三子長曰揮以軍功至武德將軍次曰托以□□□□縣令□□
公少力學以皇統九年登進士第授承事郎□□尉秋滿□沁水令在縣
幾五歲鄰邑寇盜充斥獨不入沁水境□□恩獄□己除耿州軍事
判官會廉使至上公廉狀居第一為□□縣令□月庭無訟人大
定初召規措元師府糧草俄補尚書省□□□主事凡罪疑而當
重者力為開釋所活不啻成考除□□□□使任滿除同知昌武
軍節度使兼許州管內觀察使大定十四年以目疾告歸京師數年間養
心寡欲薄滋味事服餌目良愈□□省柄臣方議召用而公遽以他疾
不起嗚呼命矣夫公為文警邁□□冠時有聲於士林及沿官為政嚴毅
果斷始終無秋毫私而夙夜在公有致
君澤民之志在家則孝於親友于兄其推廪也首及二姪而不為子慮可
謂賢矣公官至中憲大夫娶孫氏吏部侍郎通吉之女生子男二人長廣
福也次曰祖惠女三人長適進義校尉孟柔中次適顯武將軍孫衍康幼
適進士閣元聲以二月丙申葬于通州潞縣潞水之鄉潞塋銘曰
潞濱諸李　遷自橫海　奕世為仁　厥後益大　軒冕蟬聯　妙齡秀發
既貴且賢　桂枝片玉　家世青氈　惟公力學

李抟墓志录文

东平县君韩氏墓志铭 大定二十年

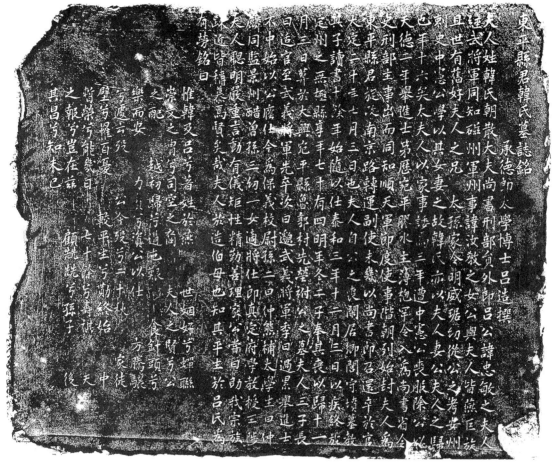

东平县君韩氏墓志文拓本

2007 年出土于北京市石景山区鲁谷，青石质，无盖。墓志保存基本完整，仅左上角略残。志石为长方形，长 61.5 厘米，宽 52 厘米，厚 6.5—8 厘米。志文楷书，笔体正文，字迹清晰，共 29 行，每行 4—24 字，总计 544 字。吕造撰文。是目前所知唯一一方专门记载金代幽燕地区两大汉人大族——韩氏、吕氏家族中女性成员生平的墓志。这对了解、研究辽金时期吕氏、韩氏家族的交往状况乃至当时的政治制度有着极为重要的价值。今据拓本录文。

東平縣君韓氏墓誌銘

承德郎太學博士呂□造撰

夫人姓韓氏朝散大夫尚書刑部員外郎呂公諱忠敏之夫人
經武將軍同知磁州軍州事諱汝教之女公與夫人皆燕巨族
且世有舊好夫人之兄　太孫家令明威琚幼從公之考安州
刺史中憲公學以其女妻之故韓氏亦以夫人妻公夫人之歸
也年十六矣太夫人以家事諉焉三年遭中憲公喪服除公以
天德二年舉進士第歷宛平膠水主簿枹罕令入為尚書省令
史刑部主事出而同知順天軍節度使事階朝列始封夫人為
東平縣君旋改南京路轉運副使未幾以尚書郎召還卒於官
大定二十年七月三日也夫人自公之喪閒居鄉閭守墳墓教
其子讀書十餘年始隨以仕泰和三年十二月三日以疾終於
定州之無極縣享年七十有四明年冬二子奉其喪以歸十一
月三日葬於大興宛平縣魯郭村先塋祔公之墓夫人三子長
曰适官至武義將軍先卒次曰邀武義將軍季曰過累舉進士
不中始以公廕仕今為保義校尉孫仕郎真定府學教授王陟
麟同監景州醋曾孫三幼一女適仲熊補太學生曰仲
夫人聰明嚴重言動有儀矩性精勤善理家公嘗曰助我宗族
踈近皆稱慕焉賢矣哉夫人於造伯母也知其生平於呂氏為
有勞銘曰

惟韓及呂兮著姓於燕　　世姻好兮蟬聯
崇文之胄兮司空之裔　　夫人之賢兮公
之配　　越初歸兮邁屯艱　　食針頭兮
樂而安　　力□兮資公以仕　　方騰驤
令遽云殂　　公令殂兮二十秋　　家徒

东平县君韩氏墓志录文

窝鲁欢墓志　大定二十一年

窝鲁欢墓志文拓本

窝鲁欢墓志录文

大金故太保兖國王墓誌
公諱窩魯歡姓完顔氏乃
太祖大聖武元皇帝第八子也
姚欽憲皇后紀石烈氏後為東京留守
是年卒也至今年六月奉
聖旨於上京遷靈骨還中都仰山
賜錢重葬大㝎二十一年歲次辛丑十
二月癸卯朔十九日辛酉庚時掩閉女
妙行大師賜紫尼志達撒魯謹誌

1978 年在北京市门头沟区妙峰山公社南樱桃大队发现。金大定二十一年（1181 年）刊石。据传，此墓志十余年前，原在仰山完颜窝鲁欢墓出土，其墓内出土石椁木棺，墓志置于棺前椁内。志为青石质，长 51 厘米，宽 41 厘米，厚 2 厘米。楷书 9 行，每行 10—15 字不等，字迹秀润，宗法柳体。首题"大金故太保兖国王墓志"。窝鲁欢，《金史》有传，志载窝鲁欢为金太祖第八子，熙宗时被封为陈王，天眷二年因谋反被诛。今据拓本录文。

韩詠墓志铭 　大定二十三年

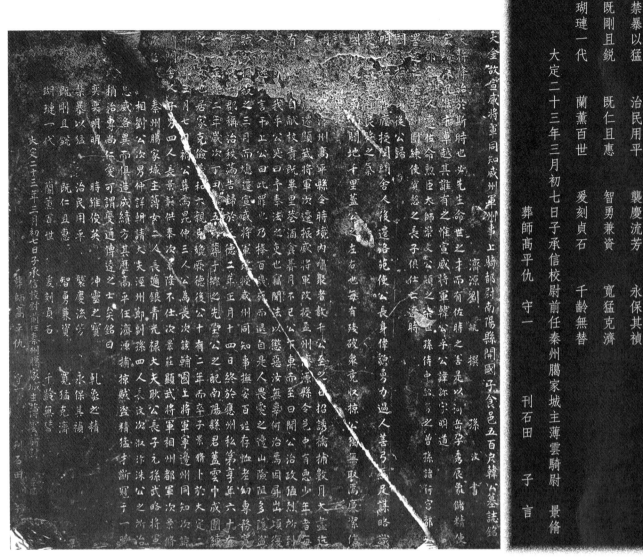

韩詠墓志文拓本

1966 年出土于北京市海淀区八宝山，金大定二十三年（1183 年）三月刻石。石长 79 厘米、宽 76 厘米，上端剥蚀磨泐。刻文 32 行，满行 32 字。刘航撰文，韩詠孙韩汶书丹，田子刊石。韩詠，字明道，《金史》无传，墓志载其为辽代初年名臣韩延徽七世孙，其高祖、曾祖、祖父、父均为辽朝显宦，他在金代始以祖荫授官，累迁宣威将军、同知威州军州事。韩詠天德二年（1150 年）卒，大定二十三年三月与其妻南阳县君合葬于"乡之先茔"，立石勒铭。志石现存于首都博物馆。今据拓本录文。

大金故宣威將軍同知威州軍州事上騎都尉南陽縣開國子食邑五百户韓公墓誌銘

濟源劉航撰

孫汶書

天將降治於斯時也必先生命世之才而有佐時之善是以河岳孕秀辰象儲精使

宏略深沉雄才卓越其誰有之惟宣威將軍韓公平公諱詠字明道

中都宛平人遼佐命勳臣太師崇文公頴之柒世孫侍中紹芳之曾孫諸行宮都□

署述之□安州團練使資慇之長子俱仕亡遼時

國朝於定山後公歸

明□始以祖廕授閤門舍人後遷洛苑使公長身偉貌勇力過人善弓馬足謀略識

□焉毅然有良將之氣

國相提兵南向關地千里蓋公之左右也每有殘破衆竟收掠公獨無取焉廉潔信

讓表示

朝亭□之授澤州高平縣令時境內嘯聚者數千公至之日招誘擒捕數月大盡迄

今同賴其慶遷顯武將軍次遷振威將軍改授孟州濟源縣令邑中有惡少年者每

有□□軋自献杖責既畢里巷酒食碁月不已公下車而至日聞公治政猛烈所到

姦息可至我乎公笑曰予奉法之吏也竊聞法以懲惡汝無辜何治焉因屏出頃復

入有遜言于上公曰此罪也乃捧百幾死而退自是人畏愛之邊山險阻多隱盜

賊公捕殺之三月而熄遷宣威將軍改授威州同知事撫安百姓存恤老幼專務寬

胡仁愛□郡稱治秩滿告歸於天德二年正月十四日終於應州私第享年六十有

一以正隆二年祔公葬焉昆仲三人公為長次該輔國上將軍相州都軍次景脩

之□女也居家儉義和六親克媲厥德後公十有二年而卒子景脩卜於大定二

十三年三月七日祔公葬焉昆仲三人長景彰

閤門舍人子男四人長景彰供奉次景隆不仕次景莊顯武將軍相州都軍次景脩

承信校尉秦州騰家城主簿女二人長適銀青光禄大夫耿公長子元孫武略將軍

□□□相劉公次男仲詳朝請大夫涇州節副孫四人長汶次淑汴洙公之所治

□□□恩威各異而俱造成績方其歷高平任濟源捕掠賊盜精猛才斷冠于一時

韓詠墓志录文

乌古论窝论墓志并盖　大定二十四年

乌古论窝论墓志盖拓本

大金故贈金紫光祿大夫烏古論公墓誌銘并序

翰林直學士太中大夫知制誥兼行太常少卿開國伯李晏撰

少中大夫尚書吏部侍郎上輕車都尉南陽郡開國伯儀□篆

1980 年出土于北京市丰台区米粮屯村，金大定二十四年（1184 年）刊石。墓志一合，保存完好，盖长 61 厘米，宽 59 厘米，竖刻篆书"大金故赠金紫光禄大夫乌古论公墓志铭"，共 4 行，每行 4 字。志正方形，边长 89 厘米，竖刻楷书 30 行，满行 30 字，字径 2.5 厘米。字迹清晰，书法秀逸，楷书兼带行书笔意，时见二王遗绪。首题"大金故金紫光禄大夫乌古论公墓志铭并序"，翰林直学士太中大夫知制诰兼行太常少卿李晏撰文，邓俨书丹，党怀英篆盖。墓主窝论，尚太祖第二女毕国公主，拜驸马都尉。卒后加赠金紫光禄大夫；赠其父银青荣禄大夫；赠其祖光禄大夫。撰文者李晏，《金史》有传，字致美，泽州高平人，皇统六年（1146 年）登经义进士第，大定十三年（1173 年）八月丁丑，诏策女直进士于悯忠寺，晏为考官之一，其官职志文作：翰林直学士太中大夫知制诰兼行太常少卿。书丹人邓俨，字子威，懿州宜民人，天德三年（1151 年）擢进士第，《金史》有传。其官职志文作"少中大夫尚书吏部侍郎上轻车都尉"。篆盖人党怀英，字世杰，北宋太尉党进十一代孙，《金史》有传。怀英原籍陕西冯翔，因其父卒于官，母不能归，故占籍山东。其为金代著名文人和书法家，并与南宋诗人辛弃疾为"同舍生"。其官职志文作"承直郎应奉翰林文字同制诰兼国史院编修官"。今据拓本录文。

蹻陟峻階

九原增焕　世姻　帝室　享多男福

訛訛振振　以似以續　宅兆所卜　天子之賜　恩隆終始

人臣鮮儷　永安之原　凄兮悲風　刻銘幽宮　擬傳無窮

大金故贈金紫光祿大夫烏古論公墓誌銘并序

翰林直學士太中大夫太知　制誥兼行太常少卿開國伯李晏撰

少中大夫尚書吏部侍郎上輕車都尉南陽郡開國伯鄧儼　書丹

承直郎應奉翰林文字同知　制誥兼　國史院編修官党懷英篆

公諱窩論姓烏古論氏世為烏古論部人生而穎悟及長沉厚善謀治家有法

賫累鉅萬　　　　　皇朝方興　　太祖武元皇帝知人善任并謀兼智用肇

造　我區夏公輸材助軍願充行伍每侍左右謹願寡言　太祖善之

尚第二女畢國公主拜駙馬都尉征遼之役公實有贊畫然性謙退不伐未及

大用而又卒捐館舍故無人知者正隆之初起十三貴族猛安以控制山東公

家遂居萊州子男四人長曰掃合輔國上將軍四方館使次曰撒改武功將軍

山東西路兵馬都總管判官次曰阿魯古信武將軍清州會川縣令次曰元忠

小字訛里也尚　　皇長女豫國公主特進尚書右丞相駙馬都尉任國公

女三人長適故　太子太師榮王爽　上之從弟也次適故原王長子奉

國上將軍阿乳次適故耨盌溫都太師姪回回孫男十一人女八人掃合三子

曰乞僧武義將軍同知淄州軍州事曰十哥曰十住未仕一女適貴族撒改一

子曰張家見未仕四女皆適貴族阿魯古二子曰幹里剌曰札不乃未仕一女

在室承相五子二女皆　　　　　帝甥也曰雄名信武將軍尚厥局副使尚

御咬住承相初登庸　　　詔有司舉邲典公之祖諱賽罕贈光祿大夫父諱

東宮長女廣平郡主曰塞合早世曰福齡曰延齡曰長齡皆尚幼長女適榮王

之子符寶祇候長壽特封金源郡夫人次適　　　皇再從姪懷遠大將軍奉

烏都乃贈銀青榮祿大夫而公加贈金紫光祿大夫大定二十四年春承相請

于官自萊州遷柩卜以四月十二日改葬于大興府良鄉縣西北鄉永安村之

原　　上賜之塋田賵賻甚厚宛爹將閟承相命晏誌于墓以傳不朽晏才

學淺陋而義不敢辭故為之銘曰

　天祐　聖朝　篤生偉人　肇基大業　寔賛經綸

烏古論窩論墓志錄文

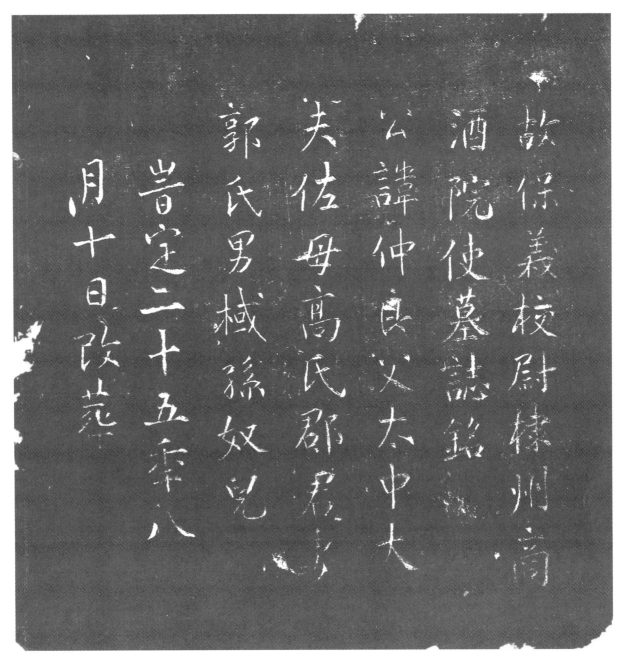

故保義校尉棣州商

酒院使墓誌銘

公諱仲良父太中大

夫佐母高氏郡君

郭氏男㮯孫奴兒

當定二十五年八

月十日改葬

仲良墓志拓本

仲良墓志录文

故保義校尉棣州商
酒院使墓誌銘
公諱仲良父太中大
夫佐母高氏郡君妻
郭氏男械孫奴兒
岢定二十五季八
月十日改葬

出土于北京市通州区西铁道防腐厂，大定二十五年（1185年）八月十八日立石。志青石质，志高42厘米，宽41厘米，志文竖刻楷书7行，满行8字，共49字。仲良生卒年不详，据志文仅知其生前曾任棣州（今山东省惠民县）商酒院使。商酒院使，不见于《金史·百官志》，文献仅记有太府监所属的酒坊使，"从八品，副使，正九品。掌酿造御酒及支用诸色酒体"。保义校尉，为武散官，正九品上；据以考仲良任职的商酒院，应为金中期中央机构太府监的派出机构。志石现存北京市通州区文物管理所。今据拓本录文。

萧资茂墓志文拓本

萧资茂墓志录文

大金故達撒山行軍謀克字謹蕭公墓誌銘　并序
□武德將軍尚書禮部員外郎兼翰林修撰同知
□制誥國史院編修官驍騎尉耶律履撰并書
公諱資茂姓蕭氏奚五帳族人也皇曾祖諱昜□選西
京留守皇祖諱公建仕　聖朝以京兆□□
管致仕象官金紫光禄大夫皇考諱謙以□□軍節
度使致仕象官金紫光禄大夫妣劉氏封□□夫人兄
弟三人公最長體兒魁偉持□□□□□□□□□□
氏謝世弟妹皆幼公撫□□□□□□□□□□□□
朝廷以金紫府君有功授謀克□□□□□□□□□
公卒廉慎人賴其德正隆時海陵□□□□□□□□
以公領行軍謀克五季盗據東□□□□□□□□□
致討公與弟資義安偕行旣□□□□□□□□□□
舟壊與資義同溺而卒無子資□□□□□□□□□
權厝扵□城之三臺鄉以大定廿五□□□□□□□
日葬于漁陽醴泉鄉先塋　銘曰□□□□□□□
聰明友愛　惟公之志
人懐其惠　惟公之□
龜玉之毀　抑天之命
盤山蓊蔚　神之所□

出土于北京市平谷区黄松峪乡辘子坟村，大定二十五年（1185年）立石。志石高80厘米，宽79厘米。志为青石质，右上角和左下半部漫漶不清。志文竖刻楷书20行，满行19字，共存字约252个。首行题"故达撒山行军谋克字谨萧公墓志铭并序"。萧资茂，《金史》无传。据志文，可知其出身燕京豪族，曾祖萧昜在辽朝曾任西京留守。其祖父萧公建（即本书所收《萧公建妻耶律氏墓志》中所载之萧公建）仕金后，曾任同知□京留守，授金紫光禄大夫。其父萧谦，以节度使致仕。资茂在兄弟三人中居长。海陵王正隆五年（1160年），资茂领行军谋克扫平盗贼时，乘舟，舟坏溺水而卒，于大定二十五年葬于渔阳醴泉乡（今北京平谷区黄松峪乡）。谋克，金代中早期的一种集军事、行政、生产于一体的部落单位，与猛安合称"猛安谋克"。当时规定，三百户为一谋克，十谋克为一猛安，猛安首领又称"勃极烈"，谋克首领称"孛堇"，秩为从五品。此志记载了金前期海陵正隆年间（1156—1161年）的"平盗"史事，可补史之阙。本志撰文与书丹者为耶律履。耶律履，《金史》有传，他是辽宗室，入金后以文章行义受知于世宗，官礼部侍郎兼翰林直学士，明昌元年（1190年）进尚书右丞，精书画，善属文。他是元初名臣耶律楚才之父、耶律铸之祖。志文书法细劲峻拔，为目前发现的金代石刻中书法价值较高的作品。志石现存于北京市上宅文化陈列馆。今据拓本录文。

赵公之碣
公之世泰龍霞於浮雲哦吁可戚其嘆坐富貴
耶當戲尔浪瘝功名百歲都来修忽諼成虛
烏呼想人身思化如石火風燈丙夭壽福睽明
期之黙約有滦州司候司西南廂住人□
赵珪丙夭壽四十有三受　帝勅授武校
尉新受滦州馬城縣倅城鎮高酒都監炱哉
不幸明昌三年十月初五日於平山以身故選
即今壬子年癸丑月丙午日貝時大葬
右銓三代
曾官封岩州刺使趙□□公
祖銀青光禄大夫沋南軍節慶使趙□公公
父修武校尉行中部鐵塲使趙□
今建墳於涿州奉先縣白玉鄉南抱玉村記耳
明昌三年十二月初八日　右謹立石者
妻張氏　長男興祖　女子瓊枝　次女瓊瓊
右謹具如前建碣於墓側

赵珪墓碣拓本

趙公之碣

今之世泰飜覆於浮雲嗟吁可成其嘆矣富貴
聊圖戲尔浪癡功名百歲都來倏忽謾成虚設
烏呼想人身患化如石火風燈丙天壽福勝明
一期之默約有灤州司候司西南廂住人
趙珪　丙天壽四十有三受　帝勅敦武校
尉新受灤州馬城縣俻成鎮商酒都監哀哉
不幸明昌三年十月初五日扵平山以身故選
即今壬子年癸丑月丙午日艮時大葬
右銓三代
曾官封岩州刺史趙　　　公
祖銀青光禄大夫泌南軍節度使趙　　公
父修武校尉行中都鐵塲使趙　　　公
今建墳扵涿州奉先縣白玉鄉南抱玉村　記耳
明昌三年十二月初八日　右謹立石者
妻張氏　長男興祖　女子瓊枝　次女瓊瓊
右謹具如前建碣扵墓側

赵珪墓碣录文

北京市房山区出土，金明昌三年（1192年）十二月立石。石方形，边长55厘米。铭文楷书竖刻17行，行3—19字不等，字径2.5厘米，字体遒劲，撰文、书丹、刊石者失记。赵珪，《金史》无传，碣文中记其于明昌三年去世，生前曾授职滦州马城县滦城镇商酒都监，死后葬奉先县（今北京房山）白玉乡南抱玉村。据《金史·百官志》，商酒都监为征收商税和酒税的官。志石现存于首都博物馆。今据拓本录文。

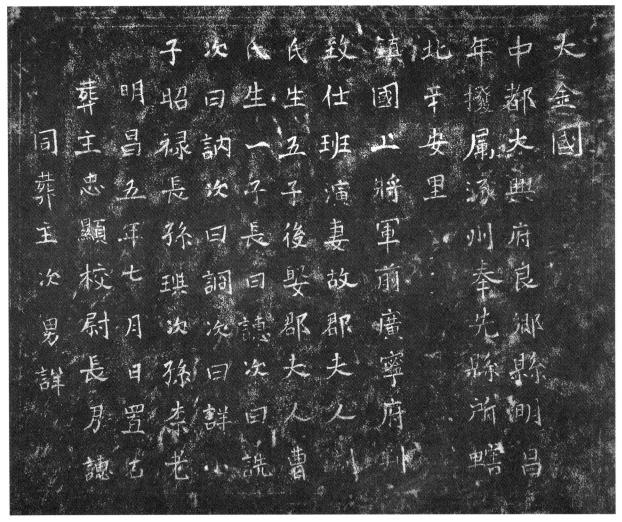

班演墓志拓本

班演墓志录文

大金國
中都大興府良鄉縣明昌
年撥屬涿州奉先縣所轄
北辛安里
鎮國上將軍前廣寧府判
致仕班演妻故郡夫人劉
氏生五子後娶郡夫人曹
氏生一子長曰讁次曰
次曰訥次曰謞次曰詳小
子昭禄長孫琪次孫柰老
明昌五年七月日置石
葬主忠顯校尉長男讁
同葬主次男詳

1995 年 3 月出土于北京市房山区青龙湖镇沙窝村，金明昌五年（1194 年）刊石。石为青石质，高 39 厘米，宽 49 厘米，厚 6 厘米。全志竖刻楷书 13 行，满行 13 字，字径 2 厘米，共存 111 字。志文文辞简拙，书法质朴。班演（?—1194 年），金中都大兴府良乡县北辛安里人，《金史》无传。北辛安里即今房山区青龙湖镇沙窝村，在金明昌元年至五年间（1190—1194 年）改属中都路涿州奉先县。此志记载可补《金史·地理志》之缺。该志对研究沙窝村的历史变迁情况具有史料价值。志石现存于北京市房山区文物管理所。今据拓本录文。

乌古论元忠墓志并盖　泰和元年

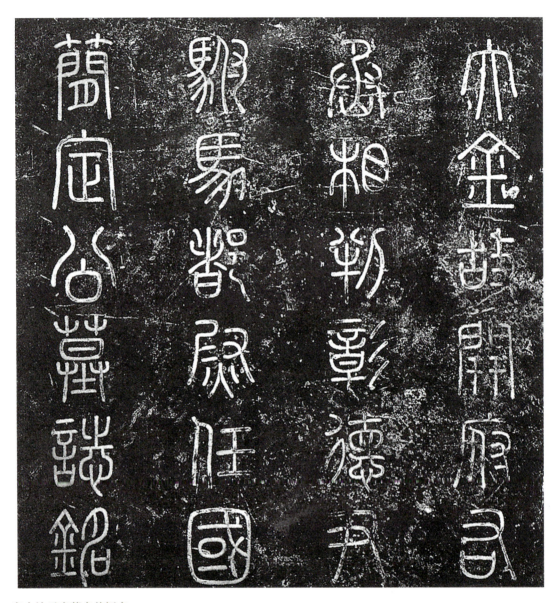

乌古论元忠墓志盖拓本

1980年出土于北京市丰台区米粮屯村，金泰和元年（1201年）刊石。盖志一合，保存完好。盖正方形青石质，长、宽均111厘米，覆斗式盖。篆书："大金故开府君丞相判彰德尹驸马都尉任国简定公墓志铭"。志文正书52行，满行51字，共1830字。首题："大金故开府仪同三司判彰德尹驸马都尉任国简定公墓志铭并序"。张行简撰文，李著书丹，乔宇篆盖。乌古论元忠，《金史》本传记其本名讹里也，因其"自九岁养于邸中（按：世宗府邸）如所生"，又配以世宗最喜爱之长女豫国公主，因而与金皇室的关系属"亲且密者"。故在世宗于东京辽阳自立为帝、南伐大军弑海陵王完颜亮之后，由元忠掌南伐大军任太保、左领军大都督之职，并被宗室完颜昂派去迎世宗进抵中都，此举对于皇权的平稳过渡、政局的稳固，起到了很大作用。大定二年（1162年）加驸马都尉，官至尚书右丞相。世宗对元忠颇为信

乌古论元忠墓志文拓本

任，"倚之为股肱"，并将显宗的长女薛国长公主配元忠长子乌古论谊。元忠凭借世宗的宠信"追荣祖考"。但"性粗豪"的元忠自大定二十六年（1186年）终于因失去金世宗的信任而黜迁罢相，出为北京留守。明昌二年（1191年）加开府仪同三司，承安二年（1197年）改彰德尹。至金泰和元年（1201年）九月薨，先后任外官十五年，病死于彰德尹任上，后尸骨得以还都，享年六十三岁。大安元年（1209年），鲁国大长公主逝世。至此，元忠家族与金皇室之间的联系逐渐由衰而终。此志撰文者张行简，字敬甫，莒州日照县人，《金史》有传。其官职志文作"翰林侍读学士少中大夫知制诰兼尚书礼部侍郎同修国史提点司天台护军清河郡开国侯食邑一千户食实封壹佰户"。书丹人李著，《金史》无传。其官职志文作"承德郎充翰林修撰同知制诰飞骑尉"。篆盖人乔宇，史传无考。今据拓本录文。

□侍臣曰臺綱正則百官治庶土康御史奏□如此稱矣禄前後功授公世襲撒巴山謀克二十年　上方擇相以問左丞相良弼奏
□不阿不□懷社稷之遠謀□□今元忠孰取　上曰朕所素屬卿亦同之兹無疑矣即拜平章政事疏遷金紫光禄大夫封任國公明
年進拜尚書右丞相仍遷特進朝廷方崇文教譯經書興學校選英隽議設女直進士科舉而或者乃言古書浩瀚罕測涯涘以難進
之學待□窮之問恐不能也公曰學非一日而成必俟薰釀涵浸之以使古書蓄胸中了然不疑待問之次器識自遠人非生知不可無
學但務□之以道教之以漸何病其不能哉時　宸斷欲舉行之而公言有合於是選舉法定以廣登賢之路而成長久之計□焉上
將幸會寧公進諫以為　陛下德洽人心天下皆願　陛下高居深拱以享安靜之樂今有此行恐非中外所望　上諭之曰會寧朕
誕彌之地□□□□焉特欲一往謁見游覽故鄉亦猶漢高祖過沛之意也公嘗以風疾乞罷政事二十三年授真定尹尋復拜右丞相
上既□□□□
顯宗皇帝在東宫公奏言古制有之太子君行則□有守則從從曰撫軍守曰監國宜命　皇太子監國又有司議宋人來朝當就
行在入見公曰會寧至南鄙幾□里其或雨淖□禮過期始見是誘宋人之易我也宜命有司告之天子　帇巡守免行人來朝誠
如是則信不失而恩亦全矣偕□嘉納　上之駐蹕會寧也□請早還京師言極忠切明年復奏曰鑾輿駐此既已閱歲倉廩所儲
者日益□城市所易者日益貴□□先戒還期□□局□□□□□有司捕□刑之將有傷于陛下仁愛上嘉其誠既聽還
都尋除北京留守未幾復為真定尹
今天子即位於公尤所寵顧□□河間明昌二年復□□□□□□□義軍節度使明年秋乞歸老不許復授北京留守六年改判濟南
道由京師入見勞問腆渥且日歲元三宴卿宜□□□之□□□列平章政事之上承安二年為南京留守尋改彰德尹居三年以
疾復告老優恩寵留遣公之次子御院通進儼往□疾又遣□長子工部尚書誼使宋因諭旨曰卿過彰德可留數日其恩紀
隆渥如此明年秋復感疾遂不起越九月丙辰薨乃泰和之元年□□□□□□□階開府儀同三司勛上柱國食邑户三千食實封
户三百訃聞　上哀悼久之遣儼馳傳赴喪以同知章德尹孫侯□敕祭□□□巳卯行途及至良鄉遣右宣徽使白琬往致奠禮賻
贈良厚仍遣中都路都轉運副使俞用晦致祭大興少尹徒單鐸營治葬事窀□□□□從官給族屬受之以薨之年十有二月乙酉葬
於良鄉之西岡先塋之次賜謚曰簡定公之子男四人誼奉國上將軍駙馬都尉由工部尚書為東平尹儼安遠大將軍尚衣局副使價
符寶祗侯脩未仕女二人孫男十人女六人公以世姻遭際□自用材器進入相出□二十餘年事業卓偉不可掩宜有叙述以傳永
久銘曰

乾坤交合　于時為泰　君臣相遇　是惟昭代　賢賢親親　其用則同　兼而有之　偉任國公　公世□□　□□□姻
夙資鉅器　堂堂表儀　□□□事　内柱外藩　二紀于兹　忠言勁節　明主所知　天不憖遺　朝□□□　□□□□
始終優异　祖考積慶　公能興之　澤及子孫　靡不承之　瞻彼西崗　鬱其幽隧　□□□辭　□□□□　□□□□

乌古论元忠墓志录文

大金故開府儀同三司判彰德尹駙馬都尉任國簡定公墓誌銘并序

翰林侍讀學士少中大夫知制誥兼尚書禮部侍郎同修國史提點司天臺護軍清河郡開國侯食邑一千戶食實封壹佰戶張行簡撰

承直郎知登聞鼓院兼秘書丞騎都尉河南縣開國男食邑三百戶賜紫金魚袋喬宇篆蓋

承德郎充翰林修撰同知制誥飛騎尉賜緋魚袋李著

公諱元忠小字訛里也姓烏古論氏其先上京獨拔古柵人世善騎射為族部冠

皇朝肇啓天命萃諸部之材武者禮義相翼同濟大業公之鼻祖起附之且戒子孫有死無貳故蒙　恩澤世聯姻戚曾祖諱賽合　贈　特

進祖諱吾特乃贈儀同三司父諱訛論尚

太祖女畢國公主贈開府儀同三司公生十年儀冠穎異

世宗皇帝在潛邸擇婿乃以長女妻公撫育于邸中者六年始聽外居公之所尚即　皇姑魯國大長公主也正隆末從軍南伐海陵庶人即廢

世宗即位自遼陽如京師太保左領軍大都督宗室昂首遣公來迎扈特授　遠大將軍為符寶郎　上論之曰朕以士庶翼戴初踐

帝祚然近臣中能左右朕而親且密者其孰若汝自今侍從宿衛宜有備身以戒不虞大定二年正月授駙馬都尉　上朝謁　山

陵兵部尚書可喜等欲拒門為不軌謀泄　上召公監寢門中夜與公語如平素尋除近侍局使三年遷左衛將軍　嘗出獵

欲射虎公諫曰虎逸獸也萬一衝突衛士如社稷何　上是其言而止遷右副點檢七年賜宋主趙睿歲元禮信以公持使節為使仍賜

今名宋人重公敦厚有威望禮遇加等故例使者所受禮幣有綵繒等物悉以易金或請如例公曰此賈者之所為也持使節而為賈行

欲自取辱吾不忍□□宋人稱之還　闕轉左付點檢秩滿再任坐事解職十一年復為左副點檢明年升都點檢　嘗遇萬春節

祗自辇臣於□□□　上日遇卿直宿朕寢甚安今年輟卿景明宮之為股肱良弼等賀曰　陛下得人社稷亡疆之利也

上宴辇臣於□□□詔公往領之及還廷見　旨曰朕知卿之忠積有年矣今輟卿于尹者以京師權要之所聚豪恣相夸侵刻有

十五年達靼款□貢獻　亦以公風力敏明遂授之仍諭　尹者以京師權要之所聚豪恣相夸侵刻有

司言公當補□□　民失所疚在朕心其往恤哉公視事未幾其豪恣者相與語曰水火可蹈尹不可犯即匿迹自檢管內僧犯法吏捕得

□□□民朕體也□　皇姑梁國大長公主遣介屬公使釋去公曰公主屬□私室之敘也僧所犯公家之法若徇私而釋之公道何自而立哉幸勿

□□□金　上奏曰尹婿怒一僧而忤尊姑　陛下宜有以責之因具白其事主退召諭公曰卿不徇私朕甚嘉之尹京如此夫復何慮

□□皇姑梁國大長公主遣介屬公使釋去公曰公主屬□私室之敘也僧所犯公家之法若徇私而釋之公道何自而立哉幸勿

□□□主入　官奏曰尹婿怒一僧而忤尊姑

□□□終一之秩滿授吏部尚書　上念公親舊及忠而能力遂以公之子誼尚

□□顯宗皇帝長女皇姊薛國長公主是也十八年冬擢為　御史大夫由輔國上將軍疏遷光祿大夫嘗侍宴　神龍殿謂宰臣曰臺憲

□□而已事有應刾豈恤人怨時太師徒單淄王為樞密使頗訶其言曰大臣國家棟梁公何言之易耶公曰御史君之耳目若棟梁傾

□□不恃枝恃之□□

崔宪墓志铭 　泰和三年

2004 年 2 月 17 日出土于北京市房山区城关镇，一合。志石出土时碎裂为 10 余块，部分小块已佚失。志为汉白玉石质，方形，盖断为三截，边长 84 厘米，缘厚 5 厘米，盖面与斜刹均无文字和纹饰。志厚 9 厘米，竖刻楷书约 24 行，满行 28 字，字径 1.4 厘米，书法娟秀。志盖与志石同大，无纹饰、文字。因志石断裂缺失，志文已不能通读，尚可连缀串读文字有首题："大金故承事郎□□州孝义县丞崔君墓志"及"□□□次孙调书丹""□□涌云进士王莘撰""佗头赵仲先刻"。志文先序后铭，记述崔宪的籍贯、生平，涉及北京金中都时期的一些地名较多，可补史之阙兼能证史。如文中有"先生姓崔，讳宪，字子贞，先是家于(中泐数字)后分属奉先焉。世业儒学(中泐数字)前已名声暴白。其父高□□□□官终中宪大夫南宫(下泐)"的记述。其中"奉先"，即奉先县(今房山区)。据《金史·地理志》记载，金大定二十九年(1189 年)，为奉祀山陵，割良乡、范阳(今河北涿州市)、宛平(今北京门头沟区和丰台区)三县之地，于良乡县西设置万宁县。至章宗明昌二年(1191 年)改万宁县曰奉先县，隶属于中都路涿州。志文中"后分属奉先"的记述，便是对房山地区历史上行政建置沿革的旁证。

崔宪，《金史》无传，但时人赵秉文《滏水集》中收《孝义县丞崔公墓铭》一文，记其为涿郡良乡人，"大定二十九年卒于官"。又记其行为端淑，科场被误黜，仕途坎坷，可与此墓志对读。据此志残文，仅知崔宪进士出身，曾任县丞，选授承事郎。查《金史·百官志》，县丞为实任，系县令佐贰官，从七品下；承事郎为文散官，为正八品下；而崔宪之父崔高所授"中宪大夫"也是文散官，为正五品中，另崔宪之次孙崔调亦善书法，可见崔氏一门，确属"世业儒学"的书香世家。

关于刊石年代，志文中有"□□□亥岁乙□月庚子朔壬寅□□□"字样，显然为纪年文字，而"亥"字应为干支纪年之后一字，前一字泐失。因文中有"奉先"县字样，可推定其上限应在金章宗明昌二年(1191 年)之后(因明昌二年方设奉先县)，其下限则在金宣宗贞祐三年(1215 年)，因贞祐三年五月，金中都陷于蒙古。1191—1215 年间，干支纪年有"□亥"者共出现三次，一为明昌二年(辛亥)，一为贞祐三年(乙亥)，一为泰和三年(癸亥)。其中"辛亥"(1191 年)为设置奉先县县治之年，"乙亥"为金中都陷落之年，前者易名匆促之际，铭之金石不大可能，后者战乱，国祚将移，金朝遗民死后仍称"大金"并刊石作志，可能性也很小。而泰和三年之"癸亥"，尚值金帝国承平时期，所以此石刊刻的具体年代，推测应为"癸亥"，即金章宗泰和三年，为公元 1203 年，距今 801 年。志石现存于北京市房山区文物管理所。

崔宪墓志文残石拓本

巨君墓志铭　泰和三年

巨君墓志文拓本

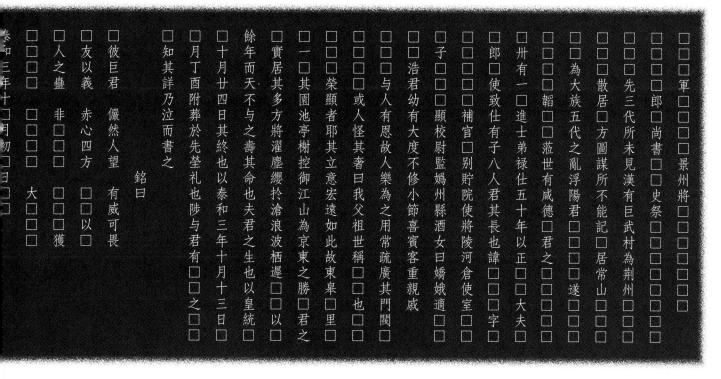

巨君墓志录文

軍□□□□景州將
郎□尚書□史祭
先三代所未見漢有巨武村為荆州
散居方圖謀所不能記□居常山
為大族五代之亂浮陽君□遂
□蒞世有咸德□君之
□韜□
卅有一□進士弟禄仕五十年以正□大夫
郎□使致仕有子八人君其長也諱□字
□補官□別貯院使將陵河倉使室
□顯校尉監媯州縣酒女曰嬌娥適
子浩君幼有大度不修小節喜賓客重親戚
□□□□□□與人有恩故人樂為之用常疏廣其門閥
□□□□或人怪其奢曰我父祖世稱
榮顯者耶其立意宏遠如此故東皋里
□□□□□□也
實居其多方將濯塵纓扵滄浪波栖遲□以
□□其園池亭榭控御江山為京東之勝□君之
一□□□□□□□□□□□□□□□
餘年而天不與之壽其命也夫君之生也以皇統
□十月廿四日其終也以泰和三年十月十三日
□月丁酉附葬於先塋礼也陟與君有□之
□知其詳乃泣而書之
　　　　　　銘曰
彼巨君　儼然人望　有威可畏
友以義　赤心四方　□以□
人之蠱　非□巨蠱　□獲　大□□
泰和三年十□月初□日□□

1984年秋出土于北京市平谷区东南东高村西北一千米处，该地俗称巨家坟，旧时曾有石人、石羊等石像生分两行东西并立。墓志长47厘米、宽34厘米、厚9厘米。正书，竖刻26行，满行20字，计419字。志文先序后铭，因志石四周磨泐甚重，已难通读。据残文，可知巨某官任妫州酒监，勋授忠显校尉，卒于金皇统年间（1141—1149年），泰和三年（1203年）改葬并刊石纪其生平。今据拓本录文。

张汝猷墓志铭　泰和七年

1956年9月出土于北京市西郊百万庄二里沟，泰和七年（1207年）六月刻石。志一合，盖青石质，正方形，边长91厘米，厚10厘米。志为汉白玉石质，高89厘米，宽91厘米，厚11厘米。盖上篆书"大金故宣徽将军右宣徽使张公墓志铭"，共4行，每行4字。志文楷书，竖刻39行，每行38字，字体浑厚有力，左、右上角各有缺失。首题"大金故宣徽将军□□宣徽使张公墓志铭"，"□□□□□□□东北路转运副使事骑都尉彭城县开国男食邑三百户赐紫金鱼袋刘涛撰"，张登贤书丹，安常篆盖。张汝猷，金章宗朝丞相张浩之子，金史无传，据志文，汝猷官至宣徽院右宣徽使（正三品），曾出使宋朝和高丽，娶世宗元妃李氏之妹，墓志的出土可补金史之缺。侯谔在《张汝猷墓志考释》（《北京文物与考古》第二辑1991年）一文中著录。今据侯文移录志文。

路轉運使次汝翼登進士乙科東京鶴野主簿汝霖平章政事封莘國公汝能閤門祇候

真定都軍汝方少府監汝招八歲而殂第七乃公也公初娶太尉廣平郡王石之女

世宗元妃之妹李氏先公卒追封范陽郡夫人繼室興中府治中輔國李剛中之女今封

范陽郡夫人生五男五女長男緯小名登賢奉職承應次績承父陰級元紳府令史綬守

□史臺令史績今十有一歲登賢乃緯之小名也始

天子以登賢呼之遂以登賢為名長女玉秀嫁保州節度使太仲□之㽔南京草場副獻

次麗秀嫁右承移剌金剛奴之子蘭州軍事判官善才瑞秀今為令人倩秀靜秀未適人

初太師葬于東京鶴野縣天井山寶林院登賢奉公遺言將葬于宛平縣西陳村公任河

北轉運使時為幕僚熟識公之為人登賢因相屬敘其始末不敢以荒陋辭銘曰

遼之山川　寰中甲乙　鍾秀于人　異才乃出　勛望門地　張為第一　太師維慶

門滿簪纓　恂恂濟濟　難弟難兄　公從其後　蚤為知名　閥閱入官　功名自喜

妙齡嶄嶄　已登撫仕　出入禁嚴　九重知已　報施其何　有德無年　公之隕背

聞者潸然　納是幽刻　無窮之傳

泰和七年六月二十八日　永安官濟刻

张汝猷墓志录文

大金故宣徽将軍□□宣徽使張公墓誌銘

□□□河東北路轉運副使事騎都尉彭城縣開國男食邑三百戸賜紫金魚袋劉濤撰

秘書監待詔安常篆蓋

男　登賢書丹

公諱汝猷字仲謀姓張氏遼東人也曾祖祈南海軍節度使贈開府儀同三司祖行願贈

開府儀同三司鄭國公父浩太師尚書令南陽郡王太師始娶高姓早卒追封南陽郡夫

人繼室南陽郡王夫人移剌姓生公及少府監汝防□如以一品門蔭大定十五年閤門

年祇侯改通事舍人爾後東西二閤所任遍歷遂持節使于□鹿承安二年九月由太鹿

監同知延安都總管事蓋均勞逸也延安久旱公下車之日雪雨□闓　其□人皆目

公為著□陽春意謂所至則和氣随之也所居官署一樓二堂樓曰瞻天堂名　舍六月

以君懷□不忘　考之遺□故也公之治延大率以寛休民力以明枑吏奸故□□不敢

□欺未知

上思之召還公去之後延人思公□□人為之立祠刻石其君子為瑞雪記以頌公之德

公至京師授少府監兼提點尚食局乃承安三年十月□次年把月國家選可使宋國者

公在選中充國信副使至迁右与宋君争受書之禮宋欲强之觀者為之懼而公不為屈

竟使從公及還

上聞之嘉嘆者久少府秩滿泰和元年二月□河北東路轉運使事公之兄汝為正隆

間嘗官于是公始至視官府皆兄所修潜然泣下□地□□調發□公知□□不

知勞而用□足清州倉監馬天麟事忤上官誣以重罪□刑臨之馬天麟伏□□司

既至而公辨其枉立釋桎梏首尾宿罪得脱罪而歸一司駭服河北一路□□數□以

私釀犯禁者一歲無慮數十百人公之視事迄去十藏其九民皆望風化之□□□三

年八月授右宣徽使

上之眷遇愈厚于前七年四月二十日以疾卒于中都西開陽坊之私第春秋五十有四

公始九歲太師殁空拳孤立二十年間致身三品結

人主知可謂太師有後矣公柔克□□□□□人常如不□未嘗以富貴驕人至于人以

鲁国大长公主墓志并盖　大安元年

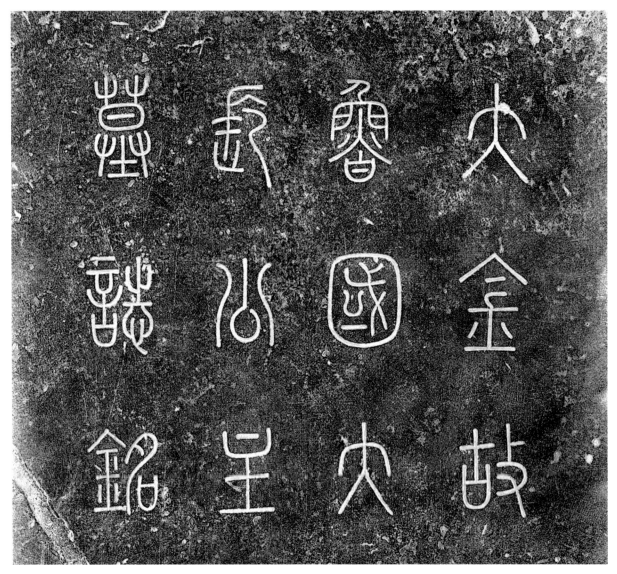

鲁国大长公主墓志盖拓本

1980 年出土于北京市丰台区米粮屯，刻于大安元年（1209 年）。志石一合，盖为盝顶式，正中篆书："大金故鲁国大长公主墓志铭" 12 字。志文正书 43 行，满行 42 字，共 1088 字，周昂撰文，庞铸书丹并篆盖，张伯玉官琢刻。志主鲁国大长公主，金世宗长女，明德皇后乌林答氏为其生母，下嫁乌古论元忠。大定初始封豫国长公主，章宗继位，进封为鲁国大长公主。卒后启夫墓合葬。志文洋洋千余言，多叙关于鲁国大长公主的身世和世宗对她的钟爱，这些文字是对完颜氏家族内部的生活记载，但记述元忠被罢相、外放过程中世宗对其叮嘱，亦可看出世宗大定朝后期对元忠既重视又开始不信任的态度。这些为了解金世宗时期高层贵族集团的关系提供了某些值得思考的线索。撰文者周昂，字德卿，真定人，《金史》有传。其官职志文作：朝列大夫充三司判官骑都尉汝南县开国男食邑三百户赐紫金鱼袋；书篆者庞铸，字才卿，辽东人，《金史》有传。其官职志文作：承德郎秘书郎兼戴王府文学记室参军云骑尉赐绯鱼袋。此二人在当时皆为文章大匠和辞阁雄才。志石现存于北京石刻艺术博物馆。今据拓本录文。

鲁国大长公主墓志文拓本

世宗還自金源清暑於好水偶以事出開府公留守北京遽將即路卉宗姑欲留主不遣主請曰身雖　帝女今已下嫁義當從夫且彼方以譴往若不與之偕行雖無榮悴之情恐不免近似之嫌也世宗佳其意乃聽之迫章宗嗣位以主屬尊德懋進封魯國大長公主　體貌之隆有加無替今皇帝寬弘仁愛篤於天倫　即位之明年以主春秋甫登七十且喜其年耆而體勝特設　內宴為主之壽　賫賜甚渥詔其子榮祿大夫北京留守駙馬都尉誐一歲再至京覲省及主寢疾　召其子誐于北京又命上憂形於色　命太醫胗治　賜內院珍藥近　侍撫問不絕於道仍馳皇后親問所苦及主薨再　命致奠其　恩禮之崇無與為貳主平日持操甚堅其馭家嚴而不察議論卓卓如奇男子訓子孫必以孝廉開府公之薨幾十年矣時節祭祀怵惕齋慄不改於初故當時號為賢主子四人長即榮祿也尚顯宗女薛國長公主次嚴毅昭毅大將軍符寶郎蚤世次价信武將軍　御院通進次脩昭信校尉符寶局祗侯女二人長適昭武大將軍峕嵐州刾史完顏長壽封金源郡夫人早卉次為尼賜號通悟大師孫男八人女七人銘曰

貴兮亞王后之尊富兮居戚里之右好德之善以為福從心之年以為壽子孝孫順肥家裕後自古皆有死伊我獨耶已乎已乎吾將乘化而歸吾之舊

張伯玉官琢刻

鲁国大长公主墓志拓本

大金故魯國大長公主墓誌銘

朝列大夫充三司判官騎都尉汝南縣開國男食邑三百户賜紫金魚袋周　昂　撰

承德郎秘書郎兼戴王府文學記室參軍雲騎尉賜緋魚袋龐　鑄　書丹并篆蓋

大安元年五月二十四日

上聞之震悼翌日特輟　視朝

親臨奠哭哀慟久之　賜錢五百萬以給喪費越三日

命有司具牲牢以燔王公以下位哭於其殯　賜白金二千兩絹八百端雜綿綵百丁酉

上與　皇后出郭詣海王以祭哀將行也升堂執爵淚落入酒左右惻愴戊戌欞車就引備儀物以導百官

祖於西城使者護送以是月己酉合葬於故開府儀同三司判彰德府駙馬都尉任國公之墓禮也公主

世宗皇帝元女

明德皇后之出也長於　潛邸柔順明淑動合禮灋

世宗愛而異之其在濟南

明德厭世主始年十四

道大定初始封豫國長公主

世宗以家事付之朝夕恪謹奉視　膳服訓撫弟妹翼然如老成人稍長適開府公益能沖抑自持不失婦

世宗以主識慮沈遠可用決疑凡　官中之事皆　諮焉多所裨益十三年秋

大駕出獮於東山以　旨從行至石門北谷有虎在圍

世宗將親躬之主進諫以謂

天子之尊不宜快心於野獸銜橜之變咎人所戒

世宗咲而止後開府公□吏部尚書

世宗有大任意一日從容顧主曰吾欲有問於汝汝心可諒必不去公而就私忍負於我吾將登用元忠何如

元忠開府公之諱也主曰元忠雖子婿自九歲養於中如　所生其肺腸歷歷可數有能欺耶今亦不敢知

其可用與否徒見其剛直而忠於　上耳

世宗頷之尋授開府公　御史大夫又遷平章政事未幾拜尚書右丞相十九年

坤厚陵初成奉遷

中都遗珍

北京辽金遗迹 下

北京燕山出版社

北京考古遗址博物馆 编

北京燕山出版社
BEIJING YANSHAN PRESS

石经

云居寺辽代石经

北京市房山区云居寺所藏历代佛经石刻，久有"国之重宝"之誉，而石经镌刻、珍藏之地云居寺则被誉为"北京的敦煌"。辽代石经在房山石经中占有极其重要的地位。

辽会同三年（940 年），石敬瑭割让燕云十六州，云居寺所在的幽州地区归辽人统治。辽人入主幽州后，自五代以来幽州地区的战乱局面并未因此而改变。应历年间（951—969 年），辽人在云居寺曾做了一些建寺护经的努力，但终究未能恢复自五代以来中断的房山刻经事业。直到"澶渊之盟"以后，辽宋两国化干戈为玉帛，和平相处，幽州地区社会稳定，经济繁荣，辽人才有条件在云居寺恢复刻经。辽代刻经一开始便得到了圣宗、兴宗、道宗的支持。辽清宁四年（1058 年）赵遵仁《涿州白带山云居寺续镌成四大部经记》、天庆八年（1118 年）释志才《涿州涿鹿山云居寺续秘藏石经塔记》记载了辽代刻经的经过与情况。

辽圣宗太平七年（1027 年），涿州刺史韩绍芳从政之暇前往白带山游览，他见到贮藏在石室中的石经，向云居寺内的僧人询问石经刊刻的历史，当时由于去李唐年代久远，已无人讲清，韩绍芳命寺僧打开石室清点经目，又从古代题记中得知刻经始末，了解到自唐末至今未能续造，乃奏请圣宗皇帝恢复刻经，同时云居寺住持留公法师也上奏圣宗，要求恢复石经刊刻。于是圣宗赐普度坛利钱作为刻经费用，又委派瑜伽大师可玄提点镌修，勘讹正谬，补缺续新。今天所见《大般若经》卷三十六、六十八、七十三、一百四十七、二百二十三、二百三十八、二百五十四、二百六十四、二百六十七、四百八十六诸卷之经末均刻有"大辽太平七年岁次丁卯重修此经"的题记，可见刻经伊始，韩绍芳首先补刻了《大般若经》中上述残损的十卷经，接着又开始从五百二十一卷刻起，续刻了最后八十卷。

兴宗继位以后，再度给予刻经事业大力支持。当时兴宗考虑到刻经是一项长期的事业，费用巨大，单靠社会捐助难以维持，便于重熙七年（1038 年）赐御府钱作为刻经基金，委派官吏储存起来，岁析轻利，供书经镌碑之用，并以涿州刺史刘湘提点镌修。刘湘承袭韩绍芳续刻《大般若经》，重熙十年（1041 年）九月刻至第六百卷，连同韩绍芳所刻，计经碑二百四十条，最终完成了全部《大般若经》。嗣后便开始镌刻《大宝积经》一百二十卷，计经板三百六十块。至此完成了自唐以来佛教的四大部经——《般若》《华严》《涅槃》《宝积》的刊刻。

兴宗所设刻经基金，至道宗时似已耗尽。释志才《涿州涿鹿山云居寺续秘藏石经塔记》云："相国杨遵勖、梁颖奏闻道宗皇帝，赐钱造经四十七帙。"据《辽史》杨遵勖传，杨遵勖于大康初拜南府宰相，后改北府宰相，大安中暴卒，可知道宗赐钱刻经当在大康年间（1075—1084 年）。

自大安年间（1085—1094 年）以后，刻经事业由通理大师和其门人继承了下来。通理是道宗时高僧，他到涿州讲经，游白带山，宿于云居寺中，"慨石经未圆，有续造之念"。大安九年（1093 年）正月，通理在云居寺开坛放戒，以筹集刻经经费，至暮春而止，共获钱万余镪，付门人通慧圆照大师善定校刊刻经。通理师徒对刻经进行了改革，经石由大板改为小板，由大字改为小字，并借鉴了印板的优点，由单面刻经改为两面刻经。这样，一块经石能刻两页纸经，从而提高了工效，节省了费用。大安十年（1094 年）募得的钱用完了，通理师徒的刻经告一段落。

發菩提心戒一本

夫菩提心戒者為修六度萬行之泉源是
證三身佛果菩提之根本功最甚深理
難思議是以三世諸佛同說三世菩薩同
學故經云戒如明日月亦如瓔珞珠微塵
將釋戒文分為八段第一奉請賢聖第二
菩薩衆由是成正覺
想陳妙供第三懺悔罪愆第四受三歸依
戒第五翻邪歸正第六匝受菩提心戒第
七遣相第八普皆迴向八段不同且初第

一奉請賢聖
弟子某甲等稽首皈命礼
十方諸如来瑜伽惣持教
及礼菩提心礼三說　能端福智聚
是故志心礼菩提心　諸大菩薩衆遍虛空法界
第二想陳妙供
弟子某甲等十方一切刹所有諸供養
花鬘塗香等飲食幢幡盖
諸佛諸法藏　諸大菩薩衆　及諸賢聖僧

房山辽代石经拓本局部

通理师徒共刻佛经六十二部，四百三十一卷，经碑四千零八十片。

通理时代所刻佛经在内容上也与前代有所不同，以前所刻多为大乘的经，通理所刻多为律和大乘论。如《大智度论》一百卷、《十地经论》十二卷、《瑜珈师地论》一百卷、《显扬圣教论》二十卷、《大乘阿毗达磨集论》七卷、《成唯识论》十卷、《大乘起信论》一卷、《摩诃衍论》十卷等，都是补前人所刻之缺，使大乘经、律、论三藏达到完备。这是通理对房山石经的一大贡献。

辽代早期刻经，当时均藏于石经山藏经洞内，由于石经山各洞已满，通理师徒所刻四千余片经版和道宗所刻经板一百八十片，暂时放在山下。通理大师故世后，其弟子善锐、善定"念先人遗风不能扇。经碑未藏或有残坏"，于天庆七年（1117年）在云居寺西南隅穿地为穴，将通理、道宗所刻经碑瘗藏于内，天庆八年（1118年）在地穴上建石塔一座，这就是云居寺续秘藏石经塔。

通理之后，辽代刻经事业并未停止。通理弟子善伏，从天祚帝乾统七年（1107年）开始续造，一直到保大元年（1121年），其间得到辽"故守太保令公陈国别胥"的施助，共刻佛经十三帙一百余卷，辽代所刻最后一部佛经为《虚空藏菩萨求闻持法》。（注：以上对辽代房山刻经的概述文字，系参照杨亦武《云居寺》[华文出版社2003年版]一书写成。）

釋教最上乘秘密藏陀羅尼集序　俊字号

上都大安國寺傳密教超悟大師賜紫臧詢　行琳述

陀羅尼者揔持之楚稱也開佛心之秘藏示
聖證之掘由至理極譚上乘宗要秘中之秘
印三藏以導教機玄乃加聲字而明法
理弘言普光之妙體垂密語以覆宣將通常
寂之靈功依真言而顯唱現意生之悲幻啓
煩悟之菩提金剛一乘甚深微細超言文之
實智霈教令而普應群機離形色之常身奮
調伏而大興化相斯者諸佛若捨加持之力
十地菩薩尚非其境界況生死中人豈得聞
乎瞬萬法交紛悟之者無性聖智妙遂契之
者無心故至人以無心之深慧契無性之真
空根境兩冥情緣俱寂宣容名相於其間哉
但為舍靈迷自三業不了唯心妄感昏緾洎
沒生死故聖人以憫歎起同體悲心開方便
門示真常路大事因緣攝生利物觀乎無
為而體本寂然有作乃神功頗測皆難思
之力也是以善逝垂權應真覺樹智越有空
之表身分百億之方圓萬德以福勞生演一
實而拔情品固得道洽千靈悲沾九有法開
頃漸齊登解脫之郷教被根宜盡達無為之
音初談鹿苑輻辯鶴林慈化有緣導利無極
擢塵迷於見海等詣圓成引稚子以三車咸
臻樂果運悲智而不息窮劫祭而弘深斷截

房山金代石经拓本局部

北京房山金代刻经始于金太宗天会十年（1132年），涿州知州张玄徵首刻《佛印三昧经》。山西奉圣州（金河北省涿鹿县）保宁寺沙门玄英和俗家弟子史君庆所撰《镌葬藏经总经题字号目录》的二十七帙石经中，"覆"字以下十三帙，至"景"字的前一部分所刻石经，均为辽刻；"景"字的后一部分及自"行"至"八"后十四帙，则为金天会十年（1132年）至天眷三年（1140年）涿州知州张玄徵、刘庆余和保宁寺沙门玄英及其俗家弟子史君庆等募刻，可见金代的刻经是继续辽代的经帙而进行的。

金天眷三年（1140年）以后，自皇统元年（1141年）至皇统九年（1149年）间，刘庆余、玄英及史君庆等还续刻了自"刻"字至"多"字，共三十九帙石经。其中"刻"字至"说"字三十一帙，是当时宋朝新译佛经，计有《大乘庄严宝王经》等一百八十三部，二百九十五卷。宋朝建立后曾派内官张从信至益州（今四川成都）雕刻大藏经，世称《开宝藏》。《开宝藏》刊成后的太平兴国（976—984年）初年，宋设立译经院，由著名佛经译家天息灾、法天、施护等逐年译出新经，所译出为密教典籍。金刘庆余、玄英及史君庆等于皇统年间所刻的便是宋朝新译的密教典籍，它和《高丽藏》入藏的自"杜"字至"毂"字三十帙的经目完全相同。因此，这些刻经是研究宋朝所译密教典籍，以及把宋朝新译经与《高丽藏》《契丹藏》入藏内容进行比较的重要材料。

在天会至天眷间（1123—1140年），燕京圆福寺沙门见嵩游石经山，见山上各洞藏有隋、唐、辽历朝所刻石经，便发心造《大乘瑜伽金刚性海曼殊室利千臂千钵大教王经》十卷，分别藏于石经山第一、二、三、四、七共五个藏经洞中。皇统九年（1149年）以后，历正隆、大定至明昌之初，约五十年间，刘承相夫人韩氏、张守仁、完颜永中等曾刻了自"履"至"息""取""定"共二十帙石经。《增一阿含经》和《杂阿含经》便是这一时期所刻的主要两部经，计一百零一卷。其中完颜永中施刻七十四卷，七百余石，数量占这两部经总数的三分之二以上。可见金大定、明昌之际的刻经，主要得到了完颜永中的大力支持和参与。完颜永中乃世宗庶长子、章宗的伯父，大定十一年（1171年）进封赵王，大定二十九年（1189年）五月进封汉王，明昌二年（1191年）进封卫王，是金王朝的重要人物。

在金朝立国以前，女真人受到邻邦高丽国信奉佛教的影响，部族内已有佛教流传。立国后，以武力灭辽与北宋，并继承了辽代崇奉佛教的风习。金太宗、熙宗时期，皇室崇信佛教，营建塔寺遍于河北、山西等地。云居寺刻经并未因朝代的更替受到多大影响，所以辽金两代刻经相隔时间甚短。金代的石经刊刻始于太宗天会年间（1123—1137年），历熙宗、海陵、世宗，至章宗明昌以后而止。虽然有金一代，未见皇帝赐钱刻经的记载，但是有奉诏刻经的题记，可以看出金代统治者还是给予了刻经一定的支持。从刻经题记看，金代刻经也吸引了皇室、官员和信徒的广泛参与。

《契丹藏》又称《契丹大藏经》，为辽代官修大藏经，它与北宋官修《开宝藏》齐名，是我国历史上早期的两部大藏经之一。上述两部大藏经早已遗佚，经专家研究发现云居寺辽金时期的刻经是以《契丹大藏经》为底本的，是《契丹大藏经》的复刻本。

辽代开始以《契丹大藏经》为底本刊刻石经，但是终辽之世并未完成，金人继辽代之后续刻，把石刻本《契丹大藏经》传给世人。此外，辽代新撰《一切佛菩萨名集》等也是金代所刻。

金代刻经，只有燕京园福寺沙门见嵩所刻《大乘瑜伽金刚性海曼殊室利千臂千钵大教王经》藏于石经山藏经洞内，其他刻经则均藏于云居寺内的地穴里。（注：以上对金代房山石经的概述文字，系参照杨亦武《云居寺》[华文出版社2003年版]一书写成。）

经幢

北郑院邑人起建陀罗尼幢记　应历五年

1977 年 6 月发现于北京市房山
区北郑村辽塔内，刊立于辽应
历五年（955 年）四月。幢通高
312.5 厘米，其中顶高 121 厘米，
幢身高 164 厘米，座高 27 厘米。
幢为汉白玉石质，八角直楞幢身，
由盖顶、幢身、基座三部分组成。
幢身八面施刻汉字正书经文和题
记。常友文镌石。此幢是北京地
区现存较早的经幢。现存于云居
寺。今据拓本对录序文和题记。

北郑院邑人起建陀罗尼幢

北郑院邑人起建陀罗尼幢记拓本

北鄭院邑人起建陀羅尼幢記
青白軍使兼西山巡都指揮使
銀青崇禄大夫檢校尚書右僕
射兼御史大夫上柱國陳　泚貞
郎君李五　　菩薩留
石經寺主講經論大德　謙諷　盧龍軍隨使押衙兼衙前兵馬使充營田使劉彥欽
都維郍院主僧　惠信　門人僧　審紋　門人僧　審因
邑録丁仁德

邑人鄭景章　邑人田在章　邑人梁継謙　邑人郭居礼　邑人鄭景辛男彥福
邑人王進殷　邑人晉審殷　邑人都加進　邑人劉□胤
邑人許師太　邑人許行福　邑人楊希輦　邑人陳簡言
邑人胡思文　邑人馬行實　邑人孫加進　邑人禄在章
邑人杜内殷　邑人張敬超　邑人程再遇　邑人王進章
邑人張行存　邑人李唐之　邑人周寶興　邑人王令欽　邑人

維郍鄭景遇　維郍王定章　維郍王思曉　維郍劉彥珪　邑人晉紹立　邑人王晉紹立　在村女邑
邑人鄭景約　邑人鄭景存　邑人王進暉　邑人王進奇　邑人程方紹　邑人李瓚之　邑人董仁超
邑人趙思德　邑人王進希

高氏　嚴氏　苑氏　傅氏　李氏　劉氏　李氏　李氏　高氏　田氏　代氏　鄭進超　村人王進溫妻鄭氏
女小喜　李氏　王氏　禄氏　王氏　女劉七　劉氏　王氏　鄧氏　弟胡僧韓氏　男貴次男□奴
李氏　王氏　田氏　盧氏　喜□　韓氏　鄔氏　女貴師　義軍軍使程再珪　次男小神奴
邊氏　鄭氏　張氏　任氏　史氏　盧氏

北郑院邑人起建陀罗尼幢记录文

佛顶尊勝陁羅尼真言并序

佛頂尊勝陁羅尼經婆羅門僧佛陁波利儀鳳元年來至此土到五臺山次遂五躰投地向山礼曰如來滅後衆聖潛靈唯有大士文殊師
利於此山中級引蒼生教諸菩薩波利所恨生逢八難不覩聖容遠涉流沙故來敬謁伏乞大慈大悲普覆令見尊儀言己悲
泣雨淚向山頂礼己舉首忽見一老人從山中出來遂作婆羅門語僧曰法師情存慕道追訪聖蹤不憚劬勞遠尋遺跡然漠
土衆生多造罪業出家之輩亦多犯戒律唯有佛頂尊勝陁羅尼經能滅衆生惡業未知法師頗將此經來否僧曰貧道直來
礼謁不將經來老人曰既不將經來空來何益縱見文殊亦何必識師可到西國取此經來流傳漢土即是遍奉聖法廣利群生拯濟幽冥報
諸佛恩也師取此經來至此弟子當于文殊師利菩薩所在僧聞此語不勝喜躍遂裁抑悲淚至心敬礼舉頭之頃忽不見老人其僧
驚愕倍更虔心□念頃誠迴還西國取佛頂尊勝陁羅尼經至永淳二年迴至西京具以上事聞奏
群生救拔苦難不以財寶為念不以名利開心請還經本流行庶望含靈同益遂留翻得之經還僧梵本其僧得梵本將向西明寺訪得善
法師及勑司賞寺典令杜行顗等共譯此經施僧絹三十疋其經本禁在内不出其僧悲泣奏曰貧道捐軀委命遠取經來情望普濟
梵語僧順貞共翻譯 帝隨其情請僧遂封諸大德共順貞翻譯訖僧將梵本向西五臺山入於今不出今前後翻兩本並流行於代小小語有不
同者幸勿恠焉至垂拱三年定覺寺主僧志靜任神都魏國東寺親見日照三藏法師問其逗留一如上説志靜遂就三藏法師語受神咒法
師扵是口宣梵旨經二七日句句委授具足梵音一無差失仍更取舊梵本勘校所有脱錯悉皆改定其咒初注云寂□後翻
者是也其咒句稍異扵杜令所翻者其新咒改之不錯并注此音訖後有孝者幸詳此焉至永昌元年八月於大敬愛寺見西明上座
澄法師問其追留亦如前説其翻經僧順貞見在住西明寺此經救拔幽顯寔不可思議恐孝者不知故具録委曲以傳未悟
維應曆伍年歳次乙卯朔八日丙午己時建陁羅尼幢常友文鑄
序終（以下經文略）

攝順州□馬都加進母張氏妻綦氏男與哥羆哥亡哥女九娘子□娘子□□□

大帝大帝遂將其本入内請日照三藏

北衙栗園莊官許行福妻張氏男重霸　　母王氏妻李氏男馬五馬六忙兒　　鄉貢孝究韓承規

北衙栗園莊官王思曉妻都氏　前攝順州長史鄭彥　周母　書經人溫屭超　溫許紹

村人趙友德男君霸　母鄭氏杜神如奴許三　鄭彥從弟彥殷劉氏王氏

施石花座溫德進　義掖十將王從德兄從殷　邑録丁仁德男張七次男和尚奴

王從進　母劉氏　次男寶留

佛顶尊胜陀罗尼真言序录文　　　403

経幢

大佛顶微妙秘密□陀罗尼幢　统和十四年

大佛顶微妙秘密□陀罗尼幢拓本

该幢建于辽统和十四年（996年），现只存幢身，幢身高130厘米。幢为八角直楞幢，青石质，八面刻经文，第八面后半部镌刻题记，计64行，竖刻，汉文正书。多数文字泐蚀不清。幢为檀州（治所在今北京密云）军事判官将仕郎吕德懋书，檀州刺史李守英等所建。现存于北京市密云图书馆碑林。

今据拓本可辨识题记文字为："维统和十四年岁次丙申九月戊辰朔十五日壬午丙时再建　维那儒林郎试秘书省校书郎守檀州密云县令高煦　博陵崔氏儿□□□□□国王府推官高昌裔　高刘四"，"金紫崇禄大夫检校工部尚书使持节檀州诸军事行檀州刺史兼御史大夫上柱国□李守英□夫汾阳郭氏□□□□檀州军事判官将仕郎试秘书省校书郎吕德懋兼书　前军事判官将仕郎试大理部事□□□林郎代檀州密云县主簿兼知县尉张密□□守行唐县主簿兼知县尉李衍□□□"。

大佛顶微妙秘密□陀罗尼幢

统和十年经幢记 统和十年

统和十年幢（五十年代原状）

统和十年幢现状

统和十年幢现状

统和十年幢记拓本

统和十年幢记拓本

幢石原立于北京市门头沟区清水镇上清水村双林寺，辽统和十年（992 年）建。幢高 4 米余，由 14 件石雕件叠砌而成。下为八方基座，为圆形仰莲承托幢身。幢身为两层，是上小下大略有收分的八棱体。其上有方形小龛，周雕佛像，龛顶以宝珠状石件为幢顶。基座八面设龛，每龛雕一造像，造像题材有释迦牟尼佛、文殊菩萨、普贤菩萨及四个伎乐人，分别做弹琴、弹曲颈琵琶、吹笛、吹排箫、舞伎等状。上段幢身刻《般若波罗密多心经》及题记；下段幢身刻《佛顶尊胜陀罗尼经》《佛说佛顶尊胜陀罗尼经》及序文，序文后为人名题记。题记有“朝议大夫检校尚书虞部郎中行幽都府玉河县令赐紫金鱼袋齐讽”及玉河县本典、状子、衙典的题名。并有斋堂村、胡家林村、清水村、青白口村、齐家庄村“都维那”姓名，以及众多官吏的题名。幢铭汉文，正书，竖刻，字径约 2 厘米，书写俗劣，行文不循定格，但保存较好，基本清晰可辨。这是研究辽玉河县地理辖界、村落历史的重要实物资料，同时也是研究辽代佛教地方组织机构、佛教艺术的宝贵资料。现收藏于永定河文化博物馆。今据拓本录题记。

统和十年岁次壬辰十月辛酉朔十二日建（下泐）

易曰善不积　不足以成名书云福善祸淫天之道也是知善中之善孰过三业精纯名中之名曷尚一如颢焕

邑众等内外双俉行解两全温修姤路之微言崇乎秘密隣宰靓波之胜地建以石幢所谓四郊無疆八热来

王少女行而甘雨时长男威而禾稼實塵霑影覆之利形影如言见闻随喜之流金石固德无穷受益书不尽言

以示将来序之云耳

统和十年经幢记录文

净光舍利塔经幢记　开泰二年

1963 年 3 月出土于北京市顺义城关乡一座塔基内，开泰二年
（1013 年）立石。幢石通高 109 厘米，幢分 5 节，底座为八角
形，分二层，上部雕仰莲图案，顶部如八角亭状，上置莲瓣圆盘，
再上为宝顶。幢身各面刻文计 25 行，正书竖刻，前刻《无垢净
光大陀罗尼真言》和《法舍利真言》，后为题名、题记。题记大
略为："定光佛舍利五尊，单灰舍利十尊，螺髻舍利四尊，（中
渤）顺州管内都细讲法华上生经沙门惠贞，税判官三司户部巡官
□□，葬舍利维那徵事郎大理司怀柔县令赐绯鱼袋马条，已维那
□大同军节度巡官袁□□，副维那儒林郎试秘书省校书郎怀柔县
主簿□□县尉王（中渤）邑人曹贞……施舍利银盒子比丘□。"
落款为："维开泰二年岁次癸丑四月壬戌朔二十二日癸未丙时葬，
顺州勾官李玄锡书。"幢石现存于首都博物馆。

净光舍利塔经幢记拓本

梵天佛舍利五尊 太加菩薩舍利一尊

土埵舍利十四尊 單灰舍利十尊

無垢淨光大陀羅尼呪真言 螺髻舍利四尊

南謨薩哆喃三藐三佛陀俱胝喃唵鉢囉底瑟

多鉢喇底瑟恥哆喃南謨薩伽跋跂底弥多喻殺寫怛他揭哆

唵怛他揭多戌第阿喻輸達你僧訶囉僧訶囉

毗利耶跋囉鉢喇底僧訶囉阿喻蓬囉薩囉

三昧欹菩提菩提勃地毗勃地菩馱也菩馱也

嘍擘毗戍第薩囉婆怛他揭哆

法舍利真言

唵遮薩摩伏觀鉢囉婆嚩伏婆上師左怛也毗戍

哆瑟耆你嚕戍蹙嚩你摩賀娑羅嚩怛牟野裟磚賀

菩舍利維那眷事郎謨理司真戍羅婆嚕訶賀

副維那德林郡試秘書省校書郎陳孝懷上騎都尉賜緋魚袋為

軍事判官森賍秘書郎謙校書兼御史館杜

順州管內都綱維法崇守生經沙門慧真

順州禮曰屋桂仕郎守德州衆軍杜口原

森賍試秘書省正字守曰法崇崔口知口事司口戊口

邑人口口子

佛顶尊胜陀罗尼幢　太平二年

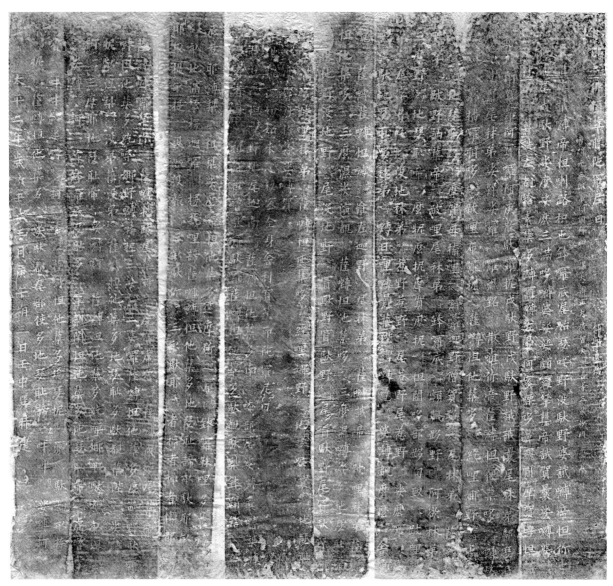

佛顶尊胜陀罗尼幢拓本

幢石建于辽太平二年（1022 年）三月三日，只存幢身。幢身高 143 厘米，为八角直楞幢，汉白玉石质，八面施刻，汉文正书，32 行，行 7—37 字不等，共存字 776 个。幢身刻《佛顶尊胜陀罗尼经》。

今据拓本可辨识首题与题记文字为："佛顶尊胜陀罗尼日　仙圣台院"。

"唐开元三朝灌顶国师和尚谥大转正大广智大兴善寺三藏沙门不空奉诏译"。

"太平二年岁次壬戌三月庚午朔三日壬申巽时建"。现存于北京市怀柔区杨宋镇凤翔寺内。

佛顶尊胜陀罗尼幢

石经山韩绍勋题记拓本

石经山韩绍勋题记录文

永興宮都部署權知軍州
事韓紹勳與縣郡夫人及
兒女等去太平六年正月十
七日回來巡禮燒香到此觀尊
容傷缺不圓再補接訖合家永
為供養

题记于辽太平六年（1026年）正月十七日刻于北京市房山区石经山九层塔前。铭石高34厘米，宽21厘米。正书，竖刻6行，凡58字。韩绍勋，《辽史》有传，出身燕南豪族，辽初名臣韩延徽曾孙，其祖父韩德枢授赵国公、开府仪同三司，其弟韩绍芳重熙间为参知政事，加兼侍中。绍勋仕至东京户部使，后"会大延琳叛，被执，辞不屈，贼以锯解之，愤骂至死"。此题记是研究辽代房山刻经的重要资料，今据国家图书馆藏旧拓本对录。

开元寺重修建长明灯幢记　大康元年

开元寺重修建长明灯幢记拓本

　　幢石刊立于辽道宗大康元年（1075 年）三月，仅存幢身。幢身高约 90 厘米，上部略有残损，残高约 60 厘米，汉白玉石质，八角直楞形。幢身竖刻楷书 50 行，满行 27 字，现存字 783 个，字径 3 厘米左右。首题"开元寺重修建长明灯幢记"，文中记述了重修开元寺的过程及施舍人姓名。石幢，是一通纪事幢。记文对于研究辽代中晚期佛教活动有较高的文献价值。撰文者泐失，书丹者为"前怀州观察判官郑公道"。幢记文辞流畅，书法宗柳体，端整秀润，是辽代石刻中书法价值较高的一件。现存于北京市密云区图书馆碑林，幢记此前未见著录，今据拓本对录题记。

□□□□……

吾故護己身故信佛法僧如是少燈奉施福田所

（上泝）維佛能知一切世間天人魔梵沙門婆羅

（上泝）能知如是燃少燈明所受福

（上泝）少燈明福德尚多不可算數□

（上泝）自作若教他作或燃一燈二燈乃至多燈

（上泝）於佛塔廟施燈明已死便生於三十三天生

（上泝）淨而得清淨舍利弗云何彼天於五種事而

（上泝）身二者於諸大中得殊勝威德三者常得清

（上泝）聞于稱意之聲五者所得眷屬常稱彼意

（上泝）彼天於五種事而得清淨

（上泝）首座運恒二座運遷三座　僧可順　運開

（上泝）經沙門　運端　□□

（上泝）經沙門　運志□沙門可　講經律沙門　菩慧　講論　□□論沙門運丹智□

　　　　　　　　　　　　　　　　　　　　可常可□

□□□綱講經律論沙門運之

□□前司綱講經論沙門

僧人□□一千母牛兩頭供給遠方過往僧人一兩食粥飯

翟□□　劉司徒　郭學邦　曹誕玉　□德詮　張郎君

彭文秀　馬秀才　邵德化　王世達　男劉八　王文學　趙三畏

齊可善　男為信　王仲英　趙守則　劉詠成　段利涉　張及

王清善　郭休文　趙惟量　　　　　　　　　　張王氏　李康

□□□□□
已衆等□□□
□□□□□
□□□□□　刊
□□□□□
□□□□□　三□提點長明
□安得闕絕共成□□

开元寺重修建长明灯幢记录文

開元寺重修建長明燈幢記講經論沙門

夫事之污隆率繫於時其來尚矣粵自有唐之開國民且懷仁世□植善

□幢之重建于是時焉無何遭□叔季期之亂亡□寇蜂飛生靈□

且□望息肩之樂唯多崩角之憂□使勝事湮淪清緣弛絕則□

之□功於斯廢置焉於□　粹客雲遠□文□□聞□炬之

明□繼蘭膏之潤凡承遺麈至慕嚴修者孰不太息旋膺□

我明之纂系民物殷蕃烽壘泯蕩駕文教兮金口木舌導性種

兮玉塵連臺□净利兮棟宇相望□編兮鐘□交響□有

我前都綱講經律運慈前都綱講經運思持念運惕惕眾

望行契　佛心忻叩昌朝諦崇遺典乃議于精藍復營是長

明燈幢締邑者景附輪賄者雲從郢匠呈奇燕珉鏤璞門四郭

以通關面八方而合宜斜直層層鴈排虛而矯翼高穿曲

埃獸披頰以噴烟覘以靡限歲時囷□昏旭風霾兮踰明夕晦兮

益明堯燈爐而舜燈燃炬光有識日燭來而月燭往永熠無垠

信謂乎功莫之京善建不□者也□諮微探幢之因又睹幢之運

焉能以綺美文句乎迺直志其事云大康元年三月二十六日記

佛說施燈功德經暈□經云或於塔廟諸彩像前設供養故奉

施燈明乃至以少燈炷或酥油塗燃持以奉施其明唯照道之一階

舍利弗如此福德非是一切聲聞緣覺能了知唯佛如來乃

能知也舍利弗求世報者福尚尒況以清净深樂心不甘

□以安住恭敬相續無間念佛功德善男子善女人等□

□□□□舍利弗照道一階福德尚尒何況全照一階道也或所

□□□□道或四階道或及塔身一級乃至多級一面二

□□□□□及佛形像舍利弗彼所燃燈滅時□滅或風吹滅□□

□□滅或炷盡滅或俱盡滅譬如諸龍以瞋恚故出雲垂布於

清凉寺石幢题记　清宁三年

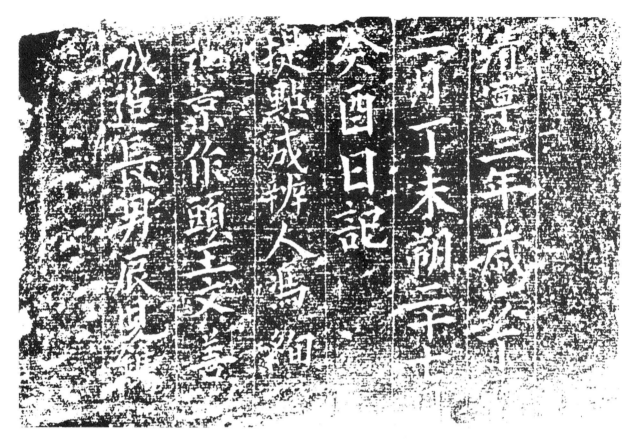

清凉寺石幢题记拓本

清凉寺石幢题记录文

幢石在北京市房山区窦店镇，幢八面体，各面浮雕佛像，刻有经文。题记刻于塔幢底座，铭石宽23厘米，高15厘米，正书，6行，行间有界格，竖刻，凡42字。今据拓本录文。

大康元年经幢 大康元年

大康元年经幢记录文

幢石立于辽大康元年（1075 年）。幢通高 200 厘米，为汉白玉石质，八角直楞形，下部须弥座，顶部为双层伞状幢盖，八面施刻，先经后记。记文 9 行，行 31 字，经为《尊胜陀罗尼经》。此幢是为纪念示寂于当年三月的律宗高僧法均大师而建。现存于北京市门头沟区戒台寺戒坛院山门外，今据《辽代石刻文编》转录记文。

大康元年经幢

佛顶尊胜陀罗尼幢　大康二年

佛顶尊胜陀罗尼幢记拓本

幢石立于辽代大康二年（1076年）。该幢高200厘米，为汉白玉石质，八角直楞形。一面题记，七面刻《佛顶尊胜陀罗尼经》，正书，竖刻，文字漫漶残泐，不可通读。现存于北京市房山区云居寺。

今据拓本可辨识题记文字为："佛顶尊胜陀罗尼幢记　　夫薄伽梵有大慈悲（下泐）"。

"（上泐）郡周王氏□河阴县主簿王德□之孙女也自襁褓间□□怙持（下缺）直书大辽纪□大康二年岁次丙辰（下泐）"。

佛顶尊胜陀罗尼幢

大康二年茔幢记　大康二年

大康二年茔幢

幢石位于北京市大兴区黄村火神庙内，仅存幢身。汉白玉石质，幢身上下两端均有断失，残高 165 厘米，八楞体，自上至下略呈收分，计八面，宽面宽 19 厘米，窄面 11 厘米。六面满刻《广大圆满无碍大悲心陀罗尼经》，其余两面刻题记，题记为楷书、竖刻，共存近 1400 字。书风近柳公权体，端整健劲。经文字径 3 厘米，题记字径 1.5 厘米，因剥蚀磨泐，部分文字已漫漶难辨。题记首行题"□□四代二亲特建陀罗尼之幢"，记文述燕京某家族祖茔原于辽景宗乾亨三年（981 年）"葬于丙地"，其后辈又于辽道宗大康二年（1076 年）七月迁葬于"壬位"的经过。今据拓本录题记。

大康二年茔幢记拓本

□四代二親特建陀羅尼之幢

燕京夫母款講經律論沙門□然□建□□□□

□□既有生法應遺□法或無旧人曷以慧是或遇現未時己今當佛異口演陀隣尼呪同心扶薩恒嚩倫或生前自諷於齒口言心念或歿後他鑄於玉石影落塵滉或能雙弭於

□□可全□□延性□□父母圓寂官前為啓通真之塔極淪之急莫此為先日信之流崇兹若衆愚宿聆矣故今夕効之恭惟□我高祖廣平人□公諱定辛高祖母瑯

□□性成用幾□□年顧名利無希稚諦寶是重尼曾祖清信世諱福興曾祖母洁氏行守五常名彰四德信官敬圓崇於三寶孝慈普治於二親 德徽皆自觀慈顔

□□祖母王氏□□拾□善事□隨懷慈孝之情深施惠人之道廣皇考諱守用呈泚弘農楊氏行守五常名彰四德信官敬圓崇可□讀於千部□靈屍不朽於

□□孝種資也己萌報德行苗心田不秀常在俗也□徵問奉於盲甘□不能効王祥之卧淩亚宗之泣笋及入道來德寞莫鋤於苦恓又不能効 釋迦之昇天目連之觀

□□匣□□三客之底助四代二親之力若罪根已植願速拔拔於罪根或德本未致願典增興德本建幢止在於二處願一切處處皆有此幢集福元為於九人願一切人盡承

(上沨) □皆然既一期已興願長刼不泯□維大康二年歲次丙辰七月甲申朔二十六日己酉庚時建 同建俗兄従志怡□建姪鄉貢進士惟成 和尚奴 三哥 孫栲栳呪

(上沨) □家姑姑 □阿妹劉郎婦 妹張郎婦 阿嫂□ 趙氏郭氏苑氏姪女崔郎婦孫郎婦許郎婦王郎婦小姐孫女大姐金枝 親房□ 徒壽徒秘

(上沨) 德堂弟従従式堂姪堆清堆約亡佰諱守均亡叔守傀亡兄判官従化 歿故劉家姑姑孫家姑姑亡妹范郎婦扈郎婦康郎婦

(上沨) 輩没故堂伯諱守榮守凝守寧没故堂兄従善及従戀従友

自乾亨三年上祖先葬於丙地至大康二年後重葬於壬位記

大康二年莹幢记录文

大康三年经幢记

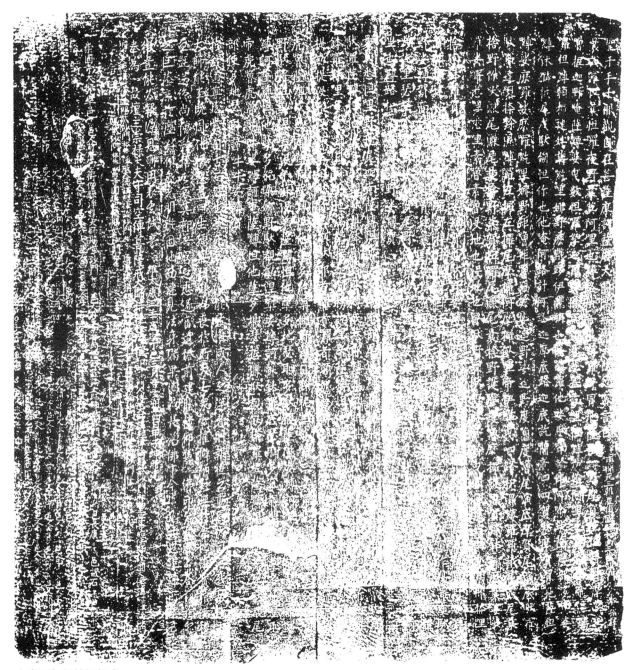

大康三年经幢记拓本

经幢在北京市门头沟区戒台寺戒坛院山门外，立于辽大康三年（1077 年）。幢通高近 200 厘米，为汉白玉石质、八角直楞形。前经后记，记首题"奉为故坛主崇禄大夫守司空传菩萨戒大师特建法幢记"。经文正书，记为行书，八面刻。第 1、3、5 面，各 5 行；第 2、4、6 面，各 4 行，以上共 27 行，行皆 37 字。第 7、8 面，一为 8 行，一为 5 行，此二面刻沙门及邑人姓名。铭文泐磨过甚，漫漶不清。记正书，今据拓本并参照《辽代石刻文编》录题记。

於戲道尊德貴自古而然生榮死哀非□能致惟感人之深者則報禮之重焉伏自我故壇主

大師能事既周化緣忽盡四生孺慕號咷如喪於所天七眾心摧擗踴疑無於厚地雖寶棺備禮

白氎送終尚增難捨之哀莫抑無窮之戀遂當遺塔前建勝幢仰憑佛印之大威上答慈雲

之巨蔭庶茲塵影俱變光明嚴因地而速見法身滿果海而長為佛事今德滋等共思追遠所集至

微豈能必報深恩聊用表至誠意 維大康三年歲次丁巳三月辛亥朔十四日甲子坤時建

奉為 故壇主崇祿大夫守司空傅菩薩戒大師特建法幢記 門人傳戒大師講經律論賜紫沙門裕經三學寺經法師詮圓大德講經律論沙門裕貴

□□大德講經律論賜紫沙門裕林淨戒大德講經律論沙門裕文通淨大德講經律論

賜紫沙門裕仁講經律論沙門裕和

業論沙門裕淨裕正裕祥裕諦裕世裕顯裕轉裕振裕權裕□裕徵

寺主□大德講經律論賜紫沙門裕依當寺圓通大德賜紫沙門裕住

崇國寺大兜率邑□邑人前管內左街僧錄淨慧大師賜紫沙門裕方 邑人前東京管內僧錄詮論大師賜紫沙門裕企邑人提點張□恒邑長康德從邑證石王邑錄邢文正

書幢文人三司書表康□以下列邑人姓名一百餘人從略

大康三年经幢记录文

大康八年经幢 大康八年

大康八年经幢拓本

幢石立于辽大康八年（1082 年）十二月七日。只存幢身，残高约 60 厘米，为汉白玉石质，八角直楞形。满刻经文，汉文正书，残泐严重，磨灭殆尽。现存于北京市密云区文物管理所。

今据拓本可辨识题记文字仅为："大康八年十二月七日□□□□"。

大安六年经幢　大安六年

大安六年经幢

幢石立于辽大安六年（1090年）。现只存
幢身，幢身高160厘米，为汉白玉石质，
八角直楞形。汉文正书，书法俊秀。两面
题记，其余六面镌刻经文，经文首题："千
手千眼观自在菩萨摩诃□□□□满无碍大
悲心陀罗尼日"。文字多有损泐。

现存北京市大兴区礼贤镇清真寺内，题记
文字约略可识，今据拓本录文。

大安六年经幢记拓本

大遼□□□□□□□□□□□□□记　　寶集寺沙門□

夫□陁羅尼最尊嚴勝若書寫其文凡塵霑影覆皆得生天且師哲為人之子罔不敬而信之□命

□□□□□□□□高以□之立於　里大□□之傍以為銘薦之祐又因而實錄其事　其公諱頡生而迥異長而好

□□□□以舉明經□第□□在位布職允彰廉幹之能佐國澤民妙盡公勤之道所持課限以大

□□□□大康七年五月二十五日不祿於寶與銀冶享年五十三大安六年四月內葬於燕京析津縣崇禮鄉□

□□□□□之祀也□□建法幢方顯去靈之美示其來裔之人而垂不朽者哉

(上泒)寶集寺□志鮮師□妻馬氏故長女崔□□次故女□秀才妻　次女張郎中娘子　次故女張郎婦

(上泒)次孫出家於寶集寺習經沙門思卉　次孫氏儒□□孫寶儒　故女張郎婦　次女潘郎婦　次孫女定□

(上泒)大耶耶□新□李氏　二耶耶諱卯□王氏　三耶耶尚書諱信　孃孃李氏　五耶耶諱寧　孃孃劉氏

(上泒)次男出家寶集寺沙門□慈大德方惠　次男五常　妻李氏　次男出家崇孝寺持念沙門法式　故長□□□

□月十八日□□□□□□僧盡未□際子孫行香

(上泒)癸未□月小辛□朔十四日甲午甲時初□□庚時□建

大安六年经幢记录文

六聘山天开寺忏悔上人坟塔记　大安六年

六聘山天开寺忏悔上人坟塔记拓本

幢石在北京市房山区上方山兜率寺塔院内，立于大安六年（1090年）。石高49.5厘米，宽69.5厘米，记文29行，行16—19字不等。楷书竖刻，书法略带行书笔意，端丽秀逸。王虚中撰文，贾溉书丹，邵师儒刊石。按王虚中即王鼎，是有辽一代赫赫有名的大文人。忏悔上人，即辽代中期著名的佛教大师曹守常，他是净修沙门的代表，在辽代佛教史上有重要影响。此塔记收录于多种史籍。今据拓本录文。

六聘山天開寺懺悔上人墳塔記

朝議大夫乾文閣直學士知制誥賜紫金魚袋王虛中撰

噫古之葬者弗封樹慮其傷心若掩骼埋胔之類

欲人之弗得見也而後世樸散轉加乎文遂有貴

賤丘壙高厚之制及　佛教來又變其飭終歸全

之道皆從火化使中國送往一類燒羌至收餘爐

為浮圖令人瞻仰不復顧歸土及泉之義世以為

然自非高道孰克相宜我

懺悔上人終獲是禮斯無媿焉　　上人諱守常

曹姓易縣新安府人也幼習儒業早善聲明口授

諸生處處為師匠年十七便厭世累禮六聘山鐵

頭陁為師十九受具就學無方所向迎刃始講名

數稅金吼石等論次開雜花經洎大乘起信等論

前後出却學徒數十人兼放菩薩戒壇十餘次所

度白黑四衆二十餘萬住持本山三十年倡導外

日誦大悲心呪以為恒課方與　佛宮長為法匠

無何以咸雍六年正月二十一日遷化於上方棲

神之所春秋六十一夏臘四十二而最後頂煖其容

如生即以其次月九日具天竺茶毗之儀而送之

焉薪盡骰灰外戒珠如流至有掘地所求亦廣非

夫性純與世縣解者曷由底其然邪旋以其年三

月望日塔其骨於上方本院之坤隅大安六年三

月十五日其受法俗弟子王至温始議述其遺躅託

予文而誌之以告於後嗚呼唱高和寡所　繼者

無多處在人亡其悲者有幾今室還没草骨已為

六聘山天开寺忏悔上人坟塔记录文

再建佛顶尊胜陀罗尼经幢记　大安八年

再建佛顶尊胜陀罗尼经幢

再建佛顶尊胜陀罗尼经幢拓本

幢石辽大安八年（1092年）重建。幢身高约140厘米，为青石质，八角直楞形。幢六面满刻佛顶尊胜陀罗尼经文，两面题记。正书，字体端丽，竖书37行，每行23—78字不等，计984字。张纶撰，沙门法忍等建。题记记述了再次刊立《佛顶尊胜陀罗尼经》的过程。现存于北京市密云图书馆碑林，今据拓本录文。

再建佛頂尊勝陁羅尼確記文　布衣張　繪　撰　中京廣嚴寺業經□門（下泐）

昔大雄氏以慈悲力應衆生根器説方便法門寄於文字假以形相垂其教誘其人□之
而趙善遠罪也大抵建幢造像是其蘊乎今當寺首座沙門法忍等内傳其心外□其形節
衣孟之費化喜捨之財因其故跡再修建如如信功德幢二坐對峙於□□□□□之前
上刻佛儀次安釋侣化塔旁峙欄楯環遠鐫梵本般若羅密多心經弗□□□陀羅尼神
呪以示密法之流通衆俗之所歸仰也寄影以滅罪資塵而蒙益導迷路之指南鎮福
田而玉北若然者四維上下虛空可思量不可思量耶我幢之功惠亦復如是覩幢之
相者不可以膠扵相悟幢之空者不可以住其空盖知空即是色即是空今以文字之□
假記幢之妄假莘又何感焉因誌扵石以示衆者
大安八年九月辛巳朔二十五日甲時重建

再建佛顶尊胜陀罗尼经幢记录文

琬公大师塔铭　大安九年

琬公大师塔铭拓本

琬公大师塔幢录文

琬公大師塔銘

燕京延洪寺講經論沙門　善雍　當寺校勘石經之次錄　書

自隋大業中有智泉寺靜琬法師始發心創石經以虞法滅唐貞觀
五年涅盤經成不日一十二部經就遂於白帶山頂石室中藏之兼
外以鐵錮其戶矣師貞觀十三年卒以其法寶未就故師靈骨未得
瘞焉至大遼大安初雲居寺東峯頂無故忽有異人呼寺僧指云此
山有先師舍利汝盍開焉如是三其僧方集衆于所指地開之遂
於石內獲師靈柩儼有鈎鎖之狀至大安九年春首有
通理大師觀彼勝迹因繼其功乃放大乘十善戒度徒數十萬襯利
頗多續經之暇遂締構貞珉以為浮圖一所舉高二丈餘於寺之壬
以理葬焉其餘事迹具在冥報記中夫積善於世乃垂譽於千祀師
之令名傳于万古俾為實錄無愧于辭謹為銘曰
師之生也　家顯國昌　師之動也　為福為祥　與善與樂
濟苦除殃　鐫經密錮　備法摧殘　未滿其志　俄歸逝水
黯黯風煙　蕭蕭雲氣　刻貞珉兮記其銘　俾懿德兮光万祀
維大遼大安九祀龍集昭陽作噩月吕應鍾乙巳朔二十九日癸酉丙時瘞

　　幢石原立于北京市房山区云居寺附近的水头村，1976年迁云居寺内药师殿前，1996年又移至云居寺藏经地宫之后。塔为八角三层密檐经幢式，通高600厘米，汉白玉石质，方形须弥座，底座雕双层莲花。幢身为八棱柱体，上承石雕仿木结构3层翘角塔檐，檐间雕素花纹饰。幢身之一面镌塔铭，塔铭石高70厘米、宽40厘米。楷书，竖刻16行，满行26字，字径1.6厘米，共存366字。首题"琬公大师塔铭"，沙门善雍撰文、书丹。据志文记述，此塔幢是辽代著名高僧通理大师为云居寺开山祖师高僧静琬所建。静琬于隋大业年间在白带山开创刻造佛经事业，唐贞观十三年（639年）圆寂时，事业未就，灵骨未葬，直到辽末大安九年（1093年）才建塔瘞之。铭文从一个侧面记录了房山石经刻造的过程，在我国佛学史上文献价值甚高。此志文书法端丽秀劲，语言简约概括，为辽代晚期石刻中的精品。今据拓本录文。

琬公大师塔幢

佛顶尊胜陀罗尼幢　乾统四年

佛顶尊胜陀罗尼幢

佛顶尊胜陀罗尼幢拓本

幢石立于辽天祚帝乾统四年（1104 年）。现只存幢身，幢身高 78 厘米，直径 35 厘米，为汉白玉石质、八角直楞形。一面为题记，七面刻《佛顶尊胜陀罗尼经》，正书，竖刻 24 行，上下两端刻卷草纹饰。文字泐蚀不清。

今据拓本可辨识题记文字为："（上缺）沙门道冲□□□新建石塔壹所。母俗姓王氏，年至不回，知薤露之能几（下缺）于空门礼宿县尼赵大姑为师，训名妙善。至年九十有二，因有厥（下缺）僧起消□道场一宿。母许至旦极困，命僧念佛之次，合掌而终焉。□□□□妻马氏□□□出家经杰德□乾统四年三月廿七日立。"现存于北京市房山区文物管理所。

广大圆满无碍大悲心陀罗尼幢　乾统五年

广大圆满无碍大悲心陀罗尼幢

广大圆满无碍大悲心陀罗尼幢拓本

幢石立于辽乾统五年（1105年）。只存幢身，高约150厘米，为汉白玉石质，八角直楞形。正书，上下两端饰卷草纹，八面刻《广大圆满无碍大悲心陀罗尼经》，竖刻楷书23行，每行13—41字不等，计存625字。第八面下半部镌刻题记，现多漫漶不清。据题记可知此系张守宁一家为其亡故先祖所建。现存于北京市顺义区文物管理所。

今据拓本可辨识首题及题记文字为："大兴善寺三藏沙门不空奉诏译"。

"石匠蓟州陈师彦　　当村张　凡书"。

"奉为亡过先灵特建大悲心宝幢　出家男讲经沙门未该建"。

"祖翁失名亡考张守宁母魏氏兄士安妻王氏弟士其妻王氏敬文"。

"女药哥见在妊等敬仙敬祥魏哥刘儿悉妇等郝氏王氏孙氏杨氏"。

"墙哥贵哥　维乾统五年岁次乙酉三月朔日戊戌廿四日癸时建十刘"。

法华上人卫奉均灵塔记　乾统七年

法华上人卫奉均灵塔幢

幢石建于辽乾统七年（1107 年），为八角直楞幢，汉白玉石质，只存幢身。幢身高 27.5 厘米，七面经文，一面题记，上下两端线刻卷草纹，铭文上部泐甚。法华上人俗名卫奉均，析津（辽南京，今北京）人，卒于天祚帝乾统六年（1106 年）十一月，享年 52 岁。次年二月建此塔幢。塔铭先经后记，正书，经文汉、梵相间，竖刻，总计 48 行，经文首题"佛顶尊胜陀罗尼曰唐梵本　罽宾沙门　佛陀波利奉诏译"。第 1 行至 39 行每行 25—21 字不等，后 8 行每行 50—38 字不等，全石共存汉字 818 字、梵文 365 字。现存于北京市大兴区火神庙内。今对照拓本录塔记。

法华上人卫奉均灵塔幢拓本

□部□□□□□□□塔記

弟子四人之誦法□經智□智念智瑩智鮮

音□□□□所若□□是潮宗之永年光如箭誰為不死之人然斯法華上人諱奉均俗姓衛氏本析

津人也年方竹馬□□斑積離妻之明業崇鬼谷之術而又厭淤浮華心祈正覺誓沃火宅之炎乃昧青蓮之偈俄

□□□緣若鴻從戒之便乃落彩辭親弱冠受具自是神宴村藍積誦為志始於法華爰及報恩□生藥師菩薩

戒□經□歷旋還日復□年三十已競石火難留風燈孰保轉以榮勵功加倍上於歲落風寒雪凝烈地經韻彌清夏殘暑

□□□嚴酷梵音轉雅落□浮世勞役幼軀不替幼心僅五十餘年常以是懷校其蓮部可得二万不啻其餘經詰不獲計

□侍□乾統六祀十一月九日昏時奄化於本院平生七十有一夏臘五十有二捨壽之後貞應祥集天靈燠燸將昇九品之花火

蒸白蓮之舌晶瑩寒灰之下烟浮戒定之身香絕不以□心氣而更天垂五色雲繳長空夕散之後霏微冥滅有出家弟傷

樹之同号榮枯□□□靈源之□浮沉波□仍□衣□樹是石塔旌其茂德垂之不朽云尔維乾統七年二月廿七日巽時

法华上人卫奉均灵塔记录文

佛顶尊胜陀罗尼幢 乾统八年

佛顶尊胜陀罗尼幢

幢石立于辽乾统八年（1108年）。只存幢身，幢身高150厘米，为汉白玉石质，八角直楞形。七面满刻经文，汉文梵文相间，全幢磨蚀严重，上半部文字漫漶不可辨识。现存于北京市大兴区礼贤镇清真寺内。

今据拓本可辨识题记文字为："维乾统八年岁次戊□□月□□一十四日庚子甲时建"。

佛顶尊胜陀罗尼幢拓本

李从善幢　乾统九年

李从善幢

李从善幢拓本

幢石原立于北京市房山区石窝镇天开村，立于乾统九年（1109年）五月。只存幢身，幢身高约60厘米，为汉白玉石质，八角直楞形。上下两端镌饰宝相花纹，正书竖刻，六面刻经，两面题记。题记首刻："大辽国燕京良乡县刘李村李阿牛奉为亡夫李从善特建石匣并塔一座"。据此可知，还应有石函一个与塔幢在一起。幢现存于北京市房山区文物管理所。

今据拓本可辨识题记文字为："大辽国燕京良乡县刘李村李阿牛奉为亡夫李从善特建石匣并塔一座　　长男驴粪　　次男廿一猪□乾统九年五月□日"。

唐梵佛顶尊胜陀罗尼经幢记　乾统九年

唐梵佛顶尊胜陀罗尼经幢

幢石现存于北京市大兴区芦城镇东芦城村，立于辽天祚帝乾统九年（1109年）。只存幢身，幢身高80厘米，为汉白玉石质，八角直楞形。六面刻《佛顶尊胜陀罗尼经及真言》，汉文、梵文相间，首题"唐梵佛顶尊胜陀罗尼日"，两面刻题记，文字上部饰卷草纹，下饰云纹。此幢是尼志惠为其师法止所建，题记述其师生平、籍贯。拓本（2003年捶拓）藏北京考古遗址博物馆。题记约430字，正书，端正秀丽。今据拓本录文。

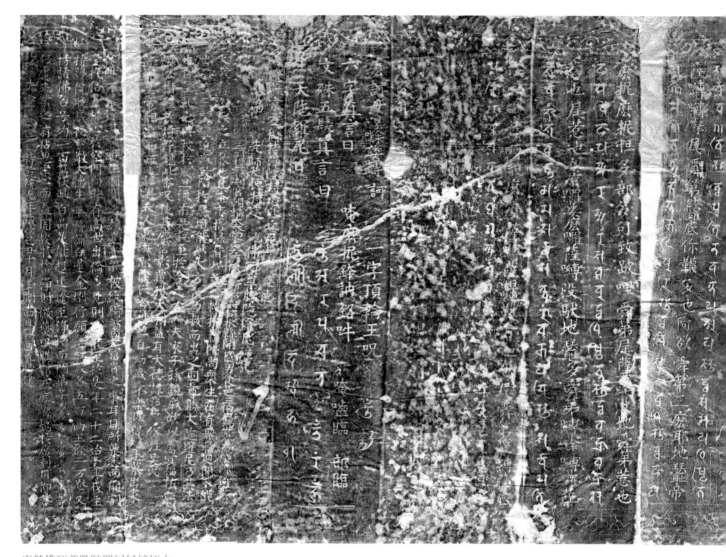

唐梵佛顶尊胜陀罗尼经幢拓本

遼燕京左街持淨院持□比丘尼比□志惠

奉為　先師大德特建　佛頂尊勝陁羅尼幢記

三司監鐵判官朝請大夫尚書左司郎中守□州□水縣開國男食邑三伯戶賜紫金魚袋陳□撰

大哉釋迦氏之立教也其本末指歸皆以慈□救扣為所尚眾生在有眾輪廻間未能

出此□三業纏迫或致陷於惡境能以大方□力救而出之則尊勝大陁羅尼乃其法

也曰竺軋之典被於震旦流布是說至於今之士大夫家子孫親戚欲以薦冥福祐亡

□必樹幢于墳所鑴此密呪使其塵霑影覆獲大利益耳大德諱法止俗姓吳氏

道宗皇帝朝參知政事諱湛夫人東海郡徐氏考姓也自幼歲不樂髪留矢志慕出家

父母不能適其□意生閥閱之族享膏梁被納綺繁華富貴之事耳目所熟悉而能割

捨扵俗□歸心扵空門向非有高世出倫□見則□能至扵是年二十二始受具戒主

持淨院晚歲授慈敬大德生平讀誦白蓮金剛行願等經數各五百高王經二萬卷又

持諸佛名号約一百萬伏此白品足能超迷途至淨地而門弟子志惠志忍志廣志淵志□等

仍慮先業之有玷思孝心而益周故特捨淨財徵鑗珉購郢匠庶潛鳩於廣利用仰荅

於　先靈

時乾統九年歲次己丑十月壬朔十四日□酉乙時建

唐梵佛頂尊勝陀羅尼經幢記錄文

故慈智大德佛顶尊胜大悲陀罗尼幢记　寿昌五年

故慈智大德佛顶尊胜大悲陀罗尼幢记拓本

幢石立于辽寿昌五年（1099 年）四月十三日，通高 252 厘米，为汉白玉石质，幢身八角直楞形。七面均刻有汉文和梵文相间的经文，一面竖刻楷书题记，字多漫漶不清。此幢为纪念辽代高僧慈智而立，僧德麟正书。幢石现立于北京市西城区陶然亭慈悲庵文昌阁前。今据拓本并参照《辽代石刻文编》录题记。

講律論比丘德麟書

燕京大憫忠寺□慈智大德□師諱惟脈俗姓魏氏溮陰田陽人也卅歲禮憫忠寺守净上人落髮誦白蓮經遇恩得度師志在雜花行依四分其他典論有□力通後因遊方

止於上都別創精藍挂錫而住大安九年會門人覺智大師詔赴闕廷因遠觀聽乃特賜紫衣慈智之號壽昌四年三月九日因疾奄化於臨燕講院至五年四月十三日葬于京

東先師塋側師行也以精進心□不退輪以勇健力搗無畏皷講說群經□□□□讀雜花當一百遍儀範所攝惠用所誘貴高憎慢罔不欽伏其威重如是心行禪身持律起居動

息皆有常節雖冱寒隆暑風雨黑夜禮佛誦經手不釋卷四十餘年凡十二時未嘗闕一其精進如是師既疾亟四大將壞無戀着念無厭離想門弟子饋藥數四師報之雲色身終壞

烏用是為言訖怡然就化其了悟如是臨終之日暴風忽起晝如暗夜對面莫觀洎師仙逝倏然乃止門人仰師之德感師之恩瘞靈骨於其下樹密幢於其上欲存不朽以示將來

時壽昌五年歲次己卯四月十三日乙時建門人管内左街僧録判官覺智大師賜紫沙門文傑門人參元沙門文偉法孫五人圓心圓同圓成圓翌圓欽

故慈智大德佛頂尊勝大悲陀罗尼幢记录文

忏悔正慧大师遗行塔记　天庆六年

忏悔正慧大师遗行塔记拓本

幢塔建立于辽天庆六年（1116年）。汉白玉石质，通高600厘米，八角五级密檐石塔，基座分上中下3层，两重须弥座，上承石雕仰莲，束腰浮雕狮子头图案。塔身八角直楞形，正面楷书竖刻"奉为先师大师特建佛顶尊胜密言灵塔"16字，字径5厘米，下为浅浮雕双扇假门，中间阴刻双钩梵文2字，周饰回文和莲纹。其余四面刻《佛顶尊胜陀罗尼经》，竖刻楷书，字径4厘米，三面刻塔记，述辽代晚期高僧正慧大师行实。记文首题"大辽国燕京永泰寺崇禄大夫检校太尉传菩萨戒忏悔正慧大师遗行灵塔记"，撰文、书丹、刊石者失记。幢塔位于北京市房山区张坊镇张坊小学校院内，现铭文多漫漶难辨，今据拓本参照陈述先生《全辽文》及向南《辽代石刻文编》录文。

忏悔正慧大师遗行塔

大遼國燕京永泰寺崇祿大夫檢校太尉傳菩薩戒懺悔正慧大師遺行靈塔記

憶自古前賢凡有德者過世已後蓋採貞珉造于幢塔置在　先塋上□□佛頂尊勝陀羅尼用薦

去靈幽冥之福祐及標遺行以授後人或子或孫逐祼依時具禮備于珍饌何□召祐今人求□久

降赴然後被讀斯文足知我先人所附名品高位万代仍存而為眼□如茲今□立之道□奉行

以我建塔之主沙門善隱及迴礼門資講經論前都網□□□沙門善仙及張□豪民□

師貢士衡李智祥□張七郎等可以順天子之高懷契□如來之聖意者實其人也□以有

生天本師大師者俗姓齊氏本永清縣永□里齊公之季男也自為幼童天分靈異不為髻髮爾後

厭居俗室志樂空門出家礼燕京天王寺三藏為師遇恩受具以後四□□未及行□

律論迴出人間大傳于世自後迴礼永泰寺□守司徒疏主大師為師□試經受具受　宣十□□

京為三學經主因此　宣賜到紫衣未久之間奉敕為爽京□僧録可謂人天眼目昏夜慈燈

為三界之導師佈八方之化主普設義壇所度之衆數過九百餘万遍濟貧人約二十餘億

兩朝懺主二帝仁師名震四方德彰八表所至之處自然而有香花燈燭音樂螺鈸上妙供養每不

求而至我師享年七十有五猶居聖水岩静止是歲冬三月因有請命放疫所至于本村云　天慶

六季正月二十六日忽于禪室内現霞光七道大師自見□天帝釋并諸聖衆同共來迎□是夜更

乃順世無常□緣終示化此際地踊愁雲天垂□慘霧嗚呼哀哉三界無依四生何托痛法山而傾

傾倒念法海以楛竭可憐智炬潛輝禪燈泯照于是□遼國七衆凡但聞者皆如喪考至後二月二

十八日備茶毗之則廣積香檀幡蓋殯送之衆數過百万當期天降五色祥雲地踊四色蓮花未及火

先師之德特命良工造成石塔壹坐上下十五層高伍二十尺去張坊院内乾位於天慶六季四月二

滅舍利盈空衆皆收供大師靈骨分於七處各與妙迨今數月憶念猶存別加薦葬之誠用報

十七日丙時具禮掩建　是塔如天上化來似地中踊出士衆有願準定十年三月三日同備上妙供

養供塔縱地久天長猶增光于遺行任陵遷谷變永不泯於芳名者哉

先師門資　王泉大師大師　传戒善傑法師善悟法師□□法師善稱法師善□大師善季法師善□□善余法師善化法師法孫

圓實妙教奴　宝林奴　張坊院大衆　沙門□□法師　沙門□□　大師善□

沙門志誦　沙門志蘊沙門志隱沙門善詮沙門善□□沙門□□□　沙門志澄　沙門志□

孟氏　郭氏　大五孃孃母　阿王阿軒妻□阿（下泐）

沙門□　沙門□　沙門□　沙門志净　沙門志新　沙門志深　沙門志圓

沙門智澄　沙門志□　大翁□庞氏界□□氏

使□□□□□□□□□

忏悔正慧大师遗行塔记录文

云居寺续秘藏石经塔记 天庆八年

幢塔立于北京市房山区云居寺内，建于辽天庆八年（1118 年）五月十七日。幢为八角密檐幢塔，通高 500 厘米，幢身高约 110 厘米，周长 167 厘米，为汉白玉石质，八面，每面宽 29—30 厘米不等。幢身竖刻《大辽涿州涿鹿山云居寺续秘藏石经塔记》。计 47 行，每行 34—44 字不等，僧志才撰文、志德刊石，燕台沙门惟和书丹。书法楷书中带有行书笔意，结体灵动，秀美多姿。文中记载了辽圣宗、兴宗、道宗诸帝赐钱刻经及通理大师刻经的史实和所刻经文的详细目录。多种史籍对此塔幢均有记述或著录。今据拓本对录记文。

云居寺续秘藏石经幢塔

云居寺续秘藏石经塔记拓本

大遼涿州鹿山雲居寺續秘藏石經塔記

卹題沙門志才撰

苦之碑者册示為之乃葬祭饗聘之際所植一大木而久也後人銘
劬其上不忍棄之自秦漢已降生而有劬德政事者亦碑之彼圓不朽易之汸石雖失其
本緣來曰亦可壽焉意秦焚書後聖人經典多刻貞石宗類碑而巳矣且浮圖
教衆曰西圓梵文具業此譯華言盡之盡竹帛或邪見而毀滅或漂水而漂蕩或兵火為

焚炎或腐久而蠹爛執更印度求請興由是敗壞理隱行以果蜜群上疊嘉靈陌苦逼寶
固悉夫偉有隋沙門靜琬深憫此事屬志發願恠大業牵中至涿鹿山以大藏經刻於
貞珉藏諸山實不終局擁化門人導公儀公遷公法公師資相踵五代造運次
大遠霅公法師奏聞聖宗皇帝賜普慶壇利錢續而又造次
興宗皇帝賜錢又造相國楊公遵勗梁公穎奏
聞道宗皇帝賜錢造經四十七秩

重熙上石共計一百八十七帙巳曆東峯七石室內見今大藏仍未及半有放上人
道埋大師緇林秀出名實俱高敎風一扇草偃八宏其餘德業具載齊本寺遺行碑中
師因遊玆山寓宿石經未圓有續造之念興無緣慈為不請友至大安九秊四月
一日遂於玆寺開放藏僧仕庶道俗入山受戒巳以㲉知海會之衆就敢許之師之化緣
寛亦次之方盡暮春始得終罷所獲施錢乃萬餘緡繼付門人見石街僧錄通慧圓照大師

善定校勘刻石名類郎板校特畫俱用解經雨紙至大安十年錢巳皆畫於碑四千
八十亭經四十四帙題名目錄且列處左知浚代誰更繼之又有門人講經沙門善銳
念先師遺風不解繼或有疲倦遂真定師勤議募因至天慶七秊於寺
內西南隅穿地約九尋道宗皇帝所辦石矬大碑一百八十亭通埋大師所辦石經
小碑四十八十亭皆藏窆也窆之內上葬慧沏頫建石塔一坐刻銘興記知經所往皆蘇

卷十善業道經一卷聖一帙皁　大智度論一百卷十帙　德建名立形端表正空谷　十地經論十二卷傳

一帙　彌勒菩薩所問經論五卷大乘寶積經論四卷實罍菩薩四法經論一卷聲一帙　佛地經論七卷金

剛般　若論二卷虛一帙　金剛般若波羅密經破取著不壞假名論二卷文殊師利菩薩問菩提經論二

卷堂　勝思惟梵天所問經論四卷涅盤論一卷涅盤經本有今無偈論一卷三具足

經論一卷無量壽經論一卷轉法輪經論一卷習一帙　瑜珈師地論釋一卷顯揚聖教經論一卷遺教經論一卷王法正理論一卷大乘

慶尺　顯揚聖教論二十卷壁非二帙　瑜珈師地論一百卷十帙　聽禍因惡積福緣善

阿毗遠磨集論七卷寶一帙　大乘阿毗遠磨雜集論十六卷中論四卷寸陰一帙　般若燈論釋十五卷十

乘起信論一卷寶行王正論一卷命一帙　摩訶衍論十卷寧一帙　大乘本生心地觀經八卷壁一帙　大乘

理趣六婆羅密經十卷杜一帙　道宗皇帝所辦石經大碑一百八十斤　十住斷結經碑五斤

花手經碑二十五片斤　佛名經碑二十斤　大威德陀羅尼經碑二十八斤　摩訶摩耶經碑一斤　菩

二門論一卷十八空論一卷百論二卷廣百論本一卷是競二帙　大乘廣百論釋論十卷資一帙　成唯識論

薩瓔珞經碑十一斤　大法炬陀羅尼經碑三十斤　五千五百佛名經碑十三斤　不空羂索神

變真言經碑七斤　賢劫經碑十八斤　入法界體經碑一斤　須真太子經碑一斤　佛說德護長

者經碑二斤　超日明三昧經碑五斤　佛說浴像功德經碑一斤　未曾有因緣經碑二斤　不思議

功德諸佛所護念經碑三斤　佛說成具光明定意經碑一斤　佛說妙法決定業障經碑一斤　佛說

寶網經碑一斤　過去莊嚴劫千佛名經碑一斤　未來星宿劫千佛名經碑一斤　見在賢劫千佛名

經碑二斤　天慶八年戊戌朔五月戊午十七日戊戌甲寅時建　燕臺沙門　惟和　書

夫見古之墓壙得銘石者其石溫潤其字分朗今經碑穿地穴秘藏者取久固不毀者也　沙門　志德　鐫

當寺首座沙門　志珂　寺主講論沙門　志憼　尚座講經沙門　善相　都和講經沙門　志興

云居寺续秘藏石经塔记录文

大遼涿州涿鹿山雲居寺續秘藏石經塔記　燕題沙門　志才　撰

古之碑者用木為之乃葬祭饗聘之際所植一大木而

切其上不忍去之自秦漢已降生而有功德政事者亦碑之欲圖不朽易之以石雖失其

本從來所尚不可廢焉噫秦焚書後聖人經典多刻貞石亦類碑而已矣且

教來自西國梵文貝葉此譯華言盡　　書竹帛或邪見而毀滅或瀑水而漂溺或兵火而　浮圖經

焚爇或時久而蟲爛孰更印度求請與由是教壞理隱行凶果喪群生蠢蠢陷苦途實

可悲夫　　有隋沙門靜琬深慮此事屬志發願於大業季中至涿鹿山以大藏經刻於

貞珉藏諸山實大願不終而掩化門人導公儀公暹公法公師資相踵五代造經亦未滿

師願至　　大遼雷公法師奏　　聞聖宗皇帝賜錢續壇利錢續而又造次

興宗皇帝賜錢又造相國楊公遵勖梁公穎奏　　聞道宗皇帝賜錢造經四十七帙

通前上石共計一百八十七帙已厯東峯七石室內見今大藏仍未及半有　　故上人

通理大師緇林秀出名實俱高教風一扇草偃八宏其餘德業具載寶峯本寺遺行碑中

師因游兹山寓宿其寺嘅石經未圓有續造之念興無緣慈為不請友至大安九季正月

一日遂於兹寺開放戒壇仕庶道俗入山受戒巨以數知海會之眾孰敢評之師之化緣

寔亦次之方盡暮春始得終罷所獲施錢乃萬餘鋌付門人見右街僧錄通慧圓照大師

善定校勘刻石名類印板背面俱用鐫經兩紙至大安十年錢已費盡且權止碑四千

八十帙經四十四帙題名目錄具列如左未知後代誰果繼之又有門人講經沙門善銳

念　　先師遺風不能續扇經碑未藏或有殘壞遂與定師共議募功至天慶七年扵寺

內西南隅穿地為穴　　道宗皇帝所辦石經大碑一百八十帙通理大師所辦石經

小碑四千八十帙經四十四帙　　大佛頂如來密因修證了義諸菩薩萬行首楞嚴

經十卷詩一帙菩薩地持經十卷賢一帙菩薩善戒經九卷淨業障經一卷剎一帙優婆塞戒經七卷

手大才今命余作記　　合抱蹩閣筆奈是蠢緣勉而直書

通理大師所辦石經小碑四千八十帙經四十四帙　　大佛頂如來密因修證了義諸菩薩萬行首楞嚴

州重玄寺法華院石壁經請白樂天撰碑有水火不能燒漂風日不能搖消等文乃國

梵綱經二卷受十□戒經一卷念一帙菩薩瓔珞本業經二卷佛藏經四卷菩薩善戒經一卷作一帙菩

天庆九年幢 天庆九年

天庆九年幢

幢石建于辽天庆九年（1119年）。现只存幢身，幢身高100厘米，为汉白玉石质，八角直楞形。经幢上下两端线刻卷草纹，七面刻经，一面刻题记，经文汉文梵文相间。刻石上部泐蚀严重，正书竖刻，多为经文。现存于北京市大兴区礼贤镇农机所院内。

今据拓本可辨识题记文字为："□□□□□□□□□□□□□□□□□□□□□□□□□□□□塔记"。

"师□□□□□□俗姓张世居析津府析津县东李□村人也年一十六岁□□□□□□□□□□人□师至刘一十七岁受具三忏礼念每日持诵一为常果□□□□□□□□□□□□□□□□天庆九年"。

天庆九年幢拓本

大安山延福寺李山主实行录幢　天庆十年

幢石天庆十年（1120 年）十一月立石，仅存八角直楞形幢身。汉白玉石质，高 110 厘米，上端阴刻卷草纹，下端饰波浪纹，中间楷书竖刻经文和题记。经文五面刻《佛顶尊胜陀罗尼经》18 行，满行 27 字。题记 13 行，首行："大安山延福寺李山主实行录 门资遵撰"，书丹："进士胡云翼"。幢记叙李供臻出家礼佛生涯，反映了辽代末期南京（今北京）地区佛教活动的盛况。记文语言华丽，书法宗欧阳询，劲挺豁朗，堪称辽代书迹中的上品。现存于北京市房山区文物管理所，今据拓本对录题记。

大安山延福寺李山主实行录幢

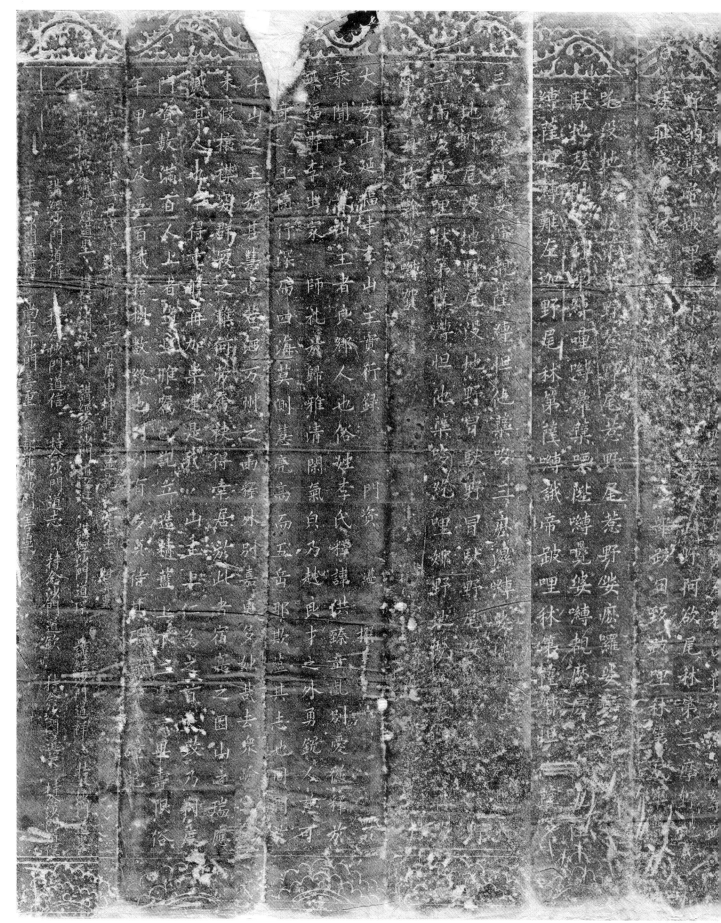

大安山延福寺李山主实行录幢拓本

大安山延福寺李山主實行録　門資　遵　撰

恭聞　大安山主者良鄉人也俗姓李氏釋諱亂別愛從釋於

延福辨李出家　師礼於歸雅清閑氣貞乃越良才之外勇銳人慈可

□奇人之上德行深而四海莫測慧亮高而五岳那欺蘊其志也同潤於

千山之玉施其慧也若洒万州之雨釋外別嘉更多妙哉去眾嶮之危

未假攘襟突群寇之難何勞奮袂得幸居於此者宿寔之因山之瑞應

感其人也今得重修再加崇建是我　山主上仁為之首矣致乃剃度

門資數滿百人上者道監唯嘱已訖立造精藍上下二□□云畢壽限俗

年甲子及五百貳拾捌數終也別別有多貞待其碣録□為幢記

天慶十年十一月戊子戉戌胼二十三日庚申坤時建立並訖　进士　胡雲翼

山主
　門資提點講論經道堅　講經沙門法淵　講經論沙門道遵　講經沙門道琛　講經論沙門道祥　持念沙門道鑒

　講經沙門道偶　持念沙門道信　持念沙門道志　持念沙門道欽　持念沙門道榮　持念沙門道僅

寺主沙門道偶　尚座沙門善重　都維那沙門善崇

大安山延福寺李山主实行录幢录文

云居寺辽代经幢 辽

云居寺辽代经幢拓本

幢石现存于北京市房山区云居寺内。盖顶已失，幢通高 200 厘米，幢身高 120 厘米，为汉白玉石质，八角直楞形。基座浮雕莲花、人物及云气蔓草纹。幢身四宽面上浮雕四罗汉像，四面刻经文与题记。文字磨灭殆尽，题记尤甚。

今据拓本可辨识题记文字为："□二月二日□□寺□僧惠澄上座僧智永都维那僧智远都捡校僧闻□门人惠通"。

"□□□□□尉将军□□府将军右金吾卫大将军骠骑大将军开府仪同三司诏太常卿□□□□□夫人高氏合家供奉施主□□□将军 守左武卫大将军员外□□□太常卿赐紫金鱼袋上柱国张光远"。

"太常卿紫金鱼袋上柱国孙归孙同施主节度□太□试太常卿上柱国赐紫金鱼袋西方宏 同施主忠武将军广武大将军□太常卿上柱国张莫□同施主□宏隽 同施主李义礼   宁元兴□□□大□（下泐）"。

云居寺辽代经幢

云居寺辽代经幢局部

云居寺辽代经幢基座

大灌顶光梵甲陀罗尼幢　辽

大灌顶光梵甲陀罗尼幢

大灌顶光梵甲陀罗尼幢拓本

幢石原位于北京市房山区阎村镇南梨园村，现只存幢身。幢身高 87 厘米，为汉白玉石质，八角直楞形。幢身满刻梵
文佛经，皆漫漶不清，隐约可辨"大灌顶光梵甲陀罗尼"等字样。幢现存于北京市房山区文物管理所。
今据拓本可辨识题记文字为："毘卢遮那佛大灌顶光梵甲陀罗尼"及"□□沙门建灵塔"。

奉为三师建寿塔　辽

奉为三师建寿塔幢

奉为三师建寿塔拓本

塔幢原存于北京市房山区韩村河镇天开村，现只存幢身，幢身高 76 厘米，直径 32 厘米。塔幢为汉白玉石顶，八角直
楞形。所记文字残泐殆尽，只依稀辨得首题"奉为三师建"等字样。幢石现存于北京市房山区文物管理所。
今据拓本仅可辨识题记文字为："奉为三师建寿大塔一坐"及"……辽……"。

佛说般若波罗密□心幢　辽

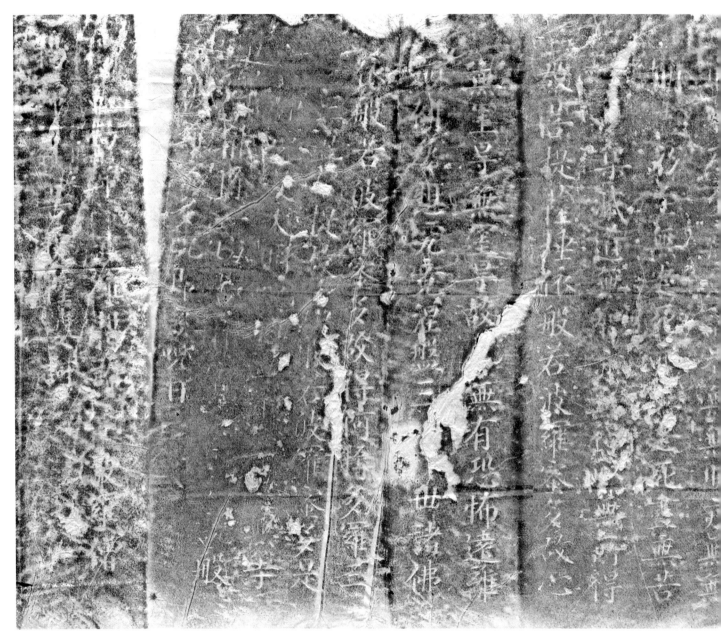

佛说般若波罗密□心幢拓本

经幢现存于北京市大兴区黄村火神庙内，仅存幢身。幢身高50厘米，为汉白玉石质，八角直楞形。正书，七面刻经文，一面题记，竖刻正书，计24行，满行14字。题记文字多漫漶不清。

今据拓本可辨识题记文字为："大辽燕京安次县北徐里蔡□奉为妣娘子□□□特建"。

崇效寺经幢　天会五年

崇效寺经幢

　　　　　　　　　　　肆　·　遗物

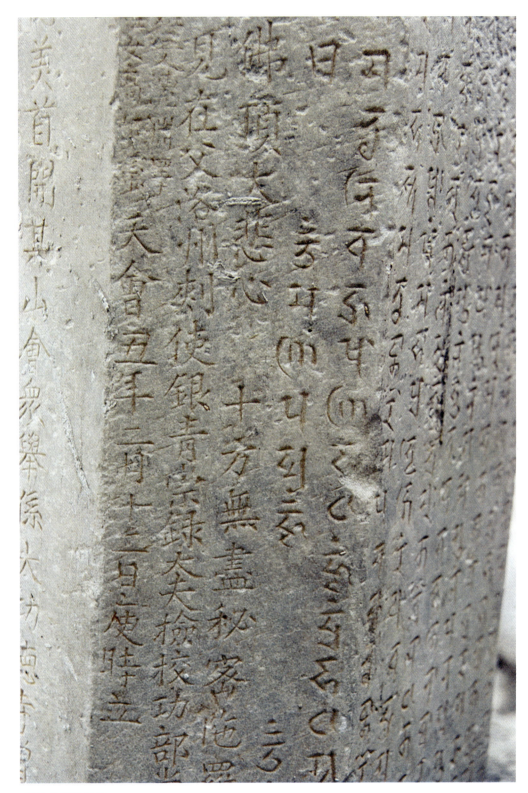

崇效寺经幢局部

幢石现存于北京市西城区法源寺内，建于金天会五年（1127年），仅存幢身。幢身高160厘米，为汉白玉石质，八角直楞形。两面题记，汉文正书，六面刻汉、梵两种文字经咒。

幢铭微泐，可辨识题记文字为："见在父洛州刺史银青崇禄大夫捡校功部尚（下阙）"。

"天会五年二月十二日庚时立"。

天会九年经幢　天会九年

天会九年经幢

　　　　　　　　　　　　　　　　　肆 · 遗物

天会九年经幢拓本

经幢建于金天会九年（1131 年）四月十九日。幢分三层，高 199 厘米。幢身为汉白玉石质，八角直楞形，八面间错浅浮雕四尊佛像和竖刻四段梵汉两种文字的经文。题记剥蚀严重，仅辨年月。末尾刻"大清国康熙六年八月重修佛像"题记。现立于北京市西城区陶然亭慈悲庵山门内影壁后，国家图书馆藏拓本一张，拓本高 49 厘米，通宽 122 厘米。

镌葬藏经总经题字号目录刻石　天眷三年

镌葬藏经总经题字号目录刻石拓本

镌葬藏经总经题字号目录刻石拓本

镌葬藏经总经题字号目录刻石录文

鐫葬藏經總經題字號目錄

（下略去目錄）

巳上計二十七箇字号此經碑有長
有短高下不平當來出時宜慎護之
鐫葬藏經施主山西奉聖州保寧寺
沙門玄英俗弟子史君慶等奉為
先亡生身父母法界衆生承此功德
同生花藏親見諸佛
維天眷三年歲次庚申四月乙巳朔
十五日己未辰時瘞之

刻石原存北京市房山区云居寺，一度丢失，1987 年被再度发现。此石刊制于金天眷三年（1140 年）四月，原附于一塔幢之上。石为汉白玉石质，长 70 厘米，宽 40 厘米，两面刻，正书，右起竖刻，字径 2 厘米。石右上角残，损字九个，"目录"石刻为沙门玄英、俗门弟子史君庆所制，记述了辽金两代所刻"覆、器、欲、难、量、墨、悲、丝、染、赞、羔、羊、景、行、维、书、经、罗、将、相、路、侠、槐、卿、（户）、封、八"等二十七帙二百四十八卷经书的目录，是具体记述金代刻经目录的第一手文献。石刻第一面上部泐蚀漫漶，今据拓本录题记。

圆正法师灵塔记　皇统六年

圆正法师塔位于北京市门头沟区雁翅镇淤白村北八里白瀑寺内，建于皇统六年(1146年)十月一日，塔身向东一面嵌有石刻圆正法师铭记，石高78厘米，宽45厘米，镌刻铭文17行，满行40字，总计660余字。字径约1.3厘米，正书，笔意俊秀，近欧体。塔记首题："大金燕京宛平县金城山白瀑院正公法师灵塔记"，撰文"仰山栖隐寺退居嗣祖沙门希辩"，书丹"西盖医人庄彦和"，建塔者金城山主"道渊"。圆正法师，中京乾州人（今辽宁锦州市），生于辽咸雍三年（1067年），十五岁受具足戒，乾统初年在析津府（今北京）昌平、玉河等四县建当阳大殿。天会十二年三月示寂，享年68，僧腊53岁。塔记撰述者希辩（1081—1149年），金代著名禅僧，原为青州普照寺主持，被金兵南下时掠来中都（今北京），曾退隐于仰山栖隐寺（址在今门头沟妙峰山乡南樱桃村）。今据拓本录文。

圆正法师灵塔记碑

圆正法师灵塔拓本

大金燕京宛平縣金城山白瀑院正公法師靈塔記

師諱圓正俗姓曹中京乹州人父諱文用母田氏初妊胎夢一掌鉢僧入其家咸雍三年六月十五日午

時降生白光滿室師生而異相在孩童間不喜葷茹發言有端舉措有生知之學韶亂礼當州大崇仙寺

僧□大師為師十五具戒始習律次聽花嚴大經未久有超群之解衆推師願為法主既順其緣敷演

聖意座下緇素靡不服膺一日師忽聞同住僧唱苦聲而有省曰法离文字語言亦奚為遂捨法席遍

歷諸方衆尋禪德往往讚師法器之人也壽昌年間撥草汍流經遊兹山覩群峯秀異溪水清甘師默歎

云此勝地可建蘭若冥與聖合遂卓庵于此唯採野蔬充齋以噎飢瘡而已僅及月餘偶因樵者見之施

米二升自後僧俗稍稍而來於是道風遠播仕庶咸歸所謂果熟飄香者是矣乹統初昌平玉河錾山懷

來四縣檀信共請師建當陽大殿從此庵房厨庫什物器用之具翁然就緒遂成禪刹天會十二年三月

示微疾十一日午時垂誡畢奄然而終于是山是日五色祥雲覆於山頂二十一日依法茶毗灰燼中獲

舍利三百顆齒舌如生塔葬其二一靈骨者院之外墳山一舍利者院之內西師享居六十八僧臘五十

三度門人崇貴崇行四十餘人余適來斯瞻礼塔像山主比丘道淵洎檀信管幹數十人懇勲礼請余為

記文刊石庶幾不泯余曰吾宗教外別傳直指人心見性之法貴其說务其實不务其華師五

十年食不重味衣唯一衲凡訓徒示衆不以曲順人情妄有干求檀越所施或金帛財物之

類苟不合於佛理者叱而不受縱合留者即時分散見前僧衆凡所施為未嘗一事不歸於理師之種種

行解筆舌安究撮實一二以應來命臨終遺誡刻諸別石以永傳之仰山棲隱寺退居嗣祖沙門希辯記

皇統六年歲次丙寅十月一日山主比丘道淵立

西蓋醫人莊彥和寫

圓正法师灵塔记录文

清水院长老和尚塔记　天德三年

清水院长老和尚塔记拓本

大金國燕京宛平縣陽臺山清水院長老和尚塔記

余法號希辯俗姓黄曾祖先祖江南洪州人元豐間先祖守官安陸未終任捐館余□□六

陸十一歲丁父憂服恋出家十八受具二十歲遊方先參雲門臨濟末後參襄州鹿門□

政和萬壽禪寺第一代和尚諱自覺政和五年冬雪夜發明拂旦印證曰汝真吾宗再來

人也然汝不宜久住於此宜往山東沂州礼芙蓉和尚去諱道揩又經半載潛裝離鹿門

到鄧州丹霞參諄二師又過西洛參少林初法王雅寶林深諸師皆蒙印可迤邐偏參

遂至沂州礼芙蓉和尚參侍經年深獲陶汰亦有授記之言並記蕱頌二首次往襲慶府

泗水縣龍門山庵居間青帥董待制与三禪長老備禮儀命專使請住天寧寺前後

三請不獲已應命經八載

本朝兵破青社遂至燕京初住奉恩次住華嚴乃今萬壽寺是也晚年住仰山天眷三年

入城復住大萬壽寺皇統六年九月退□仰山憶余三十年叨忝傳持宗旨接待四來唯

一真諦示學徒佛祖未生前事未嘗以古人公案因緣惑亂初機增長識情知解至於左

敲右擊使伊皮膚脫落獨露真常然後痛下鉗鎚於生死路上穩步無疑而已後之學者

深冝全身放盡時中如一息不來底人忽然絶後甦始信不從人得皇統九年十二月

八日病中書此以為塔記

師於當年十二月十二日書偈垂誡至亥時怡然而逝十五日茶毗葬于仰山樓

隱寺正寂遂於茶毗灰燼中收拾微小靈骨得數十粒復獲牙一枝念

先師住持仰山萬壽雖大振宗門而彼二處立為十方唯清水度僧近二百數若

不建塔立石切恐向後年深失於依止與眾共議遂建此塔以為久遠之傳

天德三年三月十五日陽臺山清水院山主小師比丘　正寂　建塔立石

清水院长老和尚塔记录文

石于 2011 年 10 月 27 日发现于大觉寺内南山坡上，金天德三年（1151 年）三月十五日刻。石碑为汉白玉石质，高 49.5 厘米，宽 72.5 厘米，厚 15.5 厘米。碑心高 43.5 厘米，宽 67 厘米。镌刻铭文 20 行，满行 34 字，总计约 594 字，字径约 1.7 厘米，正书，楷书字体。碑额题记为："大金国燕京宛平县阳台山清水院长老和尚塔记"。碑文内容分两个部分，第一部分记载金代高僧希辩禅师自叙生平行实，第二部分记载建塔缘起，建塔人为阳台山清水院山主正寂，建塔时间为金天德三年（1151 年）三月十五日。青州希辩是金代著名禅僧，是禅门曹洞在北方绵延发展中承上启下的重要人物。其塔记中自叙生平，史籍多有记述，学界却从未见及一手资料。此塔记石刻乃金代希辩禅师塔之遗存，是重要的文物发现，可以充分回应史籍所载。此外，此塔记对于了解大觉寺金代时期宗派传承等情况具有重要的参考价值，且可为禅门曹洞宗谱系传承为明确佐证给予确指。

严行大德闲公塔铭　贞元元年

幢塔立于北京市房山区长沟镇甘池村村西的一处山岗之上，建于金海陵王贞元元年（1153 年）五月。此幢为汉白玉石质，通高 553 厘米，幢身高 143 厘米，六角形，每面宽 47 厘米。正面（南向）二行竖刻楷书"严行大德灵塔"6 字，其余 5 面刻铭文。铭文下部多已漫漶，其中二、三、六面，虽蚀磨不清，但尚可辨识，连缀字义可明其大略；而第四、五两面石刻文字，下部大半均剥落殆尽，无法识读。铭文为楷书，秀逸灵动，行款疏朗，略呈行书笔意。首题："大金故慧聚寺严行大德闲公塔铭并序"。建塔石者"开府仪同三司平章政事上柱国沈王食邑一万户张通古"；撰述者"银青光禄大夫翰林学士承旨刘长言"，书丹者"玉山张楷"。张通古，金初名臣，由辽入金，天德初迁行台左丞，进拜平章政事，封沈王。刘长言，字宣叔，东平人（今山东东平），工诗文，正隆五年三月任尚书右丞。据残存的文字可知：严行大德悟闲，俗姓张，名伟，白雷人（居地在今内蒙古宁城西），幼年丧父，十岁受经业，十七岁返亲舍读儒书，才名远播，一举登进士第，历官州、县，并在枢密院和尚书省任职。因勤政为民，秉公执法，大忤权贵，而不见容于时，遂慨然求出世，于天会六年（1128 年）弃官入马鞍山慧聚寺（今北京市门头沟区戒台寺）落发受戒，终成一代高僧。悟闲约在海陵贞元元年（1153 年）圆寂，俗寿六十八，僧腊二十五夏。今据拓本对录铭文。

严行大德闲公塔

严行大德闲公塔铭拓本

嚴行大德靈塔

大金故喜聚寺嚴行大德閑公塔銘并序

銀青光祿大夫祕書監······撰

玉山······書

（碑文漫漶，略）

思得歸乃上竹□

論語孟子言□□

言曩以不果□□

徑山禪師弟子也□

節母氏亦從刹□□

謁青州希辨禪師□

律韜光匿影趣公□

已至忘□□足

心太湖雨道院□

辨師為一出施者□

寺堂廡數十椽怠焉

體制當如諧公以下□

如懷古人緇素耆舊□

日趺坐順化閱世六十八年□□□□□□□□□□□□□□□□□□□□□□□□□□□□□□□□

照服勤訓誨□□□□□□□□□□□□□□□□□□□□□□□□□□□□□□□□□

丈夫矣銘曰

道無異致　會其有極

教或因時　孰將同之

語大丈夫　惟嚴行師

剛克厥愛　勇出于慈

宧學四方　閱世泡幻

誰無厥論　日曷以忧

萬緣絲紛　益久愈亂

智錠為訪　慧恂立斷

心境雙融　親疎等施

云何於此　焉恃為□

示人方便　躬履實地

視斯歸然　破闇導迷

問師安歸　應現十方

孰在孰亡　即大道場

浮雲去來　如橔月□

有不遷者　巍巍堂堂

貞元元年五月二十四日

開府儀同三司平章政事上柱國瀋王食邑一萬戶張通古建

□
□□
□

严行大德闲公塔铭录文

大金故慧聚寺嚴行大德閑公塔銘　并序

銀青光禄大夫翰林學士承　旨劉　長言　撰　玉山張　楷書

嚴行大德悟閑白霅人姓張氏初名偉字保之幼失所怙而宿植善因蚤慕真諦十歲從

天慶即伸大師受經業日數百千言十七返親舍更讀儒書工辭賦才譽籍籍一舉中進

士第歷官州縣絑比京都市令以選入樞密院通敕任職六年出補河令更兩考有能

聲先是民間有冒耕官閑田公被檄與府官檢括時夏麥且熟恐民不得獲既行涉積水

陽失轡墜而溺□者驚援之及出即移病歸卧請展期比愈得報再行則皆獲矣邑户佃

圭田凡留守要人者率藉形勢免科調問之以例對公曰皆王民也例誰為者一以法令

從事役以故均而大忤權貴至檄召詣府屢加摧表公執不改令依行之其守如此累階

至尚書郎一日讀首楞嚴經十習六交因報之説感悟發心取香三瓣炷於頂門及兩肩

爇之默禱自誓又以詩寄平生友人萬平章曰萬緣躁惱叢如髮試看臨時下一刀從此

不近妻妾猶身為權塩官遵於推檢故則奸吏竝留□者□抑不能忍見□謂可以計歲月

資剛毅有志畧切於行道而疾惡如仇有使□公至□□絲毫不敢加公

立功名屬世多故復不能委曲軒輊以徇權勢或時劉欣長孤傲睨曰放知有耿介不勝

言者浸不得意於是慨然欲求出世間得自拔流俗獨念老母恩不可報也來問跪白言

有為皆幻惟一大事可以於塵垢脱出死願允耳於親歸近聖道以苔劬勞母曰汝志如

是吾顧不能耶欣悦聽許公拜謝未幾先命二妻一子相繼出家遂以天會六年正月弃

官入鞍山之慧聚寺親友聞者争勸止　　朝省亦遣人趣召竟不至执僧悟柔自言偉

誤罹世網崎嶇半生今喜親許出家矣願從壞削用道休典惟師攝受為我落髮柔與其

徒愕日府君窘學有閒且通朝野斯言謂何豈给我乎公曰斷之于心久矣語一出口天

地諸聖實臨之浴□選理□齋□誠書之制度公迺取鞍山先師畫像置堂中焚香行禮

自稱門人而易□□□□□□□□□□□□□□□□□□□以訪□

來衆昔天會元年□□□□□□□□□□□□□□□□□□□□□

而誦所為漁父辭□□□□□□□□□□□□□□□□□□□□

上京復從今平章政事開府儀同□□□□□□□□□□□□□□□□

昔嘗訪師之居門人宛然如潮□□□□□□□□□□□□□□□□□□

傾聽二人皆其□□□□□□□□□□□□□□□□□□□□□□□

王公塔铭　贞元二年

王公幢塔

幢石原位于北京市房山区岳各庄天开村。幢身高62厘米，直径27厘米，大面宽15厘米，小面宽10厘米。幢为汉白玉石质，八角形。首面上部题额六字："佛顶尊胜之坛"，楷书，字径3厘米。额下线刻仰覆莲花纹和6个梵文。其余各面竖刻正书铭文4行及首题、落款。刘允升撰文，书丹与刊石者失记。塔铭以韵文形式记述了王公生平。王公祖籍寿春（今安徽省寿县），后居辽阳（今辽宁省辽阳市），由进士而仕至少府少监，死后于贞元二年（1154年）建此幢塔。此石文字多有泐损，部分已磨灭殆尽。现存于北京市房山区文物管理所。今据拓本录文。

佛頂尊勝之壇

少府少監王公幢銘

王氏遠祖，出自壽春，粵因游宦，為遠陽人。世積其德，日以增新，惟公之考，當宰歸仁。慶有其餘，生公之美，登進士科，德才兼備。□其家，居官以治，見知於時，要□以政。行實□□，事無不宜，累稱其職，行名四□。念言其守，好□是縈，班在少列，權當計司。灭不愁□，□間□館，人惜其能，□□之經。公□□□，□所□坦，□子以□，□□□□。

或入於□，行與解全，或舉于儒，文為□□。王者右選，用陰而傳，□同知授，□知以□。寂迹而□，獨有□因，昌大其門，屢□□職。助言才□，動無不克，浮□□□，兵足食□。既剖州符，復戒巨鎮，彰少監德，家聲益振。流積而長，山累而峻，王氏增光，可驗而信。公奮其身，由道而亭，人以德服，政自時遷。諸子皆異，不墜休聲，有孝克紹，賢孫授登。遠自廣寧，捨彼取此，人祖之墳，□安而止。山宅之藏，□志以紀，眾且□，□□□。其孫以□，□不異，公矣有□，善孫之奉，□祐於冥。□可稱，欲傳德馨，兆域卜吉，厤神以寧，有迹以椎，有實以録。豈云過譽，德美遠揚，□文是助。

号□之則，□日二十，□□□□，□□為工。

比丘尼了性灵塔记 贞元三年

比丘尼了性灵塔石幢

幢石立于金海陵王贞元三年（1155年）。现仅存幢身，幢身高66厘米，汉白玉石质，八角直楞形，大面宽17厘米，小面宽10厘米。八面施刻，汉文正书。竖刻10行，每行16—14字不等，约存字260个。石剥泐严重，撰文与书丹者皆泐失。石幢铭文行款疏朗，书法刚劲秀美。现存于北京市房山区上方山兜率寺舍利殿。今据拓本录铭记。

比丘尼了性灵塔拓本

大金大興府良鄉縣金山院比丘尼了性
靈塔記
芯蒭尼了性生姓方氏范陽人也自幼□
俗及長迺□□□王□溺於塵□染其
末去前却復二男三女其三女曰勝哥
雲哥仙哥是也最長及幼各從其嫁中□
一名夭壽而歸其二男許令出家於□□
寺即提點□禪祥師季新法嚴是也□僧
眾牆塹佛庭舉重事以為輕變難圖而作
易執事僧中唯茲兄弟□至年五十四識
□情忘背塵合覺悟色身而電光易滅了
□世而石火難停遂弃俗歸真□□□
□□金山院□志□師□受□蕭尼□五
□□□至年七十有四遇 恩受訖大比
□□□千之式矣自出家至離世二十餘
□□□□□□□□□□□聖
□□皇統五年九月二日□□
□□之號報齡七十八□上□□□
五日具道俗威儀焚殯而巳至
□□□□有□家男法嚴與姊及兄合
意建塔□□□靈骨遷祔於天開寺上方□
山蓋稟受遺囑也予與法嚴交分□□□
為斯記牢讓無由強成捃錄哉同藍□□
□行撰并書□貞元弍年四月初九日
□七十八尼□上

比丘尼了性灵塔记录文

庆公幢　正隆元年

庆公幢

幢石立于金正隆元年（1156年）。现仅存幢身，幢身高56厘米，为汉白玉石质，八角直楞形。二面刻"智矩如来新破地狱真言"，六面刻题记，共26行，每行14—20字不等，竖刻楷书，幢铭首题"当寺故禅人庆公幢铭"，沙门法迪撰文，文多漫漶难辨。庆公名陈思度，良乡县人，辽寿昌五年（1099年）得剃度，后于金天会三年（1125年）到天开寺修行，贞元元年（1153年）辞世。现存于北京市房山区韩村河镇上方山舍利殿内。今据拓本录幢铭。

庆公幢拓本

當寺故禪人慶公幢銘　沙門法　迪撰
狷哉覺皇西誕異禎垂
周帝之朝貝典東流□瑞感漢明之室厥後建尊容
而修寺宇弘至教而度緇徒戬茲四事其□□□□
于隋代龍象拔革高師以備於僧史□□□□□德
人慶公者亦可預於德人乎師諱思度俗姓陳
氏□中都良鄉縣西南舊店人也依大房山□□□
苾蒭景公為師壽昌五年暨今試經得度業以□花□揮
塵尾一心之名利無羈兩耳之是非不入遂以雲水
為懷松筠挺志振錫南遊止於陽谿天開二山前後
□狀請例攝門資韜光弗憚上方精舍一境□□
□□□然□自天會三年暨今三十餘□心□□
□□□□於碧嶂足不踐於紅塵以白蓮之教八軸可日日
為常務歷溫涼寒暑碎事干心者未嘗有替之餘諸
德業巨以具陳夏臘五十六春秋八十五呂貞元乙
亥歲十二月二十五日稍以微恙右脇而逝堂窆二
所於本受業及上方山各建法幢瘞小師靈襯門人
心契屢囑於祭祈以銘文録師實行無□□□瑣才叙
之云爾
法弟□思與　門人　運□　陽谷　覺因
覺祥　　覺榮　天開寺　圓□圓是
旹正隆元年歲次丙子二月癸酉朔貢生十二□甲時　建

庆公幢录文

弘业寺禅师塔记 正隆二年

弘业寺禅师塔幢石

2023 年发现于北京市房山区洪寺村沿河路白塔沟附近路边台地，正隆二年（1157 年）立石。今仅存幢身，幢石为八角直楞形，残高 78 厘米，直径 45 厘米。塔铭先经后记，八面刻，两面为题记，正书，竖刻，总计 39 行，经文首题"佛顶尊胜陀罗尼　特进试鸿胪卿大兴善寺三藏内门大广智不空奉诏译"。石现存于北京市房山区文物管理所。今对照拓本录塔记。

肆 · 遗物

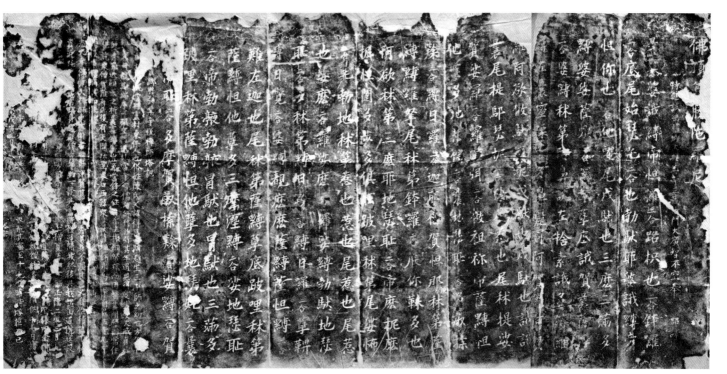

弘业寺禅师塔记拓本

良鄉縣弘業寺禪師塔記

□□□□□□□當縣□村東保人也俗姓陳氏父諱得昌□趙生三子師之幼也方年十

□□□□□□□觀其端□可弘空門遂礼當寺智儒為師作沙弥其年遇恩得度具受大戒貞松

□□□□□□□難逃穎匠之祈□□統豈免當鋒之住□尔主振辂徑環而□聲其間營辦常住

□□□□□□訖眾僧貫□難□後有天開祐聖木□西韓眾暑狀請禪師永為一寺自茲五寺凡有

□□□□□□志□□佛覺大禪師東□辯老禪師深賢其聖□□秀其身不濁其志又自儉積蘊下□

□□□□□□誠而果次業花嚴玄談達修證有婦因弃利名遂訪道雲山更無曠寸陰之

資近□□□□當臨身□覆錢資等物一發與當院僧連聞我終後與我諸山道院筵設

僧尼□□□□以臨□醫方難□俗年六十七僧夏五□□師正隆二年三月九

日（下泐）月十（下泐）□道□并□□□□□呪念佛

（上泐）□□鈸□供十七日諸

（上泐）寺之東南□毗火□（下泐）收聚其靈至十九日晡時塔葬而已

正（下泐）戊寅三月十（下泐）

有門資（下泐）裕□□□裕安

弘业寺禅师塔记录文

武德将军幢记　正隆六年

幢石建于金正隆六年（1161年），仅存幢身。幢身高140厘米，为汉白玉石质，八角直楞形，上下边缘刻蔓草纹。幢身两面刻记文，其余六面刻有梵文《佛顶尊胜陀罗尼经》文，经文字径3厘米，梵文367字。全石磨泐严重，题记尤甚，故武德将军姓氏、籍贯及生平均泐去无考。记14行，满行约50字，字径1.5厘米，现仅存280余字。立石并撰、书者亦泐失，仅余"中都河南郡宫福昌刻"。考武德将军，为金代武散官，正六品下。现存于北京市门头沟区龙泉镇。现据拓本录题记。

武德将军幢

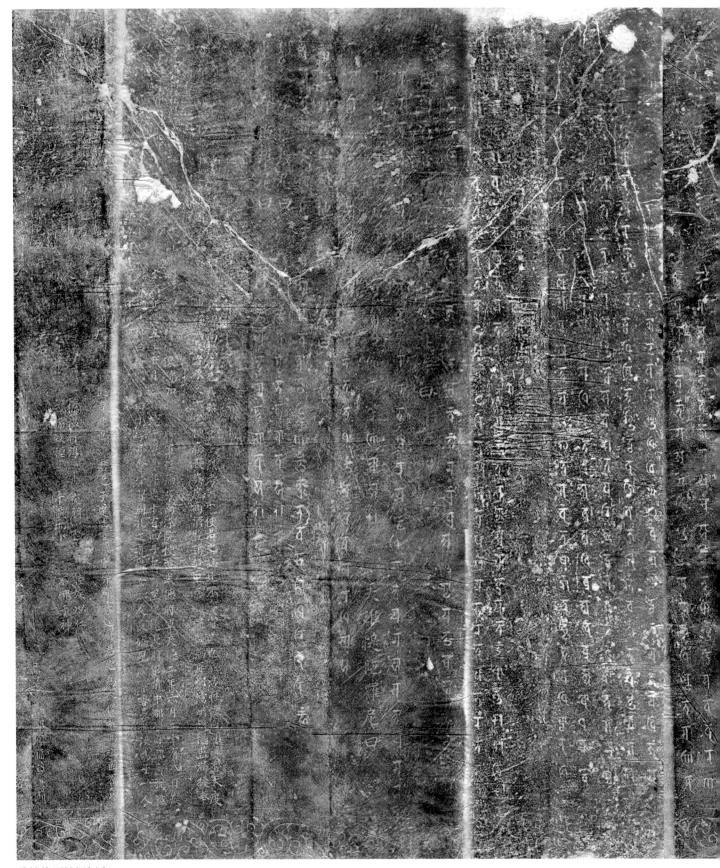

武德将军幢记拓本

□□□□□□□□□□□□□□□□□□
□□□□□□□□□□□□□□□□□□
□□□□□□□□□□□□□□□□□□
□□□□□□□□□□□□□□□□軍

正隆六年歲次辛巳五月□□□日立石

□之門　□人謀博　德溫行淳　交朋以信　睦族以仁

□七　□子具葬　三孫致祀　千載而下　不愧于神

次實而錄之乃為銘曰

□望仙疾南崗下從吉兆也　君之子定遠長嘗貳守弊郡具述　君之為人僕詳聞之固囑以

□□八日新□亭會皆習周孔之道孫女二人長嬌兒次紫香長孫汝為子一人

五年六月三日老于家享年七十有四子芮爵至定遠大將軍前中都管內都商稅點

特加授□將軍任滿授南染院使遷武德將軍天德二年六月二十有八日疾

□□張□

之無□為者眾又六宅使蔭授□崔尚酒監滿授中京麹院監滿再授儒州麹酒監滿授奉

烈考六宅使君之誌此不書省文也使君性慷慨□□有大度

□尚□君□序也君於□

中都河南郡官福昌書刊

武德将军幢记录文

智矩如来心破地狱真言幢　大定十八年

智矩如来心破地狱真言幢

智矩如来心破地狱真言幢拓本

幢石建于金大定十八年（1178 年），只存幢身。幢身 49 厘米，为汉白玉石质，八角直棱形。上刻梵文佛经，经文首
题汉文正书"智矩如来心破地狱真言"。题记文字正书竖刻，大多漫漶残泐，只有少量汉文可以辨认。"僧□□书，张
□庭刊石。"现存于北京市房山区文物管理所。
今据拓本可辨识题记文字为："大金国良乡县金山乡□济□□□大孝子郑兴□奉为立□□母□□县去三年之（下泐）"。
"大定十八年岁次戊戌五月二十七日庚申日甲□"。

照公寿塔铭　大定十八年

照公寿塔拓本

照公寿塔铭录文

幢塔今仅存幢身，幢身为汉白玉石质，八角直楞形，高80厘米。上端线刻云气纹，下端饰海水纹。正书竖刻19行，满行21字，存字420余个。此铭文甚粗劣，字多脱衍。僧戒才撰文，大定十八年（1178年）立石，首题"潻阴县清善村延庆院照公寿塔铭并序"。序文记圆照籍贯及出家后任僧官（管内监寺）并在生前即为自己建寿幢之事，对于我们今天研究金代佛教徒建墓幢的风气，有较重要的资料价值。现存于北京市通州区文物管理所。今据拓本录文。

奇公长老塔铭　大定十九年

塔立于北京市门头沟潭柘寺塔院内。幢高 129.5 厘米，共分六面：一面题额，一面线刻了奇禅师画像，三面刻铭文，其余两面平素。额题楷书六字："故奇公长老塔"，塔铭首题"中都竹林禅寺第七代奇和尚塔"。撰文："大圣安寺西堂传法沙门广善"，书丹："朝列大夫前宝坻盐使姚亨会"，刻石："义藏"。石立于金大定十九年四月。广善，中都僧人，善属文，今涿州存大定二十年"妙行大师碑"碑记亦系其所撰文；义藏，据"妙行大师碑"碑记所记"涿州石经比丘义藏"知其为云居寺僧。姚亨会，史籍不载。铭文为楷书，竖刻，16 行，满行 34 字。刻石保存较好，文字清晰可辨，书法宗颜体，端庄遒劲。据铭文可知：师名了奇，俗姓潘，白霫富庶县（金代北京大定府富庶县，今内蒙古宁城西）人，生于天辅三年（1119 年），年十三，上医闾山（即医巫闾山，在今辽宁省）兴教寺落发。逾年去北京（即辽中京，在今内蒙赤峰市巴林左旗）圆宗寺师事慧柔大师，后又礼潭柘寺主持、中都地区禅宗临济宗领袖广慧通理禅师。大定七年（1167 年）继怀鉴禅师任竹林禅寺（寺址在今北京宣武区）第七代主持，大定十年示寂，世寿 51 岁。现据拓本移录塔铭。

奇公长老塔幢

故前公
長老塔

中都竹林禪寺第七代奇和尚塔

大聖安寺西堂傳法沙門廣善銘
朝列大夫前寶坻縣使姚孝會書

禪師名了奇姓潘白霫富庶縣人年十三初上謁問礼興教寺宣差板勘僧圓曉落髮喻
年又詣北京圓宗寺事前論主都錄傳戒善行友師慧柔為師年十六試經得度以花嚴
為業難窮玄洞奧非第一義乃回首業席闡廣慧通理禪師唱道於遠海師摳衣謁之會
慧移錫霤川師即從行住雲峯寺彌月同照禪師者昊石二侯落地師與照師俱時省發寺
以所得舉之於廣慧老二師可之及廣慧南陟黁山居中都竹林師淘汰更十年大定三

于偏歷諸方大尊宿五十餘員未有撫師激者緣歲廣慧邀師還師因柘水西澤上砥
衲蔬食減迹絕累以畢農事也七年照禪師退竹林以燕颐為王侯士庶禪律
諸德匈師竹林續燈益朋學徒雲華數常五十指十年二月八日淨鬘盟沐易衣石胸而
化世壽五十一僧臘三十五迫茶毗哀慕見青紅色蓮冉二西去瑞光皎潔侵曉
方隱舍利五色小師昭隆建塔于潭柘廣慧塔之東維師深開堂諸錄漙陽中
虚翁直筆其歸曰師應緣而來萬物初末形息念云去了不為生死縈游戲如幻絕去
來之安情妙無所住乃師之令行嗚呼是為之銘

大定十九年四月中休日建

義藏刊

奇公长老塔拓本局部

故奇公

長老塔

中都竹林禪寺第七代奇和尚塔

大聖安寺西堂傳法沙門廣善銘
朝列大夫前寶坻塩使姚亨會書

禪師名了奇姓潘白霫富庶縣人年十三初上醫間礼興教寺宣差校勘僧圓曉落髮踰

年又詣北京圓宗寺事前論主都錄傳戒善行大師慧柔為師年十六試經得度以花嚴

為業雖窮玄洞奧非第一義乃回首叢席聞廣慧通理禪師唱道於遼海師摳衣謁之會

廣慧移錫霫川師即從行往雲峯寺弥月同照禪者异石二悮落地師与照俱時省發尋

以所得舉之於廣慧老老師可之及廣慧南陟燕山居中都竹林師淘汰更十年大定三

年徧歷諸方大尊宿五十餘員未有搆師機者經歲廣慧邀師還師因柘水西溪之上破

衲蔬食滅迹絕累以畢衰耄師本意也七年照禪師退竹林以燕處為　王侯士庶禪律

諸德勾師竹林續燈益明學徒雲萃數常五千指十年二月七日净發盥沐易衣右脇而

化世壽五十一僧臘三十五洎茶毗道俗哀慕咸見青紅色蓮冉冉西去瑞光皎潔侵曉

方隱舍利五色小師昭隆建塔于潭柘廣慧塔之東維師深禪妙句載開堂諸録溥陽中

虛翁直筆其辭日師應緣而來善萬物初未形息念云去了不為生死縈游戲如幻絕去

來之妄情妙無所住乃師之令行嗚呼是為之銘

大定十九年四月中休日建　義藏刻

奇公长老塔铭录文

燃身明禅师塔铭　大定二十年

燃身明禅师塔幢

幢石仅存幢身。汉白玉石质，高 59 厘米，六角直楞形，六面施刻，正书，竖刻。首面上部竖刻楷书"燃身明禅师塔"
六字，字径 5 厘米；下部阴刻火焰与门窗图案；其余 5 面铭文上下两端线刻云气纹。铭文竖刻楷书 20 行，满行 14 字，
共存字 260 余个，书法俊逸，磨蚀较轻，尚可识读。沙门行钦书丹，山主沙门圆晖大定二十年（1180 年）立石。现
存于北京市房山区上方山兜率寺殿内。今据拓本录文。

燃身明禪师塔拓本

燃身明
禪師塔
明禪師塔銘　并序
寂照叟退韓繼大覺居上方慵庵得
式日故人才法師憫忠弘教空大德
詣庵道明禪者焚身蹤跡衆為樹塔
懇求作銘因隨喜讚嘆謹為銘曰
空刼那邊觀世間事真戲謔
折脚鐺兒破木朸草衣木食嚴鑿
道人善明嚙此藥七十七年惟自若
趙性寶坻本村落　統恩受具幼披
削末後上方得栖托便把拄杖高掛
却　大定庚子歲將涸建子初一巳
酉朔我退大覺君行脚若合符契靡
差錯時倍常日色不怍積薪自焚貴
省要如燒草木無穢惡信戒定慧非
九殼陰雲四合雪大作煙盡火滅天
便廓山衆哀感同一諾收拾餘骨葬
石槨表窣堵波覺後覺
大定貳拾年十一月二十八日建
見山主沙門　圓暉　立
善陽沙門　　行欽　書

燃身明禪师塔銘录文

中都报先寺尼德净灵塔记　大定二十三年

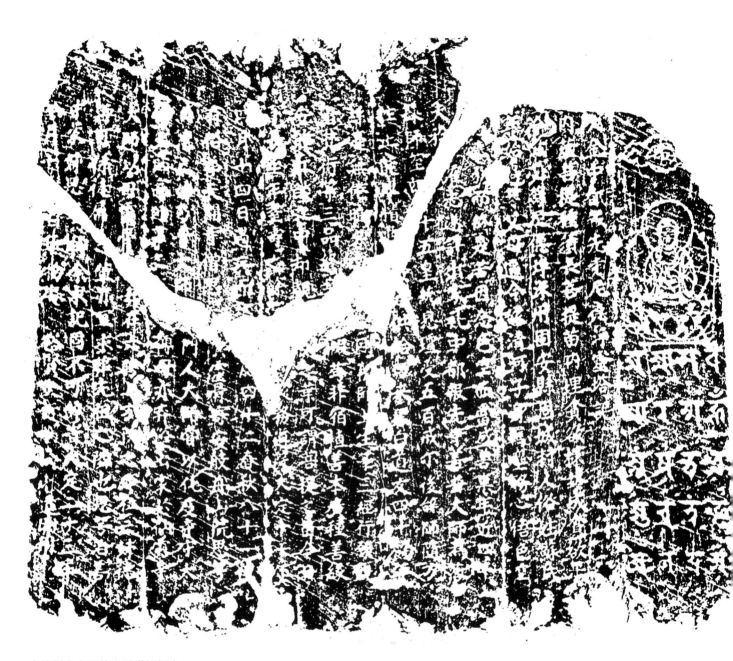

中都报先寺尼德净灵塔记拓本

中都报先寺尼德净灵塔记录文

大金中都報先寺尼德淨靈塔記
內植菩提種須長菩提苗內埋貪欲株終成貪欲果
□茲蒭尼德淨涿州固安縣固城村人俗姓蘇氏
年始過筓父母逼令適清河子身羈塵務心悟色空
□而終是苦因念色空而當成善果年近四十
夫矜確志遂許出家礼中都報先寺善普大師為落
髮師至四十五皇統恩壇受五百戒尔後辭師隨方
□止能以情□□
絲毫無倦曉夕常□□剛□師□生等三經行願□
□林行等三品終□苟非宿植善本廣種善緣
安能紅燄之中却覩□之葉可謂菩提之苗今日
見長至年耆壽之餘□□務道院大定十七年
四月十四日遇疾而終僧臘四十二春秋八十一□
有俗弟天開寺僧思哥□靈骨継安般舟山院思哥
□□乃普大師□門人大師甞以化度寺守太
□天開而師事之□傳母亦弃俗出家於仙露寺
大師以母靈骨□□在六聘上方院之卯位□姊德
淨可係徒屬之輩亦宜求葬先祖之陵也思哥洎善
才蒙姊恩□□余求記固不可辭皆大定二十三年
八月十□日□物庵　裕賢□　道明刊

塔幢刊立于金大定二十三年（1183年），现仅存幢身，石已残断，高约58厘米。六面刻，首面上部线刻佛像，下部刻20字梵文经咒。其余五面竖刻楷书幢记，每面4行，计20行，满行20字。裕贤撰文，道明刻石。关于刊石年代，清吴式芬《捃古录》及《金石汇目分编》皆作大定"二十五年"，误，今据拓本改。残石现存北京市房山区上方山。今据拓本录文。

蔡公直幢记 　大定二十四年

蔡公直幢

石幢建于金世宗大定二十四年（1184年），现仅存幢身，幢身高46厘米，汉白玉石质，八角直楞形。两面刻《智矩如来心破地狱真言》，六面刻题记，汉文正书，先经后记，6行，每行7—19字不等，文多漫漶，可辨识文字近250字。铭文上下端线刻回文纹饰。此幢建立者为金代良乡县人蔡公直。题记中的"良乡县金山乡十渡川平峪庄"应为今北京市房山区十渡镇平峪村。幢石现存于房山区文物管理所。今据拓本对录记文。

蔡公直幢记拓本

良鄉縣金山鄉十渡川平峪庄久居住昔人□□
陽郡姓蔡名彥字公直念祖高才道通三教德□
□□□□□人中五常出□□正五無後□□
時□恒特建幢塔一座報祖看永祖諱成遵娘娘
□父諱世綺　母鄭氏公直是□四孫妻杜氏
　　女張郎婦　重孫長男宗瑩妻鄭氏姿
□□□□　鄭氏　次累孫興國　三累孫
□□□□□　孫女名花晉鄭郎婦次累
張□□□□　鄭婦三重孫如花□孫女初冬
次男□孫□□□□妻趙氏累孫閏國女累孫
□□□□□次累孫女花侄
昔大金大定二十四年二月十六日　公直　建立

蔡公直幢记录文

中都显庆院故萧苍严灵塔铭　大定二十七年

幢石今只存幢身。幢身为汉白玉石质，八角直楞形。幢身高 85 厘米，三面刻题记，其余各面刻"佛顶尊胜陀罗尼"经文，上下两端阴刻卷草纹。经文正书竖刻，计 21 行，满行 25 字，中夹梵文两行，字径 2.5 厘米，书法端丽。记文 20 行，满行 36 字，正书竖刻，字径 1.5 厘米。多处已漫漶不清。尼广惠立石，比丘觉恕书丹，比丘圆周刻石，良乡进士许珪撰。萧苍严，金济州（今吉林省农安县）人，皇统元年（1141 年）于上京（今黑龙江阿城）受戒，法号妙敬，正隆元年（1156 年）来中都（今北京）显庆院，大定二十七年（1187 年）四月示寂，其宗教活动自上京至中都，先后历四帝，他的经历从侧面反映了金代中早期朝野崇尚佛教的情形。现存于北京市丰台区文物管理所。今据拓本录文。

中都显庆院故萧苍严灵塔幢

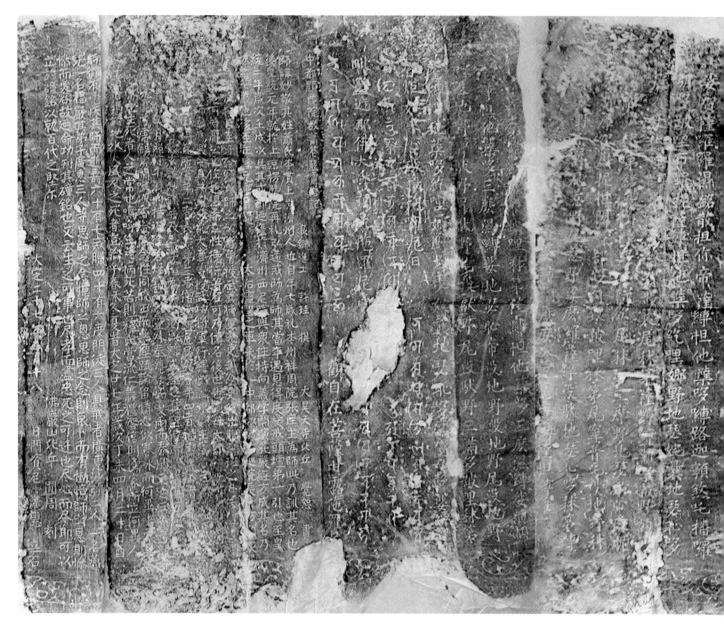

中都显庆院故萧苍严灵塔铭拓本

中都顯慶院故蕭蒼嚴靈塔記

良鄉進士　許珪　撰

大昊天寺比丘　覺恕　書

師諱妙敬其姓蕭氏本貫上京濟州人也自年七歲礼本州祥周院張座主為師此乃訓其名也

後皇統元年就於上京楞嚴院再礼弘遠戒師為師其當年遇恩得度受戒頭壇第一引也至皇

統二年歲次壬戌以具其或却迺復於濟州西尼院與衆住持向義學開演花嚴經方成其名乃

號蕭蒼嚴也後至正隆元年追隨

太后靈聖之車來於　中都以就巡院長清坊顯慶

院□衆住持□至于今竊以師之父者曾授武義將軍充吏部令史後出職離班之日告退身而

閑居切見何若龐公之佐也温柔立性德行著名可乃傳名後世也親母太郡繼母董氏共有繼

嗣六人唯師者為長令具弟五人最大者曾授武功將軍行澤州沁水縣主簿名老哥次三係是

曹王府皆也山謀克所管弟二者長壽恕屈昊天寺弟四者福壽最小者添壽也伏

師者演蒼嚴□經講玄談妙議并及義學擢為上也曷以釋五蘊之真空佀清風投其萬竅演三

乘之奧義如皓月照於千潯内持禪律若秋霜而冬雪外奉慈如夏雨而春風又迺三冬兮龍

□匡掌九夏兮席錫常閑唯以香燈蔫念性同皎玉而無塵疏論留情心似寒冰而何異嚬寒暑

者天之常也生死者人之常也嗚呼生老病死若則釋氏當流仁義禮智信則儒家所立何異人

之生者　憑於地水火風之死者豈論乎春秋冬夏皆大定廿七年歲次丁未四月二十日酉

時微有小疾其師而逝壽六十有七戒臘四十有六度門徒三人具戒者廣惠沙弥二人一名燕

兒一名福嚴其弟子廣惠三人等思師之恩思師之念則哀　而有慟憶師之恩則慘

慘而葵容故迺命功刊其碻銘也又云生之可事也尽孝而盡忠死之可迁也尽心而尽節可以

立於碻銘以就百代之堅尔

大定二十七年五月十八

日門資尼　廣惠　立石

佛嚴山比丘　圓周　刻

中都显庆院故萧苍严灵塔铭录文

故言公长老塔铭　大定二十八年

幢石为汉白玉石质，通高近 400 厘米。幢身高 100 厘米，下为束腰石雕座，上为 5 层天盖，下饰线刻双扇三抹门窗。幢分六面，一面为塔额，双勾阴刻正书"故言公长老塔"六字；另五面为铭志。首题"中都潭柘山龙泉禅寺言禅师塔铭"，铭志记述其生平事略：师法名政言，俗姓王，许州长社人（今河南许昌市），约生于金天会三年（1125 年），九岁出家受戒，二十一岁时谒师浩公于开封，主席讲经。后游方居嵩山龙潭，复结茅于汝州（今河南临汝县）紫云峰。金梁国大长公主及东京留守曹王，疏请其住持潭柘寺。他示寂于大定二十五年（1185 年）。政言长老是金代禅宗临济宗大师，著有《颂古》《拈古》《修行十法门》行世。此石为大定二十八年（1188 年）六月祖深所建，撰文者为"皇子曹王次子皇孙祖敬"。考祖敬，即完颜璹，璹金史有传，其字子瑜，号樗轩，祖敬是他的法名。他是金世宗之孙，越王永功之子，累封至密国公，平生著诗文甚多，此文是他 18 岁时的作品。现存于北京市门头沟区潭柘寺内。今据拓本录文。

故言公长老塔铭拓本

故言公長老塔

中都覃柘山龍泉禪寺言禪師塔銘
皇子曹王次子　皇孫□□撰
雲峯坤立丹

如來以心法付大迦葉不由語言直指見性目迦葉二十八傳至達磨大師以心印東遊震旦爲第一
祖六代至大鑒禪師支分一源百派競注李唐以來師資之間目擊悟道俯爲凡大仰爲菩薩者不可
勝數是以名山勝地大都通邑外薄海隅禪剎徧滿而中都覃柘山龍泉寺實叢林之甲乙故□之
宗主者皆天下選而□□□□言公禪師又其翹楚者爲師諱政言許州長社人姓王氏九歲出家詣里中
資福禪院師事主僧爭民祝賤愛具戒待師不去左右十餘年一曰吾師歇□遊學講席許之時告公僧

錄居南京講唯識論師應□□□之摳衣擇性相宗理窮至浩公知師偉器居無幾何命師主
席藏乎雲衆疑難鋒起師應合如□心服聞所未聞爰定師甫十二十一諸方聰風景仰贊
請橫經史人之疑過放十駡□講□朗論又取上生經父相發朗無傳大乘戒凡十青士禪
一旦思川海弄沙自困因血刃逆□道置刃字捎衣孟飛錫遊方飄然雲往始居高山龍潭
禪寂歲久後□□□孑于汝州□□照軍師叢林大振聞師清操招延相見族
請師爲首座實□□言下有即說偈曰讀緣不
壞了性無憾雲散於□□方命師遊方至中都藜竹林

傅燈通理禪師又親□□
□未疾及請住伶□□
□拓專介馳□□
大宗主□門子曹王沆請爲住龍泉禪寺閏三歲榮揚辯制□□士帖
□寶錄填心慎諷終于十有日□□
護國夫妻公主
□有桂達師捧疏讀師出世□
□主州州菩照曰可右府

能所貢高　落瞻喪氣　勉從眾欲　五主叢林　龍泉告老　歸潁之濱

布衲藥羹　箕山高潔　復見於今　歲在龍蚳　偈終坐滅　緇素悲淚　如渡亡栰

爰有法嗣　狀師行業　勒銘豐記　永表靈塔

大定二十八年歲次戊申六月丙寅朔　燕山王玉刊

伏伏道者　祖深　建

故言公长老塔铭录文

中都潭柘山龍泉禪寺言禪師塔銘

皇子曹王次子　皇孫祖敬撰　雲峯比丘

□□書丹

如來以心法付大迦葉不由語言直指見性自迦葉二十八傳至達磨大師以心印東遊震旦為第一
祖六代至大鑒禪師支分一源百派競注李唐以來師資之間目擊悟道俯為凡夫仰為菩薩者不可
勝數是以名山勝地大都通邑外薄海隅禪剎徧滿而　中都潭柘山龍泉寺寶叢林之甲乙故為之
宗主者皆天下選而　言公禪師又其翹楚者焉師諱政言許州長杜人姓王氏九歲出家詣里中
資福禪院師事主僧淨良祝髮受具戒侍師不去左右十餘年一日告師欲遊學講席許之時浩公僧
錄居南京講唯識論師徑詣之摳衣請益決擇性相造理深至浩公知師偉器居無幾何命師主
席義學雲集疑難鋒起師應荅如流人人心服聞所未聞於是師甫年二十一諸方聆風景仰競
請橫經決人之疑過於卜筮初講唯識因翻論又取上生經交相發䎻兼傳大乘凡十有二年
一旦思惟入海筭沙自困何益乃留心祖道置文字捐衣盂飛錫遊方飄然雲往始居嵩山龍潭
禪寂歲久後結茅于汝州之紫雲峰是時香山　慈照禪師叢林大振聞師清操招延相見旋
請師為首座嘗與□□詣如來於言下有省即說偈曰詣緣不
壞了性無滅雲散長□□天白月　慈照可之遂為龍象之冠乃命師遊方至　中都叅竹林
廣慧通理禪師又叅聖□圓通禪師皆為之東遊青杜連師捧疏請師出世住仰天
山未幾又請住益□□義安禪院頃之告退還鄉後復徇眾意住鄭州普照洎河南府法雲禪寺既
而潭柘專介馳□

梁國大長公主

□□□□□
□□□□□
□□□□□
□□□□□住一點□去不曾去箇裏分
□□□□□住十五門弟子三十
□□□□□歌又著金臺錄真心真説修行十法門□□皆行於世所至崇
□□□□大宗正府事曹王疏請師住龍泉禪寺閱三歲舉揚游刃製頌古拈古各百篇注禪説金剛
□□□□嗣法小師慶住嵩山法王禪寺重請住盧巖師安住羅漢行修守走□翻後三人授師遺付□□
出世共六人俗弟子幾千人師之云亡黑白悲愴思慕無已相與闍維收靈骨塔于汝州香山之南慈
照浮圖之側又分其頂骨葬於潭柘山以銘紀師之道銘曰
世尊說去　四十九年　哀閔屯艱　丸聲於言　臨終占花　示以廓然

通辨大师灵塔　大定二十八年

塔幢建于金大定二十八年（1188 年）三月初二日，仅存幢身。幢身高 130 厘米，为
汉白玉石质，八角直楞形。文字大都漫漶不清。现存于北京市怀柔区杨宋镇凤翔寺内。
今据拓本可辨识题名文字为："本师和尚通辨大师灵塔"。
"门人□□宗仝小□禅祥□祥□祥……"。
"祥进 祥□ 祥□……"。
"时戊申年三月初二日……"。

通辨大师灵塔经幢拓本局部

第二代山主超师塔铭 大定二十九年

第二代山主超师塔幢

第二代山主超师塔铭拓本

大安山龍泉峪西石堂尼院第二代山主超
師塔　　涿郡石經義藏謹為銘
吾佛設八敬法度苾蒭已懸記將來有能
禀受有不能者今山主超師肅嚴妙行□
兼融号能禀受奉行者善繼其前無忝于後
不可得而稱也法名善超□□武清縣田
里人年二十九落髮礼都城五華院開座主
為師皇統中登戒品□花□□炬内明□
觀清安大士輔弼臨潢先山主益師開山建
院助力居多大定二十四年三月二□□□
以疾示化於西石堂院壽八十有五具戒門
人圓通為師崇建石塔以藏靈骨於本院之
陽鳴呼山主平生謙光老實仁愛慈恕山居
五十餘年誠諦之操初無改節此由天縱不
假外飾而已於是歸崇者浸廣信嚮者弘多
其雨荷衆精勤惟恐行願不備故得山門整
飭日愈月隆門人圓通繼主院事慎終如始
或轉茂于前次門人圓信圓明圓行皆蓋世
義藏瞻風峭行為久銘曰
□□□□□□□世深　　陽
龍華□粤雲浹浹　　清安妙□無弦琴
□□和□無　音　　阿師雖歸求安心
八十五年功德振　　□然一珠古今
□□□礙□瑤琳　　□□□□相侵
　　　　大定二十九年
□月十六日山

第二代山主超师塔铭录文

幢石大定二十九年（1189年）年建，仅存幢身，上下两端已残，残高80厘米，周长120厘米。幢身为青石质，八角直楞形，其中一面竖刻"七惧藏佛母心大尊那真言"三行，梵文36字。余楷书竖刻塔铭。塔铭先序后铭，28行，满行17字，字径3厘米，书法近柳体，秀劲挺拔。铭文多有泐损，后半部分漫漶不清。涿郡石经寺僧义藏撰文，书丹、刊石者失记。塔铭记载了大安山（今房山大安山乡）龙泉峪西石堂尼院第二代山主善超的生平。现存于北京市房山区文物管理所，今据拓本录文。

马行贵幢记　明昌二年

马行贵幢

幢石于明昌二年（1191年）刊石，今仅存幢身。幢身为汉白玉石质，大八角直柱体，高76厘米，直径42厘米。首面阴刻莲花纹与礼佛图，兼有梵文9字、汉文8字，线刻构图生动，技法颇佳。其余7面竖刻经文与题记，均磨泐严重，字迹不清。内中四面刻《佛顶尊胜陀罗尼经》文，三面刻题记，均为汉文楷书，书体不拘绳尺，古朴稚拙，别有意趣。题记首题"通州潞县马驹里崇教院前本州都纲大德塔铭"，尾款为"明昌二年三月三日门人智演智清智松智果等建"。沙门即空撰文并书丹，刊石者失记。幢记载马行贵为潞县马驹里人，皇统三年（1143年）受戒为僧，后任通州都纲，建寺讲经，弘扬佛事。后于明昌元年（1190年）七月示寂，享年64岁。现存于北京市通州区文物管理所。今据拓本录文。

马行贵幢记拓本

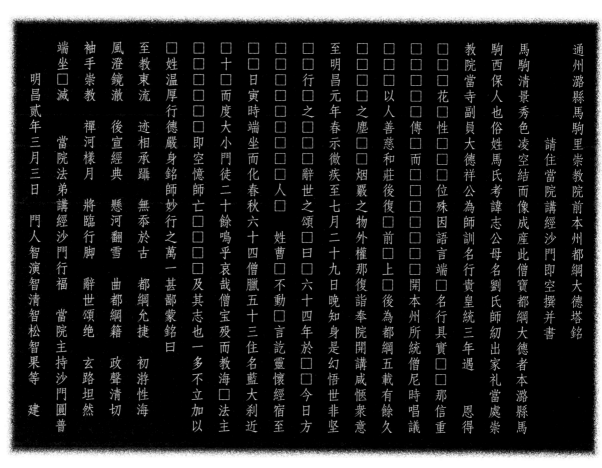

通州潞縣馬駒里崇教院前本州都綱大德塔銘

請住當院講經沙門即空撰并書

馬駒清景秀色凌空結而像成產此僧寶都綱大德者本潞縣馬

駒西保人也俗姓馬氏考諱志公母名劉氏師幼出家礼當處崇

教院當寺副員大德祥公為師訓名行貴皇統三年遇　恩得

□□花□性□□位殊因語言端□名行具實□□那信重

□□傳□而□□□開本州所統僧尼時唱議

□□以人善慈和莊後復□前□上後為都綱五載有餘久

□□之塵□烟靆之物外權那復詣奉院開講咸愜眾意

至明昌元年春示微疾至七月二十九日晚知身是幻悟世非堅

□□行之□□□辭世之頌□日□六十四年於□□今日方

□□□□□□□人□□姓曹□不動□言訖靈懷經宿至

□日寅時端坐而化春秋六十四僧臘五十三住名藍大刹近

□十而度大小門徒二十餘鳴乎哀哉僧宝殁而教海□法主

□□□□即空憶師亡□□□及其志也一多不立加以

□姓溫厚行德嚴身銘師妙行之萬一甚鄙蒙銘曰

至教東流　迹相承躡　無忝於古　都綱允捷　初游性海

風澄鏡澈　後宣經典　懸河翻雪　曲都綱籍　政聲清切

袖手崇教　禪河樣月　將臨行脚　辭世頌絕　玄路坦然

端坐□滅　　當院法弟講經沙門行福　當院主持沙門圓普

明昌貳年三月三日　門人智演智清智松智果等　建

马行贵幢记录文

李之才幢　明昌五年

李之才幢

幢石立于金明昌五年（1194年），只存幢身。幢身高20厘米，为汉白玉石质，八角直楞形。六面刻经，上、下镌卷
草纹饰，共15行，每行9—23字不等，计214字。两面题记，汉文、梵文相间，正书。经文首题："一切如来随心陀
罗尼"。据题记可知该幢是"右班殿直广阳镇商酒兼烟火都监李之问为先兄太师夫人保静军节度使李之才"而建。现
存于北京市大兴区文物管理所。

今据拓本可辨识题记文字为："右班殿直广阳镇商酒兼烟火都监李之问奉为先兄太师夫人保静军节度使之才并为一途长
苦众生愿同抛苦地共证率天"。

"长男进士怀讷　次男怀冲　次男怀谪　次男保静奴　昌五年四月廿二日建幢"。

李之才幢拓本

佛顶尊胜陀罗尼经幢 明昌七年

佛顶尊胜陀罗尼经幢

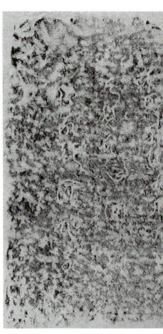

佛顶尊胜陀罗尼经幢拓本

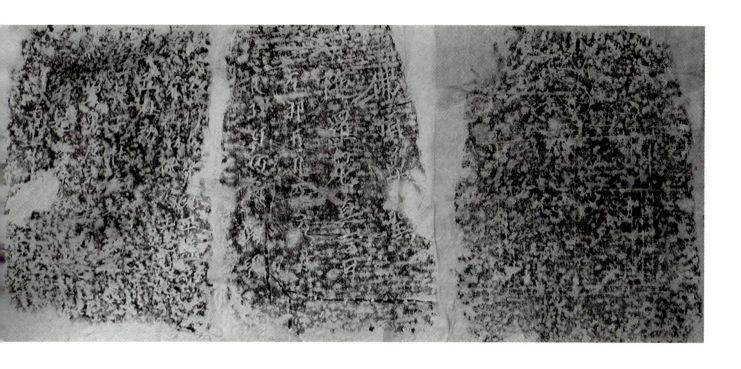

幢石立于金明昌七年（1196年）二月，只存幢身。幢身高40厘米，为青石质。幢身四角中空、略带收分，一面刻阴线界格雕莲花图案，一面题记，两面刻梵文"佛顶尊胜陀罗尼真言"。原存于北京市门头沟区清水镇一农户家中，现保存地不详。

今据拓本可辨识题记文字为："大金国中都宛平县济□□□家庄南保为□□□□比丘杜□□长子杜长□次男度元妻□□□孙儿□□□□□□明昌七年二月十□□□□"。

南庄村石经幢 承安四年

经幢位于北京市昌平区兴寿镇南庄村西南小山坡之上，立于大金承安四年（1199年）三月，保存完整。经幢通高约244厘米，幢身高108厘米，为青白石质。经幢共分三部分，八角形须弥座，上承托八角直楞幢身，幢顶为八角攒尖圆顶，束腰部分浮雕缠枝花卉纹，雕有龙头斜向外伸。幢身除一面有年号可依稀辨认外，其余七面文字漫漶残泐均不能识读。2003年，被公布为北京市昌平区文物保护单位。

今据拓本可辨识题记文字为："时大金承安四年岁次己未三月戊辰初八日庚子石"。

南庄村石经幢

南庄村石经幢基座局部

南庄村石经幢拓本局部

谦公法师灵塔铭　泰和元年

石原存于北京市房山区云居寺，今不详，泰和元年（1201 年）二月二十三日刊立。幢石高 75 厘米，六面刻，每面宽 27 厘米。第一面篆书"谦公法师灵塔"及梵文真言。文正书，记载了云居寺提点义谦法师的生平事迹。法师俗姓颜，其家世居范阳，父名师韵，母亲边氏。谦公自幼出家，拜云居寺僧礼禅为师，熙宗皇统年间得剃度，其后读《华严经》不倦，任提举云居寺事，深乎众望。承安五年（1200 年）三月二十七日圆寂。清代金石学家叶昌炽对此塔铭有题跋谓："谦公塔铭在房山云居寺，赵仲先撰篆额，下有准提佛母真言、生天真言，以梵文团栾刊之，形如古镜，为经幢中希有之品，余藏幢几五百通，仅一而已。文中之字从小篆，而童稚作雓，师作帀，又与六书不合。文云长乡城义井院李河灵岩寺借请为主，李河即刘李河尔，名琉璃河，在今良乡界。良乡辽属析津府，曾改名长乡，金属中都路大兴府。此文作于金泰和初而称长乡犹沿辽旧名也。戊子重阳靮于治庯室"。此铭《文物》1979 年第一期徐自强《房山云居寺〈谦公法师灵塔铭〉》曾予以介绍。今据国家图书馆藏拓本对录铭文。

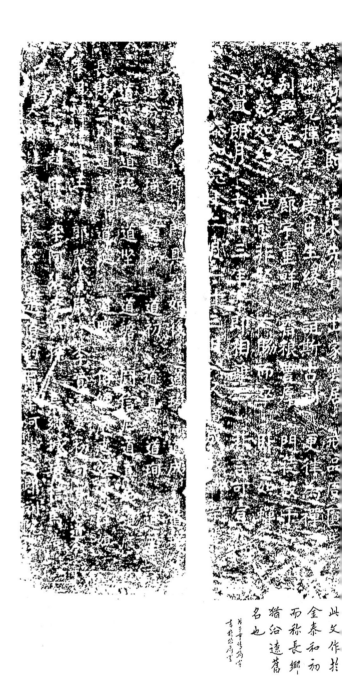

谦公法师灵塔铭拓本

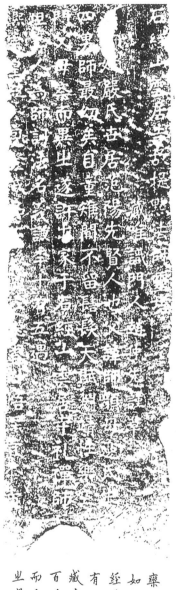

唐故□□禅师灵塔銘

严氏安居，洛阳先贤人也。师最幼失目，□□不留，□家，遂于□□山礼禅师……

……中年已来深禅，道遇柏山宝老禅……大定二十年有□院大众，请……信以施者重修……至□改徒历西序东厨□然，增□门志众安居……藏其……

屡罹法雨……二不听者忘归者严……承安五年三月二十七日……物中今举一龄，可临行……呼门人……全不可思议，且道唤箇……收骸骨伏□山之石……王造塔……一众……师行状……

李何即剡／李河东夕／琉璃河古／今良乡居／良乡府而／祈律府而／改名长乡／金属□□

篆而童稚／作雄师作／帠又与六／书不合文／云长乡城／羲井院幸／何灵严幸／皆请为至

窣刋之□／如古镜／经幢中□／有之品／藏碾几□／百通佳／业字从小／而巳文山

謹公瑨／在居山／居寺趙／先撰篆／下有華／佛母真／生天真／以梵文

別興庵舍　廊宇重鮮　齋粮豐厚　門徒數千

如影如幻　世態非堅　右脇而卒　臥蛻如蟬

清風朗月　七十三年　即相離相　非言可宣

金泰和元年二月二十三日門人道成等建

□□法嗣□禪沙門具列如後　道琳　道成　道璞

道玢　道琦　道瑀　道初　道真　道珣　道玉

道琛　道玘　道堅　道蟾　　圓信尼道真尼道應

長髮三人道琮　道珽　道瑛　俗侄嚴志侄女降姐

本里壇信等王八郎嚴斌嚴玲李贇王彥初句百忠道秀

李仁初趙守忠李阿張李阿孫長鄉城壇信馬浩

陳大郎趙秀才張忠信趙伯鈞王四郎李河崔三郎劉院使

谦公法师灵塔铭录文

謙公法師靈塔

準提佛母真言（附梵文未錄）

生天真言（附梵文未錄）

石經山雲居寺故提點法師靈塔

藏唯識門人趙仲先謹草

師姓嚴氏卋居范陽先賢人也父諱師顏母邊氏生

四男師最幼矣自童雅間不留髻髮天賦淵清性樂空

門父母察而異出遂許出家于石經山雲居寺礼禪師

坦上人為師訓法名義謙秊十有五週

熙宗皇統恩登戒品下後隨方德習妙悟諒旨本寺

屢霑法雨敷法三祀聽者忘歸看華嚴經百部寸陰不

輟中秊已來叅禪入道遇栢山寶老禪教雙通大衆請

為提舉寺事靡不推重大定二十年有茲院大衆本里

壇信以施狀請匡攝荒藍帯至日改律為禪罄巾錫衣

□兼化隨心施者重修廊宇別建僧庵西序東厨煥然

頂新皆叅道力特誘華嚴經邑門徒衆僅數千供給齋

粮未曾有闕香厨飲膳豐餘安居二九載矣法師高超

凡聖平昔無分文蓄貯岐陽開化寺長鄉城義井院李

河靈岩寺皆請為提控宗主嗚呼浮卋非堅忽示微疾

承安五年三月二十七日呼門人等全不句思爹卥頌

曰古言一物中今舉一氎可臨行分付諸人且道喚簡

什麼具門人等哀痛無已螺鈸幢傘緇白二衆勿知其

數茶毗後收師靈骨伐它山之石命工造塔緒師行狀

千分之一俾仲先紀事書石仲先諾乃孤陋寡聞以文

見囑于何敢辭銘曰

王婆婆墓幢　泰和元年

王婆婆墓幢拓本

幢石仅存幢身，原存于北京市平谷区黑豆峪村碑林。幢身高 46 厘米，为汉白玉石质，八角直楞形。八面施刻，汉文
正书，竖刻 24 行，满行 22 字。石残泐剥蚀严重，漫漶不清，可辨题记文字约 340 字。据墓幢首题记载亡者王婆婆为
金中都大兴府蓟州平谷县人。尼圆定立石，孙□祥刊石，撰者失载。此幢文字内容和书写俗劣，脱衍字时见，今据拓
本录文。

　　　　　　　　　　　　　　肆 · 遗物

大金中都大興府薊州平谷縣故王婆婆墓礶記

□□□□者妻姓劉氏廣陽縣□人也□長適大金

□□王公如生五子女四人長女為尼法名善惠住

鎮尼香林寺次女□哥適郭南梁氏子名興次三女定

哥孫氏子名甫次四圓宅哥尼亦住香林寺男一□秉

□□舉妻張氏生女引業媽□裏□男校尉顏伯王次

□汝舟其婆之夫後因偉然出家劉氏□居貞

□□□□□□□□□□□□□□□

□□人建大定十四年八月二十七日迺于

□□□□□□□□□□□□

□八十二至泰和元年四月初六日男革泪女圓定葬于

縣西南隅宜平原野招父之冤設像同母合祔而葬焉及

□毗盧灌頂真言于其上以集其福故粗紀其年月爾

若赦一切亡靈者應誦不空羅索毗盧遮那佛大灌頂□

真言謂若有眾生具造十惡五逆四重諸罪數如微塵滿

□世界身壞命終墜諸惡趣□此真言加持土砂一百八

□遍散亡者屍上骨上或至塚上□所

□生修難寺中以比丘□通威力加持也

□光明□身除諸罪報捨之苦身往□西方□樂國也

□花□□□更不墜□□□

□□左□摩賀

惟□□□年廿□□

大金太和元年岁次辛酉四月癸巳日六日記□□□辛時葬

男　鄉

□平谷縣香林寺主持尼圓定□建

□人石匠孫仲祥刊

王婆婆墓幢录文

广公禅师塔记　泰和二年

广公禅师塔

广公禅师塔局部

幢立于北京市房山区云居寺内，立于金泰和二年（1202年）。幢通高300厘米，为汉白玉石质，八角直楞形幢身，分上、下两层，中层浮雕八座佛像，上层幢身高100厘米，八面施刻，正书，竖刻记文23行，满行20字，字径3厘米，泐蚀严重，中间部分磨灭殆尽。额题"广公禅师塔记"六字楷书，字径5厘米；额下竖刻佛教偈语四行20字，字径3.5厘米。记文行格疏朗，书法俊逸。沙门惠谈等立石，撰文者与书丹者泐失。今据拓本录文。

广公禅师塔记拓本

廣公禪
師塔記

若人欲了知
三世一切佛
應觀法界性
一切惟心造

師諱名廣字則未聞也大興府武清縣蘇氏之子
生而有異年始焉□少語寡為舉止沉厚惟稚之
聞下焉□□堂喜□脫俗自落髮以來稟具奉
持極甚厭肅既□天資□□□言□光詔曲
之後習念得經業通利于明昌元年比試受具足
戒此之後大眾見師發言有異佛事炳煥□□
推舉□□□□□□勞講禪□□事卉照□□□以
□□□□□□□□□□承安五年十二□□□

□泰和元年十月二十二日□逝□行
□□□□□□□□□之□以鄉□之
十八僧臘□□□□以□之□將定
□□□志堂法焚化于□前山陵泰和二年十月二
十二日葬于院□之右西峯之下門人惠談事具
言師生平本末求予為文僕自思不才推讓不已
採師之遺德聊以強為之記以刻貞石用傳不朽
云爾
泰和二年十月二十二日門人惠談等建

當寺法□監寺沙門　即琳同立
門人惠演

广公禅师塔记录文

了公长老塔铭　泰和四年

了公长老塔幢

了公长老塔铭拓本

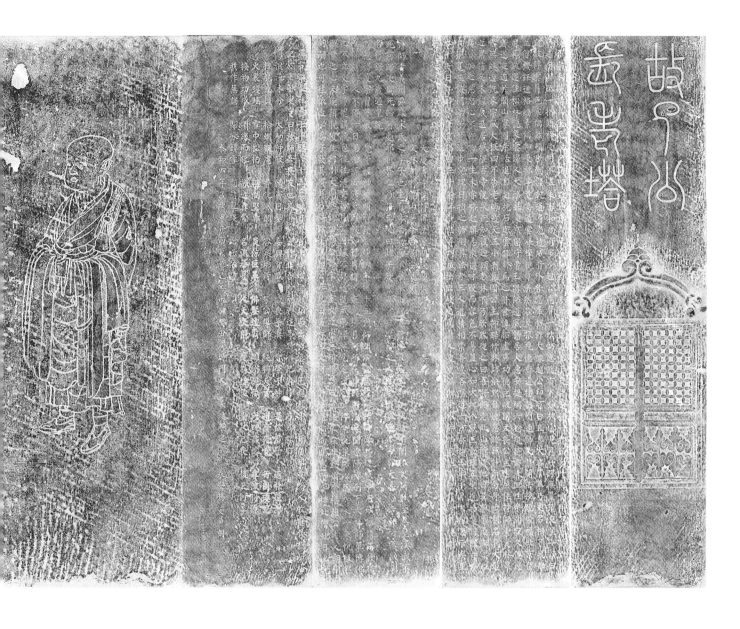

幢立于北京市门头沟区潭柘寺塔院，金章宗泰和四年（1204年）建。幢为汉白玉石质，通高400厘米，幢身高136厘米，六角须弥座，束腰处雕兽头上为圆形仰莲台。幢身南向的一面上部篆书"故了公长老塔"6字，字径13厘米，书法方整圆劲，功力甚深；下部浮雕菱形及卷云纹饰门窗。此左右二面各线刻一僧尼人物像，面目刻画生动，服饰及形体动作写实，是研究金代僧尼服饰的形象化资料。其他三面刻文，先序后铭，首题"第九代了公禅师塔铭"，正书竖刻30行，满行46字，字径2.5厘米，书法秀丽劲挺。序文记了公长老本义州弘政（今辽宁省义县）人，幼出家，钻研禅学。金章宗明昌年间应宗室贵人之邀主持潭柘寺，其间对寺院进行大规模整修，此后又相继担任天王寺、竹林寺的住持，在金中都（今北京）朝野间声望很高，被公认为是临济宗代表人物，泰和三年（1203年）圆寂于潭柘寺。撰文者桑稣叟，书丹者名字泐损，刊石者杨文昌。另篆额者"文林郎前龙山县令吕景安"，系金代中晚期大兴府著名的文人，吕贞幹之弟，在本书所录《吕贞幹摩崖题记》中有所涉及（详见该题记说明）。今据拓本对录塔铭。

我作蕉词　彫冰镂雪　刻诸翠琰　以示来哲

接物功成　顺缘而化　识返真常　名流华夏　人天矢照　□□□　斯人已丧　后死何寿

泰和四年岁次甲子四月己巳二十日癸丑庚时门人　善琼等建　永安杨　文昌　刻

了公长老塔铭录文

第九代了公禪師塔銘

大慶壽寺住持傳法沙門德順撰

文林郎前龍山縣令呂景安篆額

桑穌宓書

禪師者義州弘政宋氏之季子也生有奇瑞幼而不羣舉止端重行必直

死何歸便問死歸何處耶祖異之乃語其父曰此子發言異常非塵俗之人□□□□□□歸依本郡大嘉福寺祚公落髮訓

名行録九歲遇皇統

霈恩得度宗習華嚴圓覺等經神機明解發於妙齡年才十五代師開演□□□□同學共遵咸平右城繼請講授循

循開誘誨人不倦一日忽念經云多羅教如標月指經既為標月何所在□□不法尋聞遼陽禪剎有大導師單傳佛

心不立文字乃罷講腰包徑往清安訪月公因緣不契遂造咸平禪林見定公定公禪令悅衆師以德加人一衆悅服然

解會之心未能穎脫復往錦州大明參誘公誘公命掌記室久之亦無所得誘曰汝緣不在此懿州崇福超公老人明州

的嗣也可往依之必為子發其奧耳乃拜辭遶謁超公一見云叢林主來何暮仍□維那向明下窓安排此僧他日必光

煥吾宗未幾請為座元晨夕諮叩雖飽未尚未所□因有居士請益俱胝于天龍處得一指頭禪一无受用无盡師□

謂遶問俱胝一指頭禪受用不盡未審和尚有多少超公應聲一吹師忽然有省如披雲見月欣躍無量須臾呈一頌曰□

窺破浮雲月色寒偶然頓歇骷髏乾通身光透威音外普應羣機作大緣超公印可曰且喜大事了畢乃更名相了衆舉

立僧機鋒逸格緇素傾仰秉拂事竟嘉遁雲峰禪悅自樂然名翼振飛德香遠播懿州連帥敦請開法接踵崇福北京留

司具疏遷住松林龍象歸人天蟻慕東京留守曹王嚮師道風請居大惠安提綱六稔規範肅清但性樂聞寂久倦應

對遂夜遁於閭山寧國寺恬退自處枕石眠雲作終焉之計會潭柘林師快然自媿息跡无計歡念身世利名為大道

略無辭遜既來宗風大振四年告老晦其法者三人道積相崇善惠各唱道一方泰和三年十月末旬忽示疾至

之累矣未經歲退居城隈古寺龍泉既知迎頤老林下乃欣然從之曰吾將終老此山所謂他日莫離舊處師稟性

純質加之慈恕心不忤物一生未嘗略之語弄巧成拙岐更為諸人重重漏泄本來無法與他人依□清風伴明月□

不務夏畦誨弟子皆退步究理日損之語嗣其法者三人道積本□山□

二十七日午時索筆書偈曰三十餘年説法弄巧成拙臨岐更為諸人重重漏泄本來無法與他人依□清風伴明月□

□□右□往壽七十□□十三茶毗日有百千蝴蝶自烈焰而出祥雲五色現於尘上牙齒不灰門人收靈骨樹石塔

求記於重穌誨旨汝師吾畏友也其□德密行非吾所知聊述事迹□記□特耳乃為銘曰

混沌未分　太初沖寂　情寶曰鑿　妄興智識　識喪乎真　智勞于神　是故君子　返朴還真

泰和八年经幢　泰和八年

经幢建于金泰和八年（1208 年）四月，现只存幢身。
幢身高约 70 厘米，为汉白玉石质，八角直楞幢形。
三面题记，其余五面镌刻经文。现存于北京市平谷区
上宅石刻艺术馆。

今据拓本可辨识题记文字为："□福禅院僧□年二十五
岁末出家"。

"年五十九岁修习□闲经录无不通解泰和八年四月日
建石塔一坐"。

"僧道义　徒弟兴严奴寺□□"。

泰和八年经幢拓本

宗主大师塔铭记　大安二年

宗主大师塔铭记拓本

大金國中都東通州西道院　宗主大師塔記

師諱省詮潞縣南古村人也俗姓王氏自童幼間忠樂出家
禮龍興寺僧惠廣為師三十歲受具遂迤躬親師友遊歷訪
安次于西道院匡宏為師正二十年間□□□衣未并□隱大
安元年十月二十一日身故年六十一歲門人□濟奴特慎
選吉辰欽修已收其遺□於十院□塋建石塔一坐以最
勝陀羅尼神呪祚憑聖力資薦覺靈恒游祇樹之園遠證菩
提之果祈之巅矣琛公長老謂之讚日
詮公大師至性孤潔行若冰□□同秋月鏡智懸前兮
森羅齊現發真歸源兮佛眼難窺夜來數陣催花雨匝
地有風□衣伐

法弟智明　院主智深
智舉　弟子定嚴奴　智元

大安二年三月初□□水□德升書丹　高德用刊

宗主大师塔铭记录文

石塔幢身汉白玉石质，八角直楞形，高约 70 厘米。八面刻，两面为题记，六面刻梵文与汉字相间的《佛顶尊胜陀罗尼》经文。题记正书竖刻 13 行，满行 23 字，磨蚀较重。首题"大金国中都东通州西道院宗主大师塔记"，金大安二年（1210 年）三月刊立，□水□德升书丹，高德用刊石，撰文者失记。记文先序后铭，叙宗主大师为潞县（今北京通州）南古村人，俗姓王，三十岁受具足戒为僧，于大安元年（1209 年）12 月示寂，年六十一岁。今存幢身于北京市通州区文物管理所，今据拓本录题记。

玉田县醋务都监大公墓幢　大安三年

玉田县醋务都监大公墓幢

二十世纪七十年代出土于北京市丰台区郭公庄大葆台一号汉墓南部封土内，金大安三年（1211 年）立石。石为八角直楞形，幢身高 49 厘米，直径对角线长 20 厘米。幢 5 面竖刻《归命同大悲心陀罗尼》梵文经，一面篆书两行竖刻"大金故承信校尉守玉田县醋务都监大公墓"18 字，后镌墓主之弟"武德将军守单州单父县令大邦基立石"。此石铭文分三部分，行文简括：首题可代圹铭，末尾则刻纪年并记立石之人，经文幢石相合以为逝者祈福，推测应是立于墓主茔前具有多种功用的刻石，它反映了金代中晚期社会上丧葬形式中世俗与宗教结合的程度。考醋务，为金代所置专项贸易的收税机构，州、县皆置务，关、镇亦或设置，视其大小或专置都监，或由县令或佐贰之官兼领。考此墓主"大公"即应是专置。承信校尉，为武散官正七品上。又检《金史·百官志》三，都监一职系监当官，为正八品。另，大氏，女真人姓氏，或谓出于渤海。墓幢现存于北京考古遗址博物馆。今据拓本录文。

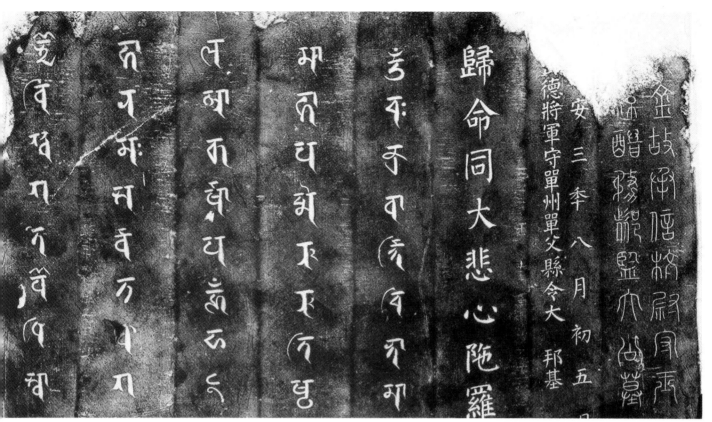

玉田县醋务都监大公墓幢拓本

玉田县醋务都监大公墓幢录文

中都竹林禅寺清公塔铭　至宁元年

幢石位于北京市房山区上方山，金代卫绍王至宁元年（1213 年）七月十五日刊石。现仅存幢身，幢身高 65 厘米，下部略残，八面刻，第三面全泐。正书，竖刻 40 行，满行 24 字。张□撰文，书丹者失记。铭文记载了中都竹林寺第十六代住持庆清禅师的生平。禅师为汾州西河县人，俗姓席。十岁在本州崇仁寺出家，拜善会为师。后又至栖隐禅寺拜秀公为师，复又礼竹林寺海公为师，后任竹林寺住持。塔铭中记崇庆元年（1212 年）十一月二十五日，金皇帝卫绍王完颜永济赐"钱钞二万贯、麦四百石、粟三百石、盐一百袋入寺赡众"，记录了金末朝廷崇佛的事实。今据拓本录文。

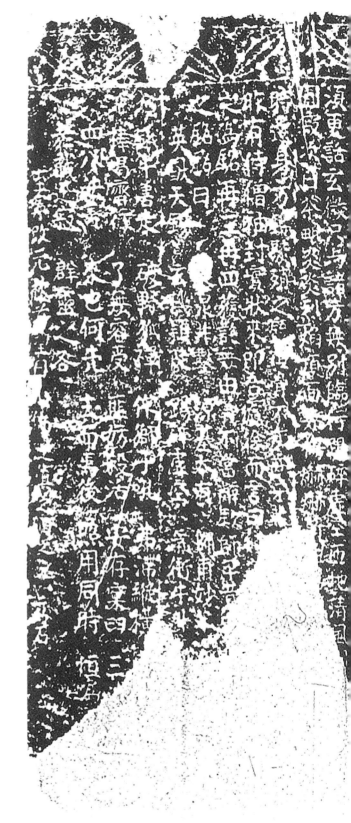

中都竹林禅寺清公塔铭拓本

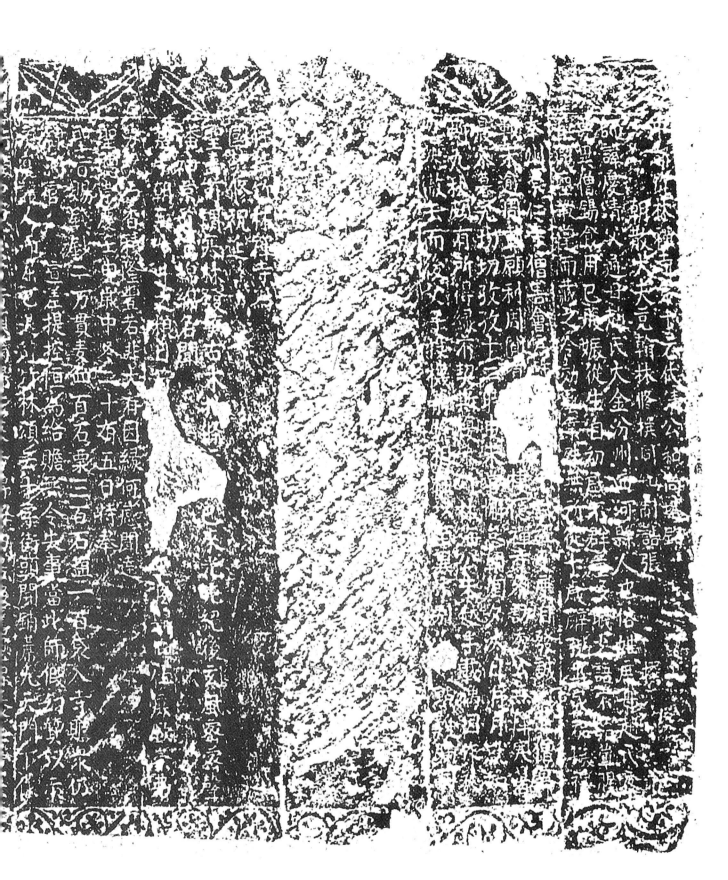

中都竹林禅寺清公塔铭录文

陰安固宜有所歸遂書遺偈曰三十二年電掣了無一法施設□
須更話玄微只與諸方無別臨行踢碎虛空匝地清風□□
圓寂次日荼毗炎炎烈焰頂面無傷㷊㷊薪□□□□□□□□
時遺身方□聚殖之□頂骨不□齒牙弗□□□□□□□□
昨有侍僧袖封實狀來叩吾盧徐而言曰□□□□□□□□
之為銘再三再四獲託無由義不當辭歎師平昔□□□□□
之銘銘曰　□泉非鑒　源基本有　師甫妙年　□□□□□□
英猷天錫　玄機穎陡　踢碎虛空　氣衝牛斗　□□□□□
鐵牛善走　破野狐禪　作獅子吼　弗滯縱橫　□□□
棒喝齊行　了無容受　匪妙殺活　安存窠臼　三□□
四八法壽　來也何先　去而焉後　照用同時　恒為
於戲迅寂　羣靈之咎　佛之真之□之
至寧改元秋□望日□佛之真之□之　立石

中都竹林禪寺第十六代清公和尚塔銘

朝散大夫充翰林修撰同知制誥　張□撰

師諱慶清父通父趙氏大金汾州西河縣人也俗姓席母趙氏夜

夢異僧錫食用已腹娠從生自幼戲不群多眠少語不茹葷腥

□觀聖教掌而藏之令效藝業殊無所從十歲辭親出家祝髮禮

本州崇仁寺僧善會為師□□十七試經得度自發誠心筵僧萬

數未逾周載願利用圓有□仰山棲隱禪寺參訪秀公無憚寒暑

晨參暮究切切孜孜十二時中未嘗懈怠朝淘夕汰日將月就如

斯九秋頗有所得緣不契斯復參竹林海公未越半載偶因作禮

忽然徹去而後父子投機箭鋒相柱以至異宗別□□點難□嗣

住持竹林禪寺為

國焚修祝延

聖壽可謂寒林發□古木□條□已來光先絕後玄風密密聲

播神京道□綿綿名聞

禁宇朝無□□之根日荷□□□□王臣歸仰仕庶欽崇弗

勞緣丐香積隆豐若非大有因緣何感聞達

聖旨賜錢鈔二萬貫麥四百石粟三百石塩一百袋入寺贍眾仍

聖聽崇慶壬申歲中冬二十有五日特奉

隸為官宣差提控恒為給贍無令失事當此師假幻質以示

疾寔讓人而屈已退辭竹林頌云十字街頭開鋪蓆九天門下作

祖玄塔铭

祖玄塔铭刻石

刻石原位于北京门头沟区斋堂镇沿河城办事处北山坡间，据传此塔坐北朝南，砖砌六角须弥座，上刻"卍"字花纹，三檐转角斗拱为三踩单翘，每边宽108厘米，通高400厘米，塔前有篆字铭文"通悟大师玄公灵塔"，下有两扇砖门，后有两扇砖窗，塔右侧刻"德兴府礬山县圣泉柏山寺故通悟大师玄公塔铭并叙"。石2块。汉白玉石质，均长50厘米、宽42厘米。计刻文40行，字多漫漶不清。进士王庭瑶撰并书丹，元宪宗七年（1257年）三月弟子宗主道理建。塔记先序后铭，叙大师"讳祖玄，通悟乃师号也，亦号龙溪老人。俗姓杨，祖居本土人也"。幼礼花严大师受戒。"本府官众请师住持法云等寺"，完殿宇圣像。"兵革之后大师德居于他所实为愧也，况乡中古刹皆已煨烬""书状再三请

祖玄塔铭拓本

师……至于重新诸圣之法像，再纽白莲之社众。乃朱窝、结石、大明等寺复得修完，皆师之德力也。"又记"师大定二十五年十二月二十五日生，至乙卯年（元宪宗五年）三月十七日遗颂，辞其大众"示寂。柏山寺，创于唐，金元之际属德兴府礬山县。又据房山孔水洞万佛堂所存《重建龙泉大历禅寺之碑》，内记龙溪老人于庚寅年（1229年，为金正大六年，当时金中都已陷于蒙元十五年）曾感慨兵革战乱和沧桑之变，叹佛殿荒圮，征工丐资，重修大历禅寺之事，可知祖玄确系金、元交替之际的一位高僧。今塔已毁，刻石现存于北京市门头沟区文物管理所。今据拓本录文。

道明　道琪　道珂　道璘　道玟　道理

道現　道瑰　道瑞　道璟　道璣　道珊

道璊　道珢　道珪　道顯　道玘　道玲　道璉

·　道珀　道珩　道琉　道琓　道琟

嗣法比丘尼　道□　道善　道逈

嗣法孫

義聚　義初　義德　義深　義朗　義具　義海

義秀　義增　義全　義璞　義圓　義聰

功德主提控韓貴楊德□　提控申伯通

宣差判公開男劉滿　永福元

楊林　李氏　主藏母韓氏

乙卯年三月二十七日嗣法子宗主道理等建

進士王庭瑤撰并書篆

□忠張岱

祖玄塔铭录文

德興府蔶山縣聖泉柏山寺故通悟大師玄公塔銘并叙

師諱祖玄通悟乃師号也亦号龍溪老人俗姓楊祖居本土人也生而敦

實賦性聰明幼礼花嚴大師出家其於教也不待尋行數無而通其於禪

也不待拈□竪拂而悟花嚴大師乃默而奇之賜号曰通悟及其壯也遊

歷四方見之者無不欽服劍曰師之□□一有模範師之書寫字字有

規式至於降措□□皆異於人仕雲燕之間鮮能及者值兵革之際天下

大飢人皆艱食賴師恩育而得全活者衆及其甫定蒙本府官衆請師住

持法雲等寺而乃復完殿宇重新佛像未及完備間有□中宮衆韓公

曹公輩迎相謂曰兵革之後□師德居于他所實為愧也況鄉中古刹皆

已煨燼乃彷徨而不忍見今欲復捨通悟大師之德力無有能者乃修

書狀再請師師以鄉間之故難以他辝乃居於此至於重新

諸聖之法像再紲白蓮之社衆乃朱窩結石大明等寺復得修完者皆師

之德力也迄今人皆彷之戊申春蒙　授紫衣師号全無矜色自是之後

祝賛之礼愈恭焚誦之心益厚使四方龍象聞之靡不踴足引領企仰者

也師大定二十五年十二月二十五日生至乙卯年三月二十七日遺頌

辝其大衆而終頌曰七十有二載虛度過一生五蘊已皆謝地水及火風

万法無實体諸緣尽是空歸去便歸去明月與清風又曰臨行珎重諸人

開眼净對虛空及其殯也天色晴明彩雲屢現祥風遠生使數尺靈幡崛

然而起於空中離地約百餘丈見之者無不駭然次日灰烬煙滅得舍利

許多其圓明不讓於隋珠弟子理公輩曰此僧家之常事不可矜行然不

能違時人之心乃分為二分一分奉歸大明一分奉歸於此一日理公弟

託本縣僧官瑋公求文於□□昧師之成德乃摭□實而為之□銘曰

偉矣玄公　賦性尊崇　禪無不悟　教無不通

兵革之後　有德有功　七十二歲　遺頌而終

及其殯也　祥靄嫭幪　風幡一舉　冉冉騰空

洞子廷出　不遂宗風　無蹤荅工　傳之無窮

□□禅院首座幢

□□禅院首座幢

幢石为辽金时期遗物。八角直楞形，青石质，仅存幢身。幢身高110厘米，正书竖刻，书体俗陋，且剥泐过甚，仅数行略可辨识。现存于北京市密云区图书馆碑林，为今据拓本录残存题记。

禪院首座碑記
□公首座本縣人也俗姓劉氏年至三十有九之歲悟世非真志樂空門辭母
妻猛利出家於本寨慈氏院此歲主為師訓名圓成四十有一具戒□□□
永□方通□業□□門□二□等□□□建（下泐）
□□□□師以計常住□有地主建□□屋舍七十二間上堂僧衣
四十八□（下泐損）
□□十萬　若有善男和善女□誦耳聞□□□禪院代生　悉□□□心□若□

□□禪院首座幢録文

□□禪院首座幢拓本局部

榆树庄金代墓幢

榆树庄金代墓幢

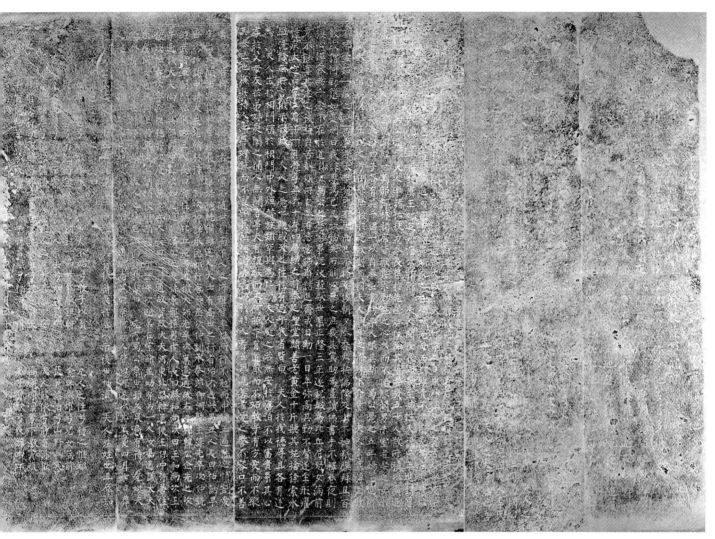

榆树庄金代墓幢拓本

此幢为八角直楞幢，汉白玉石质。今只存幢身，上端略残，幢身高 127 厘米，周长 216 厘米，上下边沿刻双线纹。六面刻题记，其余两面刻梵文，正书竖刻。前经后记，经文计 7 行，满行 31 字；记文 45 行，满行 40 字。梵文 16 行，满行 26 字。铭文多有损泐，多处已漫漶不清，其中两面剥落殆尽，无法识读。石幢现存于北京市丰台区榆树庄石刻园。今据拓本录文。

蜀公□□□□　　請表扵墓以示後世仲□　　夫人族姪也且辱知

義不可□為之□日

□□□□□
□女孝無□兮婦　　夫不如兮教子以賢　　凡人之性兮行之惟艱
□夫人□兮不□□　　封一品□銀軒　　金珠燿燿兮兒女滿前
□凡人□兮為□　　夫人□去兮如□□□　　蔬笋□□兮山野幽寒
□香□兮□□　　夫人之見兮□□□□　　夫人歸依兮靜有餘歡
□精□善行兮□□　　□□兮□大　　□□凜凜兮下激貪頑
□千□□兮永傳　　子孫昌熾兮福流如川　　□□□兮表□幽阡
□□□□□□□　　□□九月二十日

榆树庄金代墓幢录文

天
天　年
具　大　夫人　命　中
慶　年
迺日□号一品婦人之
元年□封虞王妃迫□潘公□館　夫人聞喪哀□
□先母而封雖貴不順是
至滅性天德二年進封增
夫人率諸□扶力奉喪葬於先塋婢僕□其籍□幾五十人散所積以廣追
一萬部禪林講□皆厭其求□施之心以而不倦□闕男未室者娶之女未
四子各有其一留一以自區書□平人□其斷　蜀公薨之五年煬王追削
之号□降授於是改封蜀國夫人與奪之際殊不介意　夫人素慕浮圖教
不嗜葷茹一歲之中齋□者太半冠□取□而已不務華□朝夕奉香於佛像及上下神祇膜拜且百
數或謂何勤懇如是則曰我非專為已凡一物失□則必禱之庶幾其冥助焉書讀佛書手不釋卷夜則
捷心禪寂無一年不在於道目　蜀公之薨家事既決益厭世累正隆三年遂祝□為比丘尼兒女滿前
竟不能奪其忠尔後益自苦刻傾所自奉者悉意佛事精進齋戒日勵一日年弥高其勤不替遂至形癯
得疾大定四年二月十一日薨享年六十有四屬纊之前奉延聖堂頭善老黃金十斤聽其施捨徐索水
盥洗餘無□言儀示寂滅　夫人之薨也親戚哭□□往往有過乎哀者皆曰　夫人於我德厚且各有述
焉　夫人生於相門嬪於相門中外炬赫族類罕與為比　夫人處之若無安於澹泊不以富貴累其心
孝於父母友於弟妹庭闈之閒人無閒言事夫有禮敬而不阿撫下有道嚴而不妬教子有方愛而不縱
其奉已也廉其待人也厚好施而不望報其陰德□善□功利於人者甚衆見善者愛之譽不容口不善
若將□焉所與□者有常不隨世利高下人之所難皆率性而行不勉而中晚年酒□忘情割愛
世間法究其平生操□豈惟婦德純備雖達人大士有高世之行者殆不過此男五人長曰仲誚早
世次仲誨中靖大夫□翰林待　制次仲詳承德郎行唐縣丞次仲訓承奉郎柳河縣主簿先卒次仲詵
經武將軍閣門祇□三□長曰寶性為比丘尼号通微大師先卒次巢蓮適故右丞相韓公企先之次
子通議大夫尚書□部郎□次如兒適　潘公之長孫景龍孫男七人長曰蔡和尚次曰王和尚次王
次仁壽次寧壽以德□次□壽孫女五人長曰□適故資政大夫河東北路轉運使王保中孫善住
□虞國女□□□□上將□東□□次迎弟在室餘並幼有弟一人汝嘉通議大夫
□□□□□□□門使龐顯□

石函

冶仙塔舍利石函　重熙八年

冶仙塔石函盖拓本

台仙塔石函四侧面拓本

石函在 1988 年秋出土于北京市密云区东五里冶山上的一座辽塔地宫内。石函长 47 厘米，宽 34 厘米，高 31 厘米。函盖厚 10 厘米，上面以界格分为三区，每区均线刻缠枝牡丹花纹，盖的四个侧面刻卷草纹。函身两侧和前顶三面线刻菩萨像，计 9 尊，其中一面刻二僧人侍立，中间雕脚印一双，上有祥云飞起。佛像皆头饰圆光，手印与动作各异。此函纹饰，构图和谐，雕饰精美，为辽代线刻中的佳作。另据《密云县志》载：城东冶山上有塔一座，建于辽重熙八年。据此推定此石函刊制于重熙八年（1039 年）。石函现存于密云博物馆。

石函　　　　　　　　　　　　　　　　　583

房山北郑村辽塔石函　重熙二十年

房山北郑村辽塔石函拓本

石函在 1977 年 6 月出土于北京市房山区北郑村一座圮塌辽塔的地宫内，辽重熙二十年（1051 年）刻制。大理石石质，长 79 厘米，宽 52.5 厘米，高 54 厘米。函盖为盝顶式，因塔向南倒塌，故石函也向南倾斜约 45 度。函右侧面刻铭文"重熙二十年岁次辛卯三月壬子朔二十五日丙子午时葬记"，字迹清晰，书法严谨厚重。其他三面雕饰彩色花卉：前后两面分上下两层，上层由花卉、流云图案组成，下层浮雕花朵绣球图案。左侧面也分两层，上层饰花卉，下层浮雕花朵、绣球。函盖底边由彩色花卉组成一周花边。色彩鲜艳、雕工精美，铭文与花卉相互衬托，构成了一个协调的整体。

重熙二十
年歲次辛
卯三月壬
子朔二十
五日丙子
午時葬記

房山北郑村辽塔石函录文

大悯忠寺观音菩萨地宫舍利石函记　大安十年

恭聞應物為現，利樂無窮者，大聖觀音。有

竞從功德，巨測者靈蹤。舍利金石所載，首胨

收存善製，肇紀臣社會萬人，金玉之資，歡

當心塑百尺水月之像，將圓淨寶相，先

化檀那近百千家，獲舍利餘一萬粒，異

遺貯以石函，圓淨琛然，是為神異，所食封

無間之獄，福洽有頂之天，良因不虛，巨利斯

在上願

我國家二儀齋於聖壽，雨耀等於文明，三寶

長隆四方，永肅八難，除一十四種之怖畏，四

生見三十二應之威神，獲圓通之法門，願大

作於佛事，大安十年歲次甲戌閏四月辛未

朔二十二日壬辰甲時

功德主燕京管內左右街都僧錄崇祿大夫檢校大師行溫臚

卿聰辯大師賜紫沙門善製□□□□□□篆中書

燕京大憫忠寺觀音菩薩地宮舍利石函記拓本

大悯忠寺观音菩萨地宫舍利石函记录文

燕京大憫忠寺觀音菩薩地宮舍利函記

恭聞應物為現利樂無窮者大聖觀音有感

克從功德叵測者靈蹤舍利金言所載寶牒

攸存善製肇紕巨社會萬人金玉之資欲滿

宿心塑百尺水月之像將圓寶相先實地宮

化檀那近百千家獲舍利餘一萬粒封以金

匣貯以石函圓淨璨然寔為神異所奠光徹

無間之獄福洽有頂之天良因不虛巨利斯

在上願

我國家二儀齊於聖壽兩耀等扵文明三寶

長隆四方永肅八難除一十四種之怖畏四

生見三十二應之威神獲圓通之法門願大

作於佛事大安十年歲次甲戌閏四月辛未

朔二十二日壬辰甲時

功德主燕京管內左右街都僧録崇禄大夫檢校太師行鴻臚

卿聰辯大師賜紫沙門善製　門人義中書

石函存于北京市西城区法源寺悯忠台，记石边长 59 厘米 ×58 厘米。楷书竖刻文 16 行，每行 3—17 字不等，书体为大楷，丰美健壮，气韵醇厚。记文内容主要是为国祈福，光大佛法。僧善制撰文，僧义中书丹，刊石者失记。多种史籍对此函记文有著录，今据拓本录文。

傅章石函题铭　乾统七年

傅章石函题铭拓本

出土于北京市西郊，辽乾统七年（1107年）闰十月刊石，二十世纪五十年代存于原北京市文物研究所，旧存北海天王殿。石函高26厘米，宽100厘米。四面饰卷云纹和卷草纹图案，五面镌刻《佛顶尊胜陀罗尼经》文，均汉字正书竖刻。铭文刻于石棺前端，款为"乾统七年闰十月二十日丙时建"。

房山天开塔舍利石函铭记　乾统十年

房山天开塔舍利石函

1990年发现于北京市房山区岳各庄天开塔地宫内，乾统十年（1110年）九月建。汉白玉石质，通高160厘米，函内藏一水晶瓶、瓶内有佛舍利五枚。从造型上看，石函是作为一座砖石结构小塔的一部分而存在的。小塔共九层，由上而下的顺序为：须弥座两层、八面束腰、双座仰莲据、石函、仰莲、九重相轮、仰莲顶、宝珠刹。须弥座前侧刻有捐资建塔人姓名。盖与函四面均刻有铭文，僧慧冲撰文并书丹，韩孝成刊石，记载了僧法云等人重葬良乡护世寺法询大师舍利的过程。石函现存于北京市房山区云居寺。今据拓本录文。

房山天开塔舍利石函拓本

五侯村　周信達　周議深　周克謹
謝净　謝信　周俊
崔仁被　王恒俊　崔千

樂深村　楊詮
劉昭慶　孫文質　劉銖　劉公裕
劉昭吉　葛顔　岳仙　劉詮
宋清　張清　岳詮
呂公亮　呂仲貴　董辯

元公慶
村　劉謂
張公語　張約　張僅　甘池　張思孝

楊涓
張公翰　王知儒

北金合
瓦井村　周秀　賀秀　劉師鑒
周清　鄭常　周子言

七賢村　成為貢
曹張村　王永　王嗣融
次樂村　梁楫　西董村
南金合　王詮　闞簡
丁仲顔

支盧村　張十公
打塼　王忠言
王顔

（第五面）
統九年二月二十三日僧法雲
并本地首領劉銓等同共
申縣司當日知縣郭北部
便來洞內頂戴燒香畢
開覯舍利一十五粒存在獲時
轉申留衛蒙留守出台二日
却令比部親自送舍利一十五
粒赴朝廷去訖自後不過
十日內有當村孫文質楊銓并
同家僧却於塔遺址處因

（第六面）
□土獲得應化舍利一粒
自後於所盛着舍利水晶瓶
內即漸增胤顆粒約一月內却
到一十三粒每夜人來隨喜
或現直光燈光金塔形像者
多遞相歸仰其洞家僧
并當村人劉銓葛顔

（第七面）
等為見如此欲再建靈塔共
請到五侯村劉孝貞為都維
那崔文千周義遠周義
深謝俊次呂村刘謂張恒
陶濟及請到側近左右遠近
村坊并四眾共辦此塔其當村
辦石匣底座蓮花腰子三

（第八面）
事人等岳清岳棟岳江
岳仙岳思岳詮岳可行
岳津岳元岳相岳遠岳祥
岳可儒梁慶梁師鑒
陳進岳文援岳可崇
維大遼乾統九年歲次己丑七
月甲辰朔七日庚戌日造

房山天开塔舍利石函铭记录文

嚴陵洞再建塔舍利匣序
于顧聖人示之世也神
儀有軌權化無隅莫限
含靈豈虛願力利濟正
契迦何不在鏡中感器
未從月遠非離水內當
骨於沙岡云香林仙尼
不稱乎元斯舍誰是
釋迦唱於沙界利一
十五粒匣記云藏藝
寺塔緣成辦詢藝二僧

（石函第二面銘文）
匣果辭世門人繼葉至
龍朔三年建浮圖九級
開元七年猶曾修補而
後時深歲遠曠野唯痕
每陰夜光煥為鬼火遇
我大遼善俗樂村劉
詮等于乾統九年二月
二十一日疑掘方扣欻
然降黑風噯雪掣電震
雷內銀匣中慶獲瞻禮
續放異光現無定處由
是歸心者地吼
天鳴聞雷

（石函第三面銘文）
守令良鄉知縣進訖
吾皇復往葬所殊獲一
顆其數日增得十三粒
莫測是由有五侯村重
佛垂抱勇儀應劉孝
貞邑舉為都維那勝緣
大響班工加妙塔度如
眾請予序因直書其事
歲次十年九月八日辛
時藏記韓孝成刻
書撰僧慧衝沙門
共辦講經

融輝

義通

法雲

（須彌座底前側刻文）
梁辛劉興仁
獨樹村張福
慧造石匣底坐
岳文仙梁慶
岳文詮岳文玄
辦底座蓮花腰子
四人共辦王可志
呂仲貴張世安
張世準張世清
張世永李君亮
呂公慶岳師言（下泐）

（須彌座東腰刻文正面）
大遼燕京良鄉縣金山鄉
樂深村西約一里地有古
嚴陵洞北約五十步有
舊塔破損遺址處去乹
統九年二月二十一日
洞僧法雲等因去□□
到昏黃時從西北上有雲

（第二面）
氣
雷聲風聲雨雪法雲等
為見此靈異慮有聖事
迤邐出壙不多時間出着
有一石匣其石匣內開觀見
有一銀匣內有綠餅兒一
箇綠匣上鐫着文字
該說者良鄉護世寺

（第三面）
僧法詢法藝等建辦
此塔至大唐貞觀十三
年三月十三日其僧法詢春
秋七十有五遷化遺囑下
門資令糺僧尼四眾等同
辦至龍朔三年三月二十八日
九級塔成就內有舍利

（第四面）
一十五粒其塔西南約
五步有石碑該說去

宝塔寺佛涅盘图石函　辽

1955 年出土于北京市西城区月坛宝塔寺。辽代刊石，高约 60 厘米，长约 100 厘米，宽约 65 厘米。函身四面线刻佛涅盘图 4 幅，图案布局巧妙，线条颇具旋律感和运动感，为辽代线描石刻中上乘之作。4 幅图上端两侧各阴刻正书铭文二行，可辨识者为："母来霭栉推棺椁前"，"痛心悬□□□耳与全□"，"帝释梵音六欲诸天"，"各赠白氎缠裹世尊"，"顺世无常示生岁相"，"□北面西一从敕肱"。

宝塔寺佛涅盘图石函拓本

石函   595

石碑

三盆山崇圣院碑记　应历十年

碑石现立于北京房山区周口店东厂村鹿门峪的三盆山之阳，原来的碑刻立于辽应历十年（960年），但是辽碑后毁。全碑通高204厘米，宽90厘米，厚20厘米。碑为汉白玉石质，抹角方首，浮雕二龙戏珠及祥云纹饰，方形趺座。碑额横题双钩阴刻"三盆山崇圣院碑记"8字，碑阳正书竖刻碑文20行，行字不等，首题"大都崇圣院碑记"。考今北京在辽代称南京或燕京，在元代称大都，据此可知此碑在元代曾重新刻过，碑额是辽碑原有之题，首题则是元人所改。又碑阴刻有捐资者"檀越芳名"，落款为"大明嘉靖十四年乙未岁二月吉日重立"，可知此碑元后又经明人重刻。碑文记述了辽代僧人惠诚，在晋、唐伽蓝旧址上重建崇圣院的经过。今据拓本移录碑阳记文。

三盆山崇圣院碑

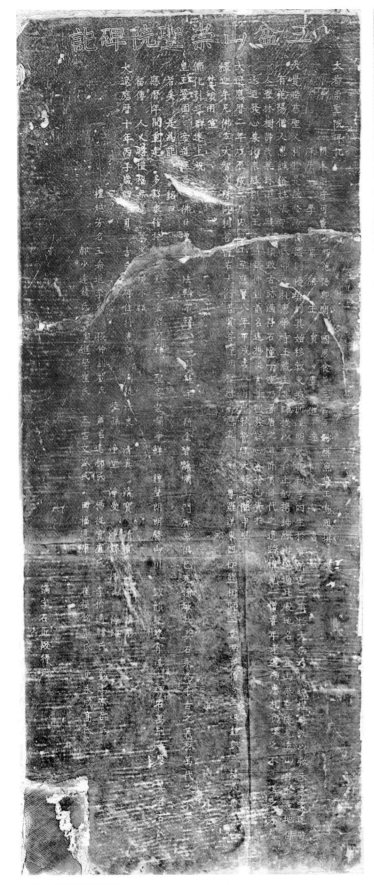

三盆山崇圣院碑阳拓本　　　　　　　　　三盆山崇圣院碑阴拓本

朝奉郎守司農少卿范陽郡開　國男食邑三百戶賜緋魚袋王鳴鳳撰

涿州　學　廩膳生員　盧進達　書

大覺垂慈聖人利物是故發源西國則移教東域則漢明肇其初導四生於寶所運三有於大乘巧使現權之教以救未來蒙迷時

有范陽僧人惠誠俗姓張母孫氏卋歲禮惠華寺玉蔵主為師授以天台止觀攜錫縱遊逕過此處地名三盆山崇聖院見其山名水秀地傑

人豐林樹鬱菓株滋榮殿宇頹毀古跡猶存石幢一座乃晉唐之興實往代之遺踪惟見一僧者年老邁病患相仍嘆之不已嗟之不息

遂迺發心募化衆緣郡公王希道張仲剣蕭名遠楊從實等同發誠心各捨己資於

大遼應曆二年戌辰歲三月内興工至應曆八年甲戌歲八月中秋管理大殿三間中塑

釋迦牟尼佛左大智文殊師利菩薩右大行普賢菩薩兩壁懸山應真一十八尊羅漢東西伽藍祖師三堂兩廊僧舍二楹鐘皷二樓晨昏

梵唄用宣

佛化引導群迷上祝

皇王鞏固　帝道遐昌　佛日增輝　法輪常轉　今則殿宇一新金碧燦爛山門廊廡俱已克備厥此真石永為千古之叢林萬代之不磨

者矣　是為記　銘曰

應曆年間重建　殿宇金碧交輝　聖容燦爛爭鮮　鐘聲朗朗磬山川　皷韻鏊鏊霄漢　碑石萬劫不磨　英名古代

多虧衆信施財

留傳　人人瞻禮福無邊　驚峰靈境不換

大遼應曆十年丙子歲四　月　吉日立碑住持惠誠

同徒清良　清真　清寶　清實　清□　清彤

徒孫　淨堂　淨受　淨鐸　淨山　淨海

檀越芳名王希道李氏　張仲剣劉氏　蕭名遠郝氏　楊從實盧氏　李伯通韓氏　劉字采邵氏

郝少達錢氏　盧進學崔氏　王古文盛氏　田福通康氏　崔福銘樂氏　史永成高氏

鑴字石匠段得聰

三盆山崇聖院碑記錄文

重修云居寺壹千人邑会之碑记　应历十五年

重修云居寺壹千人邑会之碑

重修云居寺壹千人邑会之碑碑阳拓本

碑石现立于北京市房山区云居寺北塔碑廊，建于辽应历十五年（965 年）。碑高 280 厘米，宽 102 厘米。碑为为汉白玉石质，圆首，方趺。碑额篆书"重修云居寺壹千人邑会之碑"。碑阳右起竖刻王正撰《重修范阳白带山云居寺碑》记文，刻文 24 行，每行 7—62 字不等。后附无碍大师弟子智光撰《重镌云居寺碑记》。碑阴刻千人邑首和邑众及僧人题名，字多漫漶不清。《重修范阳白带山云居寺碑》初刻于辽应历十五年（965 年），碑文记载了此前因长期的兵火战乱，使云居寺被毁和寺主谦讽于应历年间大规模修复云居寺的事实，是记叙辽代前期佛教活动的重要金石文献。《重镌云居寺碑记》，记辽统和二十三年（1005 年），王正之子王教出钱重镌此碑，兼叙谦讽"完葺一寺，结邑千人"之事。此碑二文合刻一石，传承有序，历来为研究者所重视。今据拓本移录碑阳记文。

待至慈氏東方震旦燕城西南十餘里維那至雲居寺按范陽圖經智泉寺僧靜琬見白帶山有石室遂發心書十二部經刊石為碑在唐臨冥報記隋大業中沙門智菀

造石經藏以備法滅煬帝幸涿郡内史侍郎蕭瑀皇后弟也以事自后后施絹千四及餘錢物瑀亦施絹五百四朝臣聞之爭共捨施故菀得遂其功　皇朝應歷

十四載寺主苾芻謙諷完葺一寺結邑千人請右補闕瑯琊王公正作碑其文稱最或傳於竹帛或記於肺腑成誦在口者亦眾矣頃因兵火遂致傷缺補闕子諸行宮

都署判官都官員外郎賜紫金魚袋教念先人遺迹出俸錢再修王公與座主無礙大師為心照神宣教以釋智光乃考之執友資也故命述重刊勒之事時

睿德神略應運啟化皇太后至德廣孝昭聖皇帝之二十三年統和乙巳歲八月丁丑朔十一日丁亥記

邑人鹽鐵判官朝議郎行右補闕賜緋魚袋王正述

鄭熙書并篆額

東北方之美者有若燕山燕山之殊勝者有若雲居寺寺之東一里有高峯峯之上千餘步有九室室之內有經四百二十萬言

磴道曲盤於半空擬西方密藏之山則鷲峯龍窟鎮東漢祕文之宅則天祿石渠本自靜琬高僧始厥謀歷道暹追智菀諸公成其事原夫靜琬之來也以人物有否泰

像教有廢興傳如來心成眾生性者莫大於經勒靈篇徹來劫者莫堅於石石經之義遠矣哉藏千萬法垂五百年曾拔宅而此經存海飛塵而此經在粼粼白石寧懼

始皇之焚炭炭不畏會昌之毀致此雲居之寺多以石經為名佛宇經廚僧坊鐘閣材惟杞梓砌則琳珉古檜星羅流水環遶璇提相望門闥洞開其中琢玉泥金

後素作繪般爾之心匠僧凱之筆精皎皎然煌煌然逞巧計工焉知幾萬度材揆室何啻數千故太行之山茲寺為中若以東西五臺為眉目孤亭六聘為手足弘業絶

山為股肱則佛法大體念茲在茲矣風俗以四月八日共慶佛生凡水之濱山之下不遠百里僅有萬家預饋供糧號為義倉是時也香車寶馬藻野縟川靈木神艸絶

赫芊綿從平地至於絶巔雜沓駢肩自　天子達於庶人歸依福田維摩互設於香積戒於米山面□者熙熙怡怡謂□闠於斯佇清流者意奪神駭

謂殘伽無礙釀施者不以食會而由法會巡禮者不為食來而由法來觀其感於心外於身所燃指績燈者所墮巖捨命者所積火焚軀者道俗之間歲

有數輩噫　佛之下生人即如是先是庚子年寺主謙諷和尚為門徒之時會僕自皇后台操觚之暇被褐來遊論難數宵以道相得和尚與僕約曰夫入仕則竭忠

以事君均賦以利國平徵以肅民出家則莊嚴以奉佛博施以待眾齋戒以律身盡此六者可謂神矣可謂神矣自茲以別迨今十五年矣復與和尚會於此寺僕以職倅

於瀛掌記於武定廉察於奉聖陟佐茲邦計有日矣和尚則歷綱維典寺事見風雨之壞者及兵火之殘者請以經金遂有次序以壇物畢萃於十方

故建庫堂一座五間六架以庖人可供於四眾故建廚房一座五間五架以　我佛方轉於法輪故建轉輪佛殿一座五間六架以待賓不可以無位次建暖廳一座五

間五架又化助前燕主　侍中蘭陵公建講堂一座五間七架又化助　公主建碑樓一座五間六架并諸腰座建飯廊二十三間四架次又建東庫四間五架

次建梵綱經廊房八間四架次後門屋四座餘有捨短從長加朱施粉周而復始不可彈論於戲小人入仕之風不足畏也和尚出家之理亦以至矣乙丑歲

天順皇帝御宇之十五載　丞相秦王統燕之四年泰階平格擇明八風草偃四海鏡清搗魑魅魍魎即其鬼以不神鳳凰麒麟亦背偽以歸真一金之施期功德以絶

或潤訶終成誕說今之所紀但以謙諷等同德經營協力唱和結一千人之社合一千人之心春不妨耕秋不廢穫立其信導其教無貧富老少施有先例納

有常期貯於庫司補茲寺缺維那之最者有若涿牧天水公珣當舉六條甚敬三寶次則三傳隴西疑佳披法服亦篤佛乘說無緣為有緣化惡果為善果和尚則生

生世世應報宿緣施者則子子孫孫共酬前願故寺不壞於平地經不墜於東峰古者盧虛嶽蓮花尚存芳躅近者恒山鐵塔亦録前身夫如是有客稽首靈嚴載為銘曰

倫一介之士欲風聲之不泯和尚慶此得時懇求作記僕以靜琬漂木涌泉之異在唐臨冥報記諸公舉續刊助之日在太原智邈碑燕國土風之狀在室尚父盼文更

佛滅法往兮有道則見

龍神護兮有道則見

天人歸兮求福不回

鑿空刊石兮静琬有才

仙衣拂兮盡不盡

經五百年千仞上

劫火焚兮灰不灰

夫何有於歲月

山河未壞兮幾人見

和尚曰善哉善哉

乾坤相軋兮知誰開

敬佩斯語

敬告將來

重修云居寺壹千人邑会之碑记录文

秦王发愿纪事碑　重熙三年

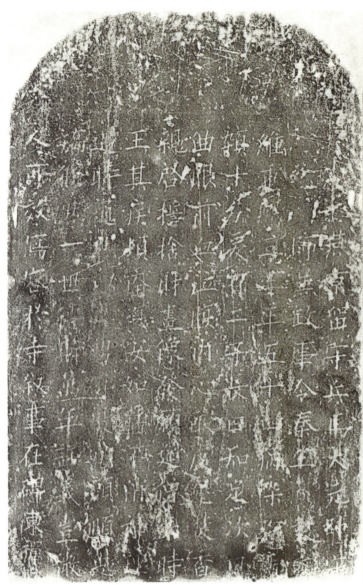

秦王发愿纪事碑碑北阳拓本　　　　　　　　　　　　秦王发愿纪事碑碑阴拓本

秦王发愿纪事碑碑阳录文

燕京留守兵馬大元帥守太
師兼政事令秦王　製文

維重熙三年五十四病染沉疴身
頷十分爱有二子長曰知足次曰無
曲眼前血泣腹肉心酸虔願焚香敬
親啓誓捨財畫像發願筵僧于時秦
王其疾頓痊復安如舊不消神理偶
遇時通然以二男并蒙□願順忠置
矯倏然一世傳斯萬年該義豈微後
人可效寫容於寺叙事在碑東禪林

1952 年出土于北京市西城区广安门外积善寺，辽重熙三年（1034 年）刊石。碑身高 91 厘米，宽 52 厘米，厚 13 厘米。碑为青石质，圆首，座已失。正书 10 行，满行 14 字，计 116 字。碑阴线刻观音像。碑文记秦王肖孝穆于辽兴宗重熙三年（1034 年）患病，其长子"知足"、次子"无曲"二人为父祈愿，秦王病愈后延僧、造像、刻石纪事。肖孝穆，《辽史》有传，云其："太平二年知枢密院事，充汉人行宫都部署。三年，封燕王、南京留守，兵马都总管……兴宗即位，徙王秦，寻复为南京留守。"碑文所载二子名"知足""无曲"与《辽史·肖孝穆传》所载二子名阿剌和撒八不符，齐心就此在《秦王发愿纪事碑考——兼论辽代后族肖氏世系》一文中考证，推定"知足"即《辽史·肖阿剌传》中的陈王肖阿剌，字阿里懒，北院枢密使孝穆之子。"无曲"即《辽史·肖撒八传》中的尚魏国公主、拜驸马都尉、追封齐王的肖撒八。以此可作为证实契丹贵族既有"国语名"，亦有"汉译名"的最好实证。考有辽一代，肖氏后族"一门出三后、四世出十王"，是当时南京地区著名的大族之一，该碑的出土成为研究契丹宗室和后族关系的重要的史料。碑现存于北京石刻艺术博物馆。今据拓本录文。

大王镇罗汉院建八大灵塔记碑　　重熙十一年

大王镇罗汉院建八大灵塔记碑

大王镇罗汉院建八大灵塔记碑拓本

辽兴宗重熙十一年（1042年）立石，塔早毁，仅存铭石。碑高69厘米，宽41厘米。碑为汉白玉石质，上端横刻楷书"大王镇罗汉院建八大灵塔记"，字径3厘米。全石正书竖刻《无垢净光大陀罗尼经》15行，满行23字，字径2厘米。题记2行："施舍利主大王北管赵遂妻吴氏 男守勍 守用 守庆"，"重熙十一年岁次壬午七月壬寅朔十七日戊午甲时建记"。碑现存于平谷博物馆。

云居寺东峰续镌四大部经成就碑记　清宁四年

云居寺东峰续镌四大部经成就碑

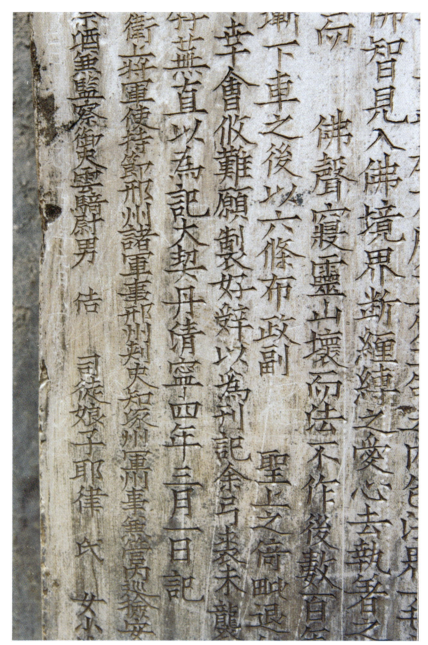

云居寺东峰续镌四大部经成就碑局部

碑石在北京市房山区云居寺后白带山雷音洞门前，刊立于辽清宁四年（1058年）。碑高136厘米，宽83厘米，汉白玉石质。该碑记述了房山石经的刊刻史：从隋朝高僧净琬发愿造经，经过弟子导公、仪公、暹公、法公，相继造经不断。到辽太平七年（1027年）韩绍芳知涿州时，亲自察看东峰（今白带山）七处石室内所藏经版，见造经事业中断，于是上奏圣宗，圣宗敕高僧可元继续刊刻石经。后兴宗又拨御库之钱，以供造经。这样，从太平七年到清宁三年（1057年），连同前代的刻经，全部完成了《大涅盘经》《大花严经》《大般若经》《大宝积经》四大部经，总共2730块碑版。碑文中的韩绍芳，《辽史》卷七十四有传，但并无知涿州的记载；另外，后来的知涿州萧惟平也不见载于《辽史》，所以碑文可补《辽史》之缺。碑文首题："涿州白带山云居寺东峰续镌成四大部经记"，撰文者为殿试进士赵遵仁，书丹者乡贡进士王诠，刊石者失记。全碑正书竖刻25行，满行57字，总计1400余字。书法峭拔峻整，别有意趣。此碑碑侧竖刻楷书一行"虞部郎中通判涿州军州事王仁给大康六年四月一日到此提点镌碑"28字及"书表赵日恭"5字。碑额分四行右起竖刻"四大部经成就碑记"8字，8字右端和中间刻小字人名"吴志全、吴世准"。据碑侧题字及碑额布局、人名，推测此碑可能在辽代大康六年（1080年）重刊。今据拓本录文。

云居寺东峰续镌四大部经成就碑拓本

涿州白帶山雲居寺東峯續鐫成四大部經成記

殿試進士趙　遵仁　撰　鄉貢進士王　詮書

蓋聞嚴相好其慈悲師天人出生死者　諸佛之願力也開群迷入聖道薰種性達因緣者諸法之功德也　佛之願力既如彼法之功德

又若此　佛法之道大矣哉然則三身應現資化以談其真三學對明惟經以標其右為聖道薰種性達因緣者諸法之功德也

兆不祥化身以之西滅漢警宵夢像教由是東來遂得貝籍靈文時臻於近代就唐譯梵荚出於諸家釋教流通自玆浸盛若乃一軸一藏半偈半言或摸

以香檀或書之緗卷尚能躅見苦而滌宿業締上緣而成妙果利益廣大思議其難矧有勒石傳文鑿山開室寶錄寶軸之妙說藏金口之微言水火不可漂燒風雨不可

清壞以備凌滅傳之無窮寔所謂施最上法盡未來際者也燕都之有五郡民最饒者涿郡首焉雲居占焉寺自隋朝所建号自

唐代所賜山在郡之西北五十里寺在山之陽峯寺之東望有峯最高故曰東峯峯頂上有石室七焉室先自我朝太平七年會故樞密直學士韓

公諱紹芳知牧是州因從政之暇命從者遊是山詣是寺陟是峯暨觀遊間乃見石室內經碑且多依然藏佇遂召當寺者秀詢以初迹代去時移細無知

者既而於石室間取出經碑驗名對數得正法念經一部全七十卷計碑二百二十條大涅盤經一部全四十卷計一百二十條大花嚴經一部全八十卷計

碑二百四十條大般若經五百二十卷計碑一千五百六十條又於左右別得古記云幽州沙門釋凈琬精有學識於隋大業中發心造石經一藏以

俻法滅遂於幽州西南白帶山上鑿為石室以石勒經藏諸室內滿即用石塞戶以鐵錮之其後難成其志未滿其願以唐貞觀十三年奄化

歸真門人導公繼焉導公沒有儀公繼焉儀公沒有遷公繼焉遷公沒有法公繼焉自琬至法凡五代焉不絕其志乃知自唐已降不聞繼造

佛之言教將見其廢耶公一省其事喟然有復興之嘆以具上事奏於　天朝我　聖宗皇帝銳志武功留心釋典暨聞來奏深快宸衷

乃委故瑜伽大師法諱可玄提點鐫修勘訛刊謬補缺續新釋文墜而復興楚匠廢而復作琬師之志因此繼焉迨及我興宗皇帝之紹位也考敬恒

專真空凤悟非飲食致豐於廟貌賤珠玉惟重其法寶常念經碑數廣匠役程遙籍檀施則歲久難為費常住則力之焉辦重熙七年於是出御府

錢委官吏行之歲析輕利俾供書經鐫碑之價仍委郡牧相承提點自玆無分費常住無告籍檀施以時繫年不暇鐫勒自太平七年至清寧三年中間

續鐫造到大般若經八十卷計碑二百四十條以全其部也又鐫寫到大寶積經一部全一百二十卷計碑三百六十條以成四大部數也都揔合經碑二千七百三十條

若夫攝九類四生歸真寂者莫尊於大涅盤大乘頓教方廣真筌一句之內包法界一毛之中安刹土者莫出於大花嚴破有歸無泯相逐性作衆

經之軌躅為諸法之玄宗者莫歸於大般若求佛智見入佛境界斷纏縛之愛心去執著之妄想者莫如於大寶積如是經典何歸無泯相逐性作衆

乃釋門中天祿石渠也噫竹帛沒而　佛聲寢靈山壞而法不作後數百年熾然興起之妄想者莫如於大寶積如是經典何歸無泯相逐性作衆　經平清寧三年五月十二日

畢備壯矣哉亦釋門中天祿石渠也噫竹帛沒而

大寶積初成郡守蕭公諱平天子股肱法門墻塹下車之後以六條布政副　聖上之倚毗退公之餘惟三寶留誠禀　如來之付囑欣其遭遇寔謂寅

緣乃請召余謂曰四大部經令續鐫畢見聞之下幸會攸難願製好辭以為刊記余弓袤未襲苦塊居憂又以先父前剖是郡亦於經事私積願誠周任未遷

遽嗟奄逝敢以順先父之願遵良牧之請閣愧屏無直以為記大契丹清寧四年三月一日記

漆水郡夫人耶律　氏　西頭供奉官銀青崇祿大夫檢校國子祭酒兼監察御史雲騎尉男　佶　司徒娘子耶律　氏　女小娘子三寶奴　孫女興哥

安國軍節度邢洺磁等州觀察處置等使崇祿大夫檢校太師左金吾上將軍使持節邢州諸軍事兼邢州刺史知涿州軍州事兼管內巡檢安撫屯田勸農等使兼御史大夫上柱國蘭陵郡開國公食邑三千二百戶食實封參佰貳拾戶　蕭惟平

云居寺东峰续镌四大部经成就碑记录文

阳台山清水院藏经记碑 　咸雍四年

阳台山清水院藏经记碑

阳台山清水院藏经记碑拓本

陽臺山清水院創造藏經記　燕京通天門外供御石匠曹辨建造

燕京天王寺文英大德賜紫沙門志延撰　　昌平縣坊市鄉貢進士李克忠書

夫覺皇之誕世也示生以八相演法以一音軌物正時宏益無

盡自雙林樹圓寂而後七葉岩結集已還教道流通於是乎在若

乃群方罩衍歷代弘揚雖夢入漢庭神應吳會曷若

我朝之盛哉陽臺山者薊壤之名峰清水院者幽都之勝概跨

燕然而獨穎俸東林而秀出那羅窟邃輼性珠以無類兜率泉清

濯或塵而不染山之名傳諸前古院之興止於近代雖竹室華堂

而卓爾而琅函寶藏以茂如將搆勝緣旋逢信士今優婆塞

南陽鄧公從貴善根生得幼齡早事於熏修净行日嚴施度恒治

於斯惜咸雍四年三月四日捨錢三十萬茸諸僧舍宅厥道人是

念界獄將逃非教門而莫出法輪轉趣覺路以何遥乃罄捨所

資又五十萬及募同志助辦印大藏經凡五百七十九帙創内外藏

而龕措之原其意也覩釋氏那尼常轉讀而增慧俗流士女時

頂戴而請福大士弘濟有如此者葳事既周求為之記聊叙勝因俾

信來裔非衙公之能故辭為媿時咸雍四年歲次戊申三月癸酉朔四月丙子日巽時記

燕京右街檢校太保大卿大師賜紫沙門覺苑玉河縣南安窠村鄧從貴合家承辦永為供養

阳台山清水院藏经记碑碑阳录文

碑石现立于北京市海淀区西山大觉寺龙王堂，立于辽道宗咸雍四年（1068 年）三月。碑身高约 150 厘米，宽 80 厘米，汉白玉石质，螭首圭额。碑文正书，两面刻。碑阳额题"奉为太后皇帝皇后万岁大王千秋"，碑文记叙玉河县南安窠村（今海淀区南安河村）邓从贵一家于辽道宗咸雍四年（1068 年）三月，舍钱 30 万，修葺清水院僧舍及施舍钱 50 万，印制大藏经 579 帙，反映了辽代中晚期世俗向佛的情景。碑阴额题"阳台山清水院藏经记"，碑文载捐资者题名，文字大多磨泐不辨。此石是辽代著名碑刻，《全辽文》卷八及《辽代石刻文编》都曾著录。抗日战争时期，碑石曾被打断，后建碑亭保护，碑文磨泐甚重，碑阴文字已难通读。今据拓本录文。

大辽析津府良乡县张君于谷积山院读藏经之记碑　大康四年

大辽析津府良乡县张君于谷积山院读藏经之记碑

大辽析津府良乡县张君于谷积山院读藏经之
记碑碑阳拓本

碑现立于北京市房山区青龙湖镇北车营村谷积山灵鹫禅寺，立于辽道宗大康四年（1078 年）。碑通高 254 厘米，宽 94
厘米，厚 33 厘米。碑为汉白玉石质，螭首、龟趺，圭额。额篆书竖刻四行，每行 5 字："大辽析津府良乡县张君于谷
积山院读藏经之记"。碑阳正书 20 行，满行 40 字，字迹清晰，书法疏宕透逸。碑文记述辽大康四年（1078 年），良
乡绣户张文绚一家笃信佛教，与妻田氏布施别墅、田地、园林，请谷积山僧众诵读《契丹大藏经》的过程。碑文中
叙及的司空大师，应是辽代著名的高僧法均。撰文："行中书舍人前知营州军州事陈觉"；书丹篆额："将仕郎守均州
参军张惟白；刊石：河南郡宫士金"。此记撰文时间为大康四年四月，刊石立碑时间为大康七年（1081 年）四月。另
外，此碑碑阴楷书额题《师德华严七处九会千人邑会之碑》，碑文记谷积山院辽大康年间结千人邑会事。字迹磨灭殆
尽，已难辨识。今据拓本对录碑阳之文。

大遼析津府良鄉縣張君扵穀積山院讀藏經之記　當山疏主崇禄大夫守司徒通慧大師賜紫沙門　守臻　當山提點宣法大師賜紫沙門　恒□

昔金仙氏在扵世也闡揚大法誘導群愚以救拔為懷久扵其化慮人興厭怠之情復歸扵

無示衆以寂滅之理自雙林入沮之後六百餘載而教流扵震旦教來而有像設而有寺建而有藏

藏置而　如來方便之言善巧之説秘密之呪開悟之文扵是乎在苟能發心瞻仰稽首歸依至乃聞一

偈一句者尚獲福無量何况延召緇流辦設香供年讀之一藏周而復始無窮盡之時者其功德限際豈可

道哉穀積山院燕地之勝槩也左臨桑水却枕方山千重之林薄縈紆四面之峯巒掩暎幅圓數里儼類

仙居晝夜六時恒聞梵唄軌儀嚴整徒侶精勤加以　興善崇勝司空大師懷本提振而主領之由是邑

落忻怡檀信歸慕頃以善衆特市良材扵此淨坊刱彼華藏飾焜煌之金碧炫間雜之丹青雖繡栭雲楣

素盡莊嚴之具而寶函鈿軸誰市扵張君諱文絢良鄉縣之繡戶也妻田氏皆性鐘純吉名聞

鄉間家有餘資靡好奢華之樂身惟積善頗信浮圖之法越一日謂親族曰我與　佛剎飾僧徒修植善

根鳩集福聚固亦多矣然扵藏典經乃啓白　司空大師議扵穀積山院請衆僧侶讀大藏經便

從今季四月十五日為啓讀之始他時亦然乃將縣北公村別墅一所田土園林約近陸柒傾莊院房舍

依舊住佃據所收地利斛粟菓實等并元買券契共壹拾陸道並分付院同常住收附以充逐歲蒭蒲

塞之費約日落僧徒不怠經課無闕及不別将貨賣典質他後子孫無得取索苟或歹此取之可也仍刻

貞珉以貽後來者真扵院之文絢地噫凡人帑稟盈溢衣食豐足甚不以聲色弋獵自娛而張君能去此取

彼不難事矣是知富而不奢積而能施義也捨今生愛求過去福智也慮身後事立石為約信也五常之

中而有三焉所謂淑德善人者矣覺京邑居閑實多餘暇因恭謁　司空大師坐次從容話及張君看讀

藏教備給資緣以文見託余亦美其為人故不復牢讓信筆直書楊君子之風且旌扵善道辦外孫之字

□乏扵好辭時大康四年歲次戊午四月甲辰朔十五日戊午行中書舍人前知營州軍州事陳覺題

南吕村張文絢妻田氏故男□　妻孫女李張氏次孫女賈張氏孫男觀音奴　將仕郎守均州參軍張惟白書并篆額河南郡官士金刻

大辽析津府良乡县张君于谷积山院读藏经之记碑录文

法均大师遗行碑铭 大安七年

法均大师遗行碑

法均大师遗行碑拓本

碑位于北京市门头沟区戒台寺，立于辽道宗大安七年（1091年），碑高242厘米，宽115厘米，厚25厘米，青石质。螭首，龟趺，圭额，额题篆书三行竖刻"故坛主守司空大师遗行之碑"12字。碑由当时著名文人王鼎撰文书写，法孙比丘悟揔篆额，王唯约刻石。碑文略有剥蚀。法均大师是辽代著名高僧，深为道宗所重，据《辽史·道宗纪》：咸雍六年（1070年）"十二月戊午，加圆释、法钧二僧并守司空"，彼法钧即此法均。碑文记载其"前后受忏弟子者五百余万众"，虽不免夸张，但可想见法均在辽代佛教界的地位。法均卒于大康元年（1075年），享年55岁。至今戒台寺仍存有其舍利塔及衣钵塔各一座。《全辽文》卷八及《辽代石刻文编》都有该碑的录文。碑文楷书竖刻26行，满行62字，书法宗颜真卿体，纵横有象，低昂有态，遒劲端方。撰文和书丹者王鼎，字虚中，《辽史》有传，涿州（今河北涿州市）人，清宁五年（1059年）进士，累迁翰林学士。寿昌初，升观书殿学士。因酒醉怨恨道宗不知己之才能，被杖黥夺官，流放镇州，大安五年（1089年）被赦复职，曾撰《焚椒录》述宣懿皇后被诬案。又本书所收《六聘山天开寺忏悔上人坟塔记》亦系其所撰。今据拓本录文。

　　　　　　　　　　　　　　　　　　　　　　　　　　　　肆 · 遗物

馬鞍山故崇祿大夫守司空傳菩薩戒壇主大師遺行碑銘　并序

朝議大夫乾文閣直學士知

制誥充史館修撰騎都尉太原縣開國子食邑五百戶賜紫金魚袋王　鼎　撰并書

我馬鞍山故崇祿大夫守司空傳菩薩戒壇主大師其人也

昔仲尼既没廬墓者哭而失聲叔子云亡過碑者感而墮淚吾始訝其然也及蹟其行事見有遺愛未嘗不撫卷涕泗將下固知仁義恩澤深入生靈骨髓也皆爾惟我

鉅遼粵有高行其來也編吊受賜慶法命之延齡其去也舉世無聊懼佛燈之短熖垂恩亦甚與上攸同則

大師諱法均無字其幼稚蟻跡與拾得上人陸羽高士相類故鄉間族望此莫得詳蘭茁潛幽珠英閬潤自非精鑒孰可前知則有京西紫金寺非辱律師目擊淨器收而教

之聚砂外不為童游救蟻間皆自天性及進具內解結縛深畏知覺造次以善俗雍容而協道若蓮華在水而不著金剛遇物而能壞其於持犯蓋得自然非矯揉栽賊之可

致雖行在毗尼而志尚達摩因負笈尋師不解衣者多歲為攻堅木切救木燈然以至名數相應稅金吼石等論宗旨明白義條貫其破邪則龍象之蹎踏其辯正則師子之

嗟吼王盟后進凡十數季清寧七季春　朝命與能校定諸家章抄　師恊輿論已在數中會有人力爭勝負欲代　師之次者師因求退與息貪競時議多之至秋

燕京三學寺論場仁公選當仁復為衆推辭弗獲免歲滿始授紫方袍賜德號曰嚴慧從舊式也及受代亟辭數下來隱是山一之二之三之四之日檀邨景

附交嘗甘露互把清風自倍歲增衆常累百咸雍五季冬　上以金臺僧務繁劇須人　詔委師佐錄其事慮志可奪其命難寢因順山上下衆心之願始扵此地肇闢

戒壇來者如雲官莫可禦凡瘠羸跛傴貪慘憍苟或求哀無不蒙利至有隣邦父老絕域羌渾立越境冒刑捐軀命自春至秋凡半載日度數千董半天之下老幼奔走

疑家至戶到有神物告語而然越明季師道愈尊　上心渴見爰命通臣敦勉就道因詣　闕再傳佛制以石投水如火得薪其志交孚非喻可及遂肯與

永樂北面盡西土鳴足之敬翌日特　授崇祿大夫守司空加賜為今號　師以外臣求免　上以有力見諭難深閉固拒而不懈益慶至于再三然後祇受

天書屢降　御藥繼至尚猶過中不食竟夕課誦仍為牓示徧曉未晤非以戒為命視身若無者烏能然將没前一夕其山自鳴禽獸與人皆懼師亦知緣盡與衆告

別至辭色恬然而逝蓋世壽五十五僧臘三十九實大康元年三月之四日也訃至　上黯然者久特遣使賻贈甲慰其徒衆仍委留守中門使太常少卿楊溫嶠董後

上悅甚因為　師肆眚兼免通負仍錫　宸什下賁潛德云行高峯頂松千尺戒淨天心月一輪其見諦重如此復　可如願徧利群品酒受西樓白雪柳城平山雲中

上谷泉本地紫金之讀所到之處士女塞涂皆罷市輟耕忘餒与渴遮求瞻禮之弗暇一如利欲之相誘前後受懺稱弟子者五百萬餘所飯僧尼稱扵是間或有暇力救無

告孳孳焉常若弗逮惟恐人之知也議之者謂無相好度生之緣給孤獨濟物之力兼而備者其在

事七衆號慟如哭所乎天具緣經者數百人捨身命者十餘輩則其戀慕也可知已即以其月二十八日具禮茶毗于北峪火滅后競收靈骨以當季五月十二日起墳塔扵方

丈之右官給外又創影堂左右以石建尊勝陀羅尼幢各一皆衆願所成聊為追薦恩深報重其道宜然門人上足裕窺等咸以風承法乳難忘戒香大懼其美之弗傳有時

與化而皆盡遂相与約議錄　師遺躅託予文之于碑況鼎久奉清談粗知　密行是敢條其一二昭昭之大者以信于後自餘冥感瑣屑之事皆不道亦以存

師之志也銘曰

嶺南江西牛頭虎溪一隱高行名与之齊　能席是美非系乎位生榮死戾道尊德貴　出薊門兮西觀目嚴岫兮嶒屼伊高摩兮參差何獨尊兮馬鞍　非以其下舊有人

邪神燈發熖古玉絕瑕　善傳佛戒驚破聾聵能俾闡提金剛不壞　高闢龍門遠通雲奔始見龍德來儀帝閽　師子一吼天聰去豆上下交孚如鳥破鷇　歲籠朝臨

宸章夕吟釀美佛使摧伏衆心　古謂世險其來有漸如何忽然水流燈燄　嗟我都人潮音屢聞到此無聊如身在焚　空感靈塔中藏弊納物在人往聲悲響　苕惟內行兮

魏哉亢北峻令山何軔頁石兮仲上司百世兮不塔　比文可毀比事雖遠蒼扵告後學扵之無塊

添修缙阳寺功德碑记、缙阳寺庄帐碑记　寿昌元年

添修缙阳寺功德碑

添修缙阳寺功德碑记拓本　　　　　　　　　　　　　缙阳寺庄帐碑记拓本

碑原立北京市延庆区龙安山缙阳寺，现存北京市延庆区灵照寺内，立于辽道宗寿昌元年（1095 年）。碑残高约 200 厘米，碑身宽 84 厘米，为青石质，螭首圭额，下端残佚，碑阳左下角残缺更甚。碑阳为"添修缙阳寺功德碑记"，碑阴为"缙阳寺庄帐记"。《全辽文》卷 9、卷 12 及《辽代石刻文编》都有录文。碑阳额题"缙阳寺功德碑"6 字，行书，字径 10 厘米，竖刻。碑文行书竖刻 19 行，行 20 字左右，共存字 398 字，字径 3.2 厘米，书法宗二王，透逸流畅。郑时撰文，书丹者泐失。碑文记缙阳寺始建于唐僖宗光启二年（886 年），辽圣宗、兴宗、道宗都先后临幸此寺，寺名即兴宗所赐。后寺院住持丰润施钱 700 余贯，增修殿宇，事毕立碑纪其事。碑阴额题"缙阳寺庄帐记"，行书竖刻，字径 10 厘米。碑文行书竖刻 24 行，行 6—24 字不等，字因磨泐，多漫漶不清，后面题名尤甚，故略去。碑文记载了缙阳寺所有的庄田的界限以明确寺院的所有权，是了解辽代寺院经济的宝贵资料。今据拓本录文。

樞密院令史太子洗馬鄭昉撰　□□寺静僧判官講經論□□□□

緯陽寺者古之禪房院也光啓二年為創置之始雖年代寖遠而壯麗（下缺）

我大遼國先朝聖宗皇帝初以鑾輿南幸駐蹕於此登臨觀眺深思物（下缺）

寺殘僧少山院細路高乃命筆題於壁面于今一百三十餘載龍鳳之（下缺）

興宗皇帝偶因巡幸事亦稽先太平間賜號曰緯陽蓋其形勝崇麗（下缺）

名與實相副矣次至今　上睿孝皇帝扵清寧年追思往事駕幸於（下缺）

田之意遂施銀一十兩絹一十疋粵有當寺持念沙門奉潤幼抛俗愛早悟（下缺）

耆年而益進如巘松老而不改若海月高而愈明其閒受先君之遺（下缺）

具萬矣嘗念出家人之所耻也况知本性虛□忍（下缺）

室散浮雲為福田盡出所藏咸集上善遂命著人而摨日召梓匠（下缺）

一所并内藏金匱於内共施錢七百餘貫次於寺北隅建洞房（下缺）

建土地伽藍堂兩位並神從□五十餘事復於寺前起五（下缺）

壁畫弥陀□氏來迎相二壇皆以締搆者盡求巧繪飾者（下缺）

外猶有餘積仍每年筵僧二百人迄今二十餘年未嘗有（下缺）

粟一千碩錢五百緡每年為息利一分壽終之日永入（下缺）

輪如日月之運傳之無窮自餘勝因不可殫述粗録（下缺）

之詞多驗其所行則寔曰仁人之利博俾千古（下缺）

皇朝建號壽昌元年（下缺）

添修緯陽寺功德碑記録文

縉陽寺莊帳記

當寺講經律論沙門守約述　　首座特念大德奉潤　門資現□座（下泐）

粵光啓二年孟春首旬先師師間門人惠真振錫攜鉼始屆茲地粵有維那吳公字建還特為鞠置（下缺）

我大王彭城公統戎之十一祀也□有功德主隨使押衙左散騎常侍上柱國劉守約再為興修勝緣未畢天奪□（下缺）

□次□昭王嗣子約之表□檢校司空劉守韜施財預務有本□僕射同興院主惠真尚座行思都維那（下缺）

師而建也後有功德主慧省添修功德堂鐘樓三間而彭城約之殊力既圖勝宇巨建標題僧惠省於天（下缺）

大寺迄至　我朝興宗皇帝乃賜縉陽之□後□□□殿僧房共三百八十餘架地□園林約□（下缺）

小道之北東連翠嶺西接青嶸受具僧人百一十□勤□□□□客五百已上資生之物盛興於□□敏具（下缺）

成大寺今為驗矣傳有道側墳主高大王合家施根後莊田託眾僧為遠嗣至今仍爾因此前後并□□□（下缺）

傾六十畝浮圖子地一段十畝次北一段二十畝又次北一段二十畝中間雜寺主施二十畝南道北一段□三十畝北道北一段（下缺）

土共□□□西至□□至官道山東葛家峪地一傾東至張化北至山頂□地一傾二十三畝（下缺）

家坟地三十畝四至□懷霍崔家安地一傾二十畝東至山南至道西北至翟公諒一傾二十畝□（下缺）

可言南至呂廣兒西北至道林墓地四十畝東至賈守諒南至墓西至翟公諒北至道坊子□地三十□（下缺）

道南至翟嘉進次道西一段六十畝東至□于可言西至張守仁北至道次北一段四十畝東至張守仁南至□（下缺）

韋謙讓次東北地□□西至道北至□懿次北一段四十畝東北至道南至崔□西至河次道□（下缺）

四十四畝爰有首座奉潤世壽八十有五僧夏五十八年□□非常□眾共□□在莊田恐年代遠（下缺）

願乃為虛廢所託眾僧之靠賴無依誠失彼之要期寔也之□抱眾□今後假餘緣勿□典賣實為□便□（下缺）

永添福祐（下為題名，泐甚，略）

縉陽寺庄帳碑記錄文

六聘上方逐月朔望常供记碑　天庆五年

六聘上方逐月朔望常供记碑

六聘上方逐月朔望常供记碑拓本

六聘上方逐月朔望常供記碑录文

碑位于北京市房山区上方山兜率寺舍利殿，立于辽天庆五年（1115 年）三月。碑残高 90 厘米，宽 69 厘米。碑为汉白玉石质，方额抹角，两面刻文，碑阳文字《全辽文》卷 10 和《辽代石刻文编》第 634 页都有著录。碑正中镌蝌蚪篆"上方逐月朔望常供记"9 字，字径 6 厘米；额题两侧线刻凤鸟衔花图案。楷书竖刻 18 行，字径 2.4 厘米，书法端谨。碑下部残断。碑文记载了僧冲公以己之五千钱及其他信众所施舍钱财存入下寺中的北质库，以获得的利息来做佛事活动，是我们了解辽代寺院经济的珍贵史料。今据《全辽文》并参照拓本录文。

新刊僧俗贰众礼佛署名之碑　天庆五年

新刊僧俗贰众礼佛署名之碑拓本

新刊僧
俗貳衆
禮佛署
名之碑

□□□大德施錢伍貫文各為生身父母（下缺）

法姪德□施錢叁貫文　法姪德□施錢（下缺）

當寺僧□□□正施錢壹貫文　審□施錢壹貫文（下缺）

壹貫文□□□施錢壹貫文　徹施（下缺）

錢壹貫伍伯文　思度施錢貳貫伍伯文　玄□（下缺）

□施錢壹貫文　智育施錢壹貫文（下缺）

□貫文各為生身父母　玄心寺洙□貫文為生身父母（下缺）

涿州齋僧邑前押司官李師迪施錢壹貫伍伯文各為師長父母（下缺）

父母　李惟景錢壹貫文為生身父母　□法華施錢壹貫伍伯文　法擇伍伯文各為生（下缺）

王又施錢壹貫文思孝道果智顗共施錢壹貫伍伯文為生身父母娘子施錢貳貫（下缺）

錢壹貫伍伯文　嚴施錢兩貫文為亡過父母　劉□（下缺）

貫文　盧師常錢壹貫文為生身父母　王壽錢壹貫文為亡過父母　劉（下缺）

父母　王思恭錢壹貫文為生身父母　馬永孚錢貳貫文為生身父母　翟（下缺）

貫文為生身父母　王會兒錢伍伯文為亡父母　翟志子錢壹貫文為（下缺）

南開武孝敬錢壹貫文為生身父母　行滿寺尼圓通錢壹貫（下缺）

為生身父母　劉□純錢伍伯文為亡過父母（下缺）

辛郎婦為出家姊錢壹貫文為生身父母　一臥泉山主義溫錢壹貫文（下缺）

紀母軒氏又壹貫文為見母趙氏　固安小鷹軍延奴錢叁貫文為法界（下缺）

孫六斤錢貳貫文為生身父母　□寺主錢壹（下缺）

壹貫文為生身父母　誥花嚴錢壹貫文為生身父母　孫吾靈也錢貳貫文為生身父母（下缺）

法門錢壹貫文　惟敷錢壹貫文　湛都和錢壹貫文　消典□錢（下缺）

各為生身父母良鄉縣舊店村許公僅施錢壹貫文妻許楊氏施錢壹貫（下缺）

貫文胡村楊素施錢壹貫文昌梨村李自超施錢壹貫文次樂莊王永施錢壹（下缺）

□□施錢□□貫文已上各為生身父母　昊天寺詠法華施錢壹貫文　駐驛寺（下缺）

□崔仲鱗施錢壹貫班□施錢貫史天常施錢壹貫男貴孫施錢（下缺）

新刊僧俗贰众礼佛署名之碑录文

此文刻于《六聘上方逐月朔望常供记》碑阴，碑额篆书 4 行，每行 3 字，题"新刊僧俗贰众礼佛署名之碑"12 字，字径 5 厘米。碑文字多漶漫不清，下部断失，应是与前文同时刻。碑文中有大量辽代人名，提供了辽代命名习俗的第一手资料。碑文中的"次乐庄"应为今房山区石楼镇的大次落村和韩村河镇的小次落村；"昌梨村"应为今良乡的梨村。"固安小鹰军"填补了《辽史》卷 46《百官志二》所记载的"大鹰军详稳司、鹰军详稳司"之缺。"昊天寺"应为辽南京著名的大昊天寺，在今北京市房山区良乡镇。此面碑文此前未见著录。今据拓本对录。

大安山莲花峪延福寺观音堂记碑　天庆五年

大安山莲花峪延福寺观音堂记碑

大安山莲花峪延福寺观音堂记碑碑阳拓本　　　　　　　大安山莲花峪延福寺观音堂记碑碑阴拓本

碑原立于北京市房山区大安山乡西苑村，立于辽天祚帝天庆五年（1115 年）。碑高 125 厘米，宽 75 厘米。碑为青石质，圭形首，身首连雕，方趺，方额。额分三行篆刻"大安山莲花峪延福寺观音堂记"13 字，两侧阴刻折枝莲花，全碑周边饰卷草纹。碑阳首题"大辽燕京西大安山延福寺莲花峪更改通圆通理旧庵为观音堂记并诸师实行录"。沙门琼焕撰文并篆盖，贺严并其子寿哥、闰哥刻石，书丹者失记。碑阴刻通悟等行实，惜磨泐过甚，已漫漶不清。碑文记载了辽代著名高僧通圆和通理的生平事迹，是研究辽代佛教史的珍贵资料。碑现存于北京市房山区文物管理所。今据拓本录碑阳记文。

兩斷二岸旅人擁滯无數其中神人太叫唱師入滅之期語報含靈用表徵祥之應壽五十臘四十三荼毗之日无雲雨雪狀若天□

焰　似紫蓮光明間錯雙晴不爐頷齒猶存靈骨舍利分葬四處各起靈塔度菩薩戒弟子一佰五十餘万

皇儲已下及百官等八十餘人　公主國妃　巳下等五十餘人并礼為師善字訓名上首學資一佰餘人剃度門徒四十八人

師之靈異弥德不可具陳云尔　據上二師舊□此地前後萍盂約五六次每來挂錫或經一稔二稔或居一季二季剞除妄

想均平定惠玄味勳修孜孜无倦　通理獲悟觀音之辯毗盧親記　通圓静力心凝同道咸知寔謂智高林远德滿

（碑側）涿州范陽縣西北鄉獨樹村賀公嚴并男二人壽哥閏哥鐫·

良鄉縣東開俗弟子韓□駕乞奴法號道俊

大安山莲花峪延福寺观音堂记碑录文

大遼燕京西大安山延福寺蓮花峪更改通圓通理舊菴為觀音堂記并諸師實行録

寄當藍雲水沙門　瓊煥　撰并篆

粤以覺雄現相醒悟含靈大士傳燈開道眼宗裔大擊於西印竹國芽驚摩騰入漢三藏初

與普通年達磨來梁玄風創扇由是禪講隆興久傳唐宋至

唱教雖隆見性得地者□　佛心印繼累代之高風□

中之龍焉

矣泊至康安二号南宗時運果有奇人來昌大旨遂以

我大遼歷世已來教傳盛而三惠齊生宗未隆而一心闕即致□

寂照大師通圓通理此三上人捷生間出為□智□

發光沒前疑而通後滯潛資鞭影得法益心者不記聖數暨今禪俊如林洋洋乎滿周沙界得法傳心潭潭乎名相莫擬斯乃學□

雖衆原其根本唯三上人乃曹溪的嗣法眼玄孫為此方宗派之原傳心之首者矣是知後學修進玄機激扣咸有所歸者豈不□

悉焉瓊煥仰諸遺行異迹超倫盧成寢隱無聞後進強為纂録以俟來哲具列如後

燕京開悟寺内殿懺悔主特進守太師輔國通圓大師者　師諱法蹟姓鄭氏燕京良鄉縣南石村人也生而神俊性異常童幼□

佛乘志樂出家礼燕京開悟寺金剛大師為師年未滿而受戒品登於學肆花嚴為業纏預其文義天朗曜伏以　容儀懷偉骨氣

昂藏神用聲拔辭音朗潤因倦學肆訪尋山水閒此蓮花勝槩杖錫而至與通理策公同時挂錫自屆此居心堅志爽唯務□學冥

心正受乎寂然心慮虛懷端身坐聳乎亭亭然旦夕無倦孤行異操類松竹常青節志骨剛若頑石弥固虎奔鹿難一喝而駐足

蹲軀自卜休貞下卦而一紙獨立曾經島出而自言曰當為佛法中大器得岸忘憂儻無此能甘從墜溺言訖而進將及海心□後

則溌溌換盡綻躍躍唯足下冰凝左右則瀲瀲沸騰雄雄似海神捧出師之實德道播群方

道宗皇帝美其道風行業恢隆願一　瞻礼　宣請而至覩師道器宇量環奇尤加弥重特賜紫袍通圓之號當今

天祚皇帝　宣請為内殿懺悔主加特進守太師輔國通圓之号欽師弥德不類于常自此因緣大化至於燕西紫金寺開壇含靈

步礼而來受懺滅罪者日不減二十餘万五京三學龍象皆來奔凑求攝為資者約千万焉至乾統四年示疾而歿五京門徒近远

千數著紫門徒近十有餘人　寮宰已下願攝為弟子不計其數五十五靈骨舍利　勅葬建塔本寺墳莊云尔

習性相靡不圓通永泰寺守司徒欲攝為資師資道合方改令号自兹左右摳衣無倦二十三歲從師闕下

永泰寺内殿懺悔主通理大師者　師諱恒策字開玄姓王氏上谷礬山縣新安人也世襲農業家積純善父名保壽母名劉氏昆

季三人第三愛子也生有異表幼而神俊肆居寶峯寺崇謹為師七歲遇恩得度本名義從幼歲曾伏二虎百法為業十六啓講後

宗天皇太后道宗皇帝見重特賜紫袍号通理焉至於涿州講罷之日杖錫孤征暨至於此結茅薙草宴居林下精進彌勤心通轉益

篤愛此山朝夕無倦五京緇素響師道風者若葵心向日諮決心疑者如蟻之慕粮暫預瞻仰者莫不消殃而致福親承垂訓者咸得

去危而獲安可謂清涼熱煩增福之田者矣

復加檢校司空讓不受至於永泰寺開講五京緇侶聞風而至龍象學徒日不減三千之數躆登吼座啓鑾玄開玉塵揮而性相

主上聞風宣請為内殿懺悔主由是外緣四備隱志難成堅請下山順緣赴感

石经寺释迦佛舍利塔记碑　　天庆七年

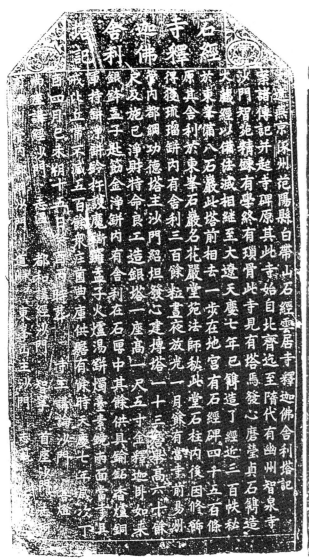

石经寺释迦佛舍利塔记碑碑阳拓本　　　　　石经寺释迦佛舍利塔记碑碑阴拓本

二十世纪中期发现于北京市房山云居寺南塔旁，辽天庆七年（1117年）四月刊石。碑高68厘米，宽39厘米，方首抹角，两面刻。正面刻文15行，行27—20字不等，额题"石经寺释迦佛舍利塔记"，均为竖刻、楷书，书法严整遒劲。碑阳刻文5行，两侧为题名，中间刻佛教偈语，刘彦忠镌石。记文叙建塔、刻经的始末及藏经的方位，是研究房山辽代刻经的重要金石文献。另据赵迅先生考证，此碑所附塔幢，即在抗日战争时期被毁的云居寺"压经塔"，其碑文可与清宁四年（1058年）立的"涿州白带山云居寺续镌成四大部经记碑"、天庆八年（1118年）"涿州涿鹿山云居寺秘藏石经塔记碑"参证互补。今据国家图书馆藏拓本录文。

燕京右街管内僧録通慧圓照大師賜紫沙門　善足

講經沙門　善鋭

造塔功德經

諸法因緣生　尒時世尊説是　偈言

我説是因緣　因緣盡故滅　我作如是説

建塔匠作頭李　德辛　男祐聖　愽匠張從善　畫師劉　彦忠

石經
寺釋
迦佛
舍利
塔記

大遼燕京涿州范陽縣白帶山石經雲居寺釋迦佛舍利塔記

案諸傳記并起寺碑原其此寺始自北齊迄至隋代有幽州智泉寺

沙門智苑精鍊有學終有瑣骨此寺見有塔焉發心磨瑩貞石鐫造

大藏經以備法滅相繼至大遼天慶七年已鐫造了經近三百帙秘

於東峯滿八石巖此塔前相去一步在地宮有石經碑四千五百條

原其舍利於東峯石巖名花嚴堂苑法師秘此堂石柱内後因修飾

得獲琉瑠鉼内有舍利三百餘粒晝夜放光一月餘有當寺前易州

管内都綱功德塔主沙門紹坦發心建塼塔一十三檐舉高六十餘

尺及施已凈財特命良工造銀塔一座高一尺五寸金釋迦卧如來

銀鉢孟子匙筋金凈鉼内有舍利在石匣中其餘供具鍮銘香爐銅

軍持鉼凈鉼鈴杵護魔斯鑼孟子火爐湯鉼燭臺素鏡兩面當寺具

戒比丘常不滅五百餘衆鉼菌典庫供贍有餘時天慶七年歲次丁

酉四月已未朔十五日癸酉時葬　寺主講論沙門　善燈

尚座講經沙門　志温　都和講經沙門　智寧　首座沙門　志珂

前涿州管内都綱沙門道淵　東峯山主沙門　志範　比丘□□

石经寺释迦佛舍利塔记碑碑阳录文　　　　　石经寺释迦佛舍利塔记碑碑阴录文

天王寺建舍利塔碑记　天庆九年

天王寺建舍利塔碑拓本

大遼燕京天王寺建舍利塔記
皇叔判留守諸路兵馬都元帥府事秦晉國王天慶九年五月二十
三日奉
聖旨起建天王寺塼塔一坐舉高二百三尺相計共一十箇月了畢
前侍衛步軍都虞候管內都商稅點檢劉　彥禎　提點
大昊天寺檢校司空前左録通悟大師賜紫沙門　即圓　提點
永泰寺左街僧録通慧圓照大師賜紫沙門　善定　提點
前控鶴都指揮使安州團練使韓　謹　勾當
前知析津縣事尚書左司郎中張　行中　勾當

塔下勾當僧人等
寶集寺全行大師祥祚都管勾　大延壽寺英慧大師　性月　勾當
天王寺僧　即融　天王寺僧　志淵　大憫忠寺僧　慧印
寶塔寺僧　悟楷　崇仁寺僧　幽臻　香山寺僧　智選
天王寺僧　法興　奉福寺僧　德净　通法寺僧　即興
歸義寺僧　圓受　崇國寺僧　遵著　延洪寺僧　善全
崇孝寺僧　甫相　澄寂寺僧　行常　開泰寺僧　遵源
天王寺僧　慧廣　開元寺僧　知微　大昊天寺僧　圓裕

塔下勾當俗官等
留衙蓋造案司吏周　宗爽
驍猛指揮使劉　彥祖　雄捷指揮使遲　僅
右日軍指揮使李　興遵　右日軍指揮使張　益
羽林左二軍使張　儒　控鶴副兵馬使寇　辛
控鶴副兵馬使祁　卿彥　節級本典四人齊彥劉亮趙企趙璘
壘塔作頭二人寇　世英　寇　世興　當勾　戴孝詮　黃永高　宮享刻

天王寺建舍利塔碑记录文

1991年发现于北京市西城区天宁寺塔刹座内，辽天庆九年（1119年）刊石。碑石方形，边长48厘米，厚8厘米。此碑现仍存于塔刹内。记文正书竖刻23行，前为题记，后题名，首题"大辽燕京天王寺建舍利塔记"，"皇叔判留守诸路兵马都元帅府事秦晋国王"。石四周阴刻双行界格，字迹清楚，书法体势舒张，有颜鲁公大楷的丰神。天王寺，今称天宁寺。寺塔建于辽代，密檐八角十三层，通高58.7米，是现在北京城区仅存的辽代建筑。建塔者为时任南京留守、都元帅的耶律淳。耶律淳，《辽史》记其为辽兴宗第四孙，乾统六年（1106年）袭父守南京，天庆五年（1115年）进封秦晋国王，拜都元帅。保大二年（1122年），天祚帝避金兵逃入夹山，耶律淳在南京（今北京）被部下拥立为天锡皇帝，旋即卒，葬于燕京香山。今据拓本录文。

沙门见嵩续造石经之记碑　天会十四年

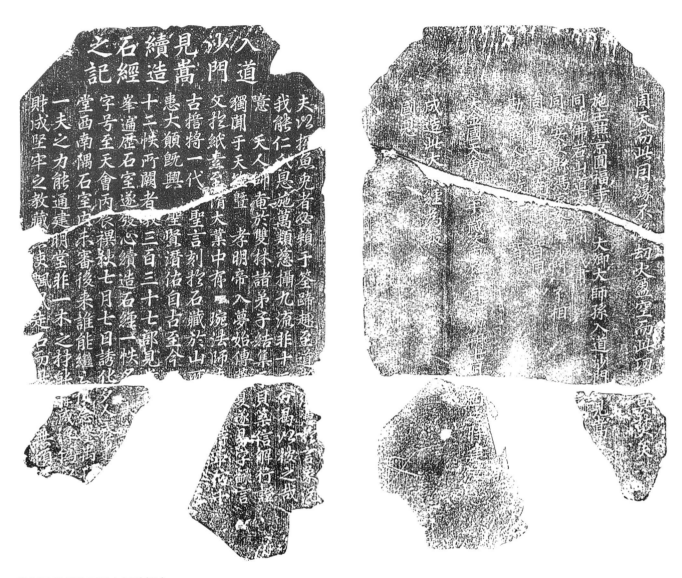

沙门见嵩续造石经之记碑拓本

沙门见嵩续造石经之记碑碑阳录文

沙门见嵩续造石经之记碑碑阴录文

入道
沙門
見嵩
續造
石經
之記

夫以探魚兔者必賴于筌蹄趣至道者□憑影言象況
我能仁氏恩施萬類慈攝九流非十□分曶以被之哉
憶 天人師奄於雙林諸弟子結集于貝葉信解行證
獨聞于天竺暨 孝明帝入夢始傳華夏遂易字飜言
文於紙素至隋大業中有 琬法師者□持事防
古誓將一代 聖言刻於石藏於山可□
患大願既興 聖賢潛佑自古至今□
十二帙所闕者□三百三十七部見嵩
峯遍歷石室遂發心續造石經一帙名大藏□□
字号至天會丙辰襟秋七月七日诱化夕人□
堂西南隅石室内未審後來誰能繼之□念鑒禹
一夫之力能通建明堂非一木之材能□滅□偽以
財成堅牢之教藏□使飄風走石而此□□□無傾

周天而此因緣不□刧火盈空而此功德莫焚矣
施主燕京圓福寺故 大卿大師孫入道沙門見嵩
同施佛岩山道友沙門義肅
同施安次縣馮宸務院沙門了相
同施當寺法院沙門 智甫
勘教門人參教沙門 智慜
大金國天會十四年歲次丙辰十月丁卯朔七日酉時建
成造此大□經為報
國恩

碑石存北京市房山区石经山云居寺，立于天会十四年（1136年）七月七日。碑身高77厘米，宽45厘米。碑已残断为四块，汉白玉石质，首方形抹角，额题“入道沙门见嵩续造石经之记”12字，正书。记为行书，碑阴题名为正书，正面刻文13行，碑阴9行，行字不等。此记文书法雄浑茂密，笔力饱满，远追晋唐，是金代高水平的“经书体”。记文叙述了当时“燕京圆福寺故大卿大师孙入道沙门见嵩”有感于隋静琬大师开创的刻经事业后继乏人，而发动众人续造石经一帙并埋藏于石室内的经过。今据拓本录文。

传戒大师遗行碑 天德四年

传戒大师遗行碑

传戒大师遗行碑拓本

碑立于北京市门头沟区戒台寺，金海陵王天德四年（1152年）立石。碑高364厘米，宽125厘米，厚28厘米。碑为汉白玉石质，螭首、龟趺、圭额，额篆书"传戒大师遗行之碑"8字。碑文正书竖刻29行，满行70字，字径3厘米，书法遒劲俊美。碑文首题"传戒大师遗行碑"。正文剥蚀较重，但尚可通读，主要记述了辽末金初燕京马鞍山慧聚寺（即今戒台寺）第三代住持传戒大师的生平：大师俗姓孙，临潢（今内蒙巴林左旗）府临潢县人，十四岁从普贤大师出家，法名悟敏。他聪颖过人，八帙的大部经卷别人数旬不能熟读，而大师一日即可全通，因此大为时人叹赏。辽天庆九年（1119年）朝廷赐紫服，赐号传戒。金皇统元年（1141年）七月十八日圆寂。此碑由"开府仪同三司致仕上柱国郐国公食邑三千户食实封三百户韩昉"撰文，"朝列大夫行尚书吏部员外郎司计知诠骑都尉广陵县开国男食邑三百衣赐紫金鱼袋高衎"书丹，"朝散大夫充翰林待制同知制诰上骑都尉清源县开国子食邑五百户赐紫金鱼袋王竞"篆额。以上三人都是金初著名的文人，其中韩昉，字公美，燕京（今北京）人，辽天庆二年（1112年）进士第一，后仕金，曾任礼部尚书、汴京留守，封郐国公。他善属文，尤长于诏册，本碑文近二千字，叙事、议论，挥洒有致，足窥其文采之一斑。高衎，字穆仲，辽阳（今辽宁省辽阳市）人，渤海后裔，年26岁登进士第，历县丞、太常少卿、吏部郎中，大定间迁吏部尚书，工诗文、书法。王竞，字无竞，安阳人，北宋末年登科，入金后累迁礼部尚书，博学能文，善草隶书，工大字，大定四年（1164年）卒。此外，建碑者悟铢，为戒台寺第四代住持坛主，曾任燕京管内右街僧录，金熙宗曾召见他，赐紫并赐号为"传菩萨戒文悟大师"，贞元二年（1154年）圆寂。今据拓本录文。

小者珠圓 人争丐取 以一成多 曩曩莫數 神非可□ 信生目覩 馬鞍之山 慧聚之宇 塔而藏之 乃□三祖 刊銘兹碑 以觀千古

大金天德四年歲次壬申四月乙巳朔丁丑五日戊申時

同□□□燕京管內右街僧錄傳菩薩戒文悟大師賜紫沙門悟銖建

門人圓真管勾

朱□□

開府儀同三司致仕上柱國鄲國公食邑三千戶食實封三伯戶韓　　　　　　　　昉　　撰

朝列大夫行尚書吏部員外郎兼司計知銓騎都尉廣陵縣開國男食邑三百戶賜紫金魚袋高行書

朝散大夫充翰林待制同知　制誥上騎都尉清源縣開國子食邑五百戶賜紫金魚袋王競　篆額

叔世道散精粗大小隨所治者不一或熠或熾蓋有數存焉將是道之興也必有瑰傑特運者基之作之精敏克肖者承之繼之然後風行物靡沛然慕嚮天不生德其能是乎知有數

存者以此燕京馬鞍山慧聚寺自遼清寧間有大士應世名振中外詔授御製□本既而陞檀攝眾有大因緣以前聖期之人逮於今号為□□老師者是世繼傳道尤難其人始

授高弟太尉太師窺再傳嫡孫悟敏者即第三代也既歿同門弟文悟太師悟銖以狀列其行願刊茲碑請懇且堅固不克讓夫古之師者出處不同其出也屆已以任天下之重其

處也潔身以矯物情□浮是皆不及於人大丈夫之所能為也如穎陽孤竹輩非有動人聲流簡冊與稷高爭馳千載之後暫而味□溢流雖復競躁貪鄙之人猶激然有悛志況

耳目親炙者乎孔子曰舉逸民則天下歸仁乃知負高世之行者身伏□嚴四方為之動人遷善而化其道況肯屑就而善誘者乎古所謂有不言而信無功而親者非虛語也以是

言之與夫效一官莅一政者其利為不少自浮圖西來以方外為宗凡尚行異俗之士往往其中山教使然耶師孫氏父璋母楊氏臨潢府臨潢人也幼聰警八歲教書再閱輒誦宗

黨奇之十四願從浮圖法時普賢大師方召赴董轂一見錄為門第子與之偕行師見重言謹灑掃應對其得其職王公大人為加賞識後執卷授經大部凡八秩他人讀之汯句僅能

周師一日而畢其過人多此類泊普賢大師示寂從法兄經王大師二十進其以為道之釜蹄滯之□□通不學則不知其道遂求師執業肆成心繕性至佛嚴山謁通奧義

啟席演說剖疑析滯辯若泉湧宿學碩德歎息座下又□□益厭文字之說慨然歎日此□乃道之筌蹄未□去道愈遠胡然務博以溺志為哉乃遁居山林棲雲寺招延高道無遠

理策師言下有省龊然知所歸又造寂照感師密受□□資益深乃黜聰明□肢體凡十載難復出而涉世未□迎物至則應無為而無不為矣乃於鷳山棲雲寺招延高道無遠

近之間食者益眾而諸待益多久之太尉窺師順世遺命以戒本授師有司上聞□可其奏明年選□□□慶寺又二年賜紫服錫号傳戒寔有遼天慶九年也又二十載於

皇朝皇統元年七月十八日示疾右脇而終壽八十有五夏臘六十五其年十月八日葬於寺西□階師天資淳厚不侔追琢雅為全德又能孜孜力善恒如不及幼嘗自□□□佛所

禁者之死不犯食非時則雖疾不濟親賢友善損己利物終身行之如出一日主大道場凡二十有二□者達五百萬居常禪定之外諷誦經咒皆有常數或□師道□□□不淳

堂入室誨問諄復鏤語為錄筐箧增重此不為教奚其為教教門之下□三尺童子不能誦析□□之徒皆誚為不可與語道者□□□□人盡在黃卷中捨此求道如瞽投暗不顧則蹶

空而無實放於誕者之所好識學者之所□也至於所謂陁羅尼者二□□句名數徒煩心□吾娑□教□□教者□□□□為排詆類如此斯皆泥於專門之蔽試賞論之今之叢林陛

是大不然法之□□為日久矣禪者曰心佛假名都無實義吾宗教外別傳□□□□□□□心經者無有也將日誦之虞其不克記耶抑終體之異合其旨也彼必曰欲合其旨爾

審如其言則其經以蘊空為旨又何以禪為誕而無實或是皆不思之甚也陁羅尼者曰禪□□□衆諷誦梵唄之聲徹於四鄰謁不為吾輩設其又何也師能推異為一及其至也

一亦不見淳乎淳執其名於此其本無疑將老以戒本授師前為燕京□□錄懸辭謝學精行潔能世其業又以師前後靈迹係於狀末其略云方其陞檀演戒其寺之蕀草數

為芙蕖尊像狀有光如蓋隱覆座上嘗戒人肉食時漁者置鮮俎上忽為燕京□其化也累夕如生茶毗之日道俗號送殆無居人煙凝成雲五色相映晴嵐不灰骨玉如也

小者珠圓俄而以一成多或相倍徒人爭取而實之德感之異豈可量哉銘曰

浮圖西來　間出大士　道可催進　不言而信
商系再尋　蒴視王侯　甌敷支維　聞善則徙
生天弗事　不為利使　非氏民同　陰翊王度
二十八年　身伏嵌嚴　而蜀見通　不其在此
其利普尊　人多身止　幾月里究　自邃之世
　　　　　　　　　　　　言無非道　有師普賢
　　　　　　　　　　　　兄弗申兄　名不過實
　　　　　　　　　　　　冬習向為　作師人天
　　　　　　　　　　　　一壟不受

重建大延圣寺记碑　大定六年

重建大延圣寺记碑拓本

重建大延聖寺記

都城之北相去僅百里許曰銀山鐵壁景趣殊絶其麓舊有寺曰大延聖創建自昔相傳大安大定

中寺有五百善衆傍有七十二庵時有祐國佛覺大禪師晦堂祐國佛覺大禪師虛静

禪師圓通大禪師和敬大師相繼闡教演法扵其地而中虛道人鄧隱峯有題曰白銀峯佛頂峯古

佛巖説瀘臺佛覺塔懿行塔雪堂雲堂茶亭濛泉皆其舊迹嘗詠歌其事至今尚存其所由來幾可

知矣年代雖有古今之殊而山峯基址人心之善則無今古之異後之覽者必將起敬起慕扵無窮

也隱峯十詠

白銀峯　孤峯高出雲上有銀色界識得普賢身虛空猶窄隘悟明理性時不作塵境界劫大或

侗然此山無變壞　佛頂峯　巍巍佛頂峯妙筆莫能畫傍列千萬層比之無不下毗盧頂上行

却笑望崖帕煙鑕碧螺紋幽境難酬價　古佛巖　雲鑕幽巖路寒松映碧虛世人都不到古佛

義安居寂爾心常静凝然躰自如他年奉香火相近結茅廬　説瀘臺　松下石臺妙山僧轉瀘

輪雖然長苔蘚終不惹塵埃自有雲為蓋寧無草作茵當年諦聽者悟道是何人　佛覺塔　示

生臨濟村示滅長慶寺非滅亦非生誰明佛覺意分彼黄金骨葬此白銀峯寶塔聳霄漢僧來訪

靈蹤　懿行塔　扵其親也孝扵其師也恭臨機答問難諸方怖機峯七十一光陰白駒之過隙

秋風振塔鈴説盡真消息　雪堂　冷煙藏萬壑積雪滿千山空谷幽深處虛空寂寞間庭前明

月静窗外白雲閑中有庬眉老孤高不可攀　雲堂　斯堂最虛谿衲子來如雲雖然九聖混不

礙賓主分何必習大智何必修多聞一念萬年去方為報聖君　茶亭　西峯寒翠中有亭虛四

面山間竒絶處一一皆可見古松八九株秋雲三五片共分壑源春勝比瑶池宴　濛泉　寂寂

銀峯下寒泉浸碧空堪將耨池比不與偃溪同夜印月華白秋風霜葉紅蛟龍此深隱天旱濟群

蒙

大定六年三月　初三　日立石

重建大延圣寺记碑录文

碑立于北京市昌平区银山塔林，立于金大定六年（1166年）。碑身高121厘米，宽71厘米。碑额篆书，文正书，刻文21行，满行38字，字体精严，文辞巧丽。碑文先序后诗，主要载唐代道士邓隐峰在此地修身养性、广传道教，因而银山景致多因其而得名，并留下《隐峰十咏诗》。有研究者认为所载的十首诗系金人伪托，待考。此碑立石、书丹人失记，今据中州古籍出版社1987年版《北京图书馆藏中国历代石刻拓本汇编》对录。

无止斋记碑　大定十八年

无止斋记碑

碑立于金大定十八年（1178年），仅存碑身。碑身断为两截，下截底端残缺。碑残高111厘米，宽61厘米，青石质。刻文分三栏，上、中栏22行，下栏23行，共存1030字。上栏为题记，先序后铭，隶书体，书法甚精，惜磨泐甚重，难以通读。二、三栏为捐资者姓名与职衔、郡望，记载了涿州范阳县当时的许多姓氏和地名，因泐失漫漶尤巨，能辨识者不多，今略去不录。碑首题"天开寺上方无止斋记"，额题（从右至左横书）"无止斋记"。山主沙门圆晖立石，比丘义藏刻。石碑现存北京市房山区韩村河镇上方山舍利殿内。今据拓本录文。

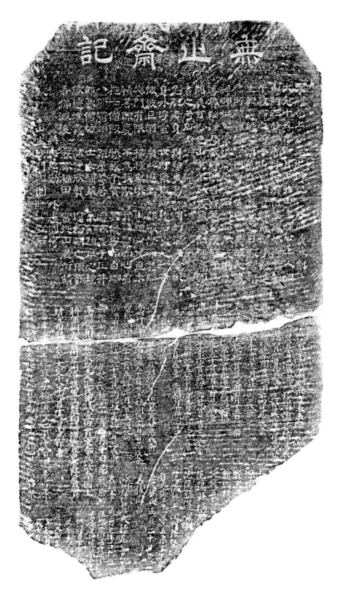

无止斋记碑拓本

天開寺上方無止齋記　比丘　義藏刻
大定十五年六月上弢山主暉公上人曰
山門在昔□□□□□□□□河訾若
千數□□寺山宣徑暉□歲□□錢延
生於□□□□□□□□已矣故知藏
福所□□□□□□□□忌之日□僧
禪師仁公□□□□立石以昭厥後□為
□□□□□□師
□可□山□不□俾序師
書之于石云
凡□者身□得□易
身外浮雲　世間聚散　□□漚□電影
拔彼巨溺　廣此遐齡　非□石火之一□
施門有限　福種無垠　由□心其互永
積善餘慶　不為我□　□而心省
施一僧飯　勝設千資　□優劣而自烱
八□頭　架屋華居　□險于丘井
郊□僧坊　士女駢萃　□□之境
歛迹烟霞　諸聖欣賀　逾□□之頂
吾佛滅後　最勝福田　當從山□所請
典□□勤　外虛□□
山主沙門　圓暉　立石

无止斋记碑录文

寂照大师实行碑 　明昌二年

寂照大师实行碑

碑原立处不详，现存北京市大兴区黄村火神庙内，立于金明昌二年（1191年）。碑高约170厘米，宽约80厘米，厚约20厘米。碑为汉白玉石质，圭额螭首，趺座已失。碑阳额篆书"寂照大师行碑"六字，字径7厘米。碑文竖刻楷书30行，满行57字，字径近2厘米。碑文磨蚀较重，中间部分泐失数百字。首题"大金中都大兴府安次县崇福乡采魏广教院长老寂照大师实行碑记"，"赐紫沙门蕴惠"撰文，"沙门即溥"篆额，张建碌书丹，田晖刻石。记文谓寂照大师俗姓颜，皇统年间受具足戒，曾寄居涿州石经山云居寺（今房山云居寺）选译佛经。海陵正隆年间避太后"邀迎紫禁"而幽栖于宛平（今丰台区）龙泉务。后重修望仙山佛寺。世宗大定十八年（1178年）应幽王完颜允成之请，主持昌平县西妙峰山德云寺，金章宗明昌二年（1191年）正月示寂。碑阴文字分为两部分，下部刻题名，约2千余字，字径仅1厘米左右，漫漶难识，今略去。上部刻疏文一篇，内容是请伦公禅师（寂照）主持德云寺开堂讲经。疏文作者为金世宗第五子完颜允成，《金史》本传载允成"风姿奇伟，博学善属文，大定七年封沈王，十一年封幽王，十六年判秘书监"。此疏文撰于大定十七年（1177年）二月，文末有金代"阿骨打花押"及"幽王之印"章，阴刻，边长8厘米。疏文字径4厘米，书风近黄庭坚，劲挺豁达，神骨开张，很可能系摹写允成原书上石。今据拓本移录碑记与疏文。

寂照大师实行碑碑阳拓本　　　　　　　寂照大师实行碑碑阴拓片

峯是峯□地空東南多饒日色之暉嶺橫西北少有風寒之畏師云處閑進道唯此為宜□□乃相錫停蓋杜門□□念日□□

譯之選五藏八藏以殊分一葉三葉而異設若乃舉其大柄絜其宏綱則唯□及顯斯可得而呂然密言□部之玄詮□語淵□咸貫摠

持之妙旨遂發奮棲神專於密部晨夕告□伻迦葉之遺風成就持明具佛圖之靈異然有人患具而問□□徑之與專但起歸心即獲全安之效寔

所謂異哉矣加以戒體冰清松潔操水団□禁口不味精衣之賜毫願德千經矣□以外三□出師復幽栖于宛平龍

太后欽崇下遺仕民鎮仰正隆載間　太后邀迎禁以師待之欲以紫衣之賜然師厭此□□親王公主特臨宰輔朝

泉務居環堵而日唯一食自後重修望仙山僧伽藍一一增新金碧燦然□又改觀大□□□之□無之□□□啼問至彌高上令

夜海眾咸得親觀時有寔信邪徒梟獍不入竺典之者亦相議曰乃□風坌至□於良賤□□而師射大矣哉唯見芙蕖

碩每凄又於隨處大設無遮五七餘會凡會八飛狼戾趙四遠□元始并前刊序□□□□□□□□□高餘數丈光流夙

奉天表持疏請師出世然師深藏頤□不以□□□統□□□□張汝霖左右兩街都僧錄各

令太師鄭王正奉大夫參知政事上柱國范陽郡開國公張汝弼□□□□□故也遼國大臣□□前秘書監皇叔齒王尚書

逆□□□□□□□□□□同昔日降魔愧悔交并少類當時向正至定十八年有　元始

□□□□□□□□□□□徘黃詰醫杜論當□□□目舒光真語繼

乃師□□□□□□□□故也遼國大臣□□鶴便遠□難祈以安慰之

□□□□□□□□□日何答皇恩之大當以厚□□□□太后曰吾憶昔年十

□乃師□□□□□奉使馳還絲嘗□□□病

正月十二日特奉□□□□照師号次至明昌二年

聖旨鑾請入內　皇太后特課秘供□□大□者□□時明昌二年其間採魏本里

白徒屬咸因舉世無常勞生有限何論聖凡未聞光□吾師以□□乃紅上墨壁肇王

興隆不積歲而高閣侵□突兀凌雲九層落落□□從□□親武筐之顏閡者

□至見者忘還須令古遠之徒直趣一生之路□□於稱不可量於□□師之寢堂得

非其與欠特奉塔主僧行和等曰既已達於□□□永□於豐碑刻之於□□實議購他山

之狀雖成蝌蚪之疏未孰□於□□□□其論如□□德田春雨□見孤高

偉哉詡御　垂陰萬古□示跡提河惠風尚茂也賴兒孫燈□□武光照拔群成□之志□□非險奇紀之金石□□千古

風儀清楚　名建神州　聲聞區宇□　朝□僅附　所向周□　仕民仰慕□□

明昌貳年辛亥歲癸巳月丁酉日辛時建院主善智利全門徒善周　行照　行護　行通　中都左街永泰寺義學講經沙門道隆　當院講經沙門　行和立石

中都左街寶集寺廣濟大師賜紫沙門　當院寶□　沙門圓琛　通法寺義學講經通沙門即溥并篆塔額　張建碌書丹　田暉刻

寂照大師实行碑碑阳录文

今請　倫公禪師住持昌平

縣西妙峯山德雲寺化度

為　國焚修上嚴

聖壽者　竊以要明慧

眼是處忘機欲絕塵勞

且須把之此蓋　倫公禪師幽居深谷遠跡

市朝以煙霞林麓暢其情而澗水松筠作

其侶寔以道逾今古德冠京師把定從來事

無一向好箇眉毛卓起曲為今時　祖令

放行同　於古往可謂昔年傳處大事門

開今日施時分明露出

暫辭萬壑千巖來吐一

言半偈幸冀　俯從無

勞謙遜謹疏大定十七年二月日疏

皇子判秘書監齒王

寂照大师实行碑碑阴录文

大金中都大興府安次縣崇福鄉采魏廣教院長老寂照大師實行碑記　中都右街崇孝寺外三學律□□□大師賜紫沙門蘊惠撰□□□

其咸大矣為□□矣唯吾門哉雖昔提河撑曜鶴樹韜暉然以教風猶扇於退方法雨尚滋于歷代必賴□奇偉之士倡率顯揚之粵有寂照倫公者

拔秀之謂也是師姓顏氏父公輔母王氏世為　中都安次採魏人也於降誕之際居宅上下光色燦然臨街驚謂大發於顏氏之家既至光隱降

礼部令史题名碑 明昌三年

碑石在北京市西城区法源寺，已残。国家图书馆藏碑石拓本（碑阳）一张，42 厘米 ×67 厘米。另据《金石萃编》记："石二，一横广二尺八寸，一横广一尺，高各一尺八寸四分。共计三十八行，行十七字至二十二字不等，正书。"党怀英撰。怀英字世杰，冯翊（今陕西大荔）人，大定十年进士，官至翰林学士承旨，善属文，工篆籀。又，题名诸人史传俱无考。令史，为尚书省一般办事人员，但因在中枢行走，这些职务却又往往成为能青云直上的捷径。《金史》卷五十五载："女直省令史三十五人，左二十人，右十五人。大定二十四年为三十人，进士十人，宰执子、宗室子十人，密院台部统军司令史十人。"又"礼部"条载："令史十五人，内女直五人。"宋、辽、金之际，进士题名刻石较多见，而令史题名存于故中都者，则只此一石。关于刊石年代，（清）张金吾《金文最》作"大定十八年"，而拓本令史题名者最晚者标为"明昌三年五月到部"，今据拓本改。兹据拓本并参照《金石萃编》录二石全文。

礼部令史题名碑第一石拓本

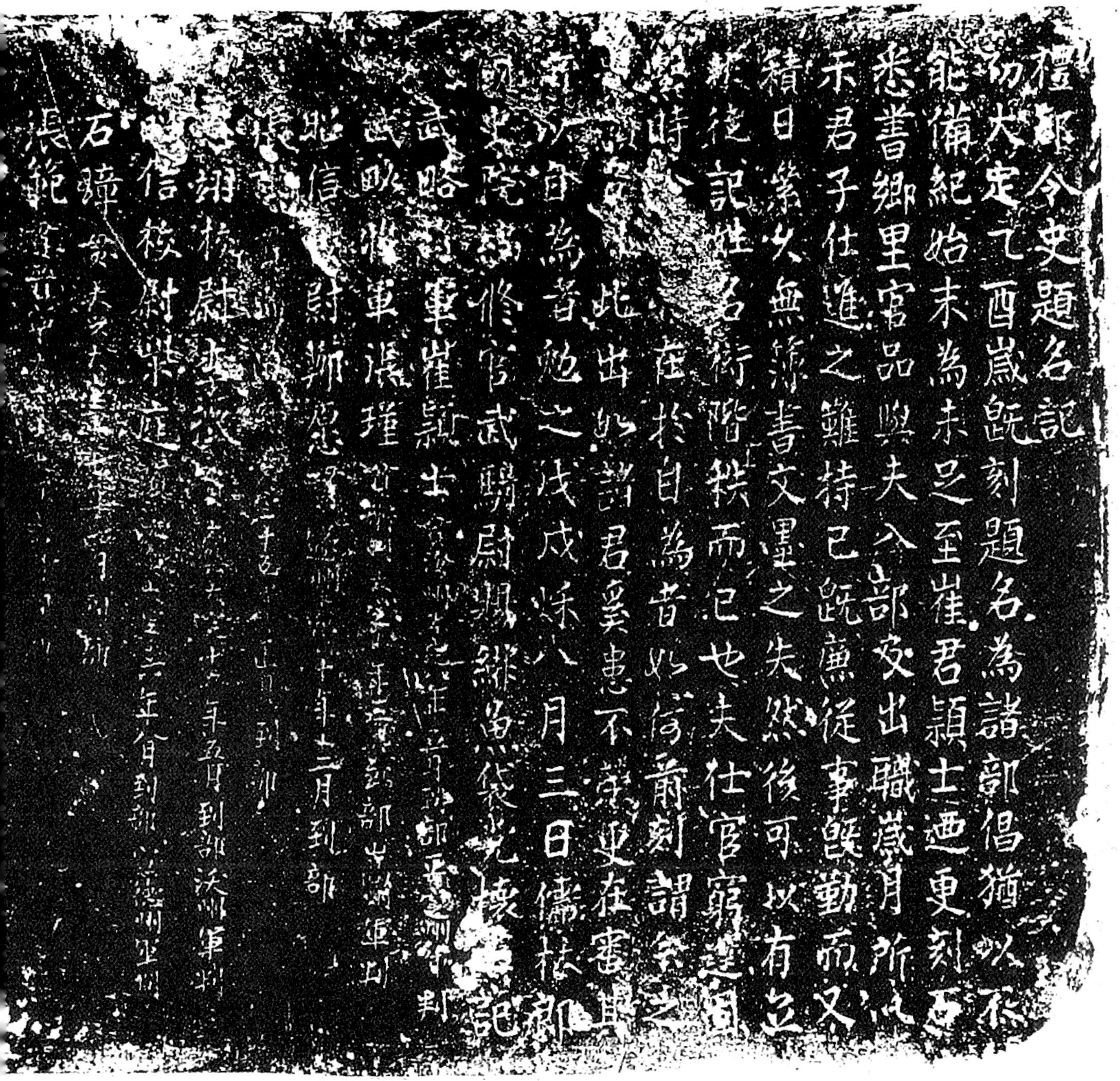

能備紀始末為未足至崔君穎士迺更刻石
悉書鄉里官品與夫入部及出職歲月所以
示君子仕進之難持己既廉從事既勤而又
非徒紀姓名衙階秩而已也夫仕宦窮達固
積日累久無簿書文墨之失然後可以有立
繫時□□□在於自為者如何前刻謂今之
貴顯□□此出如諸君奚患不榮更在審其
所以自為者勉之戊戌秋八月三日儒林郎
國史院編修官武騎尉賜緋魚袋党懷英記
武略將軍崔穎士貫滄州大定八年五月到部正定州軍判
武略將軍張瑾貫□州大定□年三月到部嵩州軍判
昭信校尉鄭愿貫遂州大定十年十二月到部
張□貫濟南府大定十五年正月到部
忠翊校尉李徵貫大興大定十五年五月到部沃州軍判
昭信校尉柴庭貫□□大定十六年八月到部宣德州軍判
石璋貫□□大定十七年四月到部
張範貫晋□大定十七年□月到部
忠翊校尉蘇暘貫□大定十七年八月到部
忠翊校尉傅愿□□大定十七年九月到部
修武校尉王仲□□□大定十九年十一月到部
敦武校尉周□□□□□□□月到部
昭信校尉王□□□□□二十一年三月到部
敦武校尉李□□□□□□□到部
敦武校尉李嗣溫□□□大定二十一年九月到部
保義校尉石亨□□□□□□年□月到部

礼部令史题名碑第一石录文

保義校尉□□

保義副尉□□□□

□□□□□大定二十九年十月到部

進義校尉魏慎□貫延安府明昌元年三月到部

保義副尉王谷貫平州明昌元年三月到部

馬伯禎貫順州明昌元年三月到部

和僅貫蠡州明昌元年九月到部

保義副尉李浩然貫延安府明昌元年九月到部

□□貫□州明昌元年十月到部

□□□□州明昌二年六月到部

□□□□明昌三年正月到部

□□□□□□明昌三年五月到部

礼部令史题名碑第二石录文

重建双泉院碑　明昌四年

碑原存地址不详，现存于北京市平谷区上宅石刻艺术馆，立于金明昌四年（1193年）。碑现仅存上半部，宽90厘米，残高约80厘米。该碑为汉白玉石质，已残断，螭首圭额，额楷书竖题"重建双泉院碑"六字，字径7厘米。碑文记载双泉院在崄山，据《日下旧闻考》卷142《京畿·平谷》载："崄山在县东北四十里，峰峦峭峻，林谷深邃，有双泉寺，金明昌中建。"据碑文推断，双泉院至少在辽代已存在。有研究者认为，因为碑立于金章宗明昌四年（1193年），所以碑文中的"皇妃"应是章宗之元妃李师儿，而双泉院也很可能是金章宗时八院之一。此碑碑阳首题"重建崄山双泉院记"，正书竖刻23行，每行残存6—9字不等，字径3厘米。书法宗欧阳询，挺拔而姿媚。碑阴为题名，已磨灭殆尽，仅可辨"蓟州""武节将军""广威将军蓟州刺史兼"题名等残文。因碑石断佚，撰文、书丹、立石者名字均泯失。今据拓本录碑阳残文。

重建双泉院碑

重建双泉院碑碑阳拓本

重建双泉院碑碑阴拓本

重建雙泉院碑

重建崛山雙泉院記

平谷之地自東而北皆（下殘斷）

其名考於載籍不知所（下殘斷）

處院西北有石庵存焉（下殘斷）

住持遼時蒙賜院額至（下殘斷）

像掃地幾盡後雖建屋（下殘斷）

本朝大定間存僧善慈（下殘斷）

家於本縣胜福寺礼謹（下殘斷）

凡數穩辝師□□□□（下殘斷）

之地顧其院宇崩壞（下殘斷）

不忍也遂啟願心欲（下殘斷）

之以自運功力雖勞（下殘斷）

助緣遂誅茅刊本涅（下殘斷）

客寮平峻極路而運（下殘斷）

緇流踵至禅客集居（下殘斷）

厨室阨陝常以為歉（下殘斷）

駕秋獮　皇妃　公（下殘斷）

價僅二百千慈喜而（下殘斷）

能事畢矣嗚呼大凡（下殘斷）

名豈少哉觀此一段（下殘斷）

皇族樂施不能成僕（下殘斷）

其時是不可無傳焉（下殘斷）

甞大金明昌四（下殘斷）

重建双泉院碑碑阳录文

鲁国大长公主墓碑　大安元年

鲁国大长公主墓碑拓本

1980年出土于北京市丰台区王佐乡米粮屯村，立于金大安元年（1209年）。碑身高174厘米，宽96厘米，厚21厘米。碑为青石质，方趺，平首无饰，两端抹角。碑阳右侧中部略残损。正中竖刻正书两行："世宗皇帝长女　皇姊鲁国大长公主墓"。鲁国大长公主，金世宗长女，明德皇后乌林答氏所生，下嫁乌古论元忠。大定初年封鲁国长公主，章宗继位，进封大长公主（章宗系其子侄辈）；立此墓碑时，为卫绍王大安元年，卫绍王完颜永济系其兄弟行，故称"皇姊"。与此碑同时出土的，还有墓志一合，志文详载其身世、行实，可参看。碑现存于首都博物馆。

杨瀛神道碑　大安三年

杨瀛神道碑

碑原立于北京市房山区石楼村，立于金大安三年（1211年）。1987年当地村民修建住宅时出土，出土时碑已残断为
两截。碑残高233厘米，宽86厘米。碑为汉白玉石质，螭首圭额，篆书"大金故奉议签事杨公神道碑"，碑身两面满
刻楷书，阳面18行，满行42字，阴面23行，满行42字，先序后铭。字迹端秀，行款疏朗。碑首题"大金故奉议
大夫签上京东京等路按察司事兼劝农安抚事上骑都尉弘农县开国子食邑伍佰户赐紫金鱼袋杨公神道碑铭并序"。撰文：
"中顺大夫吏部尚书上护军武威郡开国侯食邑一千户食实封一佰户赐紫金鱼袋贾益"，文林郎益都府临朐令武骑尉赐绯
鱼袋张光祖篆额，杨瀛弟承务郎绛州大平簿武骑尉赐绯鱼袋杨沆书丹，此碑刊立于大安三年（1121年），碑文记载了
杨氏家族由辽入金、历经三代皆为朝廷重臣为国出力以及杨瀛的生平事迹。此碑现存于北京市房山区文物管理所。今
据拓本录文。

杨瀛神道碑碑阳拓本

袋楊公神道碑銘并序

中順大夫吏部尚書上護軍武威郡開國侯食邑一千户實封壹伯户賜紫金魚袋賈　　益　撰

文林郎益都府臨朐令　武騎尉　賜緋魚袋　張　光祖　篆額

堂弟承務郎絳州大平簿武騎尉賜緋魚袋　沆　書丹

公諱瀛字彥深其先出於姬姓自宣王子尚父受封為楊侯又云晉太傅叔向食采於楊氏為氏以邑典策可聞

□者寔公之九世祖也後唐清泰中以功授銀青光禄大夫定州兵馬指揮使晉少帝入遼遷而北之遂賜田

□於興城仍世襲臨海軍節度副使銀青昆季三人遼忌其枝葉浸大分置臨潢平盧遼東公臨潢之胤也高祖

□福曾祖永贈賜朝列大夫朝列三子皆業進士嘗曰吾家久衰是三子者必能復大吾左衛率府率諱丘忠正

□台伯諱丘文閣直學士中書舍人世以紫微稱之仲諱丘行通奉大夫太子左衛率府率次曰伯雄正

□大祕書少監通奉公生四子立清真拔俗卓犖不羣能該學藝以次擢巍科時人語曰楊氏舊聞三台

而今有四輔矣長曰伯元少中大夫同知定國軍節度使事次曰伯傑中奉大夫北京路都轉運使次曰伯雄正

□□知河中府諡莊獻次曰伯仁翰林侍講學士中大夫知制誥兼太常卿左諫議大夫尚書禮部侍郎諡文

昭□□河中公生五子其長也母李氏繼母張氏皆封弘農郡夫人公秉志醇壹幼而篤學年十有三善屬文

及□□工翰墨搢紳之流一見者皆以才冠許之遂博極羣書馳聲儒苑弱冠以蔭補官稍遷修武校尉然箕裘

之□夜不舍後四赴廷試命與時違人悉嘆其久淹公專以詩書自娛晏如也竟登明昌二年

詞賦進士第換授承事郎調河南府錄事判官筮仕之初居官可紀三年　　　召試

□□等拜國子教授加文林郎七年秩滿改國子助教是歲同知西京路詞賦貢舉既歸復為夏國接送伴

□年除中都路都轉運户籍判官未幾憲臺辟舉授監察御史彊明自任號為稱職四年出為河北東路

官復同知山東東路經義貢舉凡兩知貢舉名士不失人皆以精鑒賞之泰和改元入為太府監丞物

□□如山積自典司府者莫之與比四年同知南京路轉運使事賜服金紫案牘堆完裁決如流凡點吏之

□□□□彰敗是以取予兼明公私竝足七月假中奉大夫沁南軍節度使兼懷州管内觀察使押宋國人使

楊瀛神道碑碑陽錄文

杨瀛神道碑碑阴拓本

楊瀛神道碑碑阴录文（碑阴录文）

□□□□□□為外國所重五年有司□

□□□□仍許以時務利病

奏對稱

召赴

□以公前任監察御使稱職

旨改□上京東等路按察司事方其下車也霖雨和風發春有廢必起無害不除遠近為惟然吏民安之六

年十月□已以疾卒於官積階奉議大夫春秋六十有一嗚呼以楊氏之族葉傳芳諸公當繼踵前人謀謨廟

堂□□用未究而位遽止此邦人所以流涕君子為之失聲亦可痛矣夫人馬氏贈定遠大將軍仲柔之女先

于□□年卒追封弘農縣君後夫人蘇氏銀青榮祿大夫尚書右丞保衡之女亦封弘農縣君一女壽桂尚幼

四子済及渥瀚濟太常寺檢討官蚤歲以文章動朝士尤於詩律為工及渥瀚皆先公卒瀚當河中公之甍也方居

酒□□然揖古人風求其實迹則德行言語政事文學四者兼而備之非河嶽鐘靈天性秀拔其孰能至此哉

□□□命之為嗣公能孜孜訓誘作成材器與澳俱內承奉班祗候今守樞密院譯史公為人曠邁不拘細節

□□□友於其弟與人交能盡始終義賢次無城府視財利猶糞壤也凡所莅職皆有稱舉及公務之餘以詩

□□□正月丁酉夫人蘇氏奉公之柩葬于涿州先縣石樓聚之古原先塋之次夫人馬氏祔焉禮也大名史

公□□作文而刻幽礎惟其墓隧之碑欲昭於無窮者以益為屬益退思自幼相從通家講好逮其仕也結鄰狎

□□□日深義弗可拒因系叙其事而為之銘銘曰

楊氏之族　系出姬周　歷漢至唐　將相公候　逈祖分派　藁城□籍

石晉失道　因遷而北　世襲臨海　累葉其昌　遼忌族大　分置臨潢

西樓既家　慶貽來裔　公繼祖考　楊名三世　隱然相望　文撰巍科

搢紳蟬聯　流澤孔多　公自妙齡　詞艷紈綺　時論稱之　騏驥千里

壯年筮仕　廉年莅官　凡所踐歷　皆有可觀　方其從政　道兼威受

及其政餘　詩酒豪邁　氣凌霄漢　有古人風　世務蠻觸　不芥衆束

義締於交　友及於弟　自家形國　得忠孝體　遽爾捐館

止簽外臺　朝野聞者　僉曰惜哉　孔門四科　公獨兼有　秀出士林

足垂不朽　房山舊址　石樓新阡　樹碑紀實　榮名藹然

大安三年歲次辛未夏四月壬午朔十六日丁酉立石

杨瀛神道碑碑阴录文

天开寺奉先县禁山榜示碑 崇庆元年

天开寺奉先县禁山榜示碑拓本

奉先縣　榜

今據六聘山天開寺十方禪院僧善辛狀告本寺係是自古名山先
於明昌二年有本寺勾當人僧善惠狀告為見鄰近村坊人户於
本寺見为主常住山林四至東至望海堝南至神仙峪西至紫雲
嶺神仙洞北至龍虎峪可依四至内林木被諸人强行斫截其僧
善惠於官給引文榜付本寺收執为主照使此時護嫽禁約了
當至今已是多歲人户輙集却行依舊將諸器具於本寺見为主
山林内强行斫截及搬運柴木蹬損梯道每日相持無有定度兼
諸賊人每發惡言要斫壞梯道斷絶路逕使本寺僧徒常是怯懼
不敢早晚出入切恐因此別致不虞之事似此止約不得便見山
門日漸凋弊難以住持及准
令文名山大川禁其樵採況本山亦是自古名山正合禁約以此
僧善惠先告引万寧縣文榜收執為驗令已既是改作奉先縣若
不於官告詣別出文榜切恐本山將來難以為主照使有此事因
今謹具狀上告奉先縣伏乞詳列禁文榜一就付本寺收執乞
禁止兇惡人斫截四至内採木准告除已勘當□鄰近村分不致
人户斫截樹木外須合行出榜者
右出榜人户通知

官

押

崇慶元年　四月二十二日榜

山主比丘　善惠　立石

押

天开寺奉先县禁山榜示碑录文

碑原立于北京市房山区上方山兜率寺外，立于金卫绍王崇庆元年（1212 年）四月二十二日。碑身高 72 厘米，宽 47 厘米，厚 9 厘米，趺已失。碑身刻行书 20 行，存 566 字。碑阴刻题名，已漫漶。立碑人善惠大师为六聘山天开寺十方禅院住持。碑文的形式为"榜文"，内容是六聘山天开寺住持善惠大师向寺院所在地中都奉先县（今北京市房山区）状告寺院周围居民在寺院所属山地内大肆砍伐林木、要求制止的事。碑文述及：早在金章宗明昌二年（1191 年），附近村民就曾砍伐寺院所属山林的树木，寺院根据六聘山本为"自古名山"，而朝廷法令"名山大川，禁其樵采"，且六聘山与大房山相邻，而大房山正是金帝寝陵所在地，在金世宗大定二十一年（1181 年）大房山山神就已被朝廷册封为保陵公，明令禁止在山内狩猎砍樵，向当时的万宁县状告附近村民乱砍林木。万宁县令曾据此发布榜文，严禁村民在寺院所属山林内砍伐。但到立碑时，距原万宁县令发布的榜文已有二十余年，此时万宁县已改为奉先县，而且金王朝已呈衰落之势。因社会秩序混乱，寺院周围所居村民又大肆砍伐林木，使林木日见凋零，僧人制止，又受到威胁，迫使善惠大师再次向奉先县告状。奉先县由此重申明昌二年（1191 年）禁令，并给以文据作为凭证，嗣后善惠大师将此榜文刻石以示众人。碑现存于北京石刻艺术博物馆。今据拓本录文。

睿宗文武简肃皇帝之陵碑　金

睿宗文武简肃皇帝之陵碑

睿宗文武简肃皇帝之陵碑拓本

出土于北京市房山区周口店镇车厂村金陵遗址。碑高 234 厘米，宽 92 厘米，厚 25 厘米，为汉白玉石质。睿宗完颜
宗辅是金太祖完颜阿骨打之子、金世宗完颜雍之父，生前并未做过皇帝，身后在其子完颜雍登基后被追尊为"睿宗
立德显仁启圣广运文武简肃皇帝"。完颜宗辅曾任右副元帅、左副元帅，是金军中杰出的统帅，在灭辽、灭北宋的战
争中都立下了赫赫战功。天会十三年（1135 年）病逝，时年 40 岁，葬于金上京（今黑龙江省阿城市南）太祖睿陵旁。
金世宗即位后，于大定二年（1162 年）迁葬于中都大房山，号景陵。此碑现立于金陵遗址内。

大金故郜□长公主之墓碑　金

大金故郜□长公主之墓碑

大金故郘□长公主之墓碑拓本

出土于北京市门头沟区军庄镇新港水泥厂内。碑为汉白玉石质，残高 104 厘米，宽 65 厘米，厚 15 厘米。碑文中所缺一字应该为"国"字。据《金史》卷五十五《百官志一》载，郘国为金代 30 个小国封号之一，郘国长公主在《金史》中有记载。据《金史》卷一百二十《世戚传·乌林答琳》载，贞祐元年（1213 年）时，郘国公主随同丈夫乌林答琳一同投降西夏，但是却时刻思念故国。贞祐三年（1215 年），金中都被蒙古军攻陷，郘国公主归国并去世。她是宣宗之姊妹、完颜允恭之女。碑现存于北京市门头沟区文物管理所。

崔村锣钹邑残碑　大定十七年

碑原存放于北京市昌平区崔村供销社院内，现存于昌平区博物馆。此碑残高 115 厘米，宽 68 厘米。碑阳首行有"大金国中都大兴府上古郡昌平县海北乡崔村锣钹邑陈师友等"字样，末尾有"……年岁次丁酉癸丑月丙戌日申时建"字样；碑阴末尾有"时天历二年岁次己巳乙亥月甲午日"字样。专家据碑阳与碑阴文字推断，立于金大定十七年（1177年）的"金代崔村锣钹邑碑"已毁，而碑文被记录下来，于元天历二年（1329 年）再次镌刻于新碑碑阳。此碑拓本为刘凤翥先生所藏，今据拓本录文。

崔村锣钹邑残碑

崔村锣钹邑残碑拓本

大金國中都大興府上古郡昌平縣海北鄉崔村鑼钹邑陳師友等自神昧巳後亡遼巳前

村□□　栽接邑長劉守榮等抛留下北山浮遮峪內有祖業不成行戶栗園一所當此於重熙

二十一年本村內立下磺子為驗從此差稅不曾有闕又至天會年間亦行通檢過後又至定四

年新行通檢訖見收戶帖為驗後至定十一年十二年兩次有軍人請射本邑內點差李貴李顯

李昌張昌張從紀公清張瓊等各人於運街告詣申覆去來至定十四年九月十七日□

得本縣帖付該說開坐申覆運衙取裹去來後奉到指揮斷定該使衙照到卷內今年九

月內承奉

尚書戶部符文承

□省批本部承契勘隨路軍戶不合指射百姓係通地土革拔文字在案收執指揭舊為主承但恐

□歲九年深壞爛文字別無顯跡故立石揭

陳師友　拔頭張昌　李文通　陳資明　張義　於深　崔筠　李興俊

拔頭紀□　陳祐　劉選　李君勝　李琦　李元　子興益　張甫　普通陀主僧等

張均　康京昌　張永祥　李永躅　張甫　見隨朝

陳昱　王昌　楊該　李永周　李興全　忠顯校尉李明

齊公友　刑君慶　李松見　李望孫　劉江　李有

馬慶昌　張桂　杜福壽　陳千□　薛壽　王公民

進義校尉張開　進義校尉紀才　進義校尉張□直　進義校尉劉興

年歲次丁酉癸丑月丙戌日申時建

崔村锣钹邑残碑录文

三泉院茔记碑　金

三泉院茔记碑碑阳

碑为 2023 年平谷张德友先生捐赠给北京市平谷区文物管理所。碑残高约 90 厘米，宽 59 厘米，厚 9 厘米。碑石方首抹角，底部有缺损，两面刻，均为竖刻，楷书。石碑大面积严重磨损，碑文漫漶不清，不能通读。碑阳额题"三泉院茔记"五字，右侧竖题"大金中都大府蓟州平谷照鸡足山三泉院茔記"。碑阴额题"地山水五音利□□□纳新图"。据《日下旧闻考》第 142 卷记载"原鸡足山在县东北三十里，下有三泉寺，金承安二年建"。三泉寺坐落"马家庄东北，寺东西北三面环山，南则有三泉，各相去数丈，品列于前，寺居其中，故名"。碑石现存于平谷博物馆。

三泉院莹记碑碑阴

墓表

吕君墓表　大定七年

吕君墓表

呂君墓表

朝散大夫行太常丞兼戶部員外郎蔡珪篆
承務郎行大興府宛平縣主薄任詢撰并書

君諱徵字良弼世宗之孫忠顯溫義之子蘖居燕族稱豪族皆以德
相承流澤潛潤君鍾其美受性淳厚剛靜沈和雅鎮流俗挺志高遠不
苟易笑言體貌雄深儼然可畏即之温如也從軍戎鎮
其待賓館無虛日親舊授詣必彈楮揮金使充周陽貸窮之恒推隱
故故門多長者之游于今三十載一食無客至蓋闕如也劉祠端人也
貳政開封延君為上客下俗浮靡明游多撰樂知君以瀚泊自持語人

君笑而不荅徐曰神離智昏彼將安用客有李生自遼東來求識君面
知其行事退而歎曰撰荊之東數千里登多見此仁者無何以大定七
季四月六日示疾卒享年五十有八月十九日葬於祖塋之吉穴妻
趙氏合馬君將斗不輟凡四十衆君之德業固不可一二數觀其眾所
秘語萬過夜殯之日送者傾里開縉紳之士行路之人皆好之及其亡也人皆
則審矣就天不弔奪我是知其生也識與不識靡不
摧傷咸曰皓天不弔奪我善人是知其生也
傷乎餘愛遺音所思何已夫窮通之數懸天有期在人莫辨

曰呂族豐大宜矣原王留守京都俊傑滿前氣相吞壓君屛有列以惠
藏厭服之著躬駁眾畜鷹犬謂從嬉戲何苦傷生羕有馬癖戒
僕秉神駿應人有善人就來言相駈以下軍施鞭樸使衣食充是徭賦戒
善其聘期初募未調役助軍雖間與權賢以錢千萬故私故請託士或論休
之太定眾服當兔論人之毀譽不通爵授者固其上下或爵非有
宮以官意各極其情緰每留心道妙故其墓二子取或採畏人
知取父文貴極具情每留心道妙故其墓不展人感諭以黃白術者

君有神善貴於當寺稟令不求堂其數下摧金實下留萬亟軍權射春

呂君墓表拓本

1991 年出土于北京市丰台区石榴庄凉水河南岸，立于金大定七年 (1167 年)。该表为汉白玉石质，四角方柱形，下有雕饰两层的正方形底座，重檐四阿式盝顶。墓表通高 270 厘米，基座边长 85 厘米，高 30 厘米；表身宽 56 厘米，高 205 厘米。表幢四面满刻楷书 32 行，满行 27 字，字径 6.5 厘米。刻石保存完好，刻文字迹如新，笔划锋棱毕见。首题篆书 "吕君墓表" 四字，书法圆劲匀称，由金代著名书法家、"朝散大夫行太常丞兼户部员外郎蔡珪篆"，正文则由著名书法家、时任承务郎行大兴府宛平县主簿任询撰写并书丹，表文字体遒劲端严，宗颜体书风，代表了金代中早期的书法艺术水平。此表记载了燕南大族吕氏籍贯及吕徼终身未仕、从军戍镇阳等经历。墓表现存于北京考古遗址博物馆。今据拓本录文。

吕君墓表录文

朝散大夫行太常丞兼戶部員外郎蔡珪篆

承務郎行大興府宛平縣主簿任詢撰并書

君諱微字良弼世宗之孫忠顯溫義之子累葉居燕號稱豪族皆以德相承流澤潛潤君鐘其美受性淳厚剛靜沈和雅鎮流俗挺志高遠不苟易笑言體貌深儼然可畏即之溫如也從軍戍鎮陽物價倍蓰脩具待賓館無虛日親舊投詣必殫楮揮金使充其欲周貸窮乏恒推隱郵故門多長者之游于今三十年一食無客至蓋闕如也劉裯端人也貳政開封延君為上客汴俗浮靡朋游多燕樂知君以澹泊自持語人曰呂族豐大宜矣原王留守京醜俊傑滿前氣相吞壓君居首列以惠義厭服之善馱馭不畜鷹犬謂以田獵從嬉戲何苦傷生為有馬癖蓋喜其神駿人有善馱馭就求訾相馱下罕施鞭朴使皆衣食充足徭賦戒僕走聘應未嘗以一事到官府雖閒與權貴游不以私故請託士論休之大芝初募獻資助軍儲者授爵有差君以錢千萬及二子取爵非有仕宦意期免調役耳　國家通籍務在均當主者膠固其上下或採君宮以定衆服當論人之毀譽不更所安人之窮達不改所遇樂施畏人知取交各極其情蘊每留心道妙故君笑而不荅徐曰神離智昏彼將安用客有李生自遼東來求識君面知其行事退而歎曰燕薊之東數千里豈多見此仁者無何以大定七季四月六日示疾卒享年五十有八六月十九日葬於祖塋之吉穴妻趙氏合焉君將卒之夕有星殞于第之東南隣里皆見之平日誦浮圖秘語萬過夜拜斗不輟凡四十年君之德業固不可一二數觀其衆所與則審矣就殯之日送者傾里閭緒紳之士行路之人識與不識靡不摧傷咸曰皓天不弔奪我善人是知其生也人皆好之及其亡也人皆傷之餘遺音所思何已夫窮通之數倚伏紛綸懸天有期在人莫辨君有淵善遺於當時稟命不永豈其數邪雖陰寶不留而德輝靡謝春

附　录

已著录的北京地区辽金石刻

北京地区辽金石刻，自元至明、清、民国，历代均有发现，并时见著录。新中国成立以来，随着工农业的发展和城建范围的扩大，出土愈多。在对这些石刻文献研究与整理方面，总体上看，辽石强于金石。如清光绪年间缪荃孙修《顺天府志》时，搜拓京畿碑石，进而辑《辽文存》六卷，后王仁俊则踵成《辽文萃》七卷；迨二十世纪，又先后有黄任恒《辽文补录》、罗福颐《辽文续拾》及陈述先生《辽文汇》《全辽文》，载录北京辽石渐多，且互为勘校，兼及训释。1995 年 4 月由河北教育出版社出版的向南先生所编《辽代石刻文编》，在汇辑前述各著中辽代石刻文字的基础上，又录入近年发现的辽代石刻佚文，共辑文三百余篇，而其中北京地区新发现出土之石刻，收录最多。向南先生录文，校订精详，考释有据，所以本书附录辽代石刻的说明文字和录文，均据《辽代石刻文编》移录。金代石刻，以往发现和出土的数量少于辽石，著录整理状况亦远逊于前者，今仅据（清）张金吾《金文最》、溥儒《上方山志》及一些金石文献收录的北京地区石刻录文移录，其中关于原石的一些基本资料，失记或无从考证者，只好暂付阙如。本书附录所收石刻录文，或原石久已亡佚，或现存处不详，或石存而其文是附丽于某种大型石刻上的简短题记（如房山辽代石经题记），多不能独立成文者，今为方便研究者使用，一并录入。

会同中建陀罗尼经幢记　会同九年

会同九年所建陀罗尼经幢，1774 年（清乾隆三十九年）出土于北京一菜圃中，幢八面刻，前经后记，行书。记凡两篇，一为会同九年（946 年）刻，一为保宁元年（969 年）刻。《寰宇访碑录》《日下旧闻考》《艺风堂金石文字目》均有记载。今据《日下旧闻考》《辽文存》校订录文。

夫六道循環，五蘊虛假，融情□而成岳，流渴愛以為河。擾擾焉若投焰之蟲，忙忙焉如濡沙之黙。不有至道，其孰能拯救者哉？則我大覺慧珠，空王密藏。妙用退周於沙界，神功廣被於人天。巍巍乎可得而言，蕩蕩乎無遠不屆。至如釋塵芳境，除七返之輪回；入解脫門，破四魔之顛倒。津梁五濁，利濟三途。救火宅之焚燒，導苦海之沈溺者，莫尚乎佛頂尊勝陀羅尼咒也。明文具載，奕世傳芳。其或安在高樓，置於堵。或資敬仰，用廣瞻依。俾蹈焰者罪滅福生，使沾塵者□□後樂。其他設造，（設，一作修。）永契殊因。粵有□□□□，□□貞閑，性惟明慧。雖□俗為累，常體道存心。捐情於美服豐粧，屬意於□佛□□。顧□□之易滅，知水月以非堅。緩自卯年，不食薰茹。遐瞻勝概，□□崇發。□□心建宏益事，而乃毀周身之服玩，（毀，一作報。）減實腹之資儲。召募良工，□□□□。式刊真諦，屹立危幢。儼鎮地之崇基，聳參雲之逸勢。成因積用，詎假口求。庶集福之有期，與口生之共處。陵移谷變，禁勝置以無窮；日往月來，垂善□□□□。□□□□，□□□□。時會同九祀，龍集敦牂歲，玄月二十一日謹記。

仙露寺葬舍利佛牙石匣记　　天禄三年

石匣 1687 年（康熙二十六年）五月出土于北京市宣武门西南。匣如石樽而短小，旁刻僧志愿记与布施金钱者姓名。《析津日记》《曝书亭记》有记载。录文俱载于《吉金贞石记》《日下旧文考》《辽文存》等。

> 葬舍利石匣記
> 講經論大德志願録并書
> 　達摩禪師遠涉流沙，登雪嶺，得釋迦舍利辟支佛牙，授與先師。先師諱清珣，閩川人。自會同五載仲秋賷舍利佛牙到此，於八年季春月冥凋十一葉染屙而逝。臨遷化時，將舍利佛牙付仙露寺講維摩經比丘尼定徽建窣堵波。尋具表奏聞，大遼皇帝降宣頭一道，錢三百貫，以充資助。於天禄三年歲次己酉四月十三日安葬。施主名具鐫於後。

刘存规墓志　　应历五年

墓志出土年代不详。据《密云县志》载："刘存规墓在嘉禾乡提辖庄。"志文节文见录于《古今图书集成·职方典》，但有改易。

> 　存規，字守範，河間王二十四代孫，大遼間，屢著奇功，拜積慶宮都提轄使、金紫榮祿大夫、校尉司空、兼御史大夫、上柱國。應歷五年卒，葬密雲縣嘉禾鄉。子五：長繼階，攝順義軍節度

衙推；次繼英，永康府押衙；次繼昭，山河都指揮使；次繼倫，定遠軍節度衙推。

承进为荐福大师造幢记　应历七年

承进所造经幢，在北京法源寺戒坛前，八面刻，前经后记，每面各4行，行29—31字不等，上截多漫漶不清，正书。《日下旧闻考》《八琼室金石补正》《京畿金石考》《鸿爪前游记》《顺天府志》《畿辅通志》等均有记载。

（上漫漶約十一字）盛□陀羅尼。前攝遼興軍觀察巡官王進思額并刻字。

（上漫漶約十二字）大□敬造尊勝陀羅尼幢記。（一作遼憫忠寺故師姑［闕］壇大德薦福大師敬造尊勝陀羅尼幢記。）

（上漫漶不知幾字）□州司馬劉贊述。

（上漫漶約二十一字）后來以文武才能燕國（上漫漶約二十一字）曰若生女不可於塵（上漫漶約三字）生即大□也。□□□□□□□□□□□哉，（一作大師法諱［闕］遇，俗姓郝氏。）十三樂出家，值太原運花（上漫漶約五字）住持□□□□□□□□□□（下空）大師□□□□□□□□□。（一作值太原蓮花寺廣賢尼大德住燕之歲，即禮為師。長大德行純邃，容止可觀。）天祐三年，始受學法，將鄰二載，乃具尸羅念戒。□時□□□□□□□□□於時燕□□嘗□□□名聞近大臣官長執持禁（上漫漶約十二字）故司徒令公衣錦書行聞名敬喜簡副（漫漶約十六字，下空。）（上漫漶約十五字）重價誠難遏於高名。天禄中（下空），（上漫漶約十五字）闍梨□□□貴主染衣禮為和尚忍□更□於法苑。惡風轉扇於佛官。寺眾以□□□□悲傷瞻敬請為殿主，實仗其大師乃特力添粧，逈謂精粹，聿修闕德，咸與□新。及（下空）我后駕幸幽都，（一作燕都）躬選名行，敬加師號薦福。□自是漸捨衣盂，設僧尼大會，請僧轉大藏經一遍，供養洞中羅漢一筵□□□□北雪南金又何以比大師快利也。又造七寶瓔珞及銀如意，上施奉福寺文殊真容。蓋與同伴尼瓊深□□□尼，先大師之七年歸净土矣。同心同德，有始有終。且非智力超於□□□□□如是之行願乎？更塑□□寺□下功德一龕甚為希有，暇日忽語□者□□□佛殿，雖親自添補，修飾砌□，尚慮未足為周備矣。言訖置之欄楯□（上漫漶約六字）大師□□□□□□□莊嚴者也。於戲！内持八法，外讓七支。（上漫漶約五字）三界即學無學□未離捨此生□因緣矣。即以應歷七年六月二（一作六月二十一日）（上漫漶約五字）疾奄化於本院之主堂，春秋□十三，夏臘五十四。門人副員大德承進（上漫漶約八字）次日承□□□□□□□□□□并秀金石齊堅稟法無雙。（上漫漶約二十二字）地浹日依印度法□□（上漫漶約二十二字）葬之勝地金鈴響亮□（上漫漶約二十二字）托刊斯文行業繁多直（漫漶約二十字）日壬午丁時□。（下空）

重建陀罗尼幢记　保宁元年

经幢 1774 年（清乾隆三十九年）出土于北京市一菜圃中，幢八面刻，前经后记，行书。记凡二篇，此记刻于会同九年（946 年）记文之后。录文以《日下旧闻考》《辽文存》为底本校订。

　　維大遼保寧元年六月十五日，(六月，一作九月。)都亭驛使太原王公恕榮，為皇妣自會同九年□捨資□廣陳勝事，□於兹金地，特建妙幢，在經藏前集功德□。□□果報，家道吉昌。既稍備於珍財，乃更□□利益。就奉福寺文殊殿前，又建經幢。(經，一作法。)於灝村之墳，京東之墓，各置佛頂尊勝陀羅尼幢一所。前后四處，咸仗六通。亦可蔭及子孫，門風不墜。適后當院隆盛，檀樾□□復近僧堂，又興佛殿，斯幢當路，須至閉遮，乃移舊基於殿之右。皇妣靈鑒，欲表□誠。如游六欲之宮，永固五雲之狀。所冀飛花雨寶，時來觀刊石之功；執傘持幡，却去上摩尼之殿。仍將片善，福及見存。以球琳琅玕富其家，以椿杆栝柏齊其壽。四生六道，咸霑此恩。所有內外宗親，依舊列名於後而已矣！

　　建幢女弟子張氏，長男攝祁州司馬□，次男留守押衙、前都亭驛史□，次男攝寰州長史恕，長女成郎婦，次女李郎婦，次女陳郎婦，未嫁女吉年，孫男三牛。銀青崇禄大夫、檢校工部尚書、兼御史大夫、上柱國鄭成嗣，表弟閣門使、崇禄大夫、檢校□部尚書、兼御史大夫、上柱國郭陟，次表弟將仕郎、前守昌平縣主簿郭□。鐫字者尹奉威也。

李内贞墓志　保宁十年

李内贞墓，1770 年（清乾隆三十五年）在北京市琉璃厂发现，同出有墓志一方。后提督两窑厂工部郎中孟澍募人改葬，志石亦被埋入地下。志文只有孟澍抄得传于世。对此《潜研堂文集》《授堂金石文字续跋》有记载。录文据《潜研堂文集》《日下旧闻考》《辽文存》诸本校订。

　　大遼故銀青崇禄大夫、檢校司空、行太子左衛率府率、兼御史大夫、上柱國、隴西李公墓誌銘。李公諱內貞，字吉美，媯汭人。唐莊宗時舉秀才，除授將仕郎、試秘書省校書郎、守雁門縣主簿。次授蔚州興唐縣主簿。(《舊聞考》無此句。)次授儒林郎、試大理寺丞、守媯州懷來縣丞。大聖皇帝兵至，迎降。(以上八字《舊聞考》作亂后歸遼，太祖一見器之。)加朝散大夫、檢校工部尚書、兼御史中丞、賜紫金魚袋、兼屬珊都提舉使。嗣聖皇帝改銀青光禄大夫、檢校尚書右僕射、兼御史大夫。天授皇帝加檢校尚書左僕射。故燕京留守南面行營都統燕王知其才，(知其才，《舊聞考》《授堂金石文字續跋》作達剌以公才識俱深，且下有委寄權要四字。)補充随使左都押衙、中門使、兼知廳勾，次攝薊州刺史，(攝，《授堂金石文字續跋》作授。)次授都峰銀冶都監。天贊皇帝改檢校司空、兼御史大夫、上柱國，次行太子左衛率府率。保寧十年六月一日薨於盧龍坊私第，享年八十。以當年八月八日，葬於京東燕下鄉海王村。先娶殷氏女，有三子。後娶何氏女，生二男。弟僧可延，天順皇帝授普濟大師，賜紫。長子瓚，金紫崇祿大夫、檢校司空、南奚界都提紀使、兼御史大夫。次子玉，燕京都麴院都監、金紫崇祿大夫、檢校司空、兼御史大夫、上柱國。次子琰，銀青崇祿大夫、檢校尚書右僕射、兼御史大夫、上柱國、前大石銀冶都監。次子珝，前遼興軍節度推官、將仕郎、試秘書省校書郎。次子璟，攝宜州觀察判官。

李翊为考妣建陀罗尼经幢记　　统和十八年

李翊所建经幢，1771年（清乾隆三十六年）出土于北京市阜城门外衍法寺内，先经后记，八面刻，正书。又有施食幢仅余下截，上刻神像。《五城寺院册》《日下旧闻考》《京畿金石考》《八琼室金石补正》《顺天府志》等均有记载。录文据《日下旧闻考》《八琼室金石补正》《辽文存》校订。

　　伏聞護明下降，愛欲度於四生；調御出興，遂震搖於六種。恒施慈念，廣運悲心。示方便於三乘，發弘誓於四願。教之惠施，作苦海之津梁；化以歸依，指迷途之徑路。比為常弘釋梵，永濟人天。遷神忽現於緣周，示迹故留於遺法。遂有封袟於堂殿，或乃刊勒於碑幢。諷之者，福不唐捐。誦之者，功超遠劫。若乃輕埃霑處，微影覆時，非惟獲果於未來，兼亦除殃於過去者，莫若佛頂尊勝陀羅尼矣！翊愛從稚齒，幸忝趨庭。才逾辯李之年，旋稟學詩之訓。遂乃自強不息，溫故知新。礪鈆刃而不愧雕蟲，望金科而將期中鵠。豈為禍從天降，連與願違。立身才始於弱冠，倏爾俄鍾於何怙。邇後董幃孫閣，悉捐子夏之書。日往月來，但泣高柴之血。其奈世同石火，時若電光。傷嗟未復於胐骸，荏苒旋逾於終制。遂乃捫心静算，滌慮沈思。深慚於聖代甘閑，又耻於明時虛度。是以編聯陋唱，掇綴無詞。相庭始敍於行藏，侯府驟升於蓮幕。粉幃蘭省，數年而幸忝優游；典郡倅戎，兩鎮而謬經履歷。至若貳留三使，仗鉞擁旌，蓋嚴訓之所致也。今於墳所建斯幢者，奉為薦亡考妣之亡靈也。亡考長官世襲簪裾，性惟清慎。守謙恭則無爽五常，蘊敏惠則洞閑三教。愛因筮仕，著功勤而早遂利名；不顧字人，（顧，一作願。）歡徒勞而歸終里社。亡妣夫人，浮陽茂族，鄒魯名家。稟親教而洞曉婦儀，承閨訓而妙熟女史。加以姿瑰態逸，從夫之淑慎退彰；儀静體閑，守德之功容備著。豈謂因纏微恙，莫駐盛顏。畏日煦而花露俄零，悲風扇而香魂忽散。翊念兹永訣，痛切追思。早年雖備於送終，繼日徒嗟於不迨。是以特抽净俸，用構良緣。市翠琰於靈岩，命奇工於帝里。罄之巧思，運彼殊材。次皓鶴以翔空，列狻猊而繞座。匪圖壯麗，悉去繁花。惟仗聖言，以資冥魄。雲盤雨泛，如聞甘露之香；寶鐸風搖，似聽苦空之韵。多多盛事，一一難宣。靡托高材，貴形實錄。伏願驚禽駭獸，依聖影以獲安；孝子順孫，薦幽靈而勿替。時統和十八年歲次庚子四月戊申朔七日甲寅丙時建。大同軍節度管内觀察處置使、金紫崇祿大夫、檢校太保、使持節雲州諸軍事、雲州刺史、兼御史大夫、上柱國、隴西縣開國男、食邑三百户李翊，弟將仕郎、守秘書省校書郎懿建幢。

澄赞上人塔记 开泰九年

塔记出北京市香山，盖镂八字，文曰："头陀遗身""舍利舌塔"。分在两隅，中镂造像花纹陀罗尼经文，下为塔记，记后有施主衔名。据拓本录文。

燃身頭陀贊公舍利塔記

右街表白花嚴院講經論沙門慧鑑述

詳夫運偶休明，人參聖哲。隱行大行，豈萬古以獨能；逆化群機，屬千今之共悉。仰惟燃身頭陀澄贊上人者，命世乘時，随機控物，生而混迹，愚智莫分，歾而逾神，靈感非一。至若旃檀藉上，琢五色之雲容；舍利光中，涣中蓮之舌相。振地乃三迴共駭，現身乃數處回驚。凡預見聞，嘆未曾有。粵有在京遼西坊内信士張從信者，早奉慈悲，狎為蘭室，聞捐身命，造以香山，躬施毫珠，擬充路費。師乃得而抃躍，良久謂僧瓊素曰："若後摩尼殿，就慈氏像圓，用此珍奇，以嚴相好。"雖兹付囑，不沐贈留。乃與眾別，遂從火化。瓊素尋歸竹户，見在香區。驚喜交集，髮毛遍竪。因陳齊會，荷此靈通。遇見張公，得言聖遜。公親蒙瑞應，難喻欣怡。特出玉帛，削成石塔。中安舍利，外鏤揔持。冀劫壞以無傷，想佛來而暫涌。所主功德，乃用莊嚴，六種姻親，并益三堅之福；七生父母，咸增六度之因。凡居随喜之間，盡用解脫之分。時開泰九年四月二十七日。

建造塔施主張從信，同施劉氏。祖父銀青崇禄大夫，檢校國子祭酒、使持節昌州諸軍事、昌州刺史、兼監察御史、武騎尉元□，母龐氏。長男吴越長生湯藥都監輔翼，次男奴哥，次男栲栳，次男和尚奴，次男善孫，女祭哥，女藥師女；長男新婦周氏。

罗汉院八大灵塔记 重熙十三年

罗汉院八大灵塔记，在北京市平谷区三泉寺内，记文并额正书。以《辽文存》为底本参照诸本校订录文。

羅漢院八大靈塔記

□德郎、□□□直府、守□州録事參軍、騎都尉、監知□張輪翼撰

金枝聯七葉之榮，寶位禪千齡之運。謹按内典云，初地修一無數劫，受華報果，為自在身，今我皇帝是也。恒懷宵旰，肯構靈祠。系玉毫尊，恢八萬四千定悲之力；繼金輪職，威塵數萬類束手而降。威加海表既如彼，恢張佛刹又若此。文武賢輔各代天行化，運掌上之奇兵；輔國濟民，利域中之邦本。夫如是，黔首知力，白足荷恩。契經以塵合沙界，堪為如來法器也。地有勝境，賢聖栖神，即羅漢院者矣。控先俗一字之鎮，枕薊壤兩川之心。沃土宜禾，居民則逸。壯千

里侯甸之風，觀萬仞崆峒之氣。以謂招提舊制，像運仍全。三十七品教流風，百五十成紹佛迹。沙門首座誦法華經紹凝，行超俗表，道冠權門。斬結使之魔軍，斷煩惱之釣餌。良器□現，神受能人，塔主法清者哉。定心頓悟，識性宿習於□院；坤旺之方，涌窣堵凌雲之勢。長遠而久受勤苦，四祀能成；暫時而一託良能，九層俄就。揆□建事，白眾議曰，佛法付與國王大臣，今則特仗當仁，遽成勝概。爰合□主為都維那、左班殿直、銀青崇録大夫、檢校太子賓客、兼殿中侍御史、驍騎尉、商麴鐵烟火都監齊為戴，恩□悼獨，義□鄉閭。恒包報國之衷，若兢履薄；深悟忘筌之旨，如救頭燃。嘆戲沙成佛之因，化慳火生蓮之果。□遇班輪，磨砌神工。配鬼迆相參，宏壯孤標，嚴像與崇陵門矗。心地觀經雲，釋迦在祇園演法之初，此八大寶塔，一切相貌，現金色光明中。佛為母於忉利天説經，已化三道寶階下閻浮時，今來修崇過去瑞相。法清與天水趙文遂於開泰大師處，請到遺留佛舍利數十尊，用七寶石函，葬塔基下。乃與糾首陳壽、邑證□澄等，教化有緣，市肆村落，各賣潤已，同辦利他。十尋之峻躅方成，裝嚴賢劫；三級之危檐廻起，遥擬帝幢。菱花鑑善惡於四隅，寶蓋淡炎涼於九有。文楣接漢，栭柱倚天。風簧雜千變鈴聲，帝妃一唱；雲盤落九霄甘露，天雨四花。龍寵會塵沙佛加持，仙路湊三界天作禮。金珠亘晴朗之日，洞瞰乾坤；（瞰，一作徹。）寶鈴喧静夜之風，崢嶸宇宙。由旬半甲，利益頗同。大事既均匀，邐迤波委。禮此塔者，無冤不解，有恨皆銷。聾者善聽而歸，瞽者善眎而去。具貪愛者，頓生厭離。被無明者，速得解脱。塵沾出地獄之門，影覆入菩提之室。薊門太師，主條布政，知稼穡之艱難，五馬爭鞭；訣孤虚於向背，上佐員外。劍舞松窗，定有衡星之氣；鋒揮文陣，用□奪桂之名。如是則語其功德，皆生梵輔之宫；睹彼基垌，并入摩尼之殿。勒文刊石，用始顯終。太原□輪翼以□□朝省，若作酒醴，乃奉命監造曲蘖届此，遇塔析建藏事。經圓維那邑司塔主等，盡請撰録，難拒眾情，不得已而，但述之爾。輪翼春秋八十有一紀，萬法而無□未□□□□□聊志歲月□□□□重熙十三年歲次甲申四月壬辰朔八日丙時建。

薊州渔阳三河兩邑建舍利塔记　　重熙二十年

民國《三河县志》："东小汪崇兴寺塔上旧嵌古石一块，纵横不过三尺，上刻记文。"

　　大契丹國燕京東薊州渔陽、三河兩邑人等，維重熙二十年三月二十日壬子朔續建坐到舍利塔一座，兼有内藏石匣并諸骰供養。僅録渔陽郎中鄭邑人如後。

房山北郑村石函记　　重熙二十年

石函 1977 年出于北京市房山区西南 40 里之北郑村辽塔地宫内，函长 79 厘米、宽 52.5 厘米、高 54

厘米。函盖为盝顶式，函右侧有记文，虽仅为埋葬年款，但由此可断定塔之重修年代。

重熙二十年歲次辛卯三月壬子朔二十五日丙子午時葬記。

涿州超化寺诵法华经沙门法慈修建实录　清宁二年

沙门法慈修建实录，原在北京市房山区西北 25 里庄公院，今据拓本参照《辽文存》录文。

　　夫漢□而下，像教綿興。凡都城郡邑，山野林泉，地或有可者，皆以□□□聚緇侣而為修習之所。案地志，燕南良鄉縣黄山之陽，有古院曰□□。境□一川，地吞百頃。東西分野，爰連於荆□□槽；南□□□，遠□於灌山花壁。歷載頗深，遺坰靡具，廊宇圮毁，垣墉廢傾，避（風）雨□（濕），備行住坐卧之處，則杳無觀矣。逮重熙十祀，有瓦井村邑人王文正三十餘衆，特以兹院，施於炒郡，超化招提，為上院之備也。乃有綱首沙門守能等，慇此荒穢，遂於當寺僧臘間，擢大有□□有主焉。衆謂我師行望素高，尋以固請，不果辭讓。是往住（持）□後，克彈已力，善化他財，得一錢一飯之費，曾不自給。止以□□□□常□□□特於正面建慈氏堂一坐，三間四椽。赤白結□□□□□人七菩薩并已了畢。西位蓋僧堂一坐，三間四椽□□□□□□二十坐。定光佛舍利塔一所，三檐八角。内收藏□□□□□□到□□果木二千余根。開科出堪佃□□□□□□□□□。小小干□，不克盡書。噫！法之於世，有衰有盛，必因□□□□；□之行世，有廢有興，必因人而主也。主是院者，非我師□□□於□□。良緣告畢，思誌其功。以師民鄉人也，少小好□，□以見托，無克讓退，因述鄙詞。清寧二年。

沙门志果等为亡师造塔幢记　清宁六年

沙门志果造塔幢，在北京市房山区小西天，八面刻，先经后记，正书。据拓本录文。

　　没故本師和尚，范陽縣團栌村人也。俗姓梁氏，童子出家，依年受具。性柔勤學，精進為務，習律□講唯識論。法諱法塋。去清寧五年孟夏四月二十八日，搆疾而終矣。門人志果、志省、志悦等，思念法□之恩，粉骨粹骨難（下缺）佛頂陀羅尼經塔用□□□□法□。伏維□尚□此建塔功德（下漫漶不清）□次庚子十月丙辰朔十八日癸西甲時。

沙门可训造幢记　清宁七年

沙门可训所造经幢，在北京市房山区，八面刻，先经后记，正书。据拓本录文。

　　殁故本師，范陽縣梁家莊人也。姓郝氏，自小出家。受具後，住山一十五年。誦六門陀羅尼大般苦經、明王經、大小乘律等經，誦滿萬部。和尚法諱季支。春秋五十有五。去清寧二年季秋朔莫彫四茶，數盡而終，舌乃不灰。門人可訓輩，時今□誠之恩，以建斯塔矣。清寧七年三月五日。

纯慧大师塔幢记　清宁九年

塔幢原在北京市白云观西广恩寺内，八面刻，前经后记，正书。《盘山志》《日下旧闻考》《辽文存》俱载此记。今据诸本参校录文。

　　京師奉福寺，懺悔主、崇祿大夫、檢校太尉、純慧大師之息化也，附靈塔之異位，樹佛頂尊勝陀羅尼幢，廣丈有尺。門弟子狀師實行，以記為請。大師諱非濁，字貞照，俗姓張氏，其先范陽人。重熙初，禮故守太師、兼侍中、圓融國師為師。居無何，嬰腳疾，乃遁匿盤山。敷課於白繳蓋，每宴坐誦持，常有山神敬侍，尋克痊。八年冬，有詔赴闕，興宗皇帝賜以紫衣。十八年，敕授上京管内都僧錄。秩滿，授燕京管内左街僧錄。屬鼎駕上仙，驛徵赴闕。今上以師受眷先朝，乃恩加崇祿大夫、檢校太保。次年，加檢校太傅、太尉。師搜訪闕章，聿修睿典，撰《往生集》二十卷進呈。上嘉贊久之，親為帙引，（帙，一作序。）尋命寵次入藏。清寧六年春，鑾輿幸燕，回次花林。師坐於殿，（坐，一作侍坐。）面受燕京管内懺悔主菩薩戒師。明年二月，設壇於本寺，懺受之徒，不可勝紀。九年四月，示疾，告終於竹林寺。即以其年五月，移窆於昌平縣。司空薊國公，仰師高躅，建立寺塔，并營是幢。庶陵塹有遷，而音塵不泯。

　　清寧九年五月講僧真延撰并書。

弥陀邑特建起院碑　咸雍元年

《倚晴阁杂抄》："归义寺在善果寺西，辽刹也。天王殿前一碑，无撰书人姓氏，额题弥陀邑特建起院。"《日下旧闻考》："善果寺之西半里许有菜圃，辽碑在焉。《倚晴阁杂抄》谓其地即归义寺，以碑考之，似别为一寺，而归义寺乃其北也。碑乃乡人众建者，绝无文理，无撰人姓名，字亦半剥落，就其可见者读之，中数行叙买地券以归义寺为北至，不云地即归义寺也。《倚晴阁杂抄》云，买徐员外地遂为归义寺，想亦因碑无文理而误读耳。碑阴姓名今亦半剥落矣。"《潜研堂金石文字目录》："碑正书，咸雍元年十二月，在京师归义寺。碑阴正书。"《潜研堂诗集》："过归义废寺诗自注，寺有弥陀邑特建起院碑，载咸雍元年卖地券云云。"

　　碑文稱寺肇自清寧七年，買徐員外地，遂為歸義寺，備書寺基墻垣尋尺以及佛像經藏之數。碑陰首書疏主懺悔師、守司徒、純慧大師、賜紫沙門守臻，本行僧錄、檢校司空、精修大師、賜紫沙門智清，次載邑衆姓名，開府儀同三司、守太尉、兼中書令、齒國公劉二元，開府儀同三司、兼侍中、開國公趙徽，建雄軍節度使、開國公劉需，諫議馬子詮，尚書張挺，中舍李思（缺），秘書省校書郎劉文，左班殿直韓允，右班殿直王規，燕遼國妃劉蕭氏，遼國夫人杜鄭氏，其餘邑首、邑長、邑正、押司官、印官副、正副禄如歷，錢物名號不一，又敷十人。

　　又，文内載賣地券：今賣自己在京宣化坊門裏面街西小巷子内空閒地。内有井一眼，槐樹兩株。東鄰、南鄰、西鄰、北鄰。

法喻等为先师造幢记　　咸雍二年

石幢在北京市房山区小西天南 5 里塔园，八面刻，先经后记，正书。据拓本录文。

　　（前泐不清）通門□本□生經師志不□□□□也□講□悲□□□世重熙十七年季秋月冀生十四葉，俗壽四十有八，乃化緣終矣！痛法山而一倒，悼惠□以永沉。具時鮮品□□□□含靈□感乃於寺南被涅盤儀盛積香壇而焚。尋收遺骨，□至咸雍二年二月二十日，有門人法喻、法轉等有先師之遺風，□□□時賢至合□。□有奉先之孝，曾無忘本之心。欲報先師函丈授□之恩，於寺東南隅，敬造尊勝密言幢一坐。伏願先師塵師塵霈余燼，八維超十地之□□□□軀，一生圓曠劫之果爾。

　　咸雍二年歲在丙午二月乙酉朔二十日甲辰。

燕京大昊天寺碑　　咸雍三年

《日下旧闻考》称此碑："咸雍三年翰林学士王观奉勅撰御笔寺碑。"《元一统志》节录碑文，《永乐大典》《日下旧闻考》并引。

　　尾絡之分，燕為大邦。闢千里之日圍，聚萬家之星井。中有先公主之館第，（第，一作地。）雕華宏冠，甲於都會。改而為寺，遵遺託而薦冥福也。詔王行己督轄工匠，（工，一作丁。）梓者斤，陶者埴，金者冶，彩者繪，錨雲屯，杵雷動，三霜未逾而功告畢。棟宇廊廡，亭檻軒牖，甍檐栱桷，欄楯櫺櫨，皆飾之以丹青，間之以瑤碧。金繩離其道，珠綱罩其空。縹瓦鴛翔，修染虹亘。曉浮佳氣，涵寶砌以生春；夜納素輝，爍璿題而奮畫。（又曰）中廣殿而崛起，儼三聖之晬容，傍層樓而對峙，龕八藏之靈編，重扉研啓，一十六之聲聞，列於西東，邃洞异舒，百二十之賢聖，分其左右。或鹿苑龍宮之舊迹，或刻檀布金之遺芬。種種莊嚴，不可殫記。

井亭院圆寂道场藏掩感应舍利记　　大康六年

井亭院圆寂道场藏感庄舍利塔记在北京市房山区，高 76 厘米，宽 46 厘米，24 行，行 48—56 字不等，正书。据拓本参照《八琼室金石补正》校订录文。

伏聞晞光未穎，螢燭爭暉；佛日孤明，魔蚘險羽。故我如來遠布八相，彌陰四生。接上秀於十重，搩下垂於六道。道成則襃揚於聲教，諦信蒙資；寂滅則碎灑於道形，稽首獲益。致使佛□四分之骸，王興八萬之塔。控正像哭於雙林，遣始末思於暮日。乃以呈祥月氏，騰瑞神州。智光觸於三千，碎骨散於沙界。彰八彩於異域，應現吳官；放五色於殊方，直流漢室。致有千花妙塔，百鏡靈龕。鏡涉梵□之中，影落霄漢之外。復知隋文皇帝者，降聖體於潛龍，昊異僧於舍利。既登成握之位，每構生辰之福。奇明每照於龍址，孰及稱談；祥光時弊於蟾官，誰能盡訴。遂請金鉼之內，復止水晶琉璃官；乃封檀涅之中，再熏牛頭沉香水。異聖禮謁，名僧歸崇。紫光燭於乾坤，白毫照於天地。以此三十顆而賜三十郡，建高勝以遺修；五十三粒而付五十三州，興靈塔而激進。又聞弘業寺塔者，五十三中之一焉，仁壽二年四月八日之所建也。青山六震，紫雲四飛。舍利吐異色之光，名峰枰殊聲之響。祥花香拂於天官。瑞玉紋現於真像。雷電晦暝，怖魔軍以無能；風雨縱橫，去妖邪而不便。故以先援聖以同居，石泉地涌；預記賢而共隱，天降金刀。異澗名花，不讓補錦之地；殊野桂，未省旃檀之林。隨林起碎身之塔，印度涌靈文之碑。名境交布於殊方，遺形徹覆於異國。抛四體於金河，現百靈於弘業，有緣感應，募化殊常。可為一瞻一禮，消塵劫之灾殃；一念一稱，長無涯之福德。所以行柔等於大康六年二月十五於城東井亭院，欲酬法乳之恩，遣致生天之路。依法建圓寂道場三晝夜，命尉州延慶寺花嚴善興寫臥如像一軀。廣列香花燈燭，備修果木茶湯。螺鈸獻讚，激於天官；音樂流聲，震於地獄。幢幡異蓋，不殊俱尸那邊；皓樹奇松，何乖娑羅林內。白衣獻供，若雲闐喧於靈空；緇侶歌音，頗海烹渟於宇宙。神鬼咸揚哀嘆之念，烏鵲并舉傷切之心。龍睛垂玉之膏，馬目落連珠之泪。至十八日，羅散圓終，法胤真寂。異境殊絕，非常特現。白氣亘天，黑雲彌地。降絲霖於四野之內，飛玉雪於三清之中。發行儀於數里之間，啓焚燒於五臺之上。皓煙吐六銖之香，朱焰交五彩之色。兼以暴風忽起，若走石吹砂。靉靆暫分，擬撥雲見日。故請崇教寺涅槃座主，消荼毗分經，使千千人盡含酸泪；放菩提心戒，致萬萬者咸發正覺，真心復至。二十日，欲收遺灰。擬申供養。乃見舍利尤多，計獲二千餘顆。有若圓珠者，或同胡豆䴢。大小不等，諸色各殊。蓋是悲願廓落，應現無方。利物重降於遺形，隨緣再赴於灰襯。又曾聞聖教傳集，名僧異録。說諸佛遺形，并興塔以供養；衆賢碎骨，乃建高勝而虔誠。引補修者，得道甚多，激愚鈍而長福；援供養者，獲果不少，栓傲慢以發心。由是行柔、雲迥、為照等，周馨衣資，竭投净信。命請良匠，構辦青龜。計剋日時，選定年月。用丘山之移力，展巨惠之深懷。於四月四日辛時啓土，乃當月二十八日庚時掩藏。是以碎玉堂，水晶宮，碧瑠璃外透金質；白玉像，珊瑚床，繡羅衾内覆真常。彌地鬼神永鎮封，滿空龍天常守掌。計萬口之清磚，崛三檐之净塔。花鏡以飾頂之妙，毬栱乃嚴尖之靈。致應浮雲變五色之顔，舍利門三光之艷。草易黄椁之葉，人更金縷之衣。蓋是我佛感應，有處利物。無方值緣，斯呈非因。且隱幸稽首，興供之者，盡種五智之因，瞻視稱讚之流，當獲三身之果，余識智淺微，學見彫疏。奈以請誠，略述云爾。

慧化寺故教大師曾孫講經律論沙門普瓌述，建圓寂辦塔主崇教寺講經律沙門行柔，門人同辦塔事誦法華經比丘為照，同建圓寂辦塔主燕京大延壽寺誦法華經沙門雲迥，雲居寺講經比邱思迪助緣書，同辦塔將仕郎試太子正字王肱，男鄉貢進士君儒，□字匠人吳世民。

維大康六年歲次庚申四月午朔二十八日庚時藏掩感應舍利記。

为本师建塔记　　大安七年

塔记在北京市房山区，八面刻，先真言后记，真言梵书，记文正书，据拓本录文。

本師和尚，俗姓成，諱□□法然□□□水縣龍泉里人也。童子出家，禮石經寺可宣為師。依年□□□，至□□正月十三日，因□而終。念□師法□之恩，建斯塔□□□大般若經一百卷□□經沙門□□□□二人□宙十□十法□□覺□。

大安七年歲在辛未二月甲□朔□日丁亥丙時建。

郑因为师兄志贞造塔记　　大安九年

塔记在北京市房山区中峪寺塔院，记文正书，据拓本录文。

我生天師兄諱志貞，（下缺）易州淶水水東里人。（下缺）□州石經寺□轉（下缺）□□後常以持念（下缺）師長為務。年五十有（下缺）□春三月十九日（下缺）等哀泣不已。又思生以（下缺）□命自□於寺之□（下缺）生上刻三世□諸佛名（下缺）賢曰真罪也，随塵而滅（下缺）生外□含識。内及宗親（下缺）天意如是。亡兄志貞（下缺）大安九年歲次癸酉。

悯忠寺石函题名　大安十年

题名石函在北京市法源寺戒坛前，高83厘米，宽97厘米，共74行，行20—31字不等，正书。据《金石萃编》录文。

大遼燕京大憫忠寺紫褐師德大衆等

天水嚴甫書

故燕京管內懺悔師鈔主、崇禄大夫、守司徒、慈智大德、賜紫、沙門覺晟。故懺悔主、燕京管內左右街都僧禄、崇禄大夫、守司徒、聰辯大師、賜紫、沙門善製。□燕京管內左右街僧禄、提點宏法竹林、揔覺大師、賜紫、沙門惟道。□□燕京管內左街僧録判官、寶集講主、覺智大師、賜紫、沙門文杰，華嚴講主、通法大德、賜紫、沙門蘊□。講神變□辯慧大德、賜紫、沙門蘊潛。講經論、文範大德、賜紫、沙門善徽。講經論、演奧大德、賜紫、沙門義霈。講經論、慈智大德、賜紫、沙門惟幹。講經、詮微大德、賜紫、沙門義融。前校勘法師、證教大德、賜紫、沙門蘊寂。三學論主、辯正大德義景。寺主兼寶塔主沙門溥滋。尚座沙門惟常。都維那沙門智印。閣主沙門文螢。閣主沙門道義。殿主沙門智揀。藏主法藏大德文該。太子殿主沙門省純。東塔主沙門善祥。西塔主沙門通潤。(以下列三百餘僧名從略)

□□□□勤□共二百十人，內六十人講流。誦法華經一百三十三。故蓋閣都作頭、右承制、銀青崇禄大夫、兼監察御史、武騎尉康日永。蓋殿寶塔都作頭、右承制、銀青崇禄大夫、兼監察御史、武騎尉姪敏，前閣主法資，舍利一十二料銀鶻餅內，圓性新添佛事諸物等。小金餅一，崇國寺樞大師施。銀觀音菩薩一尊，當寺通法大師施，并諸餘□物有碣子。銀塔一坐，當寺辣座主施。玉錢一，韓家小娘子施。銀净餅一，內有舍粒九粒，銀錢一、火鏡兒一、火珠，珠子藥袋一，已上物千齡院尼寺主守因施。金結袞一，勃海珠子兩個，珊瑚一，玻璃一，水晶垂頭一，花銀錢二，玉羊兒一，玉狗兒一，玉夾板墜子一副，玉墜子一、玉弼□一，銅狗兒一，銀釵子，玉匣兒一，銀餅一，龍腦兩片，舍利五百粒在藥玉瓶內，鍮石净餅一，鍮石匙筋一，小金剛子數珠一串，上有珠子一十五年，玉錢一，金楞玉滴子一對，尼雲開施。□合一，內有舍利一百餘粒，仙露寺尼歸正施。當寺蘊廉施甕餅一，內舍利伍粒。制置同知夫人施銀筒子一，內舍利三十粒。閣殿砌匠作頭蔡惟亨。世千。太原王惟約刻。

燕京永安寺释迦舍利塔碑记　寿昌三年

此记见录于《至元辨伪录》卷五圣旨《特建释迦舍利灵通之塔碑文》。

内有舍利戒珠二十粒，香泥小塔二千，無垢净光等陀羅尼經五部，水晶為軸。

大遼壽昌二年三月十五日，顯密圓通法師道殿之所造也。

志莹坟塔记　　寿昌四年

塔记在北京市房山区云居寺，八面刻，先经后记，正书，据拓本录文。

　　師諱志瑩，俗姓張氏，□即淶水縣龍泉村人也。自小出家，禮石經寺行至主為師。誦蓮經□□去□□五十（下泐）遇恩受具，恒持經業，少曾有闕。春秋六十有六，至壽昌四年秋八月□日內患小□□寺門人（下泐）陳門資一人。講法華經一部。沙門善慈法□志瑩法□三人持念沙門（下泐）。

云居寺志省石塔记　　寿昌五年

塔记在北京市房山区云居寺，八面刻，先经后记，正书，据拓本录文。

　　伏聞匯六道之趣，覆七返之殃，□諸魔，拔衆□者，其為尊勝陀羅尼密言也。若塵霑影覆，□□眼□灾或□目耳聞，能滅恒沙之罪。□為有我先師和尚志省，戶貫淶水縣水□村里。俗王氏，童子□出家，禮石經寺法□為師。依年受具，誦法花經梵行品，習花嚴經諸□□□□也。□甘三時，禮念無虧。及與長住少力維□□已俗年六十有六。維壽昌五年孟春正月十九日□□□□。

义冢幢记　　寿昌五年

记文见录于《昌平外志》，志云："余所目睹义冢记、白瀑院灵塔、宝岩禅寺修殿记，寰宇访碑录均作寿昌，辽史作寿隆，误。"

　　朝散大夫、將作少監、知析津府昌平縣事、雲騎尉馬仲規撰
　　鄉貢進士劉詔書
　　天為萬物之靈，人生難保；拔三涂之苦，佛力惟能。故諸經有福資立者之説，不可彈紀，豈虛言哉！先於大安甲戌歲，天炎流行，淫雨作陰，野有餓莩，交相枕藉。時有義士收其義骸，僅三千數，於縣之東南郊，同瘞於一穴。洎改元今號，己卯春二月，厭其卑濕，掘地及泉，出其掩骼，暴露荒甸，積聚如陵，議徙爽塏而改藏焉。余宰是邑，駭目痛心，不任感

愴。噫！何埋没於積年，忽遭逢於一旦。因念營室之遭曹襃，石崖之進王果，不無□也。時西京大華嚴寺提點詮悟大德法稱示化，游方挂錫，於北禪院開大來菩薩戒壇。聞白前乘，遽發大悲。與院主運頭領諸徒衆，就詣其所，依教憑緣，運心拯濟，作法已竟，信步而回。次有管内監□□□□□□□□□□□□□□□□，復請虎谷法華上人道舊，十方院講主善涓，虔擇福地，時建道場，供佛延僧，洗心盥掌，運有委骨，置在壇内。垂憫護持，招彼幽魂，來入會中，求哀發露□悔□□□□菩提心。已逦遷葬於粟山之屺，目曰義冢。旁附金地，上建寶幢。刻妙相以常瞻，□□□而永奉。所願滅彼重□，冀速出於泥□。丞此勝因，庶皆生於提婆；更期不朽，普濟無窮。影覆塵霔，同增利樂。壽昌五年七月十五日記。

燕京大昊天寺传菩萨戒故妙行大师遗行碑铭　　寿昌末

碑铭孟初撰，见录于《永乐大典》引《元一统志》。昊天寺故址在北京西便门大街之西。

道宗清寧五年，秦越大長公主舍棠陰坊第為寺，土百頃，道宗施五萬貫緍以助，（一作五萬緍）敕宣政殿學士王行已領役。既成，詔以大昊天寺為額，額與碑皆道宗御書。大殿之後，建寶塔，高二百尺，有神光飛繞如光輪，清信施財者沓至。師壽八十二，（一作八十一）西向而化，空中有絲竹螺唄之聲。紅光如雲，上下貫塔，移時不散。

悟空大德发塔铭　　乾统元年

发塔在北京市房山区小西天东 15 里玄心寺，六面刻，正书。据拓本参照《辽文存》校订录文。

悟空大德髮塔銘并序

柳溪玄心寺沙門了洙撰

興宗道宗朝宰相、守大尉、兼侍中劉公，諱六符，室燕國太夫人李氏第三之女，曰五拂，美而且貞。既成人，適司勳郎中高公□齊，生三男一女，裁三十六，嫠居。誓志不再稼，訓毓諸孤，皆長立，乃落髮為精行尼。時族親館舍，貨賄服御，壹不戀嫪，蔑如也。初長男為比丘，隱居是寺，以故抵斯求度焉。即壽昌二年丙子正月五日，剃髮於茲矣，時年五十六。尋授十戒，為沙彌尼。其年四月十二日，領六法；十九日，圓大比丘戒；七月，賜紫方袍，賜號悟空大德。方半載，一切事既，人皆嗟异。初大安中，曾從母太夫人謁通策上人，拜之為弟子，得法號□是不易，諱曰善誠。當剃度時，京師聞之，□□大駭。士大夫妻有嫠居者，感而募道□□□者數人。族親悲慟，競求髮以供養。□□□□□因匵其餘，造小石塔高三尺餘□□□□□之地也。

謹志年月，仍勒頌曰：

□□□□，□□領聞。詎惟男子，抑予亦奮。□□□□，□□世紛。□□從釋，戒香氤氳。□□□□，□諧塔鏄。來奉供養，曜世迷昏。

乾統元年辛巳正月五日建。

崇孝寺碑铭　　乾统二年

碑石原在北京，沙门了洙撰。碑文见录于《日下旧闻考》引《元一统志》。

析津府都總管之公署，左有佛寺，厥號崇孝。按幽州土地記，則有唐初年置。里俗相沿，則謂德宗貞元五年幽帥彭城太師劉公濟捨宅為寺。傳說各異，以前殿梁板及后殿左幢文考之，則劉莊武公濟貞元五年捨宅作寺為是。

师哲为父造幢记　　乾统三年

乾统三年（1103年）立，记文见录于缪氏《辽文存》。

夫佛固萬法之言，唯陀羅尼最尊最勝。若書寫其文，凡塵霑影覆，皆得生天。且師哲為人之子，罔不敬而信之。逐命□□□高壇以尊之，立於皇考太□墳冢之傍，以為銘薦之佑，又因而實錄其事。□公諱頡，生而迥異，長而好學。重熙二十四年，一舉明經擢第。所歷四任，在位布職，允彰廉干之能；佐國澤民，妙盡勤之道。所持課限以大□心為務。大康七年五月二十五日，不禄於寶興銀治，享年五十三。大安六年四月內葬於燕京析津縣崇禮鄉□□□□附先祖之塋，禮也。今復建幢，乃顯去靈之美。示其來裔之人，而垂不朽者哉。

柳溪玄心寺洙公壁记　　乾统三年

洙公壁记，在北京市房山区玄心寺，记文正书，据拓本参照《辽文存》校订录文。

柳谿玄心寺洙公壁記
楊丘文撰，沙門慧沖書
夫善治性者，必求其所以養之也。養之之道無佗焉，一諸仁智而已矣。仁，性之固也。智，性之適也。固之不已則闕，闕之甚，則猝呼溢之亡禦也。適之不已則肆，肆則擾，擾則憚之，惴惴乎惟其有所為也。溢之亡禦則禮，畔之亡信也。惴惴呼惟其有所為，則義之衄，衄之亡勇也。是二者，皆蔽之一而病之眾也。故知道者，以智養之仁，以仁養之智。仁焉以智之養則安，智焉以仁之養則給。仁之安，則恬呼其內而不流，智之給，則應答呼萬變而弗殆。故畜諸已之謂德，履而行之謂行，擴之錯諸物之謂業，賁斯三者之謂文。德以實之，行以屬之，業以成之，文以明之，斯治性之道得矣。佛之徒曰洙公者，吾友人也。字渙之，姓高氏，世籍燕為名家。生而被詩書禮樂之教，固充飫呼耳目矣。然性介吉，自卯偂然有絕俗高蹈之志。一日，嗜浮圖所謂禪者之說，廼屬其徒遁林谷以為瓶盂之游。日灼月漬，不數歲，盡得其術。乃卜居豐陽玄心寺，研控六藝子史之學。掇弄其微眇，隨所意得，作為文辭，而綴輯之。積十數歲，不舍鉛素，寢然聲聞，流於京師。其黨聞之，忿其委彼而適我，繩繩而來，扣諸門而詰之曰："子其服吾徒之服，隸吾徒之業有日矣！然不能專氣徹慮，秦然泊呼玄妙之間，而反憤悱篤思呼儒學，一何累哉！矧吾之為道，其視天地萬物蔑如也，又奚以其文為？"公妥然不顧，第以鑽仰而為事也。今年春，僕以乘傳，距鄰宋回走易水，枉道下柳縣，即公候起居。既見，握手道舊，出新文若干以示僕，僕固駭其鍛揉之銳。未已，又語僕以其黨詰之之狀。僕應之曰？"夫道之在心，不言則不諭。故形之言而後達之也。言不及遠又不能人人乎教之，故載之文而遍天下，歷後世而無不至也。然文之於道，為力莫甚焉，固可得而聞。昔吾先師孔子，知道之極，廼著之易，以神其天地之蘊萬物之變也。傳之其孫曰子思，子思為之作中庸，以明誠性之德，不慮而會不營而功也。子思傳之孟子，孟子得之，曰：'吾善養我浩然之氣。'以配之道義，不為萬物之所梏也。列之編籍，以傳之徒，是後千有餘年。諸子燹湧。而有捭闔之辯，刑名之說，紛綸呼其間，故是道寂無傳焉。至漢有揚子雲，奮然特起，發孔孟之奧，草之太玄，以天下之所無，待天下之所有，乘其數，演其德，以覺後世之戀戀也。然則文果累諸道乎？抑聞彼之所謂佛得，乃爾黨之所師也。倡之五教之說，以溢編軸。而後其徒若燦肇融覺觀密之輩，比比而作，皆爾黨之秀杰者也。率有辯論篇藻以翼其術而拂之世也，不亦謂之文乎？是皆得吾仁智相養之道也。噫！顜顜呼一介之謂獷，旁魄四達之謂聖。縣岂僻之軌而欲之聖人之域，則是猶北走而求越，不其遴哉！故為吾之辯之，以質其來者之譊譊也。"

范阳丰山章庆禅院实录　乾统四年

章庆禅院实录，在北京市房山区玄心寺，文正书，据拓本参照《辽文存》录文。

范陽豐山章慶禪院實錄
當山文雄慧照大師賜紫沙門了洙字渙之撰
郡城西北兩舍之外，峰巒相屬，綿亙百有餘里，有山嶕崒，俗曰太湖。詰其得名之縣，驗

諸圖牒，則無考焉，固弗之取也。三峰疊秀，遠望參差，嶄然不倚，狀如豐字，因號曰豐山。盤
磴修阻，疏外人境，岭岈幽闃，雅稱静居。翠微之下，營構新宇，題曰函虛殿。以其無經像之設，
彩繢之繁，谿然虛白，況諸道也。樹石之間，庵廬星布，採椽茅茨，示樸質也。居人無系，任其
去來，示無主宰也。土厚肥腴，草樹叢灌。泉清而甘，飲之無疾。春陽方煦，層冰始泮。异花靈
藥，馥烈芬披。谿谷生雲，林薄發吹。夏無毒暑，在處清凉。怪石顒頂，蟲莎叠蘚。談道之者，
匡坐其上。橫經揮麈，議論嶢嶢。奇獸珍禽，馴狎不驚。秋夕雲霽，露寒氣肅。岩岫泊咽，松陰
鏤月。援聲斷續，螢光明滅。□崖結溜，冬雪不飛。長風吼木，居實凜然。一徑東指，旁無枝岐。
度石梯，下麻谷。縣□院道，南陟長嶺。西南趣柳谿，至玄心，則下寺也。又道出甘泉村南，并
墳莊，涉泥溝河水，東南奔西馮別野，則輾莊也。又東北走驛路，抵良鄉，如京師，入南肅慎里
東之高氏所營講宇，則下院也。是三者，皆供億厥處，暨迎候往來憩泊之所耳。是山也，頃歲賊
攘庵宇，曠然殆累年矣。今上龍飛，天下謐清，始復其居，乃營而補葺之。嵐氣增潤，林影稠密，
泉池不涝。譬夫病者新瘥，氣血裁固，神漸　而色益舒也。噫！處之於人，果相待也。人之於處，
又烏异哉？夫境静心謐，處繁情擾，人孰弗若是乎？苟欲布設景物，高樹亭觀，吉朋命侶，以騁
游宴者，此非其處也。或欲聚徒百千，來施委積，轟轟闐闐，溪谷成市者，則又非其處也。惟是
外形骸，忘嗜欲，恬於執利，高尚其事，耽味道腴者，迺從而栖遁焉。古之所謂隱山者，則其類
歟？其經始再造之年月，已具別載，非此所要固略而不書云。

白怀友为亡考妣造陀罗尼经幢记　　乾统五年

经幢在北京市房山区良乡琉璃河，八面刻，先经后记，正书，据拓本录文。

　　豐山章慶禪院沙門了洙撰
　　古者不封不樹，后世易之以棺槨，蹛其事者，墓而且墳，遂有高卑薄厚之度，貴賤之等級也。
而後我教東流，法被幽顯，則建幢樹刹興焉。其有孝子順孫，信而樂福者，雖貧賤彈財募工市石，
刻厥密言，表之於祖考之墳壠。冀其塵影之霑庇者，然後追悼之情塞矣。則白公亦其人也，考之
卒於今二十一年矣。始則力匭不逮，寤寐常如有所闕然。暨今之能為也，欣欣然以為孝子永思之
道，盡於是矣。如此得不謂清信之士乎哉？事既，仍欲紀考之氏族履行及始襄事。迺訪之有彦者
過聽，遂之柳谿，請予誌之於祕咒之後也。予謹按：府君諱繼琳，其先秦將武安君之後，枝屬蕃
衍，散布區宇，今為良鄉縣劉李村人。父澄，母楊氏，數世不顯，退為齊民。惟府君之□□子也，
勤嗇力農，弗游他藝。既冠，娶孟氏。生三男，長曰懷友，谿達有器度，次曰了局，為比丘，隸
名於都之崇孝寺。戒行學能，聞之當世，所至聚徒百千，裁三十八卒，識者於今稱道之。季曰智
才，亦為比丘。鍾愛弟居裹之僧院，年十八夭亡，人咸謂其俊秀逾其兄矣。女三人，長適涿郡李
寬，次適同里丁準，次適盧村東宋氏。清寧五年夏六月五日孟氏卒，春秋五十三。其年秋七月某

日，葬於良鄉縣尚太鄉劉李村東原先塋之庚位。後二十五年，府君卒，春秋八十三，實大康十年夏六月二十日也。以其年秋七月某日舉孟氏之喪合袝，禮也。孫四人。長曰興仁，有孝行，善治生。次曰興彥。次曰圓迪，為比丘於里之蘭若，以失明近家故也。誦經十餘部，里人訝其強記敏慧。季曰興鑒。女孫二，長適盧宏，幼適李孝君，皆同里之醇農也。府君魁梧厖厚，鄉閭畏憚，然性善崇尚我教。重和中，會呂上人傳菩薩戒於里之驛亭，自是不食葷血，奉五戒，終身無惰。里中白氏尚數十家，風流猶存。弟侄輩勇悍多不法，惟府君之一房不武。故子孫賢明有令聞，祖父皆享永年令終，豈不謂積善有餘慶呼？

時乾統五年乙酉冬十月乙丑朔二十一日乙酉記。

造长明灯幢记　乾统五年

灯幢在北京市昌平区崇寿寺，八面刻，正书，记文见录于《昌平外志》及《辽文存》。

大遼國幽燕之北，虎縣之東，龍門鄉興壽里邑眾楊守金等。(守，《昌平外志》作宗。)久弘善念，特建燈幢。肇起則因將獲何利經日，(起，《外志》作啓。)或於塔廟諸形象前，奉施少燈，其明唯照道一階。或時速滅，所得果報福德之聚。唯佛能知，不可得說。噫！少須尚爾，況長明哉！夫天地之大，在晝則明，在夜則晦。日月之朗，(朗，《外志》作明。)在顯則燭，在隱則遺。明天地未明之時，照日月未照之所，唯我長明燈乎？邑眾等倡此勝緣，齊之響附，財各樂施，福須默應。(應，一作運。)所建燃燈幢於佛前，置之有堅，確然不拔。且夫鑿其龜，擬象於暘谷；刻其螭，取類於燭龍。膏油泉注，朝則盛，夕則愈盛也；蘭炬火爇，前則明，後則益明也。翼以層櫓，門以輕素，雖雨暗風霾，常皎如也。昭於上梯睹史宮，(宮，《外志》作宦。)俾善者往生；同於下鑰阿鼻獄，令罪人解脫。其光不出一龕，(出下《外志》有於字)福利遍周沙界。(周下《外志》有乎字)以近識遠，睹色了空，其在茲乎？度觀見者，作禮者，祛闇得明，即迷成覺。由目識而開心識，自外燈而見內燈。善逐光生，惡隨煙滅。(煙，《外志》作燈。)塵霈而不墮於三塗，影覆而當登於十地。其十相功德，亦復無量。猗歟盛事，千古不磨。志之於石，庸示來者。

維乾統五年乙酉歲十一月乙朔庚戌日坤時建記。(《外志》無維字)前涿州鐵院都監劉建書。

(劉建《藝風堂金石文字目》作劉達)

为法遍造真言幢记　乾统六年

经幢在北京市房山区，八面刻，先经后记，经正梵间书，记正书，据拓本录文。

據上梵真言，功德藏，筆難□書。曾究藏經二十餘□，大皆説苦書梵字陀羅尼置□堂紙素竹帛上，牆壁等上。有人眼睹手觸者，五逆大罪（中泐）涞水縣西祖里，俗姓褚，禮天開寺□季如為師。年一十五歲，受具，訓名法遍。年二十四，月內身終。俗兄褚卿雲，乾統六年十月十五日辛時建。

云居寺辩正大德石塔记　　乾统七年

石塔记在北京市房山区云居寺，八面刻，先经后记，记额正书，据拓本录文。

　　大遼燕京涿州石經山雲居寺、前中京管內僧録判官、辯正大德、賜紫沙門石塔記
　　大師諱法聞，固安縣祈務人也，俗姓李氏。自童年出家，禮石經寺律法華為師。乾統元年，遇恩受具。爾后□□□師□□問道亡疲宿□十數年間乃三藏□□。故得學徒□京，千里風從，士庶，走□□求旨。師患其□□□□□山師□□成。復次郡邑□□□通行□□□三學時永相訓教□□名□□皇朝（下泐）盛行。大師識亦知□乃傳（下泐）紫褐三學□法師（下泐）賜紫（下泐）者同生□京因到□鄉卒（下泐）際戒珠遍野舌齒（下泐）示□□云爾。
　　乾統七年三月十四日□時。

为先师志延造陀罗尼经幢记　　乾统八年

经幢在北京市房山区中峪寺，八面刻，先经后记，正书，额正书，据拓本参照《辽文存》录文。

　　伏聞離六道之趣，覆七返之殃，破諸魔大拔衆難者，其唯尊勝陀羅尼之密言也。又聞若塵沾影覆，必消曠劫之灾。或目睹耳聞，能減恒沙之罪。為有我先師和尚志延，俗姓高氏，高陽軍涞水縣水東里人也。父高壽，母阿□。自幼心厭塵俗，志樂空門。至年二十有四，禮在寺僧□□轉提點為師。至年二十七受具。可謂情田博雅，戒行孤高。通達小大之乘，与得性相之趣。不期近來惠風失序，法雨乖期，將□空也，漸□幻也。至年五十有九，維乾統八年孟春正月闖凋十二葉，已□□□也。是時方□衆心思之□善之報，至今二衆悲啼。□失□□主□善後為想引導之思，乃起□塔之意。□□□男婦之財，召奇巧之匠，□尊勝陀羅尼塔子一座。（下缺）

僧奉航塔记　　乾统八年

塔记原在北京大兴池水村普会寺殿后，正书，现已不存。据《日下旧闻考》《辽文存》录文。

　　　　沙門奉航塔記
　　師諱奉航，俗姓李氏，涿州新城縣渠村人。幼入緇門，訪道尋師。就至燕京左街駐蹕寺，禮祥玉上人為親教焉。清寧元年受具。自後負笈游方，復歸本寺，辦修殿宇。大安五年，涿州惠化寺請為提點。壽昌二年秋九月，京北花嚴寺請為提點。乾統八年四月，遷化於駐蹕之本院。門弟子善堅葬之祖師塋側，刻石為窣堵波，述師實行焉。

妙行大师行状碑　　乾统八年

妙行大师行状碑，辽乾统八年（1108 年）撰文，金大定二十年（1180 年）建石。碑高 330 厘米，宽 130 厘米，碑文 33 行，行 73 字，正书，额篆书"传戒妙行大师和尚碑"。据《满洲金石志》录文。

　　　　大昊天寺建寺功德主傳菩薩戒妙行大師行狀碑
　　　　門人清攝大德講經律論沙門即滿編。涿郡石經比丘義藏篆書刻。
　　師契丹氏，諱志智，字普濟。國舅大丞相楚國王之族，其祖久随鑾輅。師遼太平三年下生，生時神光滿室，從帳頂出，高數十尺，扈從百官，遠近咸睹，相與詢求，□□□□□□□□□□□□□一何异哉。師方生也，厥考坐於帳外，忽慈烏入懷，師既生，烏去矣。師甫三歲，未解語言，見鄰舍家嚴設佛像，師就地俯伏，合掌虔敬，哀啼忘返。須令家中亦嚴像□□□□□□□□□□取家中物奉之，或給□□。師既齔，有僧戲而誠曰："食肉殃墮！"竟罷葷血，畢命不違。有秦越國大長主，乃聖宗皇帝之女，興宗皇帝之妹，懿德皇后之母，知師性善，於楚國□□□□□□□□五歲也。越妙年，遇海山守司空輔國大師赴闕，因得參見。及蒙訓教，深厭塵俗，懇祈出家，三請已，公主殊不許。師慕道愈切，數日不食。公主知師志不可奪，憫而從之。其父母曰："惟□□□□□眷戀無已。"師曰："世之有□，誰能相救乎？"遂撒手渺雲海，滄浪升鼇島，依司空為師。彌年，執□力春，潘澱充膳，孤行峭峭。年二十四，重和十三年也。公主為師陳言乞戒，興宗御批許登戒品□□嚴制。五夏方滿，既精持□已，研頤性相，窮極勝諦。不以徒説為德，而力行為上。故如來有所呵制，毫髮無差。師雖妙悟融心般若玄照，而勝願檢潔二十一種。一、世間名譽，誓不沾身，道宗□□紫袍，竟以不侍珠旒，固辭。□加良抗，今雲妙行，后人慕德，猶追朝命之稱也；二、凡得所施，誓不已用，常住為家，抄若毫芒，無私蓄貯；三、衣盋色量，如羯磨法，矢死護持；四、常以十八種物随身；五、未當露體；六、街行之履，不□金田；七、随佛宮庭，未當咳唾；八、夜咒食衣，濟生無缺；九、手不捉錢寶；十、身不服蠶衣；十一、坐必加趺；十二、臥須右肋；十三、手不受女授；十四、大悲心陀羅等誦□□；十五、大藏佛菩薩名三□□百八十七尊，各大作三拜訖；十六、群居獨處，跋涉川途，常以半月浴像，布薩發菩提心無間；十七、不乘車馬，年逾八十，方有開許；十八、日止一食，年逾八十□□；十九、傳三聚戒，自它俱利；二十、建八福田，悲敬雙修；二十一、便溺棄遺，裙鞋皆改，水土澡净。其願力堅勇，終無屈繞。未建寺前，幾十年間，常行分衛，不受接請。常坐不臥，六時禮誦。受菩提心□，燃香一炷。影不落俗室，足不履□寺。不食酥酪、乳蜜、酵蘖之味。自起寺之后，勝緣拘礙，不獲久行。方又遍歷名山，諮參勝友。道過海北州凌河，於時抵暮，四望無人，惟挈一沙童。其水深湝，駃□渡越。師欲回翔，投宿村塢。偶有□人呼師曰："我知淺瀨在近，涉之無難。"其人狀貌鬼昂，伸臂請師徒憑之，水不濡衣，已及遠岸。師欲辭謝，已失其人。后徇遼東所請，至南海州寓宿逆旅。其處□浪渾濁，著自古昔。師解包釋策，□□變清，鏡涵澄澈，旵俗驚異。明日師去，河渾若初。先日懷柔之北一山，地多蚖虺，故號蚖山。師方隆冬，匡衆於彼。春深暄煦蚖虺起墊，遍諸山麓。師曰："此難□宜從之。"有白項群鴉，□街蚖出山，□□迫盡。僧徒肅然，聞者嘆服。師素蘊大願，欲營大刹一區，而勝處未獲，且先如法造經一藏。止以燕都隨緣，誘化旬月之間，費用充足。凡役匠釐事，各給净□齋戒，隨酬價□言者，莫逆其染□□□皆獲命放生。以糯米膠破新羅墨，方充印造。白檀木為軸，新羅紙為幖，雲錦為囊，綺繡為巾，織輕霞為條，斫蘇枋為函，用錢三百萬。談笑之間，能事畢□。在后安厝於寺中，適值天火焚寺，□□間運經於阡陌，即日無暇收真。火后，遍語諸人，請經還寺，惟欠般若一軸，卒難詢訪。月余，有村翁梁永於惠濟寺道周之左，獲經一卷。如神力所策，直□師前拜納，即所失之經也。昭應如□□。清寧五年，大駕幸燕，秦越長主首參大師，便雲弟子以所居第宅為施，請師建寺。大率宅司諸物罄竭，永為常住。及稻畦百頃，戶口百家，棗栗蔬園，井□器用等物，皆有施狀。奏訖，準施。又□□□擇名馬萬匹人進，所得回賜，示歸寺門。清寧五年，未及進馬、造寺，公主薨變，懿德皇后為母酬願，施錢十三萬貫，特為奏聞，專管建寺。道宗皇帝至□五萬貫，敕宣政殿學士王行已□□□□其寺。制度一依大師心匠指劃，祇如金銅標刹對立各十余尋，前古未有。以師巧慧造立，衆皆愜服。寺成之日，道宗御書金榜，以大昊天為之名。其□因敕參知侍郎王觀，論撰銘記。□□□□□毫鳳躑龍驤，絢錯金石。咸和三年，既天火焚寺。於時留守同知尚父大王，飛書箋奏。使回紫宸青宮，綸言撫問，云大師精心，所造妙比諸天，不期□降制旨依舊修完。懿德皇后復為□□□□助之。不二三年，營繕悉就。雖國家兩次造寺，兼檀信力，同皆大師緣化之厚也。咸和六年，延壽太傳大師擢人傳付戒本。門人左僧錄道謙等，徒衆當代，英玉無瑕，緊妙行師真僧寶□□□□□惟渠踵武。太傳曰然，遂以戒本授師。自后隨方開放，度人無數。頃當兩番獨辦大會，用什物咸皆鼎新。洞殿蓮爐，布盈五百。是日香雲靄空，冉蓋彌覆。大衆入珍間錯，盈積盤盂，□□□□□大師已力不假助緣。又每年春秋，大陳祀事，其食物薦用，花幢香炬，梵音鼓樂，嚴謹之最，甲於人間，興供如此者多歲。而繼日沈香，龍腦滿爐，□香為粖，遍散佛上。當一次添香□□□□□□□隨郡縣糾化義倉，賑給荒歉，凡有乞者，無使空回。大安九年，於寺中庭，師欲隨力崇建佛塔。所有柱礎，採范陽山石。每□盈載，運至灢河而驚涌，一車被溺，將非人力能驅。師用□□□□□□□嘿禱，乞垂加護，如從夢覺，遣人臨岸，水行异略，乘載坦途，德感之异，豈可量哉！啓土之后，年谷不登，日計二百余工，而廪室如懸磬，至第三□迫絕。師一夕繞塔焚香，至誠通感□□□□□□□火輪飛翔塔上，駭動凡目。明旦，施者闐溢衢路。比勝事落成，人無刺弋。所觸者，六檐八角，高二百余尺，輪相橫空，欄檻縹緲，可以肅神物招□觀故京。□昌六年，示有微疾。俾門人□□□□□□□從之同諷右繞佛塔經塔，上出光亦随右旋。伊年八月九日，大師將化，首北面西，右脅而卧。師令左右，惟念彌陀，勿生瞻戀，師亦随念氣□。於空明中，但聞繞鼓鼓絲篁梵唄交響，足□□□□□□仍暖。紅光燭天，如雲貫塔，師行既久，光漸隱滅。數旬之后，道俗駢集，投幡贈綵，鳴螺摻鼓，陳祭争先，了無曠日。交僚士庶，積旃檀為薪，鍜□盆者數十，盛滿雜香。七衆奔馳，攀轅擁舉。珠幢玉節，□翳道周。哀感悲涼，山川黯色。郊外焚之，煙輝五色，目睛明碧，牙舌不灰，高樹白塔於薦福山阿。先師在時，欲於塔内鎔鑄丈六銀佛，用□五萬□才及萬余，□所頭未果而終。門人右僧判通□大師因赴行在，聖孝皇帝旨曰：“先師造像之銀，聯欲鎔範等身觀音，姑以金銅易像，當塔之陽，頗示佳尚。”有司計其物直三萬余貫，□庫公給。像成之日，銅貨有余。復詔郢匠，陶冶洪鐘。銅斤巨萬，一鑄而就。式樣規模，勝若天造。架諸隆樓，扣以桯杵，殷若雷動。乾統初，天祚皇帝以先師神速勝緣，尚欠餘债。其年，追薦道宗仙□度壇，其所得貨八萬餘强，盡賜□□用酬先師身后□□。師壽八十一，臘五十八。

乾統八年重午門人即滿狀。大定二十年中秋第四代門孫講經比丘覺瓊等建。

郑佛男为祖父造经幢记　　乾统八年

经幢在北京市房山区南 50 里杨树村，八面刻，先经后记，正书，据拓本参照《辽文存》录文。

　　（上缺）父者，姓琅琊，諱仁及。德動四民，學通半古。自卝歲來，（上缺）弱冠時，復通二儀八宅，爾後醫方針灸，光揚内外，芳（上缺）經州府。感諸方之士庶，疊迹求音；使四遠之英俊，鱗集趨（上缺）俗道巡游，盡皆重□。春秋八十有四，身患深疾。時乾統（上缺）於本宅。遐爾流哀，高伭抱愴，難具云爾哉！

赵公议为亡考造陀罗尼幢记　　乾统十年

经幢在北京市房山区西南瓦井大寺，八面刻，先经后记，正书，据拓本录文。

　　夫孝子之養親也，近而□遠而□□可□於斯人無不躍而為者。粤有白衣信士趙公議，常念哀哀父母，生我劬勞，欲報之德，善莫大焉。□乃□建佛頂尊勝陀羅尼幢一坐，□於先塋先考之墓側。伏此不可思議大神咒一□潜加救護。庶幾塵塵不絶，影影相續。盡未來際霶□無□□□□□□□□有行。門姪嗣宗郎中，物爲前人，共託撰文。樞□乏詞毫，辱請爲記，避讓不克，聊紀歲月。乾統十年三月四日坤時建。鄉貢進土李樞撰，析津府參□驍騎尉呂嗣宗書。

云居寺供塔灯邑碑　　乾统十年

石在北京市房山区云居寺，碑文行书，额篆书，据拓本录文。

　　　　大遼涿州雲居寺供塔燈邑記
　　　　崇效寺沙門行鮮撰
　　　昔我釋迦氏出世也，聲教被於大千之界。垂方便門，饒益眾生，天上天下，世出世間，罔不受賜。滅度之后，迨今二千餘載，惟窣堵波以賓舍利。俾見聞之種，能殖梵福，永出迷津，遄臻覺岸。其大抵也，自炎漢而下，迄於我朝，城邑繁富之地，山林爽塏之所，尠不建於塔廟，興於佛像。欲令居人，率奉常享，實古今大務也。涿州雲居寺，廼神州之鉅刹也。佛事嚴飾，僧徒駢羅。輪焉奐焉，鬱爲道場。爰降聖迹，興於是處。昔有高僧，從西土來，之於此地。遂開左臂，取出舍利二粒，廼釋迦如來之頂骨也。傳授數人，櫝而藏之，積有年矣。厥后有百法上人，得而祕之，外無知者，臨逝之日，方付與眾。接鄉傳聲，達於四方。遂使遠近瞻禮，高低仰慕，如輻湊轂，不可勝數。其間靈异，曷可殫言。是時有寺僧文密，與眾謀議，化錢三萬餘緡，建塔一坐。礱磚以成，中設睟容，下葬舍利。上下六檐，高低二百余尺，以爲禮供之所。是以燈邑高文用等，與眾誓志，每歲上元，各揆己財，廣設燈燭，環於塔上，三夜不息，從昔至今，殆無闕焉。而后有供塔邑僧義咸等，於佛誕之辰，爐香盤食，以供其所。花果并陳，螺梵交響，若緇若素，無不響應，鬱鬱紛紛，若斯之盛也。然而爲善雖异，於治亦同。蓋從人之所欲，固無定矣！噫！末法之代，去聖逾遠。沙門則道眼昏昧，檀越則信心寡薄，往往陷於饕餮之者眾矣。苟非舍利因緣，曁我曹循循善誘之力，其孰能與於此乎？所願邑眾等，承是勝緣，俾資遐福，世世生生，恒躋聖處。今具録姓名於碑陰，傳之無窮，永垂不朽，以俟來哲，見而遷矣！
　　　維乾統十年歲次庚寅九月丙寅朔七日壬申辛時建。陽嵎沙門圓融書。

比丘尼惠净石函记　　天庆二年

石函 1954 年北京文物队入藏，出土地点不详。函为石渣石，厚 3 厘米，三面无字；左侧高 19 厘米，宽 46 厘米，右侧高 19 厘米，宽 46.5 厘米，后面高 19.5 厘米，宽 27.5 厘米；正面高 21 厘米，宽

34.5 厘米，刻惠净迁化记；盖高 50 厘米，宽 32 厘米，厚 3 厘米，盖及四周刻经。据拓本录文。

大遼奉聖州般若院持念比丘尼惠淨，俗年五十七，夏（臘）三十四，去天慶二年歲次壬辰二月壬子朔二十一日戊申丑時遷化記。

白怀祐造幢记　　天庆二年

经幢在北京市房山区良乡琉璃河，八面刻，正书，据拓本参照《辽文存》录文。

　　且夫諸佛所演大總持教，皆有難思殊妙勝力。若能回善住七返之殃，能救六道先亡之苦者，唯我佛頂尊勝陀羅尼最為其一也。若有衆生，刊在高幢，置於先壠，所薦冥福，詎可思惟。誰能如是，依教奉行，以我幢主實其人也。幢主諱懷祐。自昔武安君之忠臣，府君神功全盛之間。當期秦朝，家國安寧。時武安君寵用我府君，看如珍寶。自后垂蔭，累代遠近宗親，所出名職高官，其數極多，難以具録。迨今蓋承我先府君之福蔭，王十后祀，猶有百家。祖業不隳，嘉聲有備。幢主乃府君后祀太原公之仲子也。為人純善，心性平直。苦己利他，懷君子德。身為俗相，行契真宗。壽近三旬，經全一部，及金剛經行願品。凡興誦經法會之處，同道善友，盡來相命。執磬舉經，所出言音，驚人動衆。名振四方，譽彰一國也。粤有亡考諱繼辛，守志安身，利他為務。妣劉氏，即涿州新城縣金勝務彭城公之孟女也。教敬貞柔，鄉鄰喜見，所生二男。考享年八十有五，去壽昌六禩，時居朱明，冀七葉，終於是里。妣年八十有二，去壽昌三載仲春，冀涸五葉。終於是裏。祐乃思生以侍之，死以葬之。府君先塋居於卯位，后於乾統四年八月十九日，遷於壬地。其年九月二日，具禮葬訖。迄今數載，憶念猶存。別加資薦之誠，欲報先亡之德。遂命良工，造成名幢，上刊密語，於天慶二年七月十八日辛時建立。所願先亡，有此勝因，與法群生，同登覺岸。

沙门印章为先师造幢记　　天庆二年

幢在北京市房山区，八面刻，正书，据拓本录文。

　　（記文已泐唯餘銘文）師能弘教，講誦摩訶。英靈奇异，福德超過。自他兩利，兼念彌陀。頓悟□生，迴□□可。
　　維天慶二年歲次壬辰二月戊子朔二十七庚時。

王孝言为亡父母建塔记　天庆六年

塔记在北京市房山区西南 45 里良各庄老爷庙，八面刻，先经后记，正书，据拓本录文。

　　大遼燕京涿州范陽縣西北鄉南鄭人也，王孝言奉為亡過父母特建尊勝羅尼塔一座。父諱義恒，訟經比丘□□獨樹村寺可召為師。次男僧儒，禮訟經比丘。
　　天慶六年八月十二日乾時建。

白带山云居寺舍利石匣记　天庆七年

石匣于 1956 年拆北京市房山区云居寺压经塔时发现，高 17 厘米，厚 6 厘米，四周长 118 厘米，其中两面刻记，正书，13 行，据拓本录文。

　　大遼燕京涿州范陽縣白帶山雲居寺。此石匣內有銀净瓶一箇，內有釋迦佛舍利八粒，顆如粟，白如雪。鍮石香爐一個，黃香八兩，檀香四兩。永為供養，願益四生，俱登覺道。時天慶七年三月一日時葬。比丘志興，比丘法聰，比丘善銳。

郑士安实录铭记　天庆八年

郑士安实录铭记，见罗振玉《京畿冢墓遗文》及南皮张氏《柳风堂墓志目》稿本。周肇祥藏石，解放前已运往天津，志石高 41，宽 40 厘米。志文正书，18 行，行 19 字。出土地点不详，据拓本录文。

　　大遼國燕京涿州前左都押衙鄭公實錄銘記
　　夫洪波東注，難聞返浪之聲；白日西沉，莫睹迫天之勢。前左都押衙鄭公諱士安，即范陽酒務使之長子也。父諱澄，母李氏。公有豪戶永泰軍衙職，祗侯可，歷任史君，每承温雇，常年奉南宋國信，補充客司書表，從隨八次入汴。其於文字往返施禮，謂可知憑。非神明無以知其節，非信實無以成其用。至左都押衙出職，約家清儉，守志安懷。公子之婦，娶而奉禮，曾無再視，即公之正德也。壽算七十有一，至天慶八年九月二十五日，因染小疾，自知終限，無以藥餌，服以常食，話坐而卒。公生七子，謹請良匠刊石為記。維天慶八年歲次戊戌十一月二十二日巽時，與孟氏合祔固之。男四人：長干、次鐸、次鑒、次銳。女三人：長任郎婦、次馬郎婦、次故尼圓融。男婦四人：長劉氏、次王氏、次游氏、次劉氏。孫四人：長宗閔、次善補、次善聰、次善貴。孫女一，妙迎。長孫婦，劉氏。重孫女一，菓香。重孫子一，重孫。

静严寺造像记　保大元年

静严寺造像记，出土于北京市平谷区西北大辛寨村村南，静严寺遗址中，记文刻于佛像像座束腰石，记文见录于《全辽文》。

　　大遼國燕京薊州漁陽縣大王鎮西寨務靜嚴寺內，創造釋迦佛像一鋪，金剛經一礓，於保大元年八月工畢。當寺沙門圓净化辦。

王安裔墓志　保大四年（宣和六年）

王安裔墓志，解放前出土于北京市。志石方形，边长55厘米，志文20行，行25字，正书。现藏旅顺博物馆，据拓本录文。

　　神山縣令、大理試評王公墓誌銘

　　公姓王氏，諱安裔。祖諱澤，曾歷廣陵軍節度使。父諱紀，太常少卿，疾終於西京府少尹，今雲中府是也。公子立，自幼至壯，惟以好學為志，既而攻詞賦。大康五年，擢進士第，實尚於祖先也。公剛毅精敏，未曾有子弟之過。七年，初出官簽書涿州軍悴公事。九年，移授中京內省判官。大安二年，改除澤州神山縣令。凡踐揚三任，每裁事疏通，流譽藹於時輩。三年正月二十二日疾終於故里私第，稟年四十有七。故其孝悌忠信，公明廉干，皆施不盡其村，仕不充其志。交親聞之，無不哀其怨而流涕追戀者也。妻故天城軍節度使張少微之女，十七歲出嫁，其婉懿素範，不習而得。自夫没而理家，方四十載，肅列之德又如此。承長子遮，蔭封清河郡太君。宣和六年正月十九日疾終於私寢，年稟八十，豈不謂上壽也。生子二人：遮，鄭州防御使、知侍衛馬軍都虞侯，娶妻故侍中平章事馬梁公之女也；憾，內供奉班祇侯、左承制，娶妻劉知辛之女也。女六人，二人出家，長者紫衣，次者德號，四人皆適於名家。推公之旋，爵位同揚，歷政事之善，皆處虜界之所有，更不可備載。今復於燕山府宛平縣房仙鄉萬合里之原，發其故墓，以宣和六年閏三月二十三日乙時為之合葬。銘曰：

　　狗䀚王公，義然曰忠。學優入仕，繼於祖風。娶妻之賢，治家溫厚。八十而終，可奇上壽。切奄喪矣，孝子之克。勒石為銘，以慰幽識。

故□□灵塔记

塔记见录于《日下旧闻考》，该书谓，幢在京师玉带胡同朝阳庵，八面刻，先经后记，"今幢有宛平字，其为辽时物无疑"。

故□□靈塔記

（上泐）宛平縣西關人也。父李祥，母王氏。師自十一（下泐）寺主為師施經受具。自后徧習經論於大（下泐）僧臘二十二。荼毘。二十六日建。法弟比丘沙門智憝。

房山造经题记

石藏北京市房山区云居寺。辽代刻经题记，上起辽圣宗太平七年（1027 年），下迄辽天祚帝天庆元年（1111 年），计 101 则。此题选录于陈述先生《全辽文》。

一

大遼太平七年歲次丁卯重修此經。（此記刊於《大般若經》多處，且有題名。）

二

燕京北軍都坊住人、故秦晉國王府前行、攝涿州録事參軍王壽等，合家施財，鐫此經字。同施李蕭，妻賀氏。為報三寶國恩，及為亡過父母，冤家債主，法界有情，同生兜率內院，遠證無上菩提。長男菊，新婦王氏，妻崔氏，長男積善，次男積行。重熙九年四十一日記。王善文。（此記刊於《大般若波羅密多經》）

三

重熙九年十月日，工部侍郎、知涿州軍州事吳克荷提點鐫造。（此記刊於《大般若波羅密多經》多處。吳克荷，《聖宗記》：太平八年"六月，以吳克荷充賀夏國王李德昭生辰使。"九年"十二月丁未，命耶律育、吳克荷、蕭可觀、趙利用充賀宋生辰使副。"《續資治通鑑長編》：仁宗天聖八年［遼太平十年］"四月癸巳，契丹遣左千街上將軍耶律育，都官郎中，知制誥吳克荷來賀乾元節。"）

四

大契丹國重熙十年歲次辛巳七月戊申朔十日，給事中、知涿州軍州事劉湘提點書銹。（此記刊於《大般若波羅密多經》。劉湘，《聖宗紀》：太平八年"六月，以韓寧、劉湘充賀宋太后生辰使副。"《續資治通鑑長編》：仁宗天聖七年［遼太平九年］"正月乙未，契丹遣夷離畢、左千牛衛上將軍耶律漢寧，少府監劉湘來賀長寧節。"）

五

大契丹國重熙十年歲次辛巳八月日，給事中、知涿州軍州事劉湘提點書鐫。（此記刊於《大般若波羅密多經》多處）

六

重熙十一年歲次壬午五月癸卯朔四日，給事中、知涿州軍州事劉湘書鐫。（此記刊於《大寶積

《經》多處）

七

重熙十六年四月十日，忠正軍節度使、知涿州軍州事提點劉湘。（此記刊於《大寶積經》多處。忠正軍，宋地，壽州軍號。）

八

重熙十七年歲次戊子三月四日，忠正軍節度使、知涿州軍州事劉湘提點書鐫。（此記刊於《大寶積經》多處）

九

重熙十七年四月十三日，忠正軍節度使、知涿州軍州事劉湘提點書鐫。（此記刊於《大寶積經》）

十

重熙十二年歲次癸未八月日，右諫議大夫、知涿州軍州事龔混提點書鐫。吳極。（此記刊於《大寶積經》多處）

十一

重熙十二年八月二十日，右諫議大夫、知涿州軍州事龔混提點書鐫。（此記刊於《大寶積經》多處）

十二

重熙十三年九月二十三中，右諫議大夫、知涿州軍州事龔混提點書鐫。（此記刊於《大寶積經》）

十三

重熙十三年九月日，□□□□□□□□□、知涿州軍州事龔混提點書鐫。（此記刊於《大寶積經》）

十四

重熙十八年九月九日，彰信軍節度使、守左監門衛上將軍、知涿州軍州事提點魏永。（此記刊於《大寶積經》多處。魏永，名見《興宗紀》：景福元年十月"引進使魏永充皇帝謝宋使。"）

十五

重熙二十年四月十日，歸義軍節度使、知涿州軍州事提點蕭昌順。吳極。（此記刊於《大寶積經》）

十六

重熙二十年四月十五日，歸義軍節度使、知涿州軍州事蕭昌順提點書鐫。（此記刊於《□□□富樓那會》）

十七

重熙二十二年四月十六日終，廣州防御使、銀青崇祿大夫、檢校司徒、知涿州軍州事蕭惟忠提點。（此記刊於《大寶積經》多處）

十八

……□祿大夫、檢校司徒、知永泰軍州事蕭惟忠提點書鐫。（此記刊於《大寶積經》）

十九

維重熙二十四年四月三日，正議大夫、尚書吏部侍郎、知涿州軍州事楊晳提點書鐫。(此記刊於《大寶積經》)

二十

正議大夫、尚書吏部侍郎、知涿州軍州事、兼管内巡檢安撫屯田勸農等使、上柱國、洪農郡開國公、食邑三千户、食實封參伯户、賜紫金魚袋楊晳提點書鐫。王詮書。吳世景鐫。(此記刊於《大寶積經》多處)

二十一

重熙二十四年四月三日，正議大夫、尚書吏部侍郎、知涿州軍州事、兼管内巡檢安撫屯田勸農等使、上柱國、洪農郡開國公、食邑三千户、實封參伯户楊晳提點書鐫。吳永。(此記刊於《大寶積經》多處)

二十二

重熙二十四年四月二十二日，正議大夫、尚書吏部侍郎、知涿州軍州事、兼管内巡檢安撫屯田勸農等使、上柱國、洪農郡開國公、食邑三千户、實對參伯户、賜紫金魚袋楊晳提點書鐫。邵。王詮書。僧法資鐫。(此記刊於《大寶積經》)

二十三

維重熙二十四年三月二十八日，正議大夫、尚書吏部侍郎、知涿州軍州事、賜紫金魚袋楊晳提點。(此記刊於《大寶積經》多處)

二十四

維清寧二年秋八月二十一日，安國軍節度使、金紫崇禄大夫、檢校太師、左領軍衛上將軍、知涿州軍州事、開國公蕭惟平提點，高準書，何閏鐫。(此記刊於《大寶積經》)

二十五

安國軍節度使、金紫崇禄大夫、檢校太師、左領軍衛上將軍、知涿州軍州事、開國公蕭惟平提點書鐫，講經論沙門季香校勘碑，李慎言書。(此記刊於《大寶積經》)

二十六

清寧二年九月九日，安國軍節度使、金紫崇禄大夫、檢校太師、左領軍衛上將軍、知涿州軍州事蕭惟平提點書鐫，講經論沙門季香校勘，王詮書，吳世保。(此記刊於《大寶積經》)

二十七

清寧二年九月十一日，安國軍節度使、金紫崇禄大夫、檢校太師、左領軍衛上將軍、知涿州軍州事、開國公蕭惟平提點書鐫，講經論沙門季香校勘，李慎言書，邵。(此記刊於《大寶積經》多處)

二十八

清寧二年九月十八日，安國軍節度使、金紫崇禄大夫、檢校太師、左領軍衛上將軍、知涿州軍州事、開國公蕭惟平提點，講經論沙門季香校勘，書鐫人王詮等。願同生兜率，親奉慈尊。王

詮書，吳永銹。（此記刊於《大寶積經》）

二十九

安國軍節度使、金紫崇禄大夫、檢校太師、左領軍衛上將軍、知涿州軍州事、國開公蕭惟平提點，當寺講經論沙門季香校勘，王詮書。（此記刊於《大寶積經》）

三十

當寺前尚座講因明論、上生經、沙門季香校勘，高準書，吳世景鐫。（此記刊於《大寶積經》）

三十一

朝散大夫、尚書金部郎中、通判涿州軍州事、上騎都尉、借紫裎冀同提點，石經寺講經律論沙門季香校勘。

清寧九年八月五日，泰寧軍節度、充密等州觀察處置等使、崇禄大夫、檢校太師、左驍衛上將軍、使持節充州諸軍事、行充州刺史、知涿州軍州事、兼管内巡檢安撫屯田勸農等使、御史大夫、上柱國、蘭陵郡開國公、食邑三千八百户、食實封參佰捌拾户蕭福延提點。（此記刊於《大方等大集經》）

三十二

朝散大夫、尚書司勳郎中、通判涿州軍州事、雲騎尉、賜紫金魚袋石欽□，静江軍節度使、金紫崇禄大夫、檢校太保、知涿州軍州事蕭安寧。石經雲居寺講百法論沙門法明校勘，孔目院書表梁及，現寺主沙門可興，現上座講上生經沙門可略，現都維那沙門志省，現别貯講上生經沙門可壽。維大康四年歲次戊午十月壬寅朔十二日記，燕京天水嚴希甫書。（此記刊於《光贊摩訶般若波羅密經》）

三十三

通直郎、試大理評事、守司户參軍宋文通，軍事判官、承務郎、守太子中舍、賜緋魚袋王致君，朝散大夫、尚書駕部郎中、通判涿州軍州事楊恂如，桂州管内觀察使、知涿州軍州事耶律澤，當寺講百法論提點校勘沙門法明，大康七年七月十日書記。（此記刊於《勝天王般若波羅密經》）

三十四

朝散大夫、尚書都官郎中、通判涿州軍州事、飛騎尉、賜紫金魚袋牛温仁，前内客省使、知涿州軍州事耶律恭，推忠同德功臣、崇禄大夫、行刑部尚書、兼門下侍郎、同中書門下平章事、監修國史、知樞密院事、上護軍、安定郡開國侯、食邑壹千户、食實封壹佰户梁穎，軍事判官、承務郎、守太子洗馬、雲騎尉、賜緋銀魚袋齊轂，奉宣校勘講百法論沙門法明，奉宣校勘講百法唯識論沙門法式，奉宣校勘講上生經沙門可壽，奉宣提點誦法華經沙門法選，見都和沙門法藉，見尚座沙門法蹟，見寺主沙門季令。

大康十年八月日碑五十七條訖。（此記刊於《寶星陀羅尼經》）

三十五

大安元年，殿試白公裕書，邵師言刻。（此記刊於《大悲經》）

三十六

軍事判官、承務郎、太子洗馬、雲騎射、賜緋魚袋、權提點齊戴，校勘講百法論沙門法明，都維那沙門可聿，朝散大夫、尚書都官郎中、通判涿州軍州事、提點張闓，校勘講唯識論沙門法式，尚座講百法論沙門去息，銀青崇禄大夫、檢校司空、使持節安州諸軍事、安州刺史、充本州團練使、知涿州軍州事、兼管內巡檢安撫屯田勸農等使、兼侍尉史、輕車都尉、漆水縣開國侯、食邑一千户、食實封一百户耶律佶，校勘講上生經沙門可壽，寺主持念沙門可成，當手分本司李師迪。

推忠同德功臣、崇禄大夫、行刑部尚書、兼門下侍郎、中書門下平章事、監修國史、知樞密院事、上護軍、安定郡開國侯、食邑一千户、食實封一百户梁穎提點，講法華經沙門法選，首座持念沙門季令。大安二年。(此記刊於《持世經》)

三十七

朝散大夫、職方郎中、通判涿州軍州事、飛騎尉、賜紫金魚袋、提點張識，校勘講上生經沙門可壽，校勘講百法論沙門法明，寺主講經沙門志劾，都維那沙門可筠，提點誦經沙門法選，校勘講經論沙門法式，當寺提點講經律論沙門法轉，尚座講經論沙門志經。大安四年。(此記刊於《六度集經》)

三十八

朝散大夫、尚書職方郎中、通判涿州軍州事、飛騎尉、賜紫金魚袋、提點張識，講百法論校勘沙門法明，講上生經校勘沙門可壽，當手分本司李師迪，講唯識論校勘沙門法式，提點誦法華經沙門法選。大安五年立碑。(此記刊於《不空羂索神變真言經》)

三十九

聖文神武全功大略聰仁睿孝天佑皇帝。朝散大夫、尚書職方郎中、通判州軍州事、提點王輔臣，校勘講上生經沙門可壽，校勘講唯論沙門法明，校勘講百法論沙門法明，提點誦法花經沙門法選，當手分本司成祐。大安七年。(此記刊於《十住斷結經》)

四十

聖文神武聰仁睿孝天佑皇帝。朝散大夫、尚書職方郎中、涿州通判、知軍州事、賜紫金魚袋、提點王輔臣，校勘沙門法明，校勘沙門法式，校勘沙門可壽，提點沙門法選。大安七年。(此記刊於《觀自在菩薩隨心咒經》)

四十一

大遼聖文神武全功大略聰仁睿孝天佑皇帝。朝散大夫、尚書職方郎中、通判涿州軍州事、飛騎尉、賜紫金魚袋、提點劉珣，校勘講經沙門可壽，校勘講論沙門法式，提點誦經沙門法選，校勘講論沙門法明。大安八年。(此記刊於《超日明三昧經》)

四十二

大遼燕京右北西羅內住文林郎、試太子正字、武騎尉劉洙，奉為先祖并亡過父母及合家眷屬敬造經碑二條。父秦晉國妃中門使準，母趙氏，出家妹戒師崇諦同成辦，妻趙氏，長女曹郎婦，次女廟哥，弟濟，悉婦趙氏，表姪男銀哥，次姪男金剛奴，姪女小師姑，次姪女端哥。大安九年

四月日造，邵師寧刻。(此記刊於《賢劫經》《超日明三昧經》多處)

四十三

故守太保令公施主陳國別胥。此碑上連第二頭紙。乾統七年四月至八月造。(此記刊於《僧伽吒》)

四十四

故守太保令公施主陳國別胥。故通理大師門資勘造經主講律比丘善伏。乾統七年八月日造。(此記刊於《大方等陀羅尼》)

四十五

施主故守太保令公陳國別胥。故通理大師門資勘造經主講律比丘善伏，石經寺三綱都知法信，尊宿，法式，志妙，尚座法忍，法淵，法端，寺主可近，提點石經録判睜行大德賜紫沙門善定。

乾統七年八月日了。(此記刊於《圓覺經》)

四十六

石經寺主講經律沙門志仙。乾統八年十月十五日記。(此記刊於《發菩提心戒》)

四十七

施主陳國別胥。已下背面上有第二卷頭紙。善能刻。善伏亦叩頭頂禮，願當來一切用見聞者，迴光自照，其證常樂。

大遼乾統十年庚寅歲十月丙申二十八日癸亥勘畢。奉為天祚聖孝皇帝勝壽無窮。(此記刊於《觀佛三昧海經》。天祚聖孝皇帝《天祚紀》：乾統三年"十一月丙申，文武百官加上尊號曰惠文智武聖孝天祚皇帝。")

四十八

施主陳國別胥，天慶元年。施主陳國別胥，志恒刻。(此記刊於《觀佛三昧海經》多處)

四十九

勾當人沙門志寶，校勘講經沙門善鋭，校勘講經沙門可筠，提點前右街僧録判官賜紫沙門善定，施主陳國別胥。天慶元年。(此記刊於《法集經》)

五十

天慶元年施主陳國別胥，當寺僧志仍刻。(此記刊於《觀察請法經》多處)

五十一

施主陳國別胥，金吾太師，燕京崇仁僧惟和書，涿郡石經僧志同刻。(此記刊於《文殊問菩薩署經》多處)

五十二

施主陳國別胥，金吾大師，天慶五年，燕京崇仁比丘惟和書，石經比丘惠玉刻。(此記刊於《廣大寶樓閣善住秘密□羅尼經》多處)

五十三

涿州實德寺講經比丘尼惠如名萊哥，天慶六年，即和刻。（此記刊於《一字佛頂輪王經》多處）

五十四

施主陳國別胥，天慶七年，隗亳比丘惟和壽，僧善擢刻。（此記刊於《蘇婆呼童子請問經》多處）

五十五

施主陳國別胥，天慶八年，石經山雲居寺僧惠玉刻，金臺逸土武陵鞠孝章書經記。（此記刊於《七佛所説神咒經》多處）

五十六

大方便佛報恩經七卷，此三卷，共十卷同帙，馬鞍山洞裏已有鐫了，京西三十里小石經亦有，是盧溝河東垠上。先師通理三制律財念無交見性，乃真常寶藏名心花卒我獄之高峰自摧，色貪不染，靈心是清净法身。幡竿頭上一池水，方圓八十里，深處没腳投，淺處不得底。（此記刊於《菩薩本行經》）

五十七

施主安次縣三班奉職王居忠為亡父母辦。保大元年五月日造，志同刻。（此記刊於《虛空藏菩薩能滿諸願最勝心陀羅尼求聞持法》等多處）

五十八

施主安次縣宗大郎為亡父母辦到經碑。保大元年五月造，金臺沙門惟和書。（此記刊於《香王菩薩陀羅尼咒經與百千印陀羅尼經》多處）

五十九

施主固安縣黑垁里王安甫為亡父母辦到經碑。金臺沙門惟和書，保大元年五月日造，僧刻。（此記刊於《文殊師利法寶藏陀羅尼經》多處）

六十

施主安次縣東關劉温為存亡父母辦到經碑。僧誌恒刻，保大元年五月日選。（此記刊於《隨求即得大自在陀羅尼神咒經》《智炬陀羅尼經》多處）

六十一

施主永清縣解□里劉公輔為亡父母成造。保大元年閏五月日，當寺沙門惟和書。（此記刊於《金剛頂經》《曼殊室利菩薩王守心陀羅尼品》《虛空藏求聞陀羅尼》合卷）

六十二

施主安次縣華家莊劉二郎為見在父母辦到經碑。保大元年五月成造，僧善擢刻。（此記刊於《文殊師利法寶藏施陀羅尼經》）

六十三

施主安次縣扈提點為生身父母辦到經碑。保大元年五月日造，僧志仍刻。（此記刊於《智炬陀羅尼經》等多處）

六十四

施主安次縣崔士千為亡父母辦到經碑。保大元年四月日造，僧志同刻。（此記刊於《文殊師利法

寶陀羅尼經》）

六十五

施主安次縣北徐耿七郎為生身父母辦到經碑。保大元年五月日造，僧志同鐫字。（此記刊於《随求即得大自在陀羅尼神咒經》《智炬陀羅尼經》）

六十六

施主安次縣耿村耿士均為先亡父母辦到經碑。保大元年五月日造，善隆刻。（此記刊於《随求即得大自在陀羅尼神咒經》《智炬陀羅尼經》多處）

六十七

施主安次縣耿村耿殿直為生身父母辦到經碑。陳臺崇仁寺沙門惟和書，當寺沙門志瑩刻。（此記刊於《清净觀世音菩薩普賢陀尼經與玄師所説神咒經》多處）

六十八

施主永清縣韓村李師悦為見在父母辦到經碑。保大元年五月日造。（此記刊於《救面燃餓鬼陀羅尼神咒經》《百千印陀羅尼經》合卷）

六十九

施主安次縣進土李括為生身父母辦經碑。僧志恒刻，保大元年四月造。（此記刊於《護諸童子陀羅尼咒經與玄師颭陀所説神咒經》等多處）

七十

施主安次縣崔六兒為亡父五郎辦到比碑。保大元年五月日造，僧志恒刻。（此記刊於《随求即得大自在陀羅尼神咒經》《智炬陀羅尼經》合卷）

七十一

施主彰信軍節度使、知涿州軍州事張玄徵妻廣陵郡夫人高氏、義玄刻。（此記刊於《阿吒婆拘鬼神大將上佛陀羅尼經》《金剛光焰止風雨陀羅尼經》《金剛頂經曼殊利菩薩五字心陀羅尼品與虛空藏求聞陀羅尼》多處）

七十二

施主寶景庸相公女賜紫比丘尼，鄉貢律學張貞吉施手書。（此記刊於《莊嚴三昧》多處）

七十三

施主金紫崇禄大夫、檢校太傅、行驃騎大將軍、知涿州軍州事張企徵妻夫人蕭張氏，男慶孫。（此記刊於《妙邑王因緣經合師子素馱娑王斷内經》）

七十四

施主安次縣秦舜卿為亡父母辦到經碑。沙門惟和書，僧惠純刻。（此記刊於《佛説文殊師利法空藏陀羅尼經》）

七十五

施主昭信校尉、行范陽縣令蕭拔烈，縣君獨嬾，郎君三人，長壽、添壽、馮家女，女四人，望兒、師姑、居者、南散。（此記刊於《梵綱經菩薩戒》多處）

七十六

施主范陽縣西三城馮儒，為亡父母辦到經碑。（此記刊於《金剛頂經曼殊室利菩薩五字心陀羅尼品與虛空藏求聞陀羅尼》合卷）

七十七

施主安次縣馮貴為先亡父母辦到經碑。僧善隆刻。（此記刊於《文殊師利法寶藏陀羅尼經》）

七十八

願以此功德，普及於一切，我等與眾生，皆共成佛道。劉醜兒刻。（此記刊於《瑜珈論》多處）

七十九

大契丹國師中天竺摩竭陀國三藏法師慈賢譯，丙寅歲季秋成造。（此記刊於《一切如來自傘蓋大佛頂陀羅尼》）

八十

施主靜江軍節度使、知慈州軍州事劉慶餘耶律氏。（此記刊於《優婆夷凈行法門經》《修學品》。慈州，宋地，治吉鄉。）

八十一

施主斡離也公主為法界先亡，善擢刻。（此記刊於《大乘四法經》）

八十二

西京薄司徒王長官共施錢壹伯貫文。（此記刊於《瑜珈論》）

八十三

石經當寺大眾施錢三百貫辦碑一百五十條。（此記刊於《瑜珈論》）

八十四

燕京馬侍郎夫人施錢一百貫辦碑五十條。（此記刊於《瑜珈論》）

八十五

易州太傳夫人并在城壇越共施錢柒伯貫文辦碑共三百五十條。（此記刊於《瑜珈論》）

八十六

易州開元寺大眾施錢壹伯貫文造碑伍拾條。（此記刊於《瑜珈論》。開元寺，《易州志》："開元寺在城內。"）

八十七

燕京延洪寺大眾施錢一百貫文造碑五十條，燕京逸士張龍圖書。（此記刊於《瑜珈論》）

八十八

燕京孫衙內家郎中娘子施錢一百貫文造碑五十一條。（此記刊於《唯識論》）

八十九

□□知涿州軍州事耶律永寧提點，□□通判涿州軍州事、騎都尉、借紫鄭韶同提點。（此記刊於《□經》）

九十

朝散大夫、尚書戶部郎中、通判涿州軍州事、騎都尉、借紫鄭韶同提點，靜江軍節度使、銀青崇禄大夫、檢校司徒、知涿州軍州事耶律永寧提點。（此記刊於《摩訶般若波羅密經》多處）

九十一

石經寺講經論校勘沙門季香，李慎言書、吳永。（此記刊於《放光般若波羅密經》）

九十二

安次縣鄉貢進士劉子庸書。（此記刊於《光讚摩訶般若波羅密經》）

九十三

永清軍節度、貝州管内觀察處置等使、金紫崇禄大夫、檢校太尉、使持節貝州諸軍事、貝州刺史知涿州軍州事、兼管内巡檢安撫屯田勸農等使、兼御史大夫、上柱國、蘭陵郡開國侯、食邑一千五百戶、食實封一百五十戶蕭德順提點，石經雲居寺講經律論沙門季淨校勘，邵，李慎言書，邵文佶。（此記刊於《佛説太子刷護經》）

九十四

朝請大夫、行尚書吏部郎中、通判涿州軍州事鄧顧同提點，靜江軍節度使、檢校太傅、知涿州軍州事蕭知善提點。石經寺講經論校勘沙門季香。（此記刊於《放光摩訶般若經》）

九十五

施主修武校尉、銀青崇禄大夫、兼監察御史、武騎尉吳經，妻呂氏，男衆僧奴。（此記刊於《大方便佛報恩經》多處）

九十六

施主良鄉縣十渡村住人齊師讓阿石，奉為生身父母，法界衆生，同登覺岸。（此記刊於《一切如來白傘蓋大佛頂陀羅尼》多處）

九十七

施主灤州齊信武。（此記刊於《中阿含經》）

九十八

施主忠詡校尉、銀青紫禄大夫、兼監察御史路茜，妻田氏。（此記刊於《寶授菩薩菩提行經》）

九十九

施主當寺參禪比丘善權，奉為生身父母，法界衆生。（此記刊於《瑜伽集要救阿難陀羅尼焰口軌儀經》多處）

一百

施主五花院尼善進，為生身法界父母。（此記刊於《一切如來自傘蓋大佛頂陀羅尼》多處）

一〇一

施主不顯名，天慶元年造。石經山雲居寺校勘講經沙門即性。（此記刊於《弘道三昧經》）

李公直建经幢　天会十二年

幢石原存北京市房山区张坊镇，先经后记，正书，书法朴拙。记中谓立石于"天会二十二年岁次甲寅"，误。按，金天会年号仅用十五年，故天会二十二年实为天会十二年（岁次甲寅，公元1122年）之误，今据改。

李公直奉為亡師叔特建此陀羅尼塔一座。□諱法選，俗姓李氏，本當村人也。父李□貴，母王氏，昆季三人，師之□也。甲寅三月十日因疾化於當院之净室也□。有門資人文殊（下文泐）。天會十二年歲次甲寅四月庚辰朔五日甲申辛時建。

张歧墓志　皇统六年

志石刻于皇统六年(1146年)，于1991年出土，一合，现存处不详。青石质，正方形，边长56厘米。志盖为覆斗形，正中刻"故左卫副率清河张公墓志铭"，周围线刻云纹和十二生肖，四角刻牡丹花纹。志文楷书，共存约1300字。首题"故率府副率清河张公墓志铭"，志文末尾刻"韩城进士马谌撰""次男德毅书""河南郡宫世存□□"。张歧，《金史》无传，出身燕南豪族，辽平章政事张嗣复之四子入金后，历任顺州商曲监等管理税收的官职。为官清廉，厌恶仕途，向往清净无为、修真养性的生活。

故率府副率清河張公墓志銘

公諱歧，字秀之，其先汴人，本出於軒轅之裔，至石晋之代，始徙於燕，后嗣因以家焉。尚父陳王儉公之從伯祖也。當遼興太平之業，逮興宗撫盈成之運，始自郡邑，臺省之任，終乎廊廟臺輔之器，天下聞其風採者，無不翕然歸仰，雖中古以來，無可儔也。娶於氏，封齊國夫人。祖儼贈太子少保，娶陳氏，封晉國夫人。父嗣復官平章事，左僕射兼侍中，娶鄭氏，封晉國夫人。有四子，曰嶧，秦州團練使；曰屺，給事中知秘書監；曰嶠，鴻臚少卿；曰岐，太子左衛率府副率，公即第四子也。公幼能讀書著文直以功名自許，欲繼祖之余風，豈謂命與時違，而至數奇於世！由是拂袖歸鄉，以詩酒自娛。有兄長嶧者，謂其公曰，"吾家近以多承門蔭，旋登廡仕，子何鬱鬱久事於筆耕耶"？公既聞其語，不得已而從閣門焉。初任新城監稅，有同官竊其課利，公試私問，則内懷恐惕，靡敢入已，其度量能服人有為此者。次任武清監麴，有豪户造其私醞；公嘗收獲，則深勸導，不詣於有司，其仁慈能愛人有如此者；次任良鄉監麴，有人匠麴其官物，公一親見，則輕與戒懲，后更靡為，其寬恕能容人有如此者，迫任安次、檀、順，類皆若是。以至歲課倍常，所增浩瀚，未嘗以為己能，雖上加官爵褒獎，亦不為榮，常是晋仕途之奔競，未能歸以安閑，及身退之后，考其林澤，辟其良田，上不知有名，下不知有利，惟究聖人之心，而求聖人之道，賜一為師，論賢人之迹，而求賢人之事，則與為友，佛老兼崇，以自修其性，吟弈間作，以自適其情，或困而睡，冥冥然不知其死生，或醉而歌，蕩蕩然不知世之有人，能自在於天地之間，獨得其真樂也。昔襄陽有龐德公，谷□鄭子真，東海王霸，西山蜀才皆避人養德退耕矣！軒冕不可得而羈，憂患不可得而累，至於我公作者五人矣。不幸享年六十有八，寢疾而終，寅時天會四年十二月十日也。先娶鄭氏，身全四德，能協六姻，前卒。有男二人，曰德先、奉信校尉，前相州麴院都監，娶李氏；曰金鰲幼卒。女一人適昭信校尉仇暉。后娶馬氏，以孝敬奉親為淑女，以柔和從夫為姨，善主家事，能以慈正訓子為賢母。年七十有三而卒。有男三人，曰德讓，六宅副使，娶轟氏，前卒；曰貴昌，幼卒；曰德毅，奉信孝尉，前南懷州修武縣尉，娶丁氏。女八人，長適忠武校尉馬輝；次適押軍官趙棟，次適昭信校尉馬操；次為比丘尼；次適奉政大夫田慶雲，余皆幼卒。孫子七人，曰緯，曰達不也，并習進士業；曰桂孫，曰縝，曰和兒，曰平章奴，曰四狗兒皆前卒。孫女三人，長適忠顯校尉姚鑒，次壽陽，次宜璋，皆幼在室。公平生有清譽不可掩，有大節不可奪，有才不可及，天與之而不與位。可勝惜哉！公壽終厥命，即權葬於燕京北之天官院。后二十年因母喪，二子德先、德毅謀葬，遂啓公之墓及鄭氏、馬氏二柩，以皇統六年六月十四日，同葬祖塋地之東南，其二子號泣，示公行狀，求銘於馬諶，今將大葬，欲著其迹永傳之。余應之曰，斯古孝子顯父母之志也，敢不直書，銘於墓曰：

嗚呼秀之，年將從心，不謂壽夭，力紹祖風，不謂功少，然無有其職，安盡其道，在公之志，實為不了，嗟呼哉：身退而德尊，時矣夫！名重而官卑，命矣夫！嗚呼秀之已矣夫！

韓城進土馬諶撰

次男德毅書

河南郡官世存□□

辩公大师遗行碑记（残） 贞元元年

碑石原在北京市门头沟区妙峰山乡南樱桃村村北山间台地上的仰山栖隐寺遗址。现碑身与趺座已佚，仅存一汉白玉螭首。希辩（1081—1149 年）为金代著名禅僧，江西洪州人，原为宋朝青州普照寺主持，值金兵南下，掳掠而来中都（今北京）。曾一度隐于仰山栖隐寺，海陵天德初示寂于仰山。据大典本《顺天府志》载，此记乃金初著名文人、翰林学士、中靖大夫知制诰施宜生所撰，北京文物研究所编《北京文物与考古》第 4 辑载包世轩《门头沟区伽蓝名僧记》一文曾对此碑著录考释，今据该文移录碑记残文。

潭柘老人（後唐從實）二百年後放大光明，芙蓉家風却來北方，薰蒸宇宙，豈其大事因緣，殊勝亦有數耶。教有廢興，道無廢興，人有通塞，性無通塞。師既來燕，潭柘寂然，師既往燕，曹溪沛然。人知寂然而不知潭柘未嘗去也。人知沛然，而不知青州嘗來也。若然則無碑亦無害，有碑亦無礙，遂為之説。貞元元年十月記。

遐齡益寿禅师塔记　　正隆元年

石原存北京市房山区上方山，今不详。现据爱新觉罗·溥儒辑《上方山志》（民国间刻本）移录记文。塔铭记禅师字空寂，名禅悦，昌平柳村人。金太宗天会元年（1123 年）来上方山，居卧云庵，蔬食苦行二十余年。禅师于海陵王天德、贞元年间（1149—1156 年）应诏入都，就宫供养三月，后辞归上方山，海陵王完颜亮封其为"遐齡益寿禅师"，并赐七言古诗一首赞其高行。

　　師字天空，諱禪悦，昌平柳村鄭氏之子也。童年依安樂寺道首上人祝髮，年满於靈峰净老人座下受具。太宗癸卯，來山居卧雲庵二十余載，蔬食苦行，常修百舟三。上聞其德昧，下詔。師辭，連詔者三，遂應詔入都。上甚悦之，欽師戒行，就宫供養，遂開闡《護國仁王般若尊經》。九旬克備，辭歸，賜號遐齡益壽禪師。御贊云："古人修隱上游訪，涉水登山步林莽。禪衣露濕烟霞明，挂杖横拖風月爽。餐霞服氣度春秋，白雲秋水空悠悠。有時危坐入禪定，不關名利輕王侯。湯湯逝水盡流東，塵寰萬慮皆為空。識得浮生這四景，百般技倆總銷融。頓息塵緣坐來静，劈破鴻蒙見真性。常生不死度流年，萬古高風起人敬。丙子季秋甲子示寂，作偈云：名利光如水月，慧辯恰似鏡痕，今朝消除夢幻，法界出入天門。繼門弟子超賢奏上，降旨遣祭，藏於西峰之側，春秋九十有七，法臘六十二。上賜白鑼三百兩，為之建塔樹碣，以紀之云爾。
　　正隆丙子九月三日朝議大夫文華院大學士馮國相撰。

比丘尼妙深经幢记　　正隆三年

石幢原存北京市房山区上方山，今不详。现据爱新觉罗·溥儒辑《上方山志》（民国间刻本）录文。

　　比丘尼妙深經幢記
　　粵以紛紛六趣，咸流轉於無常；攘攘四生，盡輪回於有結。此一清信女，乃易州流井之人也，姓龐氏。因父母徙居良鄉縣樂深村，故從生於彼也。自成長以來，身累塵緣，心游善境。由昔行檀恒，豐財賄□。於四鄰名山大刹及此上方，塑畫尊容，齋設僧□。□□無休□十余載，況人生百歲，七十尚稀，復□□□能無□哉。遂喜舍所有之資，於正隆三年四月十五日□□□□□□□修齋□□□無遺□□□□首上□□事僧日，然昔嘗皇統間，禮韓開府之女普安□師為師，訓名妙深。當屬出家之□，後思耄耋之年，□□空門，故非□□。今祇潜備三衣，投知識日，臨命終時，願求披剃，用結當來出家之種也。喪后復乞歸葬於此山，斯蒙許立塔□□山之□也。斯蓋覺悟無常□□有結。怖心難生而已生，善小難發而已發。既然聖凡逆順□□能□其□與净，行止頗同，故此所書首尾禎异。後□□年□□月卒，其□年□月□開葬之云爾。

优婆夷□□经幢记　　正隆三年

石幢原存北京市房山区上方山，今不详。现据爱新觉罗·溥儒辑《上方山志》（民国间刻本）录文。

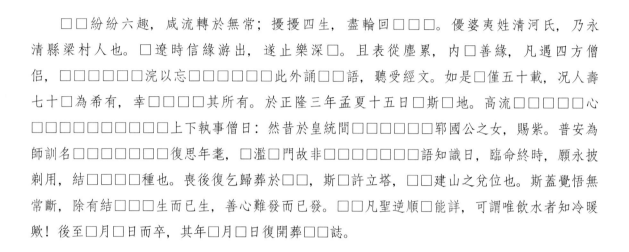

　　□□紛紛六趣，咸流轉於無常；擾擾四生，盡輪回□□□。優婆夷姓清河氏，乃永清縣梁村人也。□遼時信緣游出，遂止樂深□。且表從塵累，内□善緣，凡遇四方僧侣，□□□□□浣以忘□□□□□此外誦□□語，聽受經文。如是□僅五十載，况人壽七十□為希有，幸□□□□其所有。於正隆三年孟夏十五日□斯□地。高流□□□□心□□□□□□□上下執事僧曰：然昔於皇统間□□□□□郓國公之女，賜紫。普安為師訓名□□□□□□復思年耄，□濫□門故非□□□□□語知識曰，臨命終時，願永披剃用，結□□□□種也。喪後復乞歸葬於□□，斯□許立塔，□□建山之兑位也。斯蓋覺悟無常斷，除有結□□□生而已生，善心難發而已發。□□凡聖逆順□能詳，可謂唯飲水者知冷暖歟！後至□月□日而卒，其年□月□日復開葬□□誌。

渔阳重修宣圣庙碑　　正隆年间

原石出土时间地点不详，今据粤雅堂本《金文最》卷六十七辑录（该书谓移录自《蓟州志》）。渔阳（今河北蓟县渔阳镇），金代为中都路蓟州渔阳县州治所在地。碑记撰文施宜生，原名逵，后易名宜生。邵武（今福建邵武）人，宋政和四年进士。仕金后为翰林直学士，大定三年（1163年）去世。

　　漁陽，漢、唐大郡也，山水雄秀，兼東南之勝概，故功名豪杰之士多生其間。近世文人賢公卿往往相繼，由孔聖之教致身以立名節，則不可以不尊事其所自來者。廟學在州西北隅，古槐數株，至有逾合抱者，猨然雲蒸。觀其基址，乃知自唐亦既有是。爰自大金撫定幽、蓟，辟科舉，用儒臣，而漁陽之人為多。天會間，太守高迁，同知趙子滌、軍判梁樞與學生胡忠厚等，崇修廟貌，正殿三間，東西之室相向。於是行釋奠之禮，彬彬鬱鬱，有洙泗之風。迨今餘二十稔，而殿宇疏漏，廊廡傾墊，垣墉圮隳。儒生劉子元等投牒於州，州上其狀，既得請，官給其費，所不及者州士人助成之，可謂之忘本矣。知縣史亨吉暨子元董其事，重加完葺。聖師加冕，端坐居上，而配享從祀，屹然拱侍。經始於今年三月，蕆事於五月。既告成，托朝散公元吉來請記其事，且曰："有無字碑歸於廟廷，歷年久矣，若有所待，公不可辭。"宜生自揣文思拙澀，恐不足以傳遠。重以吾道存焉，固當勉強，庶幾發揮顯明，以警昏瞶，故不以不讓為愧。然念土木之工雖堅壯，不過數十寒暑，吾先聖之道應萬世而無弊者，必有所托而傳焉，意其有屬於更續者，豈可忽哉？嗚呼！吾先聖之道，何道也？中庸而已。所謂"天命之謂性，率性之謂道，修道之謂教"是也，豈老與佛之道哉？公孫丑問孟子，乃曰："道則高矣，美矣，宜若登天然，似不可幾及也。"是不知堯、舜、禹、湯、文、武、周、孔之所以為聖人者，皆不外乎中道也。雖然，行之者其效見於當時，至今數千載，仰望以為不可及。傳之者則自仲尼，其設教豈在高堂大廈、繡黻偶人以驚天下，與浮屠氏較優劣哉？故曰："其君用之，則安富尊榮，其子弟從之，則孝弟忠信。"孝弟忠信，愚夫愚婦皆可知而可行者，非有損肌膚飼虎狼之為難能也。使天下之人皆知孝弟忠信，則太平可坐而致矣。儒者末流，乃多聞強記以為學，刑名度數以求治，蓋未明其本也，遂曰孔子之道不可行於后世。悲夫！漁陽地氣殊異，河山炳靈，遇時而為公卿，毅然而以夫子之道為己任者，不可勝紀。自今而往，整衣冠而謁奠於此，尚致思焉。子思曰："君子依乎中庸，遁世不見知而不悔。"孟子曰："窮則獨善其身，達則兼善天下。"聖人復起，不易斯言矣。勉之。

平州石幢记　大定十一年

原石出土地点时间不详，今据民国二十年（1931年）本《卢龙县志》卷五收录。平州（今河北卢龙），金隶中都路，户龙为其倚郭县。碑文叙中都（今北京）远古至金代的历史沿革甚详，足资参考。

　　大金國平州石幢記
　　□□□中都□□□僧并述
　　竊聞□東漢永平年間，摩騰入洛，始聞佛教之聲。爾后西僧繼至，故佛之聖典漸流二京，三藏真證大衍九域，比屋黔黎皆沾甘露。上至王公，下及皂隸，競為讀誦，誠為苦海之舟航矣。然佛教雖著，猶有多門，乃大列三乘，高張五教，或偏圓不定，或顯密殊途，雖萬派洪波，咸歸大海。后至唐儀鳳年中，西天神僧曰："佛陀欽風，殉命來游清涼，參游未遍，遇文殊化身，相對言諭。文殊曰：'尊者遠來，游禮五頂，欲求聖利，未知將得《尊勝陀羅尼經》來不？'佛陀曰：'不。'老叟曰：'若未將經來，空游何益？'佛陀聞次，便口老叟策杖西歸。不數年間，將經再至，還遇老叟，相慰晤言，叟曰：'若將經至以利生民，誠為大喜。'佛陀乃詣闕陳詞，□□真文譯訖。"朝廷降旨，今於京邑州□□□中建石幢，刻密言於石上，以希塵□影覆之□潛滋萬古，此乃建石幢之始也。平州大郡東□遥山，西臨大水，厥田上中，居民純厚，有三代遺風。原其所系，堯創九州，屬青州，舜□三州，遂隸於幽。武王封召公於燕。故此州屬燕。秦并六國，以天下為三十六郡。乃號遼西郡。炎漢御宇，更號右北平。司馬氏及曹丕有國，改置廬龍郡。今之縣名乃從古號。元魏、石勒、慕容氏父子建國，皆從廬龍之郡。随文創業，去郡為平州，蓋順古北平之號。唐乘王輦，只號平州。后唐五代口遼皆從平州之名。大金建國，遠收淮北之地。正隆遷都於燕京，大修宮殿，建中都，故我州為大國之東門矣。平州古城，今之北城是也。南城，遼人築之。於城中舊有石幢一座，於正隆四年五月二十日遭風雷暴，至仆之於地，居民穢污，深可悲夫！於戲！萬事無恒，榮枯互作。會州中信士王昌吉校尉口發心再建，遍造州人，□邑□施銅錢二千萬，(萬有可能是貫字) 令匠琢石及刻密言於上。始於大定九年五月間興工，后至十一年九月二十日工畢。奇巧之勢，十倍於前。舉高三丈□落風規，實州中之偉望。落成之日，士庶稽□□謂奇哉。衆議式貽厥德，萬古不泯，乃命都僧口直筆茂寶，以傳不朽。大定十一年九月三十日建。

大房山宝岩院进禅师寿塔记幢　　大定十二年

幢石原存北京市房山区上方山，今不详。现据爱新觉罗·溥儒辑《上方山志》（民国间刻本）录文。

　　　師名善進，姓趙，西京大同府順聖縣西峽里人。父失其名，母段氏，兄弟二人，師其次也。幼不留惣角，奉浮圖法，雲游諸方。以至寶岩精舍，禮去相上人為師。遇皇統恩，登壇具戒。其年北邊蒙古叛亂，國家興師攻伐，拘賦運糧，師與本院攀轅扶轂，披鎧北征，窮極沙漠居延瀚海之境，泉討□之。凱歌南歸，師卜隱白家峪瑞雲等寺、大安諸山，激節修心，三十余年，礪行峭然，不畜余貲。與道冥會，春秋六十。經營壽塔為身后事，不亦宜乎。

天开寺观音院故寺主源公塔记　　大定十二年

石原存北京市房山区上方山，今不详。现据爱新觉罗·溥儒辑《上方山志》（民国间刻本）录文。

　　　天開寺觀音院故寺主源公塔記

　　　沙門思品撰

　　　師諱法源，俗姓孫氏，大興良鄉縣金山鄉五侯里人也。父諱從教，母鄭氏。父母俱賢，生五子，師最幼，迥异常童，不留髻发，稍長，志樂空門，依當寺觀音院喆公為師。侍師忘勞，夙夜匪懈，爾后精通大乘五經以待考試。遼天慶七年，中選得度。既具戒己，辭師，聽習喜宗花嚴奧旨。才欲洞明，為本寺先師耆德泊闍以籃，大衆選充尊宿，逮為寺主。紀網寺務，探舉錢帛，心明潔已，語出無私，詞翰公勤與行兼茂爾。后年臘享高，倦知寺事，以此辭退，喜參知識，欣訪良朋，愧嘆昨非，以求自悟。遂徙居□業之白塔中都招提，泊余蘭若寓隱數年。有門資思品等，嗟師耄矣，難陪清衆，請歸寺之本院。大定八年二月二日示疾，沐浴更衣，跏趺而逝。俗齡七十有一，僧夏五十有二。翌日荼毗，幡花迎殯寺之西南。維門人思品等，聚其靈骨，與師侄女孫氏并婿前棣州厭次簿承事郎王君益臣，酬恩葬禮，命工敬造石塔一坐，前刊金言，后書懿行，承茲梵祉，福及幽區，影覆塵沾，其利無己。謹識。

崇公和尚塔铭　　大定二十四年

石原存北京市房山区上方山，今不详。现据爱新觉罗·溥儒辑《上方山志》（民国间刻本）录文。

崇公和尚塔銘

沙門師景撰

公諱善崇，本縣金山鄉南韓繼人也。俗田姓，父諱師進，母董氏。童不留髻，嬉戲異常。拜瑜伽院堅公為師。侍師忘勞，夙夜匪懈，兼習經文，以待舉選。皇統元年秋登科二第，春度具足戒。一日辭游，嘆曰：名利惑心，誠為罪藪。遽然拂袖挂鉢携節，雲水栖游，凡十五載而歸止斯山。公賦性慈善，潔已精專。奈何天數已終，而於大定二十四年四月十八日終於茲山。春秋六十有八，夏臘四十有三。次日荼毗幡花，遵送院西，法屬師景等念師恩，顧今工造幢，藏於先塋之北左，刊石以記於不朽云。

等觉灵塔铭　　大定二十八年

石原存北京市房山区上方山，今不详。现据爱新觉罗·溥儒辑《上方山志》（民国间刻本）录文。

當寺準提院故供養主等覺靈塔銘

沙門法迪撰

供養主諱等覺，本縣口山口樂深里人也。姓楊氏，父諱□□，母宗氏。生□子孝□父母，崇□三寶。年至二十歲，□□非堅，發離心，休妻棄子，哀祈父母，□願出家，禮當寺準提院前□內監寺息公法師為師。侍師亡□，夙夜匪懈，□習會試，經□自□前生□福。今夫□□□告庵厨□□侍□供佛，無不口誠。由□本寺尊宿，三綱□□上方山，供養主口十餘年。辨十萬擅信，供養四海高人。洎山中修造□□□□一□曲，無憚寒暑勤勞，悉皆周備。山門不幸，公於大定廿八年三月十五日示微疾，安祥終於本院，法壽六十有三。口日荼毗，幡花導送寺之東南隅。是日收其靈骨，有本師監寺，念師口之禮，洎山門竭力不可沃滅。遂命良工造石塔一坐，□於先塋之後。前安聖像，右刻金文，影覆塵霆，悉蒙解脫。息公來托於僕，僕人善，不愧荒唐，謬述其銘，以鄙頌代其銘曰：一生竭力為山門，因果昭然豈易論。承此殊勳功德力，定生兜率見慈尊。

韩公神道碑（残） 大定年间

碑石刊立于金大定年间（1161—1189 年），2003 年 5 月北京五环路丰台段施工时在卢沟桥与宛平县城之间被发现，出土时为残碑，只有下半部分，形制失记，存字约 1840 字。推测此碑被充做修固永定河护堤石料返到丰台。陈康在《丰台出土辽韩氏家族墓神道碑》（载《北京文博》2003 第 3 期）一文中著录，今据陈文移录碑文。

（上缺）户食實封壹百户韓公神道碑

奉直大夫、翰林待□□同知、知制誥上騎都尉、河南□開國子食邑五百户、賜紫金魚袋、同中書門下平章事、平章生侍中倬公、贈侍中、侍中生紹文，太子太師魯國公，資□公生造，太子太保同中書門下平章事致仕，公即詡之次子也。公既貴贈詡宣威將軍，曾祖妣張氏追封岐國太夫人，祖妣王氏，妣張氏王氏皆贈南陽郡太夫人。紛擾於天慶間，祇候閤門特授左承制及宋二主歸命，朝廷選閤門祇候能干者，科人護視西北，公皆預焉。二主嘗出珠玉紈綺遺□□，公不受，公益禮之。任使，皇統初，考叙前績，自六宅超授明威將軍，累遷振威，授利涉軍節度副使，至明具疑獄滯訟，即請於守願□心剖史□郡用寧，公日步簿書□□所堪以，均賦役而人不困，斷治明察吏不得民一錢，歲且滿，累遷宣威將，軍授興平軍節度使。竟夕一境，沾足民德之一□，待玉牒近屬方□。熙宗時，宗臣作牧，挾貴專忍嗜馳獵，不以時方春，州縣承帖拘馬數百喻遣之，守懼為之止，公嘗察州縣吏，修廢時海山令，貪縱不法令，方以事詣州，公曰：汝職廢久矣，悉條其□□□宜以□，州縣吏之奸者伏而去之，縣民僉□公神明也。復按灤州同知取財方鞫之時，僚屬交議以為暴刻，公日月浸月積而民守，傾毀舉不能有所指。惟公痛裁節之，畏公廉毅而亦莫之毀也。平人賴以紓后，遂以為例，及罷將去，郡者幼相扶携，嗟以貲雄里中居母喪，飲酒□縱遇二宿奸逼取銀三百兩，莫有知者，公察系逼銀者，侍獄之一欵。伏銀邃超護公戒激溢河流，下接堤岸不支，民居將湯没，公乘舟相河之勢，率民當完者完之，沖泛風濤出九死而不顧忘食，息水以平。時□湯陽超石貢余例，為府僚分有之，公曰：為吏以俸廩足食於家，可縱其貪耶。悉入官以助經費時，廉訪使周行天下距第一民皆曰復得公，民其安矣。皆奔走歌呼，惟恐其別有除命也。是公益掃除變更，興起法度，使百姓安便之。大將軍既代府民，遮戀尤甚於去平時也。未幾，授同知延安尹，兼鄜延路兵馬都總管事來之任。天德三年，太師南首歷是選日視出納百用，繁浩至於億計，公心術明敏，服勞不倦，事無巨細，皆躬親而辦，仍僻州佐縣令謹廉者十余，召上殿，海陵面喻曰：朕曩者皇統間，常過濟州一識卿面，爾后稔聞卿政譽，朕甚嘉之。鄜延尹純質留人不煉事以遇既之任事皆決於公。初夏人以數萬衆入寇，過塞門寨侵擾邊户，咸兵屢出不能，却目頗為患。公□移檄憂人，一日□皆斂色屏氣，公從容喻之曰，汝幽遐小邦，受上國封建，歲有貢賜，當□固疆場，遵守臣職，今乃恣為不逞，以尺□之一介問罪汝國，其將何辭以對，渠師聳然服罪，訴以追訪失馬。上比咸恐懼請命宜，却兵三十里，公悉駐列城堡、諸□比西路兵馬都總管府事使，喻海陵旨曰，延安政成皆替□之力，今移汝近地，以待殊擢。公附謝曰，臣待罪巨藩□□十日，逾旬，許人告捕給賞，仍削官杖之，停罷留者處□方贊皇令，子婿到縣□告留過期者，公駭然謂其八日，子婿面質其罪，公曰汝祖父生之前，然所出非嫡，命立不明，其人常侍汝，祖父既而有出。寧得為婢，□邦當優禮嫁，□不預簽署。公曰少尹無一銖之罰，公坐何不預焉。始有悖語，公甜然不為較也。府帥為改悔，會宋國賀生辰使，□□宴以嚴飾見□大夫士皆以為宜，方說師闕饋餉，以公馳傳發運河北東西路廩粟，始議取民物力均以陸運，□不闕民用不擾。未幾，海陵議公材干，不可以秩次外用，大臣亦薦公不可棄之於外將，以戶部尚書授公命。己□歲六月甲申，葬大興府宛平縣、房仙鄉、魯郭里從先域也。迨□□者輒喻以義使歸思之，獄以故少聞人疾苦，欲去之如在已。其處事無細大，皆盡其心，故民樂其不擾。凡□之甲族勤孝柔仁動無違德，故內外□姻莫不嘉其行，累封南陽郡夫人，有子六人，曰湛曰淳皆舉進士，業□副使，曰激祗候、內承奉班、監蘇門、河平縣早生鎮酒稅、卒於官，曰溫敦武校尉、監涿州稅、病卒，女二人，長適□伯益祗候、承奉班知潞王府印深二子也。曾孫一人合喜，女孫五人，長早卒，次為尼，次適輔國上將軍、鎮西輔國上將軍、勛□□軍、爵至開國侯、食邑至一千戶實封。至憎愛分明，宜有墓隧之碑□得，次而銘之曰：弱冠筮仕，□□廉清，入治惟勤。出長惟□，副節濟平，化行□郡。教導刑威，□邪為正。授赴關右，□□回轅，天都肇建。百甲寔□，日受萬計，日□□□。□才何優，毫厘同□。□何不淑，一病莫興，皇天喪我。萬人之英，□孝於家，□□□□。□□以廉，化民以德。魯郭之里，房仙之鄉，山長永遠。永固公茂，□□鄉貢，□□□□。□□□□，楊□刊□。節度判官、輕車都尉、濟陽縣、開國男、食邑三百戶、賜紫金魚袋孫□之書丹。舉常倉事護軍南陽郡開國侯食邑一千戶食實封壹百戶□□立石。

皇伯汉王为世宗皇帝造佛经题记　明昌初年

原石出土时间、地点不详，今据清末端方《匋斋藏石记》转录。又该书谓："计二石，各高一尺四寸六分，广二尺四寸，俱二十八行，行十七字，正书。"先经后记（经文未录）。端方考曰："是刻无朝代年月，幸题款二行可考。世宗圣明仁孝皇帝，金世宗也。汉王，世宗子永中也。世宗太子允恭以大定二十五年（1185 年）薨，子即章宗，后以皇太孙嗣位。传称永中乃世宗长子，实则太子庶兄，故于章宗为皇伯。永中以大定二十九年（1189 年）五月进封汉王，至明昌二年（1191 年）四月改封并王，计为汉王时甫及二年。是经之刻，必在此二年矣。"

　　皇伯漢王　　奉為
　　先皇世宗聖明仁孝皇帝造

释重玉摩崖诗刻　　明昌五年

据清于敏中等编《日下旧闻考》录文。该书谓此摩崖诗刻在今北京市门头沟区潭柘寺"延寿塔后"，清代中期尚存；又有研究者谓此系诗碑，曾存于潭柘寺内。诗为七律，题为《从显宗皇帝幸龙泉寺应制诗》。显宗，金世宗第二子，完颜氏，名允恭。生于皇统六年（1146 年），大定二年（1162 年）立为皇太子，大定二十五年（1185 年）病逝。大定二十九年（1189 年）其子章宗追谥为帝，庙号显宗。北京图书馆藏有刻石拓片，今据拓本并参照《日下旧闻考》录文。

　　從顯宗皇帝幸龍泉寺應制詩
　　一林黃葉萬山秋，鑾仗參陪結勝游。
　　怪石爛斒蹲玉虎，老松盤屈卧蒼虬。
　　俯臨絕壑安禪室，汎落危崖瀉瀑流。
　　可笑紅塵奔走者，幾人於此暫心休？

金章宗游幸仰山诗碑　　明昌年间

刻石原在仰山栖隐寺（遗址在今北京市门头沟区妙峰山南樱桃村村北山间台地上），佚失多年。寺在金、元、明三代曾盛极一时，有五峰八亭，金章宗完颜璟屡曾游幸，时有吟咏。蒋一葵《长安客话》及《澹然居士集》《长安可游记》对此诗碑均有记述。现据大典本《顺天府志》移录全诗。

　　參差雲影幾千重，高出雲鬟迥不同。金色界中兜率景，碧莲花里梵王宫。鶴驚清露三更月，虎嘯疏林萬壑風。試拂花箋為摹寫，詩成任適自非工。

中都右街紫金寺故僧行臻灵塔记　　承安五年

塔记录文见于（清）张金吾《金文最》，该书谓"谨从钦定《日下旧闻考》恭录"。今据粤雅堂本《金文最》卷 112 移录记文。

　　臻公者，寶坻縣青公臺東保君政第三男也，俗姓楊氏。承安三年，遇恩具戒。於承安四年十二月十五日示寂。承安五年四月十三日，寺主善珍建。

房山东岳庙女冠卜道坚升云幢　　泰和八年

录文见于（清）张金吾《金文最》，该书谓据"石刻拓本"对录。今据《金文最》移录。

　　蓋積功累行者，世之所尚；受持齋戒者，人之所推。歷觀古昔為道之士，或盡力而行、或中道而止者，不為不多矣。能抱道專一，度脫塵凡，古難其人。觀於龐公，審照刹那之悟，皆由此理。邇者，女冠卜氏，俗本房山，自幼年而悟。出家後，受恩戒，法名道堅。棄俗歸真，四十余年矣。□□□□□□□□太上正一法師，清潔嚴肅，驅邪治病，無不應者。門徒養志德數人，皆述其本。邑壇衆知其德行清高，遂請至本邑東岳行廟，構壇治病，□□□□□觀其前後建功，求諸事業，莫不盡普度。春秋七十有四，乃泰和丙寅四月十有七日。已年殊無疾病，召門弟子曰："來日辰時須當行。"上右手稽首。侍者驚曰："況師安康，何發此語？"有頃至夜，如其眠，徐往睹之，誠如其言也。若非至人，安得如此明了？門徒（以下漶缺）泰和八年四月十有八日立石。

蓟州葛山重修龙福院碑　　泰和年间

碑记录文见于《日下旧闻考》，粤雅堂本《金文最》卷八三收，今据该书移录。其中，碑记文末"乃因余弟员一求记其事"之"员"为"贞"字之误；按昌平县佛岩寺金泰和四年（1204 年）三月摩崖题记有"吕贞幹同弟子羽、景安、卿云、贞一来游"，可知贞一即吕贞一，系此碑记作者吕卿云之兄。另据《日下旧闻考》载，此记作者为吕卿云。卿云大兴人，承安五年（1200 年）从国史院编修迁左补阙应奉翰林文字。

　　爾時釋迦如來以勝善天人，生為刹利王子，初求出家時，居檀特山，又居象頭山，同諸外道日食麻麥，經於六年，然後證無上果。自世尊以降，凡修道者，莫不先屏紛華，隱於山林，期造玄境。於是有烏窠雲巢木食澗飲之流，或發大慈悲，運大神力，建大功德，放大道場，使四衆有所歸依，學者有所栖止，此方先達成道度人之意也。蘇州之東，有山曰葛山。昔唐初有智嘉禪師者，玉田人也，生而超异，幼慕空宗，恒誦妙法蓮華經，洞究厥旨，又喜平治道途橋梁，不憚勞苦。師一日自嘆曰："吾太區區生，豈若遁迹烟霞以休心乎？"於是仗錫雲游，遍歷林壑，將選勝地。至葛山之下，睹兹有大乘氣象，裴回不忍去，乃穴嚴以居。師一夕月下誦經，俄有鐘聲自半山來，師驚异曰："地固無寺，寧有此聞。"因尋聲而往，才及山腹，見廢寺故基，壞壁間有龍福院額，石泉數處，清淺可受。詰旦，師結茅其上。方半載，忽夜有女子詣師作禮，師問曰："婆夷何來？"答曰："某實非人，蠆所化也，於此受諸苦惱不知紀極。比者吾師講誦聖教，某一心聽受，是諸苦惱悉得解脫，且無以報德，將令左右五里，永绝薑毒。”言既而滅，事果有驗。由是遠近歸向，布施惟恐其後。乃因舊址，為起殿廡，俄成寶坊，得未曾有，及師示寂，居多名僧。大安間，有感禪師者，自東租西，屆於是院，喜其清幽而駐錫焉。師又居仙洞及醴泉院，即今大静寺是也，嘗往來此三處。道宗聞其名，召至禁中，延訪移晷，仍賜紫方袍，加號寂照大師。師勞讓數四，不獲已而受之，退即散褐，光而不耀。奚習之人，舊號難化，師將入其部，或患之，師謂曰：“孔子不云乎？言忠信，行篤敬，雖蠻貊之邦行矣。”時院中有引辭法師及師之神足左録大師圓亭，皆得法眼，因謂曰：“吾去後，汝二人協力住持。”遼帝重師所居，特敕有司，山門林麓，禁其樵蘇。左録公門人善初、善元、善定繼居之。天慶間，歲荒民饑，寇盜充斥，緇徒逃難解散，院宇為之一空。逮國朝肇興，削平禍亂，慧日重光，元風復暢。初等三人，却返故山，見其熱焚之餘惟存瓦礫，相顧悲泣，因謂曰：“先師嘗以此院傳付我輩，不幸殘毀，盍復修而崇起之？”乃共請檀那數十百人告之曰：“夫教有時而廢，亦有時而興。汝等得脫兵厄，皆諸佛之所佑也。今欲經營遺緒，於意雲何？”衆聞是語已，皆大歡喜，踴躍贊嘆。於是富者施其財，貧者輪其力，智者計其用，巧者彈其工。期月之用，斬斬一新，制度輪奂，有加於初。正隆左録殊公，亦久其處，今在院同溫法師者，俗姓氏，遵化人也，自幼出家，兩以讀經受具足戒都東施仁關觀音院。嘗請師為宗主，未及二載，厭其塵囂，徑歸舊院，藁席陶盂，冀終老焉。溫師念兹院始創以迄於今數百年間，替而復隆，如是非一，不有文以序之，曷以信後人？乃因余弟貞一求紀其事，故不可拒。若夫佛道變化，罪福果報，已詳見於瞿曇氏之書，兹可得而略也。第取溫師所言外，一辭不贅。

北京地区部分辽金石刻目录

北京现存的一部分辽、金时期石刻，因历年既久，或残泐过甚不能通读，或漫漶不清难以辨识，连缀成文已不可能，只好述其大要，编目附后，供研究者参考。另有一些石刻编目，散见于地方史志和学者著述，而原石多已亡佚，今亦一并辑录，以备查阅。

在编目中，主要参考了爱新觉罗·溥儒辑《白带山志》（民国年间刊本）、范军《北京金代碑刻叙录》（载《北京文博》2000 年第一期）、周良《通州今存石刻》（载《北京文博》2001 年第三期）、徐自强主编《北京图书馆藏北京石刻拓片目录》（书目文献出版社 1994 年版）、孔繁云《北京市文物局资料信息中心藏北京地区出土墓志拓片目录（二）》（载《北京文博》1996 年第二期）、乌云《云居寺金代碑刻叙录》（载云居寺文物管理处编《宝藏》杂志 2002 年第二期）、北京图书馆编《北京图书馆藏中国历代石刻拓本汇编》（中州古籍出版社 1990 年版）、（清）于敏中等编纂《日下旧闻考》（北京古籍出版社 1980 年版）、罗春政《辽代书法与墓志》（辽宁画报出版社 2002 年版）、（清）张金吾纂《金文最》（粤雅堂本）、（清）端方撰《匋斋藏石记》等论著。

都部署周唐温等题名记　　应历五年

石原存北京市房山区云居寺，今不详。爱新觉罗·溥儒辑《白带山志》（民国年间刊本，国家图书馆藏）谓："正书。应历五年四月八日立。在石经山顶塔记。"

云居寺残碑　　统和八年

石原存北京市房山区云居寺，今不详。爱新觉罗·溥儒辑《白带山志》（民国年间刊本，国家图书馆藏）谓："正书。统和八年。在云居寺东北。"

佛顶尊胜陀罗尼经幢　　太平二年

正书。太平二年（1022 年）三月三日刊石。八面刻。幢石原存北京市怀柔区仙台村。

佛说佛顶尊胜陀罗尼经幢　　重熙八年

王泽撰，正书，汉、梵文相间。重熙八年（1039 年）十月二十八日立。八面刻，先经后记。首题："佛顶尊胜陀罗尼幢记。"幢石原存北京市丰台区看丹西庙。

佛顶心观世音陀罗尼残幢　重熙十二年

正书，重熙十二年（1043 年）立，八面刻。残存七面，剥泐殊甚。幢石现存北京市西城区法源寺。

贾得妻史氏等题名　咸雍二年

石原存北京市房山区云居寺，今不详。爱新觉罗·溥儒辑《白带山志》（民国年间刊本，国家图书馆藏）谓："正书。咸雍二年（1066 年）三月六日立。在陈令望心经碑侧。"

沙门可坊为本师造塔经幢　咸雍三年

石原存北京市房山区云居寺，今不详。爱新觉罗·溥儒辑《白带山志》（一九八四年刊本，国家图书馆藏）谓："正书。前经后记。咸雍三年（1067 年）二月十二日。在小西天。"

为本师建塔幢　大安四年

石原存北京市房山区云居寺，今不详。爱新觉罗·溥儒辑《白带山志》（一九八四年刊本，国家图书馆藏）谓："正书。前经后记，八面刻。大安四年。在云居寺。"

大峪村经幢　大安八年

据《门头沟文物志》（北京燕山出版社 2001 年版，刘义全等编）载，此经幢原存于北京市门头沟区龙泉镇大峪村南，刻于辽代。汉白玉石质。长 1.7 米，八面刻有梵文经咒，因漫泐过甚，文字不可尽识，有"辽大安八年"字样。系为亡者墓前所立冥福的经幢。1984 年 3 月出土时仅存一幢身，现埋在区劳动局楼下。

沙门法忍为本师造塔幢　　大安九年

石原存北京市房山区云居寺，今不详。爱新觉罗·溥儒辑《白带山志》（民国年间刊本，国家图书馆藏）谓："正书，八面刻。大安九年岁次癸丑三月戊寅朔二十九日辛时。在中峪寺塔院。"

为亡师建陀罗尼经塔幢　　大安九年

石原存北京市房山区云居寺，今不详。爱新觉罗·溥儒辑《白带山志》（民国年间刊本，国家图书馆藏）谓："正书，八面刻。大安九年岁次癸丑十月八日。在中峪寺塔院。"

云居寺李志效造陀罗尼石塔幢　　大安九年

石原存北京市房山区云居寺，今不详。爱新觉罗·溥儒辑《白带山志》（民国年间刊本，国家图书馆藏）谓："正书，八面刻。大安九年□月。在云居寺。"

沙门志□为本师造塔记　　寿昌元年

石原存北京市房山区云居寺，今不详。爱新觉罗·溥儒辑《白带山志》（民国年间刊本，国家图书馆藏）谓："正书，前经后记，六面刻。寿昌元年十一月二十日立石。在中峪寺。"

法华坟塔记并经幢　　寿昌四年

石原存北京市房山区云居寺，今不详。爱新觉罗·溥儒辑《白带山志》（民国年间刊本，国家图书馆藏）谓："正书，前经后记，八面刻。寿昌四年秋八月。在云居寺。"

尊胜陀罗尼幢　　寿昌五年

石原存北京市房山区云居寺，今不详。爱新觉罗·溥儒辑《白带山志》（民国年间刊本，国家图书馆藏）谓："正书，八面刻。寿昌五年八月三日。在云居寺。"

佛顶尊胜陀罗尼经幢　乾统二年

（僧）道称撰，正书，吴志宣刻。乾统二年（1102 年）十二月四日立石。八面刻，先经后记。石原存北京市房山区西门外大洪寺村。

塔幢　乾统三年

石原存北京市房山区云居寺，今不详。爱新觉罗·溥儒辑《白带山志》（民国年间刊本，国家图书馆藏）谓："正书。乾统三年。在中峪寺塔院。"

小西天宋宾王诗残石　乾统三年

石原存北京市房山区云居寺，今不详。爱新觉罗·溥儒辑《白带山志》（民国年间刊本，国家图书馆藏）谓："正书。□宋宾王题于（阙）。在小西天。"乾统三年刊石。

佛顶尊胜陀罗尼经幢　乾统三年

（僧）佛陀波利译，正书。乾统三年（1103 年）四月十八日立。八面刻，先经后记。幢石原存北京市房山区。题记泐甚。

奉为亡过父母建法幢　乾统四年

据包世轩《门头沟发现五座辽代经幢》（载《北京考古信息》1990 年第 1 期）一文介绍，幢石原存北京市门头沟区齐家庄乡杜家庄村。先经后记，题记可辨"乾统四年（1104 年）甲申十一月辛未朔二十日甲丙时立幢"及"子王守青、男王兴用、女□□□"等字样。经文为《佛顶尊胜陀罗尼真言》。

佛顶尊胜陀罗尼经幢　天庆四年

据包世轩《门头沟发现五座辽代经幢》（载《北京考古信息》1990 年第 1 期）一文介绍，幢石原存北京市门头沟区齐家庄乡杜家庄村。先经后记，其题记很有价值，是今北京西部在辽代隶属玉河县的最为确切的记述。可辨识文字为："……□州大辽国燕京玉河县齐家庄村住人杜□□奉为亡□□过去□阑兄建置法幢一座……时天庆四年（1114 年）十月八日乙时，妹高郎妇、妹杨郎妇。"

奉为亡祖建陀罗尼幢　天庆七年

据包世轩《门头沟发现五座辽代经幢》（载《北京考古信息》1990 年第 1 期）一文介绍，幢石原存北京市门头沟区齐家庄乡杜家庄村。先经后记，经文为《佛顶心大陀罗尼》《无量寿真言》，题记为"奉为亡祖先生身父母建造陀罗尼幢子，一生□□□□，父名文□，母刘氏。长男名□□妻刘氏（下泐）。天庆七年十月七日乙时"。

通州寿安寺经幢　天庆十年

幢石原在北京市通州区郎府镇望君疃村北口小学校西侧，今藏于通州区文管所院内。辽天庆十年（1120 年）立石。现仅存幢身，汉白玉石质，八角直柱体，高 76 厘米，径 42 厘米。首面竖刻"大佳提陀罗尼"六字，字体古拙。余七面均刻梵文。残蚀甚重，不能通读。

辽石经山云居寺前中京管内僧录判官辩证大德赐紫沙门石塔幢

石原存北京市房山区云居寺，今不详。爱新觉罗·溥儒辑《白带山志》（民国年间刊本，国家图书馆藏）谓："正书。尊胜陀罗尼咒。在云居寺。"

辽造象石刻

石原存北京市房山区云居寺，今不详。爱新觉罗·溥儒辑《白带山志》（民国年间刊本，国家图书馆藏）谓："正书。在小西天，今移云居寺行宫。"

辽大乘瑜伽金刚性海曼殊宝利千臂千钵大教王经残碑

石原存北京市房山区云居寺，今不详。爱新觉罗·溥儒辑《白带山志》（民国年间刊本，国家图书馆藏）谓："正书。在小西天，后移云居寺行宫。"

辽书经残碑五种

石原存北京市房山区云居寺，今不详。爱新觉罗·溥儒辑《白带山志》（民国年间刊本，国家图书馆藏）谓："正书，六石。在小西天，今移云居寺行宫。"

辽为本师造经幢

石原存北京市房山区云居寺，今不详。爱新觉罗·溥儒辑《白带山志》（民国年间刊本，国家图书馆藏）谓："正书，八面刻。在中峪寺。"

戒台寺辽代伎乐经幢

石存北京市门头沟区戒台寺，仅存幢座。座分八面，浮雕伎乐图八幅，其中有七幅为手持器乐的伎乐人，分别做弹琴、弹曲颈琵琶、吹龙首笛、吹排箫、吹笙、吹贝、击拍扳之状；另一幅为作婆娑天女舞姿的女伎乐。这些伎乐均为菩萨装扮，乐器种类既有弹拨乐器，又有吹管乐器，还有打击乐器。从乐器的性质看，既有中国汉民族传统的乐器，又有伊斯兰系统的曲颈琵琶，还有印度系统的贝、龙首笛。这座石幢上的乐器组合，反映出佛教音乐将汉民族传统乐器、外域乐器兼收并蓄为我所用的风格，使其成为佛教音乐的主体。此石经幢系解放后，将原西峰寺的元代至元二十八年（1291 年）建的月泉新公禅师灵塔塔身和这个伎乐经幢座结合在一起修建的，但从雕刻技法、造像风格看，其与双林寺统和十年（982 年）伎乐幢（注：又称《齐讽等建佗罗尼经幢》，本书已收录。）相近似，故也应为辽代遗物。

辽陀罗尼经幢

石原存北京市房山区云居寺，今不详。爱新觉罗·溥儒辑《白带山志》（民国年间刊本，北京图书馆藏）谓："在中峪寺塔院。不知年月。"

辽涿州独家村邑众立幢塔题名碑

石原存北京市房山区云居寺，今不详。爱新觉罗·溥儒辑《白带山志》（民国年间刊本，北京图书馆藏）谓："佚。正书。□□八年。"

王阿怀为先师造塔幢　天会十年

据爱新觉罗·溥儒辑《白带山志》（民国年间刻本）载，幢石原在今北京市房山区云居寺小西天下庄塔院。立于天会十年（1132年）九月十五日。正书，前经后记。

张三娘为寺主造塔幢　天会十五年

据爱新觉罗·溥儒辑《白带山志》（民国三十七年刻本）载，幢石原存北京市房山区云居寺小西天南十里田中，立于天会十五年（1137年）九月二十四日，正书。拓本现存国家图书馆。

□□寿建陀罗尼顶幢　天眷二年

《匋斋藏石记》（端方撰，清宣统元年石印本）谓该石："高一尺六寸，广二尺六寸，正书。"前经后记，记谓"大金国燕京涿州司候司市内坊使人□□寿奉为亡过父母建陀罗尼顶幢一坐"。天眷二年（1139年）四月二十一日庚午时建。书丹、刊石者失记。

□寿造真言幢记　天眷二年

《八琼室金石补正》（太仓陆增祥撰，清吴兴刘氏希古楼刊本）载。首题"□寿造真言幢记"，谓"高一尺七寸，八面，面广三寸。真言六面，字径寸许。题记两面，字径五六分。弟七面三行，余并二行，行字不一，并正书。在涿州"。先经后记，记谓"大金国燕京涿州司侯司□内□□人□□寿奉为□□父建陀罗尼镇幢一坐"。天眷二年（1139年）四月二十一日庚午乙时建。书丹、刊石者失记。

惠潜塔幢　天眷三年

据爱新觉罗·溥儒辑《白带山志》（民国三十七年刊本）载，塔幢石原在北京市房山区云居寺中峪寺塔院内，立于金天眷三年（1140年），正书竖刻。

僧思照等造佛殿记残石　皇统元年

碑石存地及拓印时间不详。内容为记叙一座三间佛殿的创建过程。正书，皇统元年（1141年）四月刻，仅存铭记八行。

三间法堂碑　皇统元年

碑原在北京市房山区黄院大金山，立于皇统元年（1141年）十月十五日。正书，尾题名已磨泐不清，正文现存15行，满行46字。后中间断裂。额为"奉为大金国大圣大明皇帝皇后万岁特建三间法堂一坐永记碑"，分九行。正文记载了大房山优美的自然环境及此处的芦子水道院兴建一座三间房堂的经过。拓本现藏国家图书馆。

孙公神道碑　天德二年

北京市西城区新街口豁口外出土，残。天德二年（1150年）九月十四日刻石，正书，先记后铭，仅残存30行。碑文记载了"故通奉大夫"孙某的生平事迹，文已不可通读。拓本现藏国家图书馆。

孝公塔幢　天德三年

据爱新觉罗·溥儒辑《白带山志》（民国三十七年刊本）载，幢石原在北京市房山区云居寺，立于天德三年（1151年）九月。前经后记，正书，八面施刻。

孙氏先茔幢　天德年间

北京市西城区新街口豁口外出土，残，仅存上半截 34 行残文，立石年月失记。内容为孙氏宗谱，其中提到的孙即康，《金史》卷 99 有传。

庞忠言幢记　　贞元元年

幢石存地及拓印时间不详。贞元元年（1153 年）十月五日立，八面刻，正书。第一至第五面为记，其中第二面全泐，第六至第八面为真言。记载了庞忠言一家的世系，庞是"中都涿州范阳永福乡北□□里"人。

石经山前别贮圆师寿塔记　　贞元初

据爱新觉罗·溥儒辑《白带山志》（民国三十七年刊本）载，幢石原在北京市房山区云居寺塔院，立于贞元年间（1153—1156 年）。正书，前经后记，八面施刻。传密教比丘义藏撰文。

秀公□志　　贞元二年

据爱新觉罗·溥儒辑《白带山志》（民国三十七年刊本）载，石原存北京市房山区云居寺中岭寺。立于贞元二年（1154 年）二月十四日。正书，前真言，后志。

尼杜氏造坟塔记　　正隆三年

幢石在北京市房山区上方山，立于正隆三年（1158 年）四月八日。八面刻，正书。第一面至第三面首行为真言，其他为记，记载了尼杜氏的生平。杜氏为固安县赵家务人，出家于"中都涿州范阳县洪家庄院"，终年 74 岁。

云居寺重修舍利塔碑　　正隆五年

据爱新觉罗·溥儒辑《白带山志》（民国三十七年刊本），碑在北京市房区云居寺。立于正隆五年（1160 年）七月。正书，"朝列大夫前行代州五台县令骑都尉赐紫金鱼袋李构"撰文。

通州延庆寺经幢　　大定三年

石原弃于北京市通州区甘棠镇前瞳村南，现藏通州区文物管理所。金大定三年（1163 年）立。现仅余幢身，艾叶青石质，小八角直柱体，高 136 厘米、径 38 厘米，首、次、第三面纵刻楷书铭文，首题“□法师碑铭”，僧善鉴撰书，主要记述法师生平与于是寺讲经功绩；余五面刻梵文，一为“佛顶尊胜陀罗尼”经，一是“智□如来□破地狱真言”。剥蚀严重。

韩珪建顶幢记　　大定三年

《匋斋藏石记》（端方撰，清宣统元年石印本）谓：“石高一尺七寸，广二尺三寸，正书。”前经后记，记谓“维南瞻部州大金国中都涿州固安县太平乡郝家务孝男韩珪等奉为亡过慈父厌世辞荣近抛生死之纳远趣菩提之路择得良时吉日特建顶幢一坐”，“大定三年岁次癸未二月壬戌朔二十四日乙酉寅时建”。撰文、书丹、刊石者失记。

怀鉴禅师碑铭　　大定九年

碑在天津蓟县，立于大定九年（1169 年）三月二十三日。“中议大夫中都路都转运副使上骑都尉武威县开国子食邑五百户赐紫金鱼袋贾少冲”撰文，正书。26 行，满行 39 字，首行“中都竹林禅寺堂头怀鉴禅师碑铭”。碑文记怀鉴禅师沈州章义人，俗姓马氏，法号善照，字怀鉴，自幼“志慕释氏”，但是父母不允，强为之娶妻。19 岁，怀鉴遁出家门，先后拜团山宗主大师、东京圆证大师为师，后拜金代最有名的法师广慧通理大师为师，并继之任竹林禅寺住持。大定八年（1168 年）圆寂，享年 48 岁。

创建宝坻县碑　　大定十一年

《金文最》（张金吾纂，粤雅堂本）载。碑记谓：“大定十有一载（世宗）辛卯冬至郊天后，銮舆东巡，顾谓侍臣：‘此新仓镇人烟繁庶，可改为县。’第志之明年，有司承命，析香河县东偏乡间万五千家为县，以榷盐岁入国用，方之天下，及至十一；谓盐乃国之宝，取‘如坻如京’之义，命之曰宝坻，列为上县，著于版籍。”叙宝坻县创建原委，并记述了金中都自古沿革的过程。碑记文势雄奇，叙述流畅，堪称美文。撰文者刘晞颜，书丹、刊石者失记。

东韩继村经幢　大定十一年

据（清）杨辰纂《定兴县志》（清光绪十六年刻本）谓："正书大准提陀罗尼经咒破地狱真言生西方真言。"题记为"维大金国中都大兴府涿州定兴县容城乡韩村人氏王进为见在父母王庆母阿李预先建顶幢一坐。先祖耶二王政事妻阿高，大定十一年二月二十一日。建幢人王进同建幢人□□"。书者、刊石者失记。

杨善建密言顶幢石匣　大定十一年

石原在北京市房山区辛庄福胜寺，今不详。石八面刻，前四面为梵文真言，题记正书，建于大定十一年（1171 年）十月二十日。是"中都涿州范阳县永福乡新庄里"人杨善为亡父母所建，主要记载杨家世系。

杨善建真言残幢　大定年间

幢石原在北京市房山区辛庄福胜寺，今不详。石八面刻，前四面及第八面刻真言，题记记载杨家世系，刻于大定年间（1161—1189 年）。

德备塔记　大定十二年

石原在北京市房山区良乡大紫草坞开古庄。大定十二年（1172 年）四月立，八面刻，正书。第一面刻梵文经文，第二至第八面为"中都崇孝寺备公塔记"。记文谓德备俗姓谢氏，世居"良乡县房仙乡李村"。九岁拜崇孝寺澄法师为师，皇统二年（1142 年）得到剃度，后辞师云游各方学法，天德三年（1151 年）七月二十九日圆寂于家中，享年 29 岁，葬于"祖宅之侧"。国家图书馆藏拓等。

比丘惠明亡考妣行实记　大定十二年

据爱新觉罗·溥儒辑《白带山志》（民国三十七年刊本）载，石原在北京市房山区云居寺中峪寺北塔院，立于大定十二年（1172 年）清明节。正书，八面施刻。

为本师造塔幢　　大定十三年

据爱新觉罗·溥儒辑《白带山志》（民国三十七年刊本）载，幢石原在北京市房山区云居寺小西天下庄塔院，立于大定十三年（1173年）二月十四日。前梵文真言，后记正书。

义尚为潜寺主造灵塔幢　　大定十三年

据爱新觉罗·溥儒辑《白带山志》（民国三十七年刊本）载，幢石原在北京市房山区云居寺中峪寺北塔院，立于大定十三年（1173年）十月十三日。额一面正书，前梵文真言，后记正书。

刘天甫等捐资题名碑　　大定十四年

碑原在北京市房山区云居寺，今不详。刻于大定十四年（1174年）四月十五日，碑文镌刻在唐天宝元年四月《陈令望心经碑》碑阴。文正书，九行，行字数不等。碑文记载了"中都大兴府永清县合河村都维那"刘天甫一家及邑人向寺院捐资、捐物的数目。

德莹塔铭　　大定十六年

石在北京市房山区良乡西南后十三里村。八面刻，正书，第一至第二面为梵文经文，第三至第八面刻"大金中都良乡县弘业寺莹公塔铭"，"乡贡进士田履信"撰文，大定十六年（1176年）二月十七日立。德莹是良乡县"房仙乡紫草务"人，俗姓邢氏，7岁出家，拜弘业寺净因大师为师，辽乾统元年（1101年）得剃度。27岁云游四方，53岁为弘业寺住持。大定十六年82岁时，其徒预先为其建造石塔，"恐其弗安"。

妙行大师碑　　大定二十年

碑原在河北涿州，大定二十年（1180年）八月十五日立。额篆书"故妙行大师和尚碑铭"。正面26行，满行58字，首题"中都大昊天寺妙行大师碑铭并序"。同《奇公塔铭》一样为大圣安寺广善撰文，"涿州学密教义藏"隶书。碑阴额篆书"传戒妙行大师和尚碑"，底部磨泐不清，33行。首行"□□□□建寺□□□主传菩萨戒妙行大师行状碑"，"门人清摄大德讲经律论沙门即满"撰文，"涿州石经比丘义藏"刻石。碑文载妙行大师法号志智，字普济，契丹人，萧氏，辽"国舅大丞相楚国王之族"。生于辽太平三年（1023 年），幼年从海岛守司空辅国大师出家，24 岁，秦越国大长公主（辽圣宗之女、兴宗之妹）向兴宗请求，御批得到剃度。其后，深得皇室崇奉。道宗赐钱 5 万贯助妙行大师修建大昊天寺，后失火烧毁，道宗又"降制旨依旧修完"。寿昌六年（1100 年）八月九日圆寂。碑文拓本藏国家图书馆。

赵庆□建顶幢　大定二十一年

《匋斋藏石记》（端方撰，清宣统元年石印本）谓："石高一尺七寸许，上下残缺，广二尺六寸许，前有一象，正书。"前经后记，记谓"大金国中都大兴府户赎涿州范阳县东南□□乡南丁□东俱□□赵庆□妻阿□与忘父赵公亮母阿王建立顶幢一坐"。大定廿一年（1181 年）八月二十三日丁□日。撰文、书丹、刊石者失记。

诠公灵塔记　大定二十一年

石在北京市房山区石楼镇支楼村，大定二十一年（1181 年）三月十三日立。八面刻，正书，第一面刻"故尚瘗灵塔"，第二至第五面刻梵文经文，第五面末行刻"大金国中都良乡县弘业寺诠公灵塔记"。省诠是良乡县"金山乡支卢里人"，俗姓张氏。5 岁于弘业寺出家，大定二十年（1180 年）圆寂，享年 64 岁。

别贮仁公灵塔记　大定二十一年

据爱新觉罗·溥儒辑《白带山志》（民国三十七年刊本），幢石在云居寺塔院，立于大定二十一年（1181 年）孟秋三十日。正书，前经后记。

刘瘦儿建顶幢　大定二十四年

《匋斋藏石记》（端方撰，清宣统元年石印本）谓："石高一尺七寸，广二尺五寸四分，正书。"前经后记，记谓"大金涿州范阳县孝义乡一家店北保西疃刘瘦儿奉为伯伯刘□故妻（以下泐失）妻□氏特建顶幢一座"。大定二十四年（1184 年）二月十六日刘□□。撰文、书丹、刊石者失记。

李晔墓志　大定二十五年

罗振玉撰《京畿冢墓遗文》（民国间罗氏自刊本）谓志石"高广各二尺一寸五分，二十六行，行二十六字，盖题故承奉郎李君墓志并序，行书"。首题"大金故承奉郎霸州大城县令李君墓志铭"。志载李晔字日华，先世良乡县刘李里人，年二十四登进士第，皇统二年（1142 年）七月六日卒于大城县令任上，年四十有二。大定二十五年（1185 年）二月，其子移葬并镌石。撰文、书丹、刊石者失记。

涿州重修文宣王庙碑　大定二十五年

《金文最》（张金吾纂，粤雅堂本）载。碑文叙述了孔子庙旧在涿州范阳东南，唐贞元五年卢龙节度刘公所建，辽统和中，始移置此。大定二十三年（1183 年）冬，汾阳郭侯预见庙将破败，上书请求拨款二十万重修，久乃得报，削减三分之二。后由众人自愿集资四十余万进行修缮，大定二十五年（1185 年）夏四月二十日癸丑开工，至五月八日庚寅完工的始末。此碑由金代中期著名文人黄久约撰文，通篇文气典赡，文采斐然，是金代文章中的名篇。黄久约，生年不详，卒于章宗明昌二年（1191 年），他进士出身，世宗时曾任翰林直学士、左谏议大夫兼礼部侍郎，章宗时领右丞相，兼太常卿。

总公监寺灵塔记　大定二十六年

据爱新觉罗·溥儒辑《白带山志》（民国三十七年刊本），塔石在北京市房山区云居寺塔院，立于大定二十六年（1186 年）闰七月十一日。前梵文真言，后记正书，有线刻人物画像。

宣武将军李训墓志　大定二十六年

《匋斋藏石记》（端方撰，清宣统元年石印本）谓："石高一尺七寸五分，广二尺六寸八分，二十四行，行十五字，正书。"首题"□宣武将军李君之墓"。志载李训字顺之，涿州范阳人，大定二十六年（1186 年）六月四月卒，官至宣武将军。大定廿六年（1186 年）八月十六日立石。

奉训大夫王□□立顶幢　大定二十九年

《匋斋藏石记》（端方撰，清宣统元年石印本）谓："石高一尺七寸，广二尺四寸，正书。"前经后记，首题"大金国中都大兴府良乡县义和乡北（以下泐失）"。记文大多泐失或漫漶不清，仅识辨"□氏范阳县□□奉训大夫王□□妇（以下泐失）父□母张氏□以□立顶幢一□□奉为"（下泐）等字。

王福墓志铭　明昌元年

出土时间地点不详。此墓志为碑形，额篆书"大金故王公墓志铭"，志文正书，23 行，满行 40 字。首行同额题。志文由"征事郎、试大兴府大兴县令、飞骑尉、借绯刘从善撰"，"乡贡进士韩员外篆额"，"乡贡进士孙永贞书丹"。此三人《金史》无载，可补其缺。王福本人生平并无显赫事迹，故志文记载的多为王氏世系。王福贞元二年（1154 年）卒，死后三年其妻程氏卒。诸子欲合葬，开启王福之棺，衣被虽然已经腐烂，但尸体却"骨肉不分毫腐烂"。到明昌元年（1190 年）七月十五日其子王训又建立祠堂，刻此志以为纪念。志尾刻"构堂者魏溢，刻石者马沂、赵元"。国家图书馆藏此志拓本。

尊胜灭罪生诸陀罗尼幢　明昌二年

据爱新觉罗·溥儒辑《白带山志》（民国三十七年刻）载，幢石在北京市房山区云居寺，立于明昌二年（1191 年）十一月初五日。前为梵文经文，后面题记为正书。

为先亡老娘造陀罗尼幢　明昌二年

据爱新觉罗·溥儒辑《白带山志》（民国三十七年刻）载，幢石在北京市房山区云居寺，立于明昌二年（1191 年）十一月。咒梵文，记正书，为"涿州奉先县怀玉村树西□□□为先亡老娘建"。

张阿良香炉题字　明昌五年

据爱新觉罗·溥儒辑《白带山志》（民国三十八年刻）载，题字在北京市房山区云居寺，明昌五年（1194 年）十一月十五日造，正书，八面刻。

独树里苏傅氏经幢　明昌六年

据爱新觉罗·溥儒辑《白带山志》（民国三十八年刻）载，幢石在北京市房山区云居寺东峪寺，立于明昌六年（1195年）二月二十八日。前经后记，八面施刻。

陀罗尼幢记　明昌七年

据爱新觉罗·溥儒辑《白带山志》（民国三十八年刊本）载，幢石在北京市房山区云居寺东峪寺，立于明昌七年（1196年）。

涿州重修蜀先主庙碑　承安二年

《金文最》（清张金吾纂，粤雅堂本）载。先序后铭。序文述涿州乃蜀主刘备故里，而刘先帝厚爱天下，仁义之主，所以应重修其庙，奉祀以光大其仁德。碑文由王庭筠撰文，洋洋洒洒，文势磅礴，造语奇险，代表了金代文章所达到的高度。王庭筠字子端，盖州熊岳人（今辽宁省盖县），大定二十六年（1186年）进士，章宗明昌间仕至翰林修撰，诗文书画，俱称名家。

龙泉务智悟幢　承安三年

幢石在北京市门头沟区龙泉务村洪智寺址，仅存幢身，青石质，高103厘米。先经后记，经为梵文，记为汉文，正书。因磨泐过甚而无法识读，仅辩出以下三句汉文文字："……智悟□师承安三年具……""……士□□□吞补师之德……""……夏十七日立……"。李元强《龙泉务村的三座金代经幢》（载《北京考古信息》1990年第一期）对此石的发现有过记述。

丰公和尚灵塔记　泰和元年

据爱新觉罗·溥儒辑《白带山志》（民国三十八年刊本）载，幢石在北京市房山区云居寺，泰和元年（1201年）立石。赵仲先正书。

刘公佐墓幢志铭　　泰和八年

《匋斋藏石记》（端方撰，清宣统元年石印本）谓："石高一尺七寸，四面刻，面各四行，行十五字，正书。"志载刘公佐涿郡西安礼让人，泰和八年（1208年）秋七月十五日卒，年六十有九。□和八年十月二十五日其妻及其弟刘公佶等立石，同里词赋进士张节书并撰，刊石者失记。

张百琼建陀罗尼经幢　　泰和八年

幢石原在北京市房山区上乐村观音堂，今不详。泰和八年（1208年）三月十三日建。八面刻，经文梵文，题记正书。为"奉先县上乐里"张百琼为亡父所建，题记内容主要为张家世系。

大金故郜国长公主之墓碑　　贞祐三年

近年出土于北京市门头沟区军庄镇新港水泥厂内。碑为汉白玉石质，残高104厘米，宽65厘米，厚15厘米，竖刻楷书"大金故□国长公主之墓"10字。碑文中所缺一字应该为"国"字。据《金史》卷五十五《百官志一》载，郜国为金代30个小国封号之一，郜国长公主在《金史》中有记载。据《金史》卷一百二十《世戚传·乌林答琳》载，贞祐元年（1213年）时，郜国公主随同丈夫乌林答琳一同投降西夏，但是却时刻思念故国。贞祐三年（1215年），金中都被蒙古军攻陷，郜国公主归国并去世。她是宣宗之姊妹、完颜允恭之女。现存门头沟文物管理所院内。

涿州司候司内坊方宝建顶幢

《匋斋藏石记》（端方撰，清宣统元年石印本）谓："石高一尺六寸五分，广二尺五寸，正书。"前经后记，记谓"大金国涿州司候司内坊方宝与祖父立顶幢一坐"。刊石时间与书丹、刻石者失记。

金僧惠保塔幢

据爱新觉罗·溥儒辑《白带山志》（民国三十八年刻）载，幢石在北京市房山区云居寺，丁卯年二月二十七日立石。竖书，八面刻，前经后记。

金大悲心陀罗尼经幢

幢石原在今北京市房山区鞍子□石佛寺，今不详。八面刻，第一面首行刻"大悲心陀罗尼曰"，其他各行至第六面为梵文经文，第七、八面为汉字破地狱真言。

金四方佛真言幢

幢石原在北京市房山区琉璃河善惠寺，今不详。八面刻，四面刻佛像，四面刻正书真言。

金为先亡本师造经赞幢

据爱新觉罗·溥儒辑《白带山志》（民国三十八年刻本）载，幢石在北京市房山区云居寺。正书，八面施刻，前经后记。

主要参考书目

《北京考古四十年》，北京市文物研究所编，北京燕山出版社，1990 年。

《图说北京史》，齐心主编，北京燕山出版社，1999 年。

《房山历史文物研究》，杨亦武著，奥林匹克出版社，1999 年。

《全金诗》，薛瑞兆、郭明志编纂，南开大学出版社，1994 年。

《启功丛稿》，启功著，中华书局，1981 年。

《北京考古集成》5—6 辑，苏天钧主编，北京出版社，1997 年。

《门头沟文物志》，刘义全等编，北京燕山出版社，2001 年。

《北京文物与考古》1—5 辑，北京市文物研究所编。

《北京考古史 辽代卷》，于璞著，上海古籍出版社，2012 年。

《北京考古史 金代卷》，丁利娜著，上海古籍出版社，2012 年。

《北京石刻艺术博物馆石刻拓片编目摘要》，北京石刻艺术博物馆编，学苑出版社，2014 年。

《北京地区摩崖石刻》，北京石刻艺术博物馆编，学苑出版社，2010 年。

《北京考古工作报告（2000—2009)》，宋大川主编，上海古籍出版社，2011 年。

《北京金代皇陵》，北京市文物研究所编，文物出版社，2006 年。

《大觉寺》，姬脉利、张蕴芬、宣立品、王松编著，社会科学文献出版社，2016 年。

《北京考古志 石景山、门头沟卷》，张利芳著，上海古籍出版社，2018 年。

《北京考古志 延庆卷》，盛会莲著，上海古籍出版社，2012 年。

《北京考古志 平谷卷》，张利芳著，上海古籍出版社，2013 年。

《北京考古志 通州卷》，李伟敏著，上海古籍出版社，2019 年。

《北京考古志 昌平卷》，王燕玲著，上海古籍出版社，2013 年。

《中国史研究历程：辽金西夏卷》，中国社会科学院《中国史研究动态》编辑部编，商务印书馆，2022 年。

《中国断代史系列：辽金西夏史》，李锡厚、白滨著，上海人民出版社，2020 年。

《北京图书馆藏北京石刻拓片目录》，徐自强主编，书目文献出版社，1994 年。

《辽代石刻文编》，向南编纂，河北教育出版社，1995 年。

《全辽文》，陈述辑校，中华书局，1982 年。

《八琼室金石补正》，陆增祥撰，上海古籍出版社，2020 年。

《寰宇访碑录（外八种）》，（清）孙星衍等撰，上海古籍出版社，2020 年。

《金石萃编》，（清）王昶撰，上海古籍出版社，2020 年。

《大金国志校证》，（宋）宇文懋昭，中华书局，1905 年。

《金文最》，（清）张金吾纂，粤雅堂刻本。

《三朝北盟会编》，（宋）徐梦莘编，清光绪二年活字本。

《古代石刻》，赵超著，文物出版社，2003 年。

《中国历史地图集》，谭其骧主编，中国地图出版社，1996 年。

《辽金元石刻文献全编》，国家图书馆善本金石组编，北京图书馆出版社，2003 年。

《北京图书馆藏中国历代石刻拓本汇编》第四十五、四十六、四十七册，中州古籍出版社，1990 年。

《辽史》，（元）脱脱等编，中华书局，1974 年。

《金史》，（元）脱脱等编，中华书局，1975 年。

《宋史》，（元）脱脱等编，中华书局，1976 年。

《京城古迹考》，（清）励宗万著，北京古籍出版社，1983 年。

《宸垣识略》，（清）吴长元辑，北京古籍出版社，1983 年。

《天府广记》，（清）孙承泽纂，北京古籍出版社，1982 年。

《宛署杂记》，（明）沈榜著，北京古籍出版社，1983 年。

《天咫偶闻》，（清）震钧著，北京古籍出版社，1982 年。

《燕京岁时记》，（清）富察敦崇著，北京古籍出版社，1983 年。

《析津志辑佚》，（元）熊梦详著，北京古籍出版社，1983 年。

《帝京景物略》，（明）刘侗、于奕正著，北京古籍出版社，1983 年。

《光绪顺天府志》，（清）周家楣等编纂，北京古籍出版社，1987 年。

《日下旧闻考》，（清）于敏中等编纂，北京古籍出版社，1983 年。

后　记

《中都遗珍——北京辽金遗迹》的编撰，源于纪念北京建都 870 周年的契机，在北京市文物局的大力支持下，我们得以对原《北京辽金史迹图志》一书进行修订再版。原志出版于 2003 至 2004 年间，我们之所以要对已出版 20 年的图志进行再版，主要有以下三点原因：一是原志已成为北京辽金石刻研究的重要参考资料之一，原有的存量已不能满足研究使用需求；二是原志录文存在错字、漏字、缺句等问题；三由于原志中同一文物信息分属两册，使用极其不便。故为了提高资料使用的准确性、便利性，同时补充辑录近 20 年的新材料，我们启动了原志修订再版的工作。

原志再版工作从启动至成书只有不到 10 个月的时间，但工作却包含了原始资料搜集整理、实地调研、稿件编写以及体量巨大的碑刻录文录入和校对工作。面对这项极具挑战性的工作，我们项目小组迸发出了无限的能量，各展其才，各尽其能，顺利完成了各项工作。

整个工作过程是痛苦、快乐与感动并存。我们遇到的第一个难题就是原志资料的缺失。限于 20 年前的资料存储条件，以及原工作人员的流转，许多遗址遗迹的材料都已丢失，为了补充完善资料，我们踏上了艰辛的调研之路。人迹罕至的深山庙宇是我们的终点，布满棘刺的山路是我们的必经之路。印象最深的就是我们去朝阳洞调研时，往返路途近十个小时，调研结束已是夜阑人静时，疲惫布满伙伴们的脸庞。

痛苦固然存在，但在再版之路上更多的是快乐与感动。这一路走来，太多的人与事让我们感动。每当我们遇到困惑时，杨志国馆长、刘乃涛副馆长、罗永刚副馆长，总是及时地给予我们指导。他们不仅在体例编制、内容编写等伏案工作上给予我们耐心帮助，还和我们一起在烈日酷暑下，在漫天黄沙中，登山临水，徒步跋涉。此外，我们在野外调查之路上还收获了许多来自素不相识之人带给我们的感动。还记得在朝阳洞、佛岩禅寺、静安禅寺调查时，接到电话后毫无推脱之意迅速赶来为我们开门的文保员们，面对我们的"叨扰"，他们面带笑意，与我们一起搜寻题刻所在，为我们盛接山间甘泉，为我们采食甜美的桑葚……

贯穿工作始终的，还有工作组成员间的团结、信任、互助、互爱。还记得大家一起辑录碑文时的专注，一起辨查异体字时的认真，还有一人背着相机爬上两米高梯时扶梯伙伴那紧张的眼神……正是由于大家间的相助、友爱、协作，才使我们顺利完成了四十余处遗址的实地调查，二百二十余处遗迹遗物资料的收集整理工作。

此外，本书的顺利出版，也离不开诸多文博单位、专家学者等的无私帮助。在某种意义上说，没有专家、同仁的指导和帮助，本书是难以问世的。如今，《中都遗珍——北京辽金遗迹》一书付梓在即，我们真诚地向对我们提供帮助，为本书付出辛劳的同仁表示感谢。

2001—2004年间，原北京辽金城垣博物馆辽金遗迹调查小组，历时三载，克服了诸多困难，完成了野外调查的任务，并将其调查成果整理出版为《北京辽金史迹图志》（上、下册），这里首先要感谢原调查小组成员，感谢原书的撰稿人伊葆力、卢迎红、郭聪、孟一楠、刘秉鸿、周峰、任秀霞，原书摄影者徐佩仁、刘义全、杨伟等。正是由于他们认真细致的前期工作，才为本书再版积累了珍贵的原始资料。

在本书的修订过程中，感谢白塔寺管理处王清林主任。在王清林主任担任北京辽金城垣博物馆馆长期间，以自己的深厚学识为基础，花费大量时间，逐字核对石刻部分的原拓片，对录文进行了勘误。此次勘误也是促成此书再版的重要原因。

此外，这项工作得到了诸多文博单位的大力支持。北京石刻艺术博物馆为我们提供了馆藏拓片原件进行扫描，丰台区文物管理所、石景山区文物管理所、大兴区文物管理所、平谷区文物管理所、昌平区文物管理所、通州区文物管理所、房山区文物管理所、门头沟区文物管理所、平谷区博物馆、昌平区博物馆，不仅帮我们核实遗迹信息，还主动为我们提供了部分珍贵的一手材料，极大的丰富了本书的内容。

在本书的编纂过程中，著名辽史专家、契丹文字权威专家刘凤翥先生，收藏家李润波先生，大连民族大学李俊义教授，北京大觉寺与团城管理处宣立品老师，北京市考古研究院丁利娜、李永强、孙峥、韩鸿业老师给了我们巨大的帮助。他们认真审阅书稿，对碑刻、遗址两方面内容提出了宝贵意见，并提供了相关材料。他们深厚的学养、严谨的态度让我们受益良多。

在遗址调查过程中，感谢为我们提供帮助的遗址文物保护专员们，正是你们日复一日的辛苦守护，这么多的历史遗迹才能得到如此完好的保护，铸就了历史遗迹研究利用的基础。

在稿件统筹和出版过程中，我们要感谢北京燕山出版社的夏艳社长等人，感谢你们为本书编辑出版倾注的大量心血。

由于本书工作量大，时间短，所以部分石刻拓本未能找到高质量拓本，这也成为留在编者们心中的遗憾。另外由于编纂人员的水平、能力和资料驾驭能力所限，本书有缺漏、讹误之处在所难免，谨祈方家教正。

编者
2023年10月

图书在版编目 (CIP) 数据

中都遗珍：北京辽金遗迹 / 北京考古遗址博物馆编 . — 北京：北京燕山出版社，2023.10
ISBN 978-7-5402-7100-8

Ⅰ.①中… Ⅱ.①北… Ⅲ.①历史文物－研究－北京 －辽金时代②文化遗址－研究－北京－辽金时代 Ⅳ. ① K872.104 ② K878.04

中国国家版本馆 CIP 数据核字 (2023) 第 203369 号

《中都遗珍——北京辽金遗迹》

编　　者	北京考古遗址博物馆
责任编辑	张金彪
书籍设计	XXL Studio
出版发行	北京燕山出版社有限公司
社　　址	北京市西城区椿树街道琉璃厂西街 20 号
邮　　编	100052
电　　话	010-65240430
印　　刷	北京富诚彩色印刷有限公司
开　　本	787mm×1092mm　1/16
字　　数	700 千字
印　　张	48.25
版　　次	2023 年 10 月第 1 版
印　　次	2023 年 10 月第 1 次印刷
定　　价	650.00 元